AF523746

Basiswissen Testautomatisierung

Manfred Baumgartner verfügt über mehr als 30 Jahre Erfahrung in den Bereichen Softwaretest und Qualitätssicherung. Seit 2001 hat er das QS-Beratungs- und Schulungsangebot der Nagarro GmbH (ehemals ANECON), eines der führenden Dienstleistungsunternehmen im Bereich Softwaretest, auf- und ausgebaut. Er ist Präsidiumsmitglied des Vereins für Softwarequalität und Weiterbildung (ASQF) und des Vereins für Software-Qualitätsmanagement Österreich (STEV) sowie Mitglied des Austrian Testing Board (ATB). Seine umfangreichen Erfahrungen bringt er in viele Präsentationen auf Konferenzen im gesamten deutschsprachigen Raum und in Artikeln und Büchern zum Thema Softwaretest ein.

Stefan Gwihs ist als begeisterter Softwareentwickler, Softwaretester und Testautomatisierungsarchitekt für die Nagarro GmbH (ehemals ANECON) tätig, wo er sich aktuell vor allem mit Themen im Bereich Testautomatisierung agiler Softwareentwicklung und DevOps beschäftigt.

Richard Seidl hat in seiner beruflichen Laufbahn schon viel Software gesehen und getestet: gute und schlechte, große und kleine, alte und neue, Schokolade und Grütze. Sein Credo: Qualität ist eine Haltung. Wer heute exzellente Software kreieren möchte, denkt den Entwicklungsprozess ganzheitlich: Menschen, Methoden, Tools und Mindset. Als Berater und Coach unterstützt er Unternehmen dabei, Agilität und Qualität zu leben und in der Unternehmens-DNA zu verankern.

Thomas Steirer (ehem. Bucsics) leitet als Automatisierungsexperte, Testmanager und Trainer für die Nagarro GmbH (ehemals ANECON) die globale Einheit für Testautomatisierung. Seit 2010 ist er als ISTQB® Certified Tester – Full Advanced Level zertifiziert. Er ist Vortragender einer Vorlesung für Testautomatisierung im Masterstudiengang Software-Engineering am Technikum Wien und forscht an der Nutzung von künstlicher Intelligenz mit dem Ziel, Testautomatisierung noch effizienter zu gestalten.

Marc-Florian Wendland ist wissenschaftlicher Mitarbeiter am Fraunhofer-Institut FOKUS in Berlin. Seit über 10 Jahren beschäftigt er sich in nationalen und internationalen, branchenübergreifenden Forschungs- und Industrieprojekten mit Themen der Testautomatisierung in Entwurf und Ausführung. Er ist Mitglied des German Testing Board (GTB) und auch als Trainer für die verschiedenen ISTQB-Programme unterwegs.

**Manfred Baumgartner · Stefan Gwihs · Richard Seidl ·
Thomas Steirer · Marc-Florian Wendland**

Basiswissen Testautomatisierung

Aus- und Weiterbildung zum ISTQB® Advanced Level Specialist – Certified Test Automation Engineer

3., aktualisierte und überarbeitete Auflage

Manfred Baumgartner · *manfred.baumgartner@nagarro.com*

Stefan Gwihs · *stefan.gwihs@nagarro.com*

Richard Seidl · *office@richard-seidl.com*

Thomas Steirer · *thomas.steirer@nagarro.com*

Marc-Florian Wendland · *marc-florian.wendland@fokus.fraunhofer.de*

Lektorat: Christa Preisendanz
Copy-Editing: Ursula Zimpfer, Herrenberg
Satz & Layout: Birgit Bäuerlein
Herstellung: Stefanie Weidner
Umschlaggestaltung: Helmut Kraus, *www.exclam.de*
Druck und Bindung: mediaprint solutions GmbH, 33100 Paderborn

Bibliografische Information der Deutschen Nationalbibliothek
Die Deutsche Nationalbibliothek verzeichnet diese Publikation in der Deutschen Nationalbibliografie; detaillierte bibliografische Daten sind im Internet über *http://dnb.d-nb.de* abrufbar.

Fachliche Beratung und Herausgabe von dpunkt.büchern zum Thema »ISTQB® Certified Tester«:
Prof. Dr. Andreas Spillner · *Andreas.Spillner@hs-bremen.de*

ISBN:
Print 978-3-86490-675-6
PDF 978-3-96088-787-4
ePub 978-3-96088-788-1
mobi 978-3-96088-789-8

3., aktualisierte und überarbeitete Auflage

Wieblinger Weg 17
69123 Heidelberg

Hinweis:
Dieses Buch wurde auf PEFC-zertifiziertem Papier aus nachhaltiger Waldwirtschaft gedruckt. Der Umwelt zuliebe verzichten wir zusätzlich auf die Einschweißfolie.

Schreiben Sie uns:
Falls Sie Anregungen, Wünsche und Kommentare haben, lassen Sie es uns wissen: *hallo@dpunkt.de*.

5 4 3 2 1 0

Vorwort zur 3. Auflage

»Mit Testautomatisierung automatisch besser!?«

100 % Testüberdeckung, 400 % Effizienzsteigerung, deutlich reduziertes Risiko, schnellere Time to Market und stabile Qualität – das waren und sind die Versprechen der Testautomatisierung oder, besser gesagt, jener, die mit Werkzeugen und Beratungsleistungen rund um dieses Thema ihr Geld verdienen. Und seit dem Erscheinen der ersten Auflage dieses Buches steht der Einsatz von Testautomatisierung auf der To-do-Liste von vielen, in Wirklichkeit fast allen Unternehmen, die Software produzieren oder implementierten. Die versprochenen und erwarteten Ziele wurden aber kaum erreicht. Im Gegenteil: Es gibt eine große Diskrepanz zwischen den in den Hochglanzprospekten der Werkzeughersteller dargestellten Errungenschaften und der in vielen Unternehmen vorhandenen Unsicherheit bezüglich des erfolgreichen und nachhaltigen Einsatzes von Testautomatisierung.

Dieses Buch soll eine umfassende, praktische Einführung mit ausreichendem Tiefgang geben und somit einen Leitfaden durch das Thema »Testautomatisierung« für eine Vielzahl von Rollen in diesem Tätigkeitsfeld bieten. Auch im Hinblick auf den schnelllebigen IT-Markt hat sich die Testautomatisierung in den letzten Jahren sowohl als technische als auch als inhaltliche Disziplin rasant entwickelt. Skalierbare Agilität, Continuous Deployment und DevOps machen das Thema zu einer erfolgskritischen Komponente der Softwareentwicklung.

Diese Dynamik betrifft insbesondere auch die Testautomatisierungswerkzeuge – ob kommerziell oder Open Source. Daher verzichten wir in dieser Auflage darauf, in einem eigenen Kapitel auf konkrete Werkzeuge näher einzugehen, denn deren funktionale Beschreibung und Bewertung durch die Autoren würden bereits zwischen der Finalisierung des Textes und der Drucklegung an Aktualität verlieren. Hinzu kommt, dass es mittlerweile sowohl im Open-Source-Umfeld als auch im kommerziellen Bereich so viele wertvolle Werkzeuge gibt, dass jede Selektion der Autoren gegenüber anderen Herstellern und Communitys unfair wäre. Stattdessen listen wir einige passende Werkzeuge in den jeweiligen Kapiteln über die Testautomatisierungsarchitektur auf, in denen auf ihre Hauptrolle in einer Testautomatisierungslösung Bezug genommen wird. Werkzeugvergleiche und Marktanalysen finden sich rasch und in großer Menge im Internet – wobei selbst diese oft nicht tagesaktuell gepflegt sind.

Der Bedeutung der Disziplin Testautomatisierung trägt auch die internationale Tester-Community Rechnung: Ende 2019 wurde die deutsche Fassung des »ISTQB® Certified Tester Advanced Level Testautomatisierungsentwickler« [ISTQB 19c] freigegeben. Damit ist Testautomatisierung noch mehr als zuvor und endgültig Kernbestandteil der Disziplin »Softwaretest« mit einer eigenen Zertifizierung und dem dazugehörigen Lehrplan. Die dritte Auflage unseres Buches ist nicht nur eine Aktualisierung und Erweiterung der vorhergehenden Versionen. Vielmehr ist es eine komplette Neugestaltung entlang der Struktur dieses jungen und sich weiterentwickelnden Lehrplans. Auch die Kernkapitel über die Testautomatisierungsarchitektur und über den Umgang mit Testautomatisierung in Projekten und Organisation wurden wesentlich überarbeitet. Sie halten also quasi die Erstauflage eines neuen Buches in den Händen.

Gründe für diese Neugestaltung gibt es mehrere: Die erste Auflage des Buches »Basiswissen Softwaretest« erschien im Jahr 2011, also fünf Jahre vor der Veröffentlichung der ersten englischen Fassung des ISTQB® Advanced Level Syllabus Test Automation Engineer Version 2016. Die zweite Auflage unseres Buches, 2015, war diesem Standard ebenfalls der Zeit voraus. Mit der Freigabe der deutschen Fassung 2019 sahen wir nun die Zeit gekommen, uns an diesem internationalen Standard zu orientieren, der die gemeinsame Sprache und den Wissensaustausch im Bereich Testautomatisierung unterstützen soll. Des Weiteren verfolgen wir auch das Ziel, unsere Leser bestmöglich in die Inhalte des Lehrplans einzuführen und sie auf die Zertifizierungsprüfung vorzubereiten. Der Lehrplan ist umfangreich und ausführlich und für sich ein eigenständiges Nachschlagewerk – wir sind aber überzeugt, mit unserem Buch einen deutlichen Mehrwert zu geben. Und zwar dadurch, dass wir mit praxisbezogenem Kontext, einer leicht lesbaren Form und praktischen Beispielen das Erfassen der Lehrinhalte deutlich einfacher und nachhaltiger ermöglichen, als es das Studium des Lehrplans allein zulässt.

Daher bereitet dieses Buch nicht nur auf die relevanten Inhalte für die Zertifizierungsprüfung vor, sondern vermittelt dem Leser auch die praktische Anwendung der Testautomatisierung.

Die Inhalte des Lehrplans (Version 2019) sind in diesem Buch in abweichender Reihenfolge und mit unterschiedlichen Schwerpunktsetzungen aufgearbeitet und durch viele essenzielle Themen ergänzt, die wir als Exkurse deutlich ausweisen.

Die Grundlage für die Zertifizierungsprüfung ist jedoch immer der zum jeweiligen Zeitpunkt offizielle Lehrplan.

Daher empfehlen die Autoren für die Vorbereitung auf die Prüfung neben der Lektüre des vorliegenden Werkes den Besuch eines entsprechenden Trainings sowie einen Blick in die aktuelle Version des Lehrplans [ISTQB 19c].

Die Abdeckung des Lehrplans ist nur einer von mehreren Aspekten, die wir in diesem Buch behandeln wollen – die drei Hauptziele, die wir uns bereits in der ersten und zweiten Auflage von »Basiswissen Testautomatisierung« gesetzt hatten, behalten ihre Gültigkeit:

Erstens wollen wir Sie davor bewahren, dass Sie aufgrund überzogener Erwartungshaltungen enttäuscht werden. Testautomatisierung ist nicht eine Frage der Werkzeuge, nicht ein Auftrag, die Marketing-Schlagworte diverser Hersteller umzusetzen, sondern lediglich ein Instrument, das es Ihnen ermöglicht, die stetig wachsenden Anforderungen an den Softwaretest besser zu bewältigen.

Zweitens wollen wir Ihnen eine Anleitung geben, wie Sie dieses Instrument bestmöglich nutzen können. Dabei stehen insbesondere die Langfristbetrachtung, die Nachhaltigkeit der Investition und der tatsächliche Business Value im Vordergrund. Diese Aspekte messen sich nicht in einer Codeüberdeckung oder in einer Anzahl von Testskripten, sondern an der Total Cost of Ownership der Applikationsentwicklung und -evolution sowie am Nutzen und Anwenderfeedback am Markt.

Drittens haben wir erneut wesentliche Aspekte der Testautomatisierung eingearbeitet, wie zum Beispiel die Rolle von Testautomatisierung im Kontext von Systemen mit künstlicher Intelligenz oder im DevOps-Umfeld.

Wird mit Testautomatisierung automatisch alles besser? Nein! Eine Fertigungsmaschine, die falsch justiert ist, liefert nur Ausschuss. Wenn sie unzulänglich bedient wird, erzeugt sie zufällige und unbrauchbare Ergebnisse. Wenn sie nicht oder unpassend gewartet wird, kommt sie zum Stillstand oder wird gar unbrauchbar. Ausgebildete Mitarbeiterinnen und Mitarbeiter, nachhaltige Konzepte, das Bewusstsein, dass Testautomatisierung ein wesentlicher Produktionsfaktor ist, und der verantwortungsvolle Umgang mit diesem sind Voraussetzungen dafür, dass die Potenziale und Möglichkeiten dieser Technologie auch tatsächlich realisiert werden können. Und dies ist in den meisten Fällen auch erfolgskritisch, denn Testautomatisierung ist unabdingbar, um in agilen Projektumwelten stabile Qualität liefern zu können, um mit der Geschwindigkeit moderner Continuous-Delivery-Verfahren Schritt zu halten und gleichzeitig die langfristige Wirtschaftlichkeit von Softwareentwicklungsprojekten insgesamt zu gewährleisten.

Für die Umsetzung in Ihrem Unternehmen wünschen wir Ihnen viel Erfolg. Begleitende Informationen zu diesem Buch und weitere wertvolle Hinweise zum Thema Testautomatisierung finden Sie auf unserer Internetseite *www.software-test-automation.at*.

Danksagung

Die Autoren danken den tatkräftigen Unterstützern Michael Hombauer, Sonja Baumgartner, Dominik Schildorfer, Anita Bogner, Christian Mastnak, Roman Rohrer, Martin Schweinberger, Stefan Denner, Stephan Posch, Yasser Aranian, Georg Russe, Vincent Bayer, Andreas Lenich, Cayetano Lopez-Leiva, Bernhard König, Jürgen Pointinger sowie dem Unternehmen Nagarro.

Manfred Baumgartner, Wien 2020
Stefan Gwihs, Wien 2020
Richard Seidl, Essen 2020
Thomas Steirer, Brunn am Gebirge 2020
Marc-Florian Wendland, Berlin 2020

Geleitwort zur 3. Auflage

Die zweite Welle ist da! Ich denke, wir befinden uns gerade mitten in der zweiten Welle der Testautomatisierung. Die große erste Welle habe ich in den ersten Jahren der 2000er-Jahre beobachten können. Die Projekte hatten zunächst große Erfolge zu verbuchen im Sinne einer Verbesserung von Effektivität und vor allem Effizienz der Testprozesse in punktuellen Einsatzbereichen. Allerdings, ganz im Sinne des Gartner-Zyklus: Das »Tal der Enttäuschungen« war schnell erreicht und das »Plateau der Produktivität« wurde – in meinem Sichtfeld – von der Mehrheit dann nicht erklommen.

Was ich damals beobachten konnte, waren Projekte, die sich über mehrere Jahre und mit enormem Aufwand zu einem hohen Grad an Testautomatisierung vorgearbeitet hatten. Und dann kamen Technologiewechsel wie der Umstieg zu .NET-Plattformen oder Prozesswechsel wie die Umstellung auf Agile. Und viele der Testautomatisierungsframeworks haben diese Umstellungen nicht überstanden. Also bin ich in dieser Zeit gerne mit Vorträgen an die Öffentlichkeit gegangen, die provokante Titel trugen, wie »Testautomatisierung schlägt immer fehl«.

Zwei Kernprobleme waren zu beobachten: Erstens sind Organisationen daran gescheitert, die punktuellen Erfolge auf das gesamte Projekt oder die Organisation zu skalieren. Und zweitens waren Testautomatisierungs-Plattformen nicht adäquat in der Lage, disruptive Änderungen an der technologischen Basis flexibel aufzufangen.

Kein Wunder also, dass das Thema Testautomatisierung mit der Zeit an Akzeptanz verlor. Hier spielen dann auch Managementaspekte eine tragende Rolle. Auf lange Sicht konnten die hohen wirtschaftlichen Erwartungen einer einmaligen Investition, die dann Regressionsaufwände deutlich reduziert, oft nicht erfüllt werden.

Seit Mitte des 2. Jahrzehnts können wir nun eine weitere Trendwelle der Testautomatisierung in den Projekten beobachten. Wird die Testautomatisierung nun wieder unter ihren Erwartungen bleiben? Ich glaube nein. Einerseits haben sich die Rahmenbedingungen für die Automatisierung von Tests geändert und andererseits die Erwartungen, die daran gestellt werden. Testautomatisierung hat sich inzwischen wieder als unverzichtbarer Erfolgsfaktor von Projekten in den aktuellen technologischen Szenarien etabliert. Warum dieser Unterschied?

Mit dem Einzug von agilen Prozessen haben sich hoch automatisierte und werkzeuggestützte Entwicklungsprozesse mittlerweile als Standard etabliert und deutlich weiterentwickelt. Continuous-Integration-Konzepte werden stetig zu DevOps-Prozessen weiterentwickelt, um eine nahtlose Plattform für die Integration automatisierter Projektschritte von der Idee bis zur Produktion und zum Betrieb zu schaffen. Die durchgehende Automatisierung von Prozessen bildet damit in natürlicher Weise eine hervorragende Basis zur Integration der Testautomatisierung in den Gesamtprozess. Die Skalierung von Prozessen hat mit dem agilen Vorgehen einen neuen, hohen Stellenwert erreicht. Dies ist eine Entwicklung, die für die Einführung und langfristige Etablierung von Testautomatisierungslösungen ein essenzieller Erfolgsfaktor ist.

Ein wesentlicher Faktor für die Bedeutung und Notwendigkeit der Testautomatisierung ist aber die technologische Plattform, auf der wir uns derzeit bewegen. Disruptive Technologien wie IoT und künstliche Intelligenz drängen aus ihren jahrzehntelangen Nischen rasant in die Breite in unsere Produkte. Dies bringt eine deutliche Verschiebung der Prioritäten für die Qualitätsmerkmale mit sich, die wir testen müssen. Während vor 20 Jahren noch 90 % aller Tests funktionale Tests waren, setzt sich die Bedeutung der nicht funktionalen Tests wie Usability, Performanz, IT-Sicherheit usw. langsam, aber sicher durch. Die Anzahl der Testfälle, die zur Bewertung der Produktqualität erforderlich sind, steigt daher rapide an, und nur mit automatisierten Tests können Qualitätsmerkmale wie die Performanz effektiv abgesichert werden.

Die Entwicklung und Wartung von Produkten erfolgt in immer kürzer werdenden Zeitintervallen. Aufgrund der steigenden Varianz in den Hardware- und Softwarekonfigurationen müssen die (Gesamt-)Systeme in einer steigenden Anzahl an Varianten getestet werden. Ein nicht automatisierter Regressionstest wird somit zunehmend zu einer Belastung für das Projekt; beziehungsweise es wird immer schwieriger, die geforderte Testabdeckung mit adäquatem Aufwand zu erreichen.

Und glücklicherweise haben wir auch methodisch dazugelernt: Testarchitekturen als ein wichtiger, wenn nicht der wesentlichste Faktor für die Qualität in der Wartbarkeit der automatisierten Tests sind mittlerweile so gut etabliert, dass Organisationen die Rolle eines Testarchitekten einführen. Dies nur als Beispiel. Aber Vorsicht: Das richtige Vorgehen und das Wissen über Fallstricke und Best Practices bei der Einführung und Pflege der Testautomatisierung sind ein Schlüssel zum nachhaltigen Erfolg. Entsprechende Expertisen in die Projekte und die Organisation zu bringen, ist nicht immer einfach. Hier unterstützt das Zertifizierungsschema des Certified Tester, das in der Community schon seit Langem als Standard und als gemeinsames Glossar etabliert ist. Der für fortgeschrittene

Tester gedachte »Test Automation Engineering«-Kurs, den dieses Buch begleitet, setzt die Schwerpunkte und Erfolgsfaktoren einer nachhaltig erfolgreichen Testautomatisierung in einen Kanon an Expertisen um – wie zum Beispiel über Testautomatisierungsarchitekturen. Und das vorliegende Buch mit seinen vielen Verbesserungen und Änderungen zur zweiten Auflage zeigt deutlich, dass sich dieser Kanon an Skills ständig weiterentwickelt.

Wir sind also gut gerüstet und meines Erachtens mit den Themen der Testautomatisierung einen deutlichen Schritt weiter, und ich wünsche Ihnen gutes Gelingen und auch kreativen Spaß dabei, Testautomatisierung als Schlüsselfaktor für Ihren professionellen Erfolg einzusetzen!

Dr. Armin Metzger
Geschäftsführung
German Testing Board, 2020

Geleitwort zur 2. Auflage[1]

Seit es uns Menschen auf diesem Planeten gibt, haben wir immer danach getrachtet, mithilfe von Werkzeugen unser Leben zu vereinfachen, Aufgaben schneller zu erledigen und unsere Fähigkeiten zu erweitern. Vom Faustkeil des Steinzeitmenschen über die Erfindung des Rades bis hin zu den hoch technisierten Produktionsmaschinen von heute: Werkzeuge sind ein integraler Bestandteil und Ausdruck unserer Evolutionsgeschichte. Daher ist es kein Wunder und nur ganz natürlich, dass wir solche auch beim Testen von Software einsetzen möchten. Allerdings gibt es über den natürlichen Instinkt hinaus noch weitaus überzeugendere Gründe für den Einsatz von Testwerkzeugen.

Das Erfordernis, Software in besserer Qualität immer schneller und billiger liefern zu können, treibt die Suche nach einfacheren Methoden des Testens voran. Werkzeuge sind dabei eine der effektivsten Möglichkeiten, genau diese Ziele zu erreichen.

Testen ist eine herausfordernde Tätigkeit, die sowohl Denken als auch Aufwand erfordert. Das Denken ist notwendig, um einerseits das zu testende System zu analysieren und andererseits zu identifizieren und zu priorisieren, was getestet werden soll. Darüber hinaus müssen Testfälle geschrieben werden, die Fehler aufzeigen, und der Tester muss entscheiden, wann diese Tests und etwaige Wiederholungen durchgeführt werden. Ohne entsprechende Gedankenarbeit wird der Test kaum erfolgreich Fehler finden und lediglich dazu führen, dass er als ineffektiv, zu teuer und aufwendig wahrgenommen wird.

Softwaresysteme sind immer größer und komplexer geworden. Dies gilt in gleicher Weise für die Anforderungen an das Testen. Das Wachstum für den Testbedarf verläuft somit nicht linear, sondern exponentiell. Wenn zu einem bestehenden System ein neues Feature hinzugefügt wird, ist nicht nur dieses Feature

1. Die Übersetzung des Geleitwortes aus dem Englischen erfolgte durch Manfred Baumgartner. Das Original ist auf der Website zum Buch *www.software-test-automation.at* zu finden.

und seine Funktionsfähigkeit zu testen, sondern auch die kombinatorische Explosion der Interaktionen zwischen dem bestehenden System und dem neuen Feature. Und mit jeder Erweiterung wächst die Anzahl möglicher Interaktionen.

Eine Veränderung in einem Teil der Software kann zu neuen Fehlfunktionen führen bzw. bisher unbekannte Defekte in anderen Teilen der Software aufdecken. Daher darf sich der Testumfang nicht nur auf Regressionstests der Veränderung selbst beschränken, sondern muss das gesamte System, inklusive Interaktion zwischen bestehendem System und neuen Features, berücksichtigen. Darüber hinaus müssen viele Tests für mehrere Umgebungen wiederholt werden. Tests werden nicht nur einmal durchgeführt, sondern mehrmals mit jeder neuen Version der Software über die gesamte Nutzungsdauer hinweg.

Diese repetitive Arbeit kann einen solch großen Anteil am Testeinsatz einnehmen, dass für den kreativen Teil des Testens nur mehr wenig Raum bleibt. Darunter leidet die Qualität des Tests und in der Konsequenz die Qualität der Software.

Es ist daher nur verständlich, dass Werkzeuge insbesondere dort eingesetzt werden, wo Tests immer und immer wieder erneut durchgeführt werden müssen – und mag es nur dem Ziel dienen, ausreichendes Testen innerhalb eines akzeptablen Zeitrahmens sicherzustellen. Darüber hinaus vermag der Werkzeugeinsatz dabei zu helfen, immer gründlichere Regressionstests innerhalb eines vorgegebenen Zeitraums durchzuführen. Am reizvollsten ist jedoch der Aspekt, dass Werkzeuge die Regressionstests übernehmen und den Testern damit mehr Freiraum für die kreativen Aspekte des Testens verschaffen. Damit wird neben der Qualität des Tests auch die Effizienz und Effektivität vom Test als Gesamtheit erhöht (der Werkzeuggebrauch kann dabei helfen, mehr Fehler zu finden).

Testwerkzeuge für den Regressionstest zu nutzen, ist nur der erste und augenscheinlichste Schritt, wenn es darum geht, Werkzeuge einzuführen, die letztlich das gesamte Spektrum der Testaktivitäten unterstützen können.

Zusätzlich zu den Vorteilen, die durch die Automatisierung von Regressionstests erreicht werden können, helfen uns Testwerkzeuge dabei, Tests durchzuführen, die rein manuell nicht möglich sind. Damit unterstützen sie uns, detaillierter, tiefgreifender und vielfältiger zu testen.

Es ist leicht nachzuvollziehen, dass der Werkzeugeinsatz im Testbereich großes Potenzial hat. Die Verwendung von Werkzeugen ermöglicht es, Tests mit kürzeren Zeitaufwänden durchzuführen. Außerdem können Tests zu Zeiten erfolgen, zu denen menschliche Tester normalerweise nicht verfügbar sind – etwa in der Nacht und am Wochenende.

Bei all diesen überragenden Vorteilen, warum nutzt dann nicht jeder Werkzeuge für den Softwaretest?

Der Erfolg beim Einsatz von Testwerkzeugen ist nicht automatisch garantiert. In der Tat haben viele Organisationen versucht, Testwerkzeuge einzuführen, und sind dabei kläglich gescheitert. Der unzweckmäßige und uninformierte Werkzeugeinsatz kann großen Schaden anrichten. Selbst das einfachste Tool kann missbräuchlich verwendet werden. Halten Sie sich dafür ein dreijähriges Kind vor Augen, dem wir einen Hammer in die Hand geben – ein einfaches und effektives Werkzeug, das bei unsachgemäßer Handhabung jedoch sehr gefährlich und schädlich sein kann. Wenn wir nicht verstehen, wie wir Werkzeuge gut und adäquat einsetzen, kann das Endresultat darin bestehen, dass wir eher Zeit und Ressourcen verschwenden, als sie zu sparen. Falsch eingesetzte Tools können zudem falsche oder irreführende Informationen liefern.

Das Problem ist, dass Testwerkzeuge – trotz ihres Namens – uns das Testen nicht abnehmen. Sie sind letztlich Werkzeuge, leblose Dinge, des Denkens und der kreativen Analyse nicht fähig. Sie können nicht die Verantwortung für das Testen übernehmen. Sie können lediglich die Aktivität der handelnden Personen unterstützen. Ohne menschlichen Einsatz haben sie keinen Wert.

Um Testwerkzeuge erfolgreich einsetzen zu können, müssen Testautomatisierungsentwickler, Tester und Testmanager die Einsatzmöglichkeiten und Beschränkungen eines jeden verwendeten Werkzeugs kennen. Ein verbreiteter Grund von Testautomatisierungsversagen liegt in unrealistischen Erwartungen begründet. Beispielsweise wird ein Testmanager, der davon ausgeht, im ersten Monat nach Einführung eines Testwerkzeugs doppelt so effektiv bei lediglich der Hälfte der Kosten zu sein, sehr enttäuscht werden.

Testmanager müssen auch den Unterschied zwischen Test- und Automatisierungsfähigkeiten verstehen. Um automatisierte Testfälle zu schreiben braucht es Zeit, Wissen und Fähigkeiten, die sich grundlegend von jenen unterscheiden, die notwendig sind, um zu testen. In gleicher Weise sollten sich die Verantwortlichkeiten für das Testen und die Automatisierung unterscheiden. Testmanager müssen aus ihrer Rolle heraus sicherstellen, dass Einzelpersonen wissen, wann sie sich auf die Automatisierung von Tests und wann auf das Testen als solches konzentrieren sollen.

Testwerkzeuge einzuführen braucht Zeit und führt letztlich dazu, dass sich Testprozesse ändern. Diese Veränderung muss kontrolliert stattfinden, um zu gewährleisten, dass ein koordinierter und konsistenter Zugang die erwünschten Vorteile des Werkzeugeinsatzes sicherstellt und gleichzeitig Fallstricke vermeidet.

Erfolg in der Testautomatisierung bedeutet den Einsatz derselben im Rahmen einer gesamtheitlichen Teststrategie. Damit ist Werkzeugunterstützung und nicht die Übernahme der Testtätigkeiten durch Werkzeuge gemeint.

Qualifizierte Menschen werden immer ein integraler Bestandteil des Testprozesses sein. Jedoch führen die wachsende Größe und Komplexität unserer Systeme und der gestiegene Anspruch an hohe Qualität in kurzer Zeit und mit geringen Kosten dazu, dass der Einsatz von Testwerkzeugen nicht mehr optionaler, sondern essenzieller Bestandteil eines reifen Testprozesses ist.

Wie können wir sicherstellen, diese Werkzeuge gut und weise einzusetzen? Das ist der Sinn und Zweck des vorliegenden Buches.

Egal, ob Sie erst mit Testautomatisierung beginnen wollen oder nach Wegen zur Verbesserung bereits bestehender Automatisierungsansätze suchen – hier sind Sie richtig. Lesen Sie weiter und lernen Sie von den Autoren – erfinden Sie das Rad nicht neu. Nutzen Sie die aus jahrelanger Erfahrung destillierte Weisheit.

Ich wünsche Ihnen viel Erfolg bei Ihren Automatisierungsvorhaben!

Mark Fewster
Grove Software Testing Ltd., 2015

Inhaltsübersicht

Anhang

Inhaltsverzeichnis

Anhang

1 Einführung in die Testautomatisierung und ihre Ziele

Die Softwareentwicklung als Ganzes erlebt eine Entwicklung hin zu einer industriellen Disziplin. Die zunehmende Digitalisierung der Geschäftsprozesse sowie die vermehrte Verbreitung von Standardprodukten und -services sind wesentliche Treiber für den Einsatz von immer effizienteren und effektiveren Methoden im Softwaretest, also auch in der Testautomatisierung. Die rasante Expansion mobiler Applikationen und die sich stetig ändernde Vielfalt der Endgeräte prägen diese Entwicklung ebenfalls nachhaltig.

1.1 Einleitung

Ein wesentliches Merkmal der fortschreitenden Industrialisierung seit dem Ende des 18. Jahrhunderts ist die Mechanisierung energie- oder zeitaufwendiger manueller Tätigkeiten in fast allen Produktionsprozessen. Was vor mehr als 200 Jahren mit mechanischen Webstühlen und Dampfmaschinen in den Textilfabriken Englands begann, ist heute das höchste Ziel und gelebte Praxis in allen produzierenden Unternehmen: die kontinuierliche Steigerung und Optimierung der Produktivität. Ziel ist es stets, mit möglichst geringem Mitteleinsatz das gewünschte Ergebnis in Quantität, Qualität und Zeit zu erreichen. Der Einsatz von Ressourcen bezieht sich sowohl auf den Einsatz menschlicher Arbeitskraft als auch auf den Einsatz von Maschinen, Arbeitsmitteln und anderen (Energie-)Ressourcen.

Softwareentwicklung und Softwaretest auf dem Weg zur industriellen Produktionsreife

Im Bestreben, immer besser zu werden und im globalen Konkurrenzdruck zu bestehen, gibt es keinen Industriebetrieb, der sich nicht laufend mit Optimierungen im Produktionsprozess beschäftigen muss. Vorbild und bestes Beispiel dafür ist die Automobilindustrie, die zu den Themen Prozesssteuerung, Produktionsgestaltung und -messung sowie Qualitätsmanagement immer wieder neue Ideen und Ansätze – auch für andere Industriezweige – hervorgebracht hat und auch weiter hervorbringt. Ein Blick in die Produktions- und Fertigungshallen eines Automobilherstellers beeindruckt durch die Präzision des Zusammenspiels zwischen Mensch und Maschine sowie den reibungslosen, hochautomatisierten Fabrikationsablauf. Ein ähnliches Bild zeigt sich mittlerweile in vielen anderen Produktionsprozessen.

Eine nicht unbedingt rühmliche Ausnahme stellt jedoch die Industrie der Softwareentwicklung dar. Trotz vieler Verbesserungen und Bemühungen der letzten Jahre und Jahrzehnte ist diese von der Professionalität der Fertigungsprozesse anderer Branchen immer noch weit entfernt. Dies ist insofern verwunderlich, wenn nicht sogar bedenklich, als Software jene Technologie ist, die in den letzten Jahrzehnten wohl die größte Auswirkung auf gesellschaftliche, wirtschaftliche und technische Veränderungen hatte. Vielleicht liegt es daran, dass die Softwareindustrie noch eine junge Disziplin ist und somit auch nicht die Reife anderer erreichen konnte. Vielleicht liegt es auch am immateriellen Charakter von Softwaresystemen mit all der technologischen Vielfalt, die es generell schwierig macht, Standards zu definieren und konsequent umzusetzen. Oder vielleicht liegt es daran, dass viele die Softwareentwicklung immer noch mehr im Zusammenhang mit künstlerischer Kreativität sehen als mit einer Ingenieurdisziplin.

Auch in den internationalen Standards hat sich die Softwareentwicklung erst als industrieller Zweig etablieren müssen. So findet sich z.B. in der Revision 4 der International Standard Industrial Classification of All Economic Activities (ISIC), veröffentlicht im August 2008, die neue Sektion J »Information and Communication«, während in der Vorgängerversion des Standards die Softwareentwicklungsleistungen noch auf unterster Ebene einer Sektion »Real estate, renting and business activities« versteckt waren [ISIC 08; NACE 08].

Softwareentwicklung als industrielle Einzelfertigung

Das Argument der jungen Disziplin wird jedoch jedes Jahr schwächer. Dennoch wird Softwareentwicklung immer noch gerne als eher künstlerische als ingenieurmäßige Tätigkeit gesehen und wäre demnach anders zu bewerten als die identische Reproduktion zigtausender Türbeschläge. Aber auch wenn Softwareentwicklung nicht den Prozessen einer Massenfertigung unterliegt, so ist diese heutzutage dennoch als industrielle Einzelfertigung zu definieren.

Was bedeutet aber »industriell« in diesem Zusammenhang? Ein industrieller Prozess ist durch mehrere Merkmale gekennzeichnet, insbesondere durch die breite Anwendung von Standards und Normen, den intensiven Einsatz von Mechanisierung und den Umstand, dass es meist um die Bewältigung von großen Mengen und Massen geht. Entlang dieser Merkmale wird auch die Wandlung der Softwareentwicklung von der Kunst hin zu einer professionellen Disziplin deutlich.

1.1.1 Standards und Normen

Seit den Anfängen der Softwareentwicklung gab es eine ganze Reihe von Ansätzen auf der Suche nach dem idealen Entwicklungsprozess. Viele dieser Ansätze waren für ihre Zeit und Rahmenbedingungen zweckmäßig und »State of the Art«. Die rasante Entwicklung der technischen Innovationen, die exponentielle Zunahme fachlicher und anwendungsbezogener Komplexitäten und die ständig wachsenden wirtschaftlichen Herausforderungen bedingen eine laufende Anpassung der bei der Softwareentwicklung eingesetzten Verfahren, Sprachen und Vorgehensmodelle: Wasserfall, V-Modell, iterative und agile Softwareentwicklung; ISO 9001:2008, ISO 15504 (SPICE), CMMI, ITIL; unstrukturierte, strukturierte, objektorientierte Programmierung, ISO/IEC/IEEE 29119 Software Testing – und das Ende der Fahnenstange ist noch lange nicht erreicht. Auch die Disziplin des Softwaretestens im engeren Sinne hat sich vor allem in den letzten Jahren stark verändert. Seit der Gründung des International Software Testing Qualifications Board (ISTQB®) im November 2002 und der damit initiierten, standardisierten Ausbildung zum Certified Tester in den verschiedenen Modulen und Ausbildungsstufen hat sich ein neues Berufs- und Rollenbild des Softwaretesters entwickelt und international etabliert [URL: ISTQB]. Das ISTQB® Ausbildungsprogramm wurde und wird laufend erweitert und aktualisiert und umfasst mit Stand 2020 folgendes Portfolio:

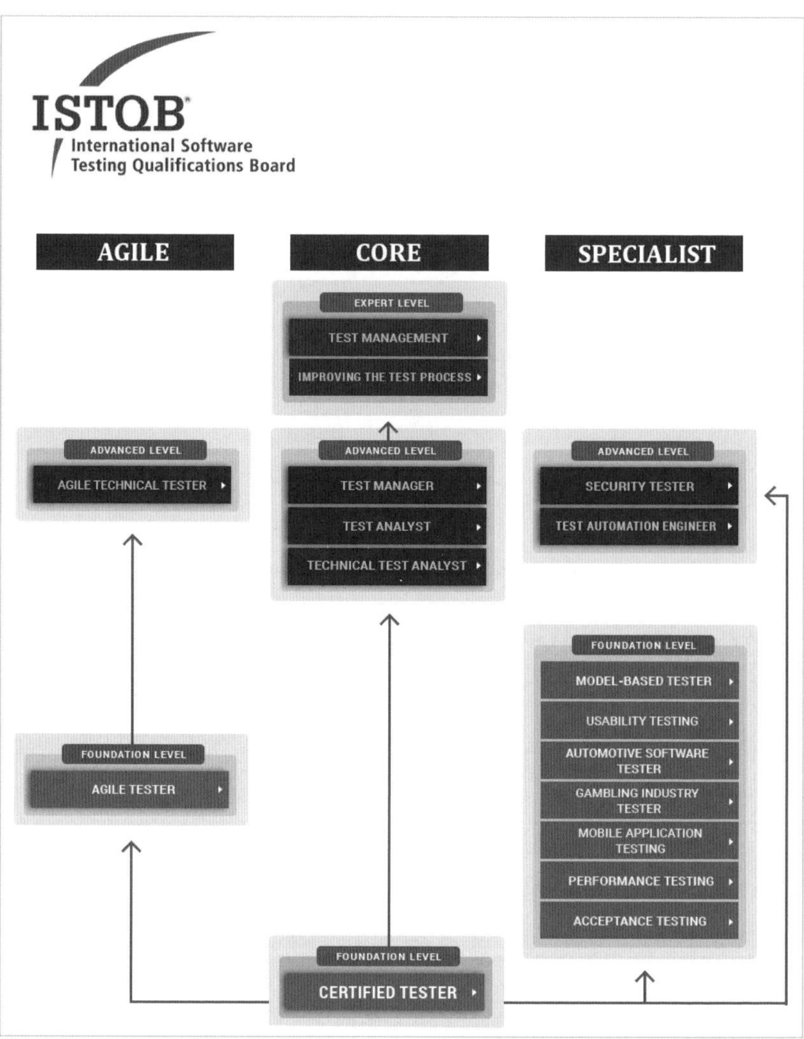

Abb. 1–1
ISTQB®-Produktportfolio (Stand 2020)

Dennoch steckt die Disziplin des Softwaretestens im Vergleich zu anderen Ingenieurdisziplinen und ihrer meist Jahrhunderte oder Jahrtausende alten Tradition und Entwicklung noch in den Kinderschuhen. Dies betrifft nicht nur die inhaltliche Ausgestaltung oder etwa die Durchdringung in Lehre und Praxis.

Einer der Hauptgründe, warum Softwareprojekte trotz vieler Erfahrungen, die sich in Standards manifestieren, immer noch in großem Stil – nachvollziehbar oder nicht – in den Misserfolg schlittern, ist die Tatsache, dass alle bekannten »Best Practices« der Softwareentwicklung weitgehend unverbindlich sind. Wer heute ein Softwareprodukt bestellt, kann sich nicht a priori auf einen überprüfbaren Fertigungsstandard verlassen.

Es ist nicht nur so, dass grundsätzlich jedes Unternehmen selbst entscheidet, ob es bestimmte Produkt- und Entwicklungsstandards anwendet oder nicht, sondern es ist vielerorts auch eine geduldete Praxis, dass diese Unverbindlichkeit auch innerhalb des Unternehmens fortgeführt wird: Jedes Projekt ist ja anders. Das »not invented here«-Syndrom ist und bleibt ein ständiger Begleiter von Softwareentwicklungsprojekten [Katz & Allen 1982].

Noch fehlen in der Testautomatisierung vielfach Normen und Standards.

Auch im Bereich der Testautomatisierung unterliegen technische Konzepte eher selten allgemeinen Normen. Vielmehr bestimmen die Hersteller kommerzieller Werkzeuge oder Open-Source-Communitys den aktuellen Stand der Technik. Diesen beiden Parteien geht es jedoch weniger um die Schaffung eines allgemein gültigen Standards als vielmehr um die Generierung eines Wettbewerbsvorteils am Markt oder die Umsetzung kollektiver Ideen. Denn durch Standards werden Werkzeuge grundsätzlich austauschbar – und welches Unternehmen möchte schon gerne seine Marktposition durch die Schaffung eines Standards schwächen? Eine Ausnahme stellt hier die Testing and Test Control Notation (TTCN-3) des European Telecommunication Standards Institute (ETSI) dar [URL: ETSI]. Die Anwendung dieses Standards ist in der Praxis jedoch im Wesentlichen auf sehr spezifische Einsatzgebiete beschränkt, zum Beispiel in den Telekommunikations- und Automotive-Sektoren.

Für ein Unternehmen, das eine Testautomatisierung einführt, bedeutet dies in der Regel eine enge Bindung an einen Werkzeughersteller. Auch in Zukunft wird es nicht möglich sein, eine umfassende, automatisierte Testsuite einfach von einem Werkzeug auf ein anderes zu übertragen, da sich gemeinhin sowohl die technologischen Konzepte als auch die Automatisierungsansätze stark unterscheiden. Dies gilt auch für die Investitionen in die Ausbildung des Personals, die ebenfalls eine stark werkzeugbezogene Komponente enthält.

Dennoch gibt es einige allgemeine Prinzipien bei der Konzeption, Organisation und Durchführung von automatisierten Softwaretests. Diese Faktoren unterstützen dabei, die Abhängigkeit von bestimmten Werkzeugen zu reduzieren und die Produktivität bei der Automatisierung zu optimieren.

Die Ausbildung zum ISTQB® Certified Tester Advanced Level Testautomatisierungsentwickler und dieses Buch, in das die Autoren auch ihre praktischen Erfahrungen eingebracht haben, bieten eine Einführung in diese grundsätzlichen Aspekte und Prinzipien sowie eine Anleitung bzw. Empfehlungen zur Umsetzung eines Testautomatisierungsprojekts.

1.1.2 Der Einsatz von Maschinen

Ein weiteres wesentliches Merkmal der industriellen Fertigung ist der Einsatz von Maschinen zur Erleichterung und Reduktion von manuellen Tätigkeiten. In der Softwareentwicklung sind diese Maschinen selbst wiederum Software. Dazu zählen etwa Entwicklungsumgebungen, die die Erstellung und Verwaltung des Programmcodes und weiterer Softwarebestandteile vereinfachen bzw. erst ermöglichen. Im Prinzip sind dies jedoch meist nur Bearbeitungs- und Verwaltungssysteme mit gewissen Kontrollmechanismen, wie sie etwa ein Compiler durchführt. Die Programme müssen immer noch »mit Hand und Verstand« geschrieben werden. Eine »Mechanisierung« der Programmierung ist das Ziel der modellbasierten Ansätze, in denen die mühsame Arbeit der Codierung von Generatoren erledigt wird. Ausgangsbasis für die Codegenerierung sind Modelle des zu entwickelnden Softwaresystems, z.B. in der UML-Notation. In einigen Bereichen wird diese Technologie bereits umfassend eingesetzt, etwa zur Generierung von Datenzugriffsroutinen oder dort, wo Spezifikationen in formalen Sprachen vorliegen, wie etwa bei der Entwicklung von eingebetteten Systemen. In der Breite jedoch ist Softwareentwicklung immer noch pures Handwerk.

Die Mechanisierung im Softwaretest

Einsatz von Werkzeugen zur Testfallgenerierung und Testdurchführung

Eine Aufgabe des Softwaretesters ist die Identifikation von Testbedingungen und der Entwurf von Testfällen. Ähnlich den Ansätzen zur modellbasierten Entwicklung zielt das modellbasierte Testen (MBT) auf die automatische Ableitung von Testfällen aus vorhandenen Modellbeschreibungen des Systems unter Test (SUT) ab. Als Ausgangsbasis dienen z.B. Objektmodelle, Use-Case-Beschreibungen und Ablaufgraphen in verschiedenen Notationen. Durch Anwendung eines semantischen Regelwerks werden fachliche Testfälle auf Basis textueller Spezifikationen abgeleitet. Und nicht zuletzt generieren entsprechende Parser aus dem Quellcode selbst abstrakte Testfälle, die dann zu konkreten Testfällen verfeinert werden. Für die Verwaltung dieser Testfälle steht eine Vielzahl geeigneter Testmanagementwerkzeuge zur Verfügung, die in die unterschiedlichen Entwicklungsumgebungen integriert sind. Ähnlich der Generierung von Code aus den Modellen ist auch die Generierung von Testfällen aus Testmodellen noch nicht sehr weit verbreitet. Ein Grund dafür ist der Umstand, dass das Ergebnis, der generierte Testfall, im hohen Grad von der Qualität und der »passenden« Beschreibungstiefe der Modelle abhängt. Diese sind zumeist nicht zufriedenstellend gegeben.

Eine weitere Aufgabe des Softwaretesters ist die Durchführung und Protokollierung der Testfälle. An dieser Stelle ist zu unterscheiden, ob es sich um Tests handelt, die auf der Ebene technischer Schnittstellen, Systemkomponenten, Module oder Methoden durchgeführt werden, oder um fachliche, anwenderbezogene Tests, die eher über die Benutzerschnittstelle erfolgen. Für erstere werden bereits vorwiegend technische Hilfsmittel eingesetzt: Testrahmen, Testtreiber, Unit-Test-Frameworks, Hilfsprogramme etc. Diese Tests werden auch fast immer von »Technikern« durchgeführt, die sich die »mechanischen Hilfsmittel« selbst bereitstellen können. Der fachliche Test wurde und wird zum überwiegenden Teil von Mitarbeitern aus den Fachbereichen oder dedizierten Testanalysten manuell ausgeführt. Für diesen Bereich stehen ebenfalls Werkzeuge zur Unterstützung und Erleichterung der manuellen Testdurchführungen zur Verfügung. Deren Einsatz ist jedoch mit entsprechenden Kosten und Lernaufwänden verbunden. Dies ist mit ein Grund dafür, dass der Einsatz von Testautomatisierungswerkzeugen in der Vergangenheit keine allgemeine Verbreitung gefunden hat. Die Weiterentwicklung dieser Werkzeuge hat in den letzten Jahren jedoch zu einer deutlichen Verbesserung der Kosten-Nutzen-Relation geführt. Die vereinfachte Erstellung eines automatisierten Testfalls sowie seine einfachere Wartbarkeit durch die zunehmende Trennung von fachlicher Logik und technischer Implementierung führten dazu, dass sich Automatisierung nicht erst dann rechnet, wenn riesige Mengen von Testfällen durchzuführen oder der x-te Regressionstest zu wiederholen sind, sondern bereits bei der erstmaligen automatisierten Durchführung von manuell aufwendigen Tests.

1.1.3 Mengen und Massen

Während in der Programmierung eine beschränkte Anzahl von Programmen oder Objekten und Methoden einmal entwickelt wird und dann bestenfalls noch adaptiert bzw. korrigiert werden muss, ist im Test theoretisch eine fast grenzenlose Anzahl an Testfällen möglich. In der Praxis gehen die Testfallanzahlen meist in die Hunderte oder Tausende. Eine einmal entwickelte Eingabemaske und ein einmal entwickelter Verarbeitungsalgorithmus muss im Test unzählige Male getestet werden, z.B. durch verschiedene Eingabe- und Dialogvariationen oder etwa durch die Erfassung von hundert Verträgen mit unterschiedlichen Tarifen im datengetriebenen Test. Diese Tests sind aber nicht nur ein einziges Mal zu erstellen und durchzuführen. Mit jeder Änderung am System müssen Regressionstests durchgeführt und angepasst werden, um die Funktionsfähigkeit des Systems nachzuweisen. Um eventuell entstandene Nebeneffekte von Änderungen zu erkennen, ist jedes Mal eine möglichst große Testüberdeckung anzustreben, die aber erfahrungsgemäß aus Kosten- und Zeitgründen meist nicht erreicht werden kann.

Der notwendige Testumfang kann nur mit dem Einsatz von Automaten bewältigt werden.

Diese Ausgangslage, die notwendige Bewältigung von großen Mengen und Massen, schreit förmlich nach dem Einsatz der industriellen Mechanisierung, nach dem Einsatz von Testautomatisierungslösungen. Und wenn die Lage nicht schreit, so tun dies die Tester, die im Gegensatz zu einer Maschine bei der zehnten Durchführung desselben Testfalls menschliche Reaktionen wie Frustration, mangelnde Konzentration oder Ungeduld zeigen. Individuelle Priorisierungen lassen dann unter Umständen gerade die falschen, weil erfolgskritischsten Testfälle unter den Tisch fallen.

Betrachtet man die obigen Punkte, ist es eigentlich verwunderlich, dass Testautomatisierung nicht schon längst durchgängig im Einsatz ist. Fehlende Standardisierungen, bisherige unattraktive Kosten-Nutzen-Rechnungen und der Entwicklungsstand der Werkzeuge mögen Gründe dafür gewesen sein. Heutzutage führt jedoch an der Testautomatisierung kein Weg mehr vorbei. Der Anstieg der Komplexität der Softwaresysteme und der dadurch erhöhte Testbedarf, der steigende Druck auf Zeit und Kosten sowie die wachsende Verbreitung agiler Entwicklungsansätze und mobiler Applikationen zwingen Unternehmen regelrecht, bei der Softwareentwicklung auf eine nachhaltige Testautomatisierung zu setzen.

1.2 Was ist unter Testautomatisierung zu verstehen?

In der Definition des ISTQB® ist unter Testautomatisierung der »Einsatz von Softwarewerkzeugen zur Durchführung oder Unterstützung von Testaktivitäten, z.B. Testmanagement, Testentwurf, Testausführung und Soll/Ist-Vergleich« zu verstehen. Man könnte auch sagen, »Testautomatisierung ist die Durchführung von ansonsten manuellen Testtätigkeiten durch Automaten bzw. Maschinen«. Das Spektrum umfasst demnach alle Tätigkeiten zur Überprüfung der Softwarequalität im Entwicklungsprozess, in den unterschiedlichen Entwicklungsphasen und Teststufen sowie die entsprechenden Aktivitäten von Entwicklern, Testern, Analytikern oder auch der in die Entwicklung eingebundenen Anwender.

Testautomatisierung bedeutet demnach nicht nur die Ausführung einer Testsuite, sondern umfasst den gesamten Prozess der Bereitstellung und Erstellung aller Testmittel, d.h. der Arbeitsergebnisse, die für die Planung, den Entwurf, die Ausführung, die Auswertung und die Berichterstattung über automatisierte Tests erforderlich sind.

Relevante Testmittel sind unter anderem:

- **Software**
  Für die Verwaltung, den Entwurf, die Implementierung, die Durchführung und die Auswertung von automatisierten Testsuiten ist eine Reihe von Werkzeugen (Automatisierungswerkzeuge, Testrahmen, Virtualisierungslösungen etc.) erforderlich. Die Auswahl und Bereitstellung dieser Werkzeuge ist eine komplexe Aufgabe, die von der Technologie und dem Umfang des SUT und der gewählten Testautomatisierungsstrategie abhängt.
- **Dokumentation**
  Dazu gehört nicht nur die Dokumentation der verwendeten Testwerkzeuge, sondern auch alle verfügbaren fachlichen und technischen Beschreibungen sowie der Architektur und der Schnittstellen des SUT.
- **Testfälle**
  Die fachlichen Testfälle, abstrakt oder konkret, bilden die Grundlage für die Implementierung automatisierter Tests. Deren Auswahl bzw. Priorisierung und funktionale Qualität (z.B. fachliche Relevanz, funktionale Überdeckung, Korrektheit) sowie die Qualität ihrer Beschreibung haben einen wesentlichen Einfluss auf das langfristige Kosten-Nutzen-Verhältnis der Testautomatisierungslösung (TAS – Test Automation Solution) und damit unmittelbar auf ihre Nachhaltigkeit.
- **Testdaten**
  Die Testdaten sind der Treibstoff für die Testdurchführung. Sie werden zur Steuerung der Testszenarien sowie zur Berechnung und Verifizierung der Testergebnisse verwendet. Sie stellen dynamische Eingabedaten, feste oder variable Parameter und (Konfigurations-)Daten dar, auf denen die Verarbeitung basiert. Die Erzeugung, Produktion und Wiederherstellung von Bestands- und Verarbeitungsdaten für und durch die Testautomatisierung erfordert besondere Aufmerksamkeit. Falsche Testdaten, wie fehlerhafte Testskripte, führen zu falschen Testergebnissen und können den Testfortschritt stark behindern. Auf der anderen Seite bieten die Testdaten die Möglichkeit, das Potenzial der Testautomatisierung voll auszuschöpfen. Die Bedeutung, aber auch die Komplexität eines effizienten und gut organisierten Testdatenmanagements spiegelt sich auch in der Ausbildung zum GTB Certified Tester Foundation Level Test Data Specialist [GTB 18] wider.

- **Testumgebungen**
  Der Aufbau von Testumgebungen ist in der Regel eine sehr komplexe Aufgabe und natürlich stark abhängig von der Komplexität des SUT sowie von den technischen und organisatorischen Rahmenbedingungen im Unternehmen. Es ist daher wichtig, den Betrieb, das Testumgebungsmanagement, das Applikationsmanagement etc. rechtzeitig mit allen Beteiligten zu diskutieren. Es ist zu klären, wer und in welcher Form das SUT, die benötigten Drittsysteme, die Datenbanken und die Testautomatisierungslösung selbst in der Testumgebung bereitstellt, alle erforderlichen Zugriffsrechte gewährt und die Ausführung überwacht.

  Die Testautomatisierungslösung sollte nach Möglichkeit vom SUT getrennt sein, um gegenseitige Beeinflussung zu vermeiden. Ausnahmen sind z.B. eingebettete Systeme, bei denen die Testsoftware in das SUT integriert werden muss.

Obwohl sich der Begriff »Testautomatisierung« grundsätzlich auf alle Aktivitäten im Testprozess bezieht, wird in der Praxis gemeinhin die automatisierte Ausführung von Tests mithilfe spezieller Werkzeuge oder Software mit diesem Begriff in Verbindung gebracht.

Dabei werden eine oder mehrere Aufgaben, wie sie auch für die Durchführung dynamischer Tests definiert sind [Spillner & Linz 19], auf Basis der genannten Testmittel ausgeführt:

- Die automatisierten Testfälle auf der Grundlage der vorhandenen Spezifikationen, der fachlichen Testfälle und des SUT implementieren und sie mit Testdaten versorgen.
- Die definierten Vorbedingungen für die automatisierte Durchführung herstellen und steuern.
- Die automatisierten Testsuiten ausführen, steuern und überwachen.
- Die Ergebnisse der Ausführung – d.h. den Vergleich der tatsächlichen mit den erwarteten Ergebnissen – protokollieren, auswerten und entsprechende Berichte bereitstellen.

Aus technischer Sicht kann die Implementierung von automatisierten Tests auf verschiedenen Architekturebenen ansetzen. Unter dem Gesichtspunkt, die manuelle Testausführung zu ersetzen, greift die Automatisierung auf die Elemente der grafischen Benutzungsoberfläche (GUI-Test) oder – je nach Art der Anwendung – auf die Kommandoschnittstelle des SUT (CLI-Test) zu. Geht man eine Ebene tiefer, kann die Automatisierung über die öffentlichen Schnittstellen der Klassen, Module und Bibliotheken des SUT (API-Test) und über entsprechende Dienste (Servicetest) und Protokolle (Protokolltest) implementiert werden. Testfälle, die auf dieser tieferen Architekturebene umgesetzt werden, haben den Vorteil, dass sie weniger empfindlich auf (häufige) Änderungen der Benutzungsschnittstellen reagieren. Neben der wesentlich höheren Wartungsfreundlichkeit hat dieser Ansatz in der Regel auch einen deutlichen Performanzvorteil gegenüber einer GUI-basierten Automatisierung. Selbst vor der eigentlichen Verteilung der Software auf eine Laufzeitumgebung können wertvolle Tests durchgeführt werden: Mit Unit-Tests kann für jeden Build die automatisierte Prüfung der einzelnen Softwarekomponenten durchgeführt werden, noch bevor eine vollständige Integration und Paketierung in ein Softwareprodukt durchgeführt wird. Die Pyramide der Testautomatisierung nach Mike Cohn veranschaulicht die angestrebte Verteilung der automatisierten Tests auf der Grundlage ihrer Kosten-Nutzen-Effizienz über die Zeit [URL: Cohn].

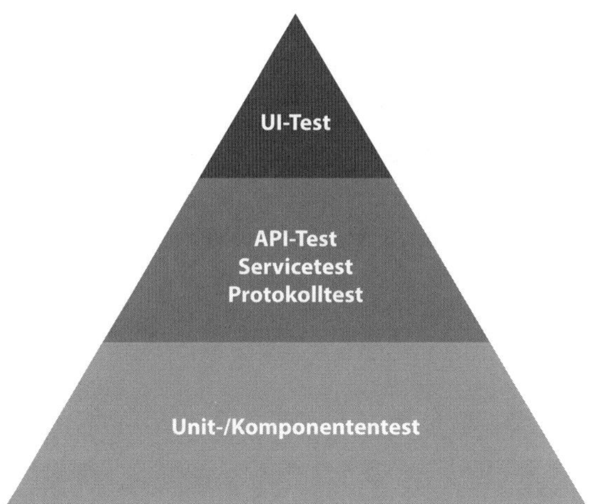

Abb. 1–2
Pyramide der Testautomatisierung

1.3 Ziele der Testautomatisierung

Die Einführung einer Testautomatisierung ist in der Regel mit einer Reihe von Zielen und Erwartungen verbunden – denn bei allen Vorteilen ist und bleibt Automatisierung kein Selbstzweck. Zu den Zielen gehören zunächst einmal die Steigerung der Testeffizienz und damit die Senkung der Gesamtkosten für den Test. Weitere wichtige Faktoren sind die Verkürzung der Testausführungszeit/Testzyklen und die sich daraus ergebende Möglichkeit, die Häufigkeit der Testausführungen zu erhöhen. Dies ist besonders für die Ansätze DevOps und DevTestOps wichtig. Continuous Integration, Continuous Deployment und Continuous Testing können nur mit einer gut funktionierenden Testautomatisierungslösung effektiv realisiert werden.

Neben der Kostenreduktion und Zeitverkürzung ist die Steigerung bzw. Aufrechterhaltung der Qualität ein wichtiges Ziel der Testautomatisierung. Die Qualität kann durch eine Erhöhung der Funktionsüberdeckung und durch die Implementierung von Tests erreicht werden, die nicht oder nur mit großem Ressourcenaufwand manuell durchgeführt werden können. Beispiele hierfür sind der Test einer sehr großen Anzahl relevanter Datenkonstellationen oder -variationen, das Testen auf Fehlertoleranz, d.h. die Testausführung auf API-/Service-Ebene mit fehlerhaften Eingabedaten, um die Robustheit des SUT zu bewerten, oder auch der Performanztest in seinen verschiedenen Ausprägungen. Aber auch die einheitliche und wiederholte Ausführung ganzer Testsuiten gegen verschiedene Versionen des SUT (Regressionstest) in verschiedenen Umgebungen (unterschiedliche Browser und Versionen, Vielzahl mobiler Endgeräte etc.) ist nur unter Einsatz von Testautomatisierung wirtschaftlich machbar.

Vorteile der Testautomatisierung

Einer der größten Vorteile und Nutzen der Testautomatisierung ergibt sich durch den Aufbau einer automatisierten Regressionstestsuite, die es ermöglicht, mehr und mehr Testfälle je Softwarerelease durchzuführen. Ein manueller Regressionstest stößt sehr rasch an die Grenzen der Machbarkeit und Wirtschaftlichkeit. Zudem verliert er durch die nachlassende Konzentration und Motivation der Tester von Mal zu Mal an Effektivität und bindet wertvolle manuelle Ressourcen. Demgegenüber laufen automatisierte Tests schneller ab, sind weniger anfällig für Bedienerfehler und auch komplexere Testszenarien können – einmal konzentriert erstellt – wiederholt durchgeführt werden. Bei der manuellen Testdurchführung muss oft jedes Mal sehr viel Zeit investiert werden, um komplexere Testsequenzen wieder zu verstehen und in gleicher Qualität auszuführen.

Bestimmte Tests sind manuell auch kaum bzw. gar nicht durchführbar. So können automatisiert relativ einfach verteilte und parallele Tests implementiert und durchgeführt werden, zum Beispiel für die Durchführung von Last-, Performanz- und Stresstests. Auch Echtzeittests etwa in der Steuerungstechnik benötigen zwingend entsprechende Werkzeuge.

Da die automatisierten Testfälle und Testszenarien auf Basis eines einheitlichen Frameworks erstellt werden, einheitlich formal beschrieben sind, also im Gegensatz zum manuellen Testfall keinen Interpretationsspielraum zulassen, und quasi immer »stimmen« müssen, erhöhen sich zum einen die Konsistenz und Wiederholbarkeit der Tests und zum anderen die Ausfallsicherheit des SUT.

Auch aus Projektsicht ergeben sich wesentliche Vorteile durch den Einsatz einer Testautomatisierung. Die unmittelbare Rückmeldung bezüglich der Qualität des SUT beschleunigt den Projektverlauf deutlich. Vorhandene Probleme werden innerhalb von Stunden und nicht nach mehreren Tagen oder Wochen aufgezeigt und können behoben werden, bevor die Aufwände für die Korrekturen noch höher werden.

Die Testautomatisierung ermöglicht auch die effizientere und effektive Nutzung von Testressourcen. Damit sind nicht nur technische Infrastrukturen gemeint. Ein großer Vorteil ist das Freiwerden von Testern, auch aus den Fachbereichen, durch die Automatisierung der Regressionstests. Dadurch können sich diese Tester verstärkt der Fehlerfindung z.B. durch exploratives Testen oder dem gezielten Einsatz diverser Testverfahren im dynamischen, manuellen Test widmen.

Nachteile der Testautomatisierung

Natürlich bringt die Testautomatisierung nicht nur Vorteile, sondern auch den einen oder anderen Nachteil mit sich bzw. Aspekte, die man im Vorfeld kennen sollte, um hinterher nicht negativ überrascht zu werden.

Die Automatisierung von Prozessen ist immer mit zusätzlichen Kosten verbunden, die Testautomatisierung bildet hier keine Ausnahme. Zu den Anfangsinvestitionen, die für den Aufbau und die Inbetriebnahme einer Testautomatisierungslösung erforderlich sind, gehören Werkzeuge (bspw. für die Testdurchführung), die angeschafft oder entwickelt werden müssen, die Arbeitsplatzausstattung für die Testautomatisierungsentwickler (TAE), die in der Regel mehrere Rechner oder Bildschirme (Entwicklungsrechner, Ausführungsrechner) umfasst, die Aufrüstung der Testumgebungen, die Etablierung neuer Prozesse und Arbeitsschritte, die für die Entwicklung von Testskripten notwendig werden, zusätzliche Konfigurationsmanagement- und Versionierungssysteme u.v.m.

Neben der Investition in zusätzliche Technologien oder Prozesse müssen auch Zeit und Geld in den Ausbau der Kompetenzen des Testteams investiert werden. Dazu gehören die Ausbildung zum Testautomatisierungsentwickler und die Weiterbildung im Bereich der Softwareentwicklung sowie die Schulung für den Einsatz der Testautomatisierungslösung und der eingesetzten Werkzeuge.

Häufig unterschätzt wird auch der Aufwand für die Wartung der Testautomatisierungslösung und der automatisierten Testmittel, allen voran natürlich der Testskripte. Letztlich erzeugt die Testautomatisierung selbst Software, die gewartet werden muss. Eine ungeeignete Architektur, Nichteinhaltung von Konventionen, unzureichende Dokumentation und fehlendes Konfigurationsmanagement wirken sich dramatisch aus, sobald die automatisierte Testsuite ein bestimmtes Niveau erreicht hat. Änderungen und Erweiterungen finden immer statt. Das SUT ändert sich an der Benutzerschnittstelle, in den Prozessen, in den technischen Aspekten, den Geschäftsregeln usw. Und diese Änderungen wirken sich direkt und unmittelbar auf die Testautomatisierungslösung oder die automatisierten Testmittel aus.

Es ist nicht ungewöhnlich, dass der Testautomatisierungsentwickler von diesen Änderungen erst »in der Produktion« erfährt, nämlich dann, wenn bei der Testausführung eine Abweichung auftritt. Diese Abweichung wird gemeldet und dann vom Entwickler als Fehler der TAS (ein sogenanntes falsch positives Ergebnis) zurückgewiesen. Aber dies ist nicht das einzige Szenario, in dem die TAS zu Fehlern führt, denn, wie gesagt, die TAS ist auch nur Software – und Software ist in den allermeisten Fällen fehlerhaft.

Aus diesem Grund fokussieren sich die Testautomatisierungsentwickler oft zu sehr auf die technischen Aspekte der TAS und lassen sich von den eigentlichen, qualitativen Testzielen, die für die erforderliche Überdeckung des SUT notwendig sind, ablenken.

Ist eine TAS erst einmal etabliert und leistet gute Dienste, unterliegen Tester allzu gerne der Verlockung, alles automatisieren zu wollen, z. B. umfangreiche Ende-zu-Ende-Tests, ineinander verwobene Dialogsequenzen oder eine komplizierte Verarbeitung. Das klingt nach einer großartigen Sache, aber man muss sich des Aufwands bewusst sein, der mit der Implementierung und Wartung von automatisierten Tests verbunden ist. Allein die Erstellung und Pflege von konsistenten Testdaten über mehrere Systeme hinweg für umfangreiche Ende-zu-Ende-Tests ist in vielen Situationen eine große Herausforderung.

Beschränkungen und Grenzen der Testautomatisierung

Auch die Testautomatisierung hat ihre Grenzen. Technisch gesehen ist vieles möglich, aber manchmal stehen die Kosten für die Automatisierung bestimmter manueller Tests in keinem Verhältnis zum Nutzen.

Ein Automat kann nur tatsächliche, maschineninterpretierbare Ergebnisse prüfen und benötigt dafür ein Testorakel, das ebenfalls automatisiert sein muss. Die Stärke der Testautomatisierung liegt sicherlich in der Verifikation, dem exakten Vergleich von erwartetem mit dem tatsächlichen Verhalten des SUT. Die Schwäche liegt in der Validierung des Systems, der Bewertung der Eignung für die beabsichtigte Nutzung. Fehler in den Anforderungen oder deren fehlerhafte Interpretation werden von der Testautomatisierungslösung nicht erkannt. Ein Test »zwischen den Zeilen« und Testkreativität ist der Testautomatisierungslösung nicht bekannt. Daher ist die Testautomatisierung kein vollwertiger Ersatz für manuelle strukturierte, dynamische Tests oder für explorative Tests. Das SUT sollte bereits ein gewisses Maß an Fehlerfreiheit und Stabilität an den Benutzer- und Systemschnittstellen erreicht haben, damit die Testabläufe sinnvoll automatisiert werden können und nicht ständigen Änderungen unterliegen.

1.4 Erfolgsfaktoren für die Testautomatisierung

Um die gesteckten Ziele zu erreichen, die Erwartungen langfristig zu erfüllen und die Hindernisse so gering wie möglich zu halten, sind folgende Erfolgsfaktoren für laufende Testautomatisierungsprojekte von besonderer Bedeutung. Und je mehr diese erfüllt sind, umso höher ist die Wahrscheinlichkeit, dass das Testautomatisierungsprojekt erfolgreich sein wird. In der Praxis wird es selten der Fall sein, dass alle Kriterien erfüllt sind, und dies ist auch nicht zwingend erforderlich. Bereits vor Beginn des Projekts müssen die Rahmenbedingungen und Erfolgsaussichten geprüft und während des Projekts laufend analysiert werden. Jeder Ansatz hat im jeweiligen Projektkontext auch Risiken, und man muss sich bewusst sein, welche Erfolgsfaktoren erfüllt sind und welche nicht. Die Testautomatisierungsstrategie und -architektur sind demnach auch stets an veränderte Rahmenbedingungen anzupassen und zu ergänzen.

Auf Erfolgsfaktoren für die Pilotierung von Testautomatisierungsprojekten wird in weiterer Folge nicht eingegangen.

1.4.1 Testautomatisierungsstrategie

Die Testautomatisierungsstrategie ist ein Plan auf hoher Ebene zur Erreichung der langfristigen Ziele der Testautomatisierung unter gegebenen Randbedingungen. Aussagen über die Testautomatisierungsstrategie können in der Testrichtlinie des Unternehmens oder auch in der organisatorischen Teststrategie enthalten sein. Letztere definiert die generischen Anforderungen an das Testen in einem oder mehreren Projekten innerhalb einer Organisation, einschließlich Details darüber, wie das Testen durchgeführt werden soll, und ist an der Testrichtlinie ausgerichtet.

Für jedes Testautomatisierungsprojekt ist eine pragmatische und konsistente Testautomatisierungsstrategie erforderlich, die auf die Wartbarkeit der Testautomatisierungslösung und die Konsistenz des SUT abgestimmt ist.

Da das SUT selbst aus verschiedenen alten und neuen funktionalen und technischen Bereichen bestehen kann und auch Anwendungen und Komponenten verschiedener Plattformen umfasst, ist es wahrscheinlich, dass neben einer Basisstrategie auch entsprechende spezifische Strategien definiert werden müssen. Dabei ist zu berücksichtigen, welche Kosten, Nutzen und Risiken die Anwendung der Strategie auf die verschiedenen Bereiche des SUT mit sich bringt.

Eine weitere wesentliche Anforderung an die Testautomatisierungsstrategie ist die Sicherstellung der Vergleichbarkeit der Testergebnisse von automatisierten Testfällen, die über verschiedene Schnittstellen (z.B. API und GUI) des SUT ausgeführt werden.

Im Laufe des Projekts werden kontinuierlich Erfahrungen gesammelt, das SUT wird sich verändern und die Ziele können angepasst werden. Entsprechend muss die Teststrategie laufend adaptiert und verbessert werden. Deshalb müssen in der Strategie auch die Verbesserungsprozesse und die Strukturen definiert werden.

Exkurs: Testautomatisierungs-Manifest

Es können auch Grundprinzipien für die Testautomatisierung im Projekt oder für das Unternehmen formuliert werden, ein Mindset, das als Leitfaden in verschiedenen Fragestellungen dienen kann. Ein Beispiel dafür ist in der folgenden Abbildung aus dem Projektumfeld der Autoren dargestellt:

Abb. 1–3 *Testautomatisierungs-Manifest*

Testautomatisierungs-Manifest

Transparenz vor Komfort	Zusammenarbeit vor Unabhängigkeit	Qualität vor Quantität	Flexibilität vor Kontinuität
Die Testautomatisierung muss gut sichtbar sein, um Mehrwert zu generieren. Wir stehen für Transparenz, auch wenn dies bedeutet, dass wir Fehler in unserer eigenen Arbeit aufdecken müssen.	Es ist besser, mit anderen Beteiligten und Organisationen zusammenzuarbeiten, und sich zu vernetzen, als Probleme im Alleingang zu lösen.	Verlässliche Ergebnisse, die die weitere Arbeit voranbringen, sind wichtiger als eine hohe Anzahl von automatisierten Testfällen.	Gegenüber festen Strukturen bevorzugen wir eine flexible Vorgehensweise, die künftigen Herausforderungen standhält.

Transparenz vor Komfort

Testautomatisierung hat den Charakter der Risikomessung und -vermeidung, ähnlich dem Sicherheitsnetz eines Artisten auf einem Hochseil. Das heißt, wenn alle Faktoren richtig zusammenspielen, ist etwa der »Output« im Regressionstest, d.h. die erkannten Fehler, gering. Dies bedeutet jedoch nicht, dass die Testautomatisierung keinen Mehrwert bietet. Es ist daher wichtig, die Testautomatisierung und ihre Ergebnisse und Funktion klar und sichtbar in der Organisation zu platzieren. Dies bedeutet aber auch, dass Probleme der Testautomatisierung klar und sofort sichtbar sind. Dies ist nach Meinung der Autoren kein Nachteil, sondern eine Stärke.

Zusammenarbeit vor Unabhängigkeit

Eine typische Situation für die Testautomatisierung besteht darin, dass ein Werkzeug gekauft und an einen Tester übergeben wird, der dann für die Einführung und Nutzung dieses Werkzeugs verantwortlich ist. Häufig tritt der Effekt auf, dass diese Person dann in einen experimentellen Modus gerät und unter Druck versucht, automatisierte Testfälle zu implementieren. Ein Verhaltensmuster in diesem Zusammenhang ist »ich und das Werkzeug gegen das Produkt« – d.h. eine Tendenz, Probleme und Herausforderungen allein lösen zu wollen oder sie zu umgehen. Wir empfehlen, sich stattdessen aktiv mit anderen Rollen auszutauschen. Wenn z.B. die Anzeige einer Tabelle schwer zugänglich ist, wenden Sie sich an die Entwickler, fragen Sie die Community oder rufen Sie einfach den Herstellersupport an.

Qualität vor Quantität

Eine typische Metrik für den Wert und Fortschritt von Testautomatisierung ist der Automatisierungsgrad einer Testsuite in Prozent oder auch die absolute Anzahl der automatisierten Testfälle. Dabei wird allerdings nicht der generierte Mehrwert betrachtet, der direkt von der Wartbarkeit und Robustheit der automatisierten Tests abhängt. Ein Leitspruch in diesem Kontext ist: »Zehn aussagekräftige, stabile, automatisierte Tests sind mehr wert als tausend instabile und nicht nachvollziehbare Testfälle.« Eine kleine Regressionstestsuite ist also oft nützlicher als ein riesiges, nur schwer wartbares Testportfolio.

Flexibilität vor Kontinuität

Die Testautomatisierung ist ein »Zwillingsprodukt« zu den Systemen, die sie testet – und oft ein Werkzeug zur Sicherstellung von Geschäftsprozessen. Sie liefert den höchsten Mehrwert, wenn sie über einen langen Zeitraum mit geringem Wartungsaufwand betrieben werden kann. In dieser Zeit können sich Technologien, Werkzeuge, Personal und auch die Geschäftsprozesse erheblich ändern. Um effektiv zu bleiben, erfordert die Testautomatisierung ein hohes Maß an Flexibilität gegenüber Veränderungen. Dies ist sowohl ein strategisches und prozessbezogenes als auch ein technologisches/architektonisches Problem, das auch durch die in späteren Kapiteln ausführlich beschriebene generische Testautomatisierungsarchitektur adressiert wird.

Die Testautomatisierungsstrategie muss auch auf den Typ des zugrunde liegenden Projekts abgestimmt sein. Auch die verschiedenen Teststufen und Testarten, die automatisiert unterstützt werden sollen, können unterschiedliche Ansätze erfordern.

Abschnitt 1.5 zu den Themen Teststufen und Projektarten sowie die Anhänge A »Softwarequalitätsmerkmale« und B »Last- und Performanztest« bieten eine Einführung in dieses Thema und sind als Exkurs, d.h. nicht als Bestandteil des Lehrplans zum ISTQB® Certified Tester Advanced Level Testautomatisierungsentwickler zu verstehen.

1.4.2 Testautomatisierungsarchitektur

Die Architektur der Testautomatisierungslösung ist entscheidend für die Akzeptanz der Lösung sowie deren Bestand und Nutzung auf lange Sicht. Der Entwurf einer geeigneten Testautomatisierungsarchitektur (TAA) ist auch ein Kernthema der Ausbildung zum Testautomatisierungsentwickler. Es erfordert auch eine gewisse Erfahrung, um die Anforderungen an die Architektur optimal umzusetzen. Aus diesem Grund gibt es in vielen Testautomatisierungsprojekten einen Testautomatisierungsarchitekten, ähnlich dem Softwarearchitekten in der Entwicklung, der das Projekt zumindest zu Beginn und bei größeren Anpassungen begleitet.

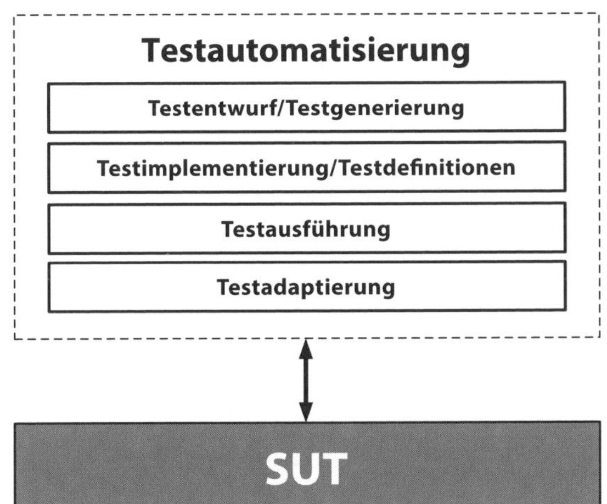

Abb. 1–4
Einfache, schematische Darstellung der Schichten einer generischen Testautomatisierungs-architektur

Anforderungen an die Testautomatisierungsarchitektur

- Die Architektur der Testautomatisierungslösung ist eng mit der **Architektur des SUT** verbunden. Die einzelnen Komponenten, Benutzeroberflächen, Dialoge, Schnittstellen, Services und technischen Konzepte, verwendeten Sprachen etc. müssen adressiert sein.
- Bereits in der Test- und Testautomatisierungsstrategie sollte klar definiert werden, welche **funktionalen und nicht funktionalen Anforderungen des SUT** durch die Testautomatisierung – und damit durch die Testautomatisierungsarchitektur – adressiert und unterstützt werden sollen. Dies werden in der Regel die wichtigsten Anforderungen an das Softwareprodukt sein. Anhang A gibt einen Überblick über die Softwarequalitätsmerkmale nach ISO 25010 (Teil der Normenreihe ISO/IEC 25000:2014).
- Aber auch die **funktionalen und nicht funktionalen Anforderungen der Testautomatisierungslösung** müssen angemessen berücksichtigt werden. Insbesondere die Anforderungen hinsichtlich Wartbarkeit, Performanz und Erlernbarkeit stehen beim Entwurf einer Testautomatisierungsarchitektur im Vordergrund. Das SUT wird kontinuierlich weiterentwickelt. Modifizierbarkeit und Erweiterbarkeit müssen daher in hohem Maße gegeben sein. Modulare Konzepte oder die Trennung von funktionaler und technischer Implementierungsschicht sind Möglichkeiten, um dies zu gewährleisten. Mit zunehmendem Umfang der automatisierten Testsuite wird die Performanz der Testautomatisierungslösung ein immer wichtigeres Thema. Verstärktes Testen über die API-Schnittstellen statt über die GUI kann zu erheblichen Effizienzsteigerungen führen. Auch sollte die Testautomatisie-

rungslösung nicht eine Geheimwissenschaft für einige wenige Experten sein. Daher sind Verständlichkeit und Erlernbarkeit ebenfalls sehr wichtig. Es lohnt sich auch, die Qualitätsmerkmale in Anhang A zu betrachten und sie für die Anwendung auf die Testautomatisierungsarchitektur zu bewerten.

Um die bestmögliche Architektur für die Testautomatisierungslösung zu entwickeln, ist die Zusammenarbeit mit den Softwareentwicklern und -architekten sehr hilfreich, wenn nicht sogar unerlässlich. Denn um die oben genannten Anforderungen zu erfüllen, ist ein tiefes Verständnis der SUT-Architektur erforderlich.

1.4.3 Testbarkeit des SUT

Natürlich stellt auch die Testbarkeit, genauer gesagt, die automatisierte Testbarkeit des SUT einen wesentlichen Erfolgsfaktor dar. Die Testautomatisierungswerkzeuge müssen Zugriff auf die Objekte und Elemente der diversen Benutzer- oder Systemschnittstellen haben oder auf Komponenten und Services der Systemarchitektur, um diese zu identifizieren und ansteuern zu können.

Testautomatisierungswerkzeuge stellen dafür eine Reihe von Adaptern für die Automatisierung auf Basis unterschiedlichster Technologien und Plattformen bereit. Ob .NET, Java, SAP, Web, Desktop oder mobile Lösung, Windows, Linux, Android oder iOS, Google Chrom, Internet Explorer, Microsoft Edge, Mozilla Firefox oder Safari – die Palette ist riesig.

Die Hersteller richten ihre Lösungen an den gängigen Standards dieser Technologien und Plattformen aus. Problematisch wird es dann oft, wenn das SUT davon abweichende Implementierungen und Konzepte enthält. Daher ist es auch notwendig, im Zuge eines Proof of Concept die prinzipielle Automatisierbarkeit des SUT festzustellen und auch die passendste Automatisierungslösung zu finden. Denn dreierlei ist schwierig oder teuer: Den Hersteller eines Automatisierungswerkzeugs dazu zu bewegen, sein Produkt nach Ihren Vorstellungen umzubauen; die Entwicklungsabteilung davon zu überzeugen, die Architektur des SUT anzupassen und selbst entwickelte Klassenbibliotheken gegen andere auszutauschen; oder in der Testautomatisierungslösung mit aufwendigen Konstrukten irgendwie eine Lösung herbeizuführen.

Aber mit zunehmender Verbreitung der Testautomatisierung im Unternehmen kann, insbesondere in agilen Entwicklungsszenarien, die Automatisierbarkeit der Testdurchführungen als neues Qualitätsmerkmal für Softwareapplikationen an Bedeutung gewinnen.

Für den automatisieren Test über die GUI sollten etwa die Elemente und Daten für die Interaktion mit der GUI so weit wie möglich von ihrem Layout entkoppelt werden. Für den API-Test können entsprechende Schnittstellen (von Klassen, Modulen/Komponenten etc. oder der Kommandozeile) öffentlich bereitgestellt oder zusätzlich entwickelt werden.

Für jedes SUT gibt es Bereiche (Klassen, Module, funktionale Einheiten), die leichter zu automatisieren sind, und welche, wo die Automatisierung sehr aufwendig werden kann. Mögliche Showstopper sollten bereits in der Evaluierung und Auswahl eines Werkzeugs adressiert werden. Daher sollte man sich zu Beginn eher auf gut automatisierbare Testbereiche fokussieren, denn ein wichtiger Erfolgsfaktor ist die möglichst einfache Implementierung und Verteilung automatisierter Testskripte. Der Nachweis erfolgreicher, automatisierter Testdurchführungen hilft dem Projekt und unterstützt die Investition in den Ausbau der Testdurchführung. Versteigt man sich jedoch zu sehr in kritische Bereiche, liefert man unter Umständen kaum Ergebnisse und Mehrwert für das Vorhaben.

1.4.4 Testautomatisierungsframework

Ein Testautomatisierungsframework (TAF) muss einfach verwendbar, gut dokumentiert und vor allem gut wartbar sein. Die Grundlage dafür wird in der Testautomatisierungsarchitektur gelegt. Das Testautomatisierungsframework soll auch einen konsistenten Ansatz zur Testautomatisierung gewährleisten.

Dabei sind folgende Faktoren besonders wichtig:

- **Implementierung von Berichtsfunktionen**
  Die Testberichte müssen Informationen über die Qualität des SUT liefern (bestanden/nicht bestanden/fehlerhaft/nicht ausgeführt/abgebrochen, statistische Daten usw.). Die Berichte müssen diese Informationen in angemessener Form für die verschiedenen Beteiligten (Tester, Testmanager, Entwickler, Projektleiter und andere Beteiligte) darstellen, um einen Überblick über die Qualität des SUT zu erhalten.
- **Unterstützung bei der einfachen Fehlersuche und Fehlerbeseitigung**
  Zusätzlich zur Ausführung und Protokollierung von Tests soll das Testautomatisierungsframework eine einfache Möglichkeit zur Fehlersuche bei fehlgeschlagenen Tests bieten. Dabei können folgende Gründe für das Auftreten von Fehlern verantwortlich sein und idealerweise kann das Framework eine entsprechende Klassifizierung vornehmen bzw. diese in der Fehleranalyse unterstützen:

- Fehler im SUT
- Fehler in der Testautomatisierungslösung (TAS)
- Probleme mit den Testskripten
- Probleme mit Testumgebung (z.B. nicht funktionierende Services, fehlende Testdaten o.Ä.)

- **Korrekte Einrichtung der Testumgebung**
  Für die automatisierte Testausführung ist eine dedizierte Testumgebung erforderlich, die die verschiedenen Testwerkzeuge konsistent integriert. Wenn die automatisierte Testumgebung oder die verwendeten Testdaten keinen Eingriff oder keine Konfiguration zulassen, können die Testskripte möglicherweise nicht entsprechend den Anforderungen für die Testausführung eingerichtet und durchgeführt werden. Dies wiederum kann zu unzuverlässigen, irreführenden oder sogar falschen Testergebnissen (falsch positive oder falsch negative Ergebnisse) führen. Ein falsch positives Testergebnis zeigt an, dass ein Problem vorliegt (d.h., der automatisierte Test schlägt fehl), auch wenn kein Fehler vorhanden ist. Ein falsch negatives Testergebnis liegt vor, wenn ein Test erfolgreich ist (der automatisierte Test also auf keinen Fehler aufläuft), obwohl das System fehlerhaft ist.
- **Dokumentation der automatisierten Testfälle**
  Die Ziele der Testautomatisierung müssen klar definiert und beschrieben sein. Welche Teile der Software sollen in welchem Umfang getestet werden? Welcher Testautomatisierungsansatz soll verwendet werden? Welche (funktionalen und nicht funktionalen) Eigenschaften des SUT sollen durch die Automatisierung geprüft werden? Und aus der Dokumentation der automatisierten Testfälle oder Testfallsets muss erkennbar sein, welches Testziel durch sie verfolgt wird.
- **Rückverfolgbarkeit der automatisierten Tests**
  Nicht selten findet man automatisierte Testsuiten, in denen nicht oder kaum noch nachvollziehbar ist, welche Fachlichkeit, welches fachliche Testszenario abgedeckt wird. Und weil man sich nicht sicher ist, implementiert man neue Testskripte. Neben dem grundsätzlichen Problem der Intransparenz entstehen dadurch eine Menge unnötiger Redundanzen und Unsicherheiten. Deshalb muss das Testautomatisierungsframework auch die Nachvollziehbarkeit der automatisierten Testfallschritte zu den Testfällen unterstützen.
- **Einfache Wartung**
  Eines der größten Risiken für den Erfolg eines Testautomatisierungsprojekts ist der Wartungsaufwand. Im Idealfall sollte der Aufwand für die Pflege bestehender Testskripte nur einen kleinen Prozentsatz

des Testautomatisierungsaufwands ausmachen. Außerdem sollte der Aufwand für die Anpassung der Testautomatisierungslösung in einem gesunden Verhältnis zum Umfang der Änderungen am SUT stehen. Wenn die Testautomatisierung anfängt, teurer zu werden als die Entwicklung des SUT, wird das Ziel der Kostensenkung durch den Einsatz der Testautomatisierung wahrscheinlich nicht erreicht werden. Daher müssen die automatisierten Testfälle einfach zu analysieren, zu ändern und zu erweitern sein. Eine gut durchdachte, an das SUT angepasste Modularisierung erlaubt einen hohen Grad der Wiederverwendung einzelner Komponenten und reduziert so die Anzahl der im Bedarfsfall anzupassenden Artefakte.

- **Aktualität der automatisierten Testfälle**
  Es ist nicht ungewöhnlich, dass automatisierte Testfälle fehlschlagen, nicht weil ein Anwendungsfehler entdeckt wurde, sondern weil in der Zwischenzeit Änderungen an den fachlichen oder technischen Spezifikationen vorgenommen wurden, die in den Testskripten noch nicht nachgezogen wurden. Natürlich sollten die betroffenen Testfälle nicht einfach verworfen, sondern entsprechend angepasst werden. Besser ist es jedoch, sicherzustellen, dass der Testautomatisierungsentwickler alle Informationen über Änderungen am SUT durch geeignete Prozesse, Dokumentationen und Werkzeuge erhält, um die Testsuite rechtzeitig zu aktualisieren.
- **Planung der Softwareverteilung**
  Das Testautomatisierungsframework sollte auch das Versions- und Konfigurationsmanagement der Testautomatisierungslösung, die mit den Versionen des SUT synchron gehalten werden muss, durch den geeigneten Einsatz von Werkzeugen und Standards unterstützen. Die Verteilung, Änderung und Neuverteilung der Testskripte müssen so einfach wie möglich sein.
- **Außerbetriebnahme von automatisierten Tests**
  Wenn bestimmte automatisierte Testsequenzen nicht mehr benötigt werden, unterstützt das Testautomatisierungsframework deren Außerbetriebnahme. In den meisten Fällen reicht es nicht aus, ein oder mehrere Skripte einfach zu löschen. Es muss auch möglich sein, alle Abhängigkeiten zu diesen Komponenten einfach zu bearbeiten, um die Konsistenz der Testautomatisierungslösung zu erhalten. Toter Code sollte – wie bei der Softwareentwicklung – vermieden werden.
- **Überwachung und Wiederherstellung des SUT**
  Normalerweise muss das SUT laufend auf die kontinuierliche Ausführung eines oder mehrerer Testfälle überwacht werden. Wenn ein schwerer Fehler (z.B. ein Absturz) im SUT auftritt, muss das Test-

automatisierungsframework in der Lage sein, den aktuellen Testfall zu überspringen, das SUT in einen konsistenten Zustand zurückzuversetzen und mit der Ausführung des nächsten Testfalls fortzufahren.

Wartung des Testautomatisierungscodes

Der Testautomatisierungscode kann oft den Umfang des Entwicklungscodes erreichen und zudem recht komplex sein. Dies ist insbesondere dann der Fall, wenn komplizierte Testsequenzen innerhalb eines Testskripts abgebildet werden oder wenn eine spezifische Handhabung von technischen Schnittstellen oder Oberflächenelementen erforderlich ist. Möglicherweise sind auch zeitliche Trigger oder Verzögerungen zu implementieren oder es werden Testfallketten implementiert, die über (Zwischen-)Ergebnisdaten miteinander verknüpft sind. Dadurch wird die damit verbundene Wartung komplex und der Wartungsaufwand sehr hoch. Hinzu kommen oft die verschiedenen verwendeten Testwerkzeuge, unterschiedliche Arten der Verifikation und Validierung und die diversen zu pflegenden Testmittel (z.B. Testeingabedaten, Testorakel, Testberichte). Was für die Testautomatisierungsarchitektur gilt, gilt unbedingt auch für den entwickelten Testcode bzw. die Testskripte: Der Wartbarkeit ist höchste Aufmerksamkeit zu schenken!

Empfehlungen zur Verringerung des Wartungsaufwands:

- Technische Unabhängigkeit
  Es muss darauf geachtet werden, technische Abhängigkeiten und Verbindungen zum SUT zu vermeiden oder zu minimieren. Aus diesem Grund werden in den verschiedenen Frameworks und Automatisierungswerkzeugen die konkreten technischen Anbindungen an die grafische GUI oder an API-Schnittstellen in eine separate, zentrale Schicht verlagert. Die Trennung von technischer und fachlicher Sicht ist essenziell und darf vom Testautomatisierungsentwickler nicht ausgehebelt werden.
- Datenunabhängigkeit
  Was für die technische Anbindung an das SUT gilt, gilt auch für die in der Testautomatisierung relevanten Stamm-, Bewegungs- und Steuerdaten. Diese sollten ebenfalls in eine Datenzugriffsschicht abstrahiert werden. Hartcodierte Testdaten in den Testskripten sollten vermieden werden, auch z.B. bei Verifikationen. Datenänderungen, wie z.B. ein neuer Steuersatz, eine geänderte Bestätigungsmeldung usw., sollten nicht zur Überarbeitung vieler Skripte führen. Das Risiko von Änderungen sollte auch dann berücksichtigt werden,

wenn eine Abhängigkeit von Testskripten untereinander über deren Ein- und Ausgabedaten besteht.

- **Umgebungsunabhängigkeit**
  Der implementierte Satz von automatisierten Testfällen sollte auch in verschiedenen Testumgebungen und auf verschiedenen Plattformen ausführbar sein. Einstellungen oder Daten, die in der Automatisierung benötigt und von der Betriebsplattform übernommen werden, wie z.B. Systemzeit oder Lokalisierungsparameter des Betriebssystems oder Daten aus anderen Anwendungen der Testumgebung, sollten mithilfe von Platzhaltern oder Konfigurationsdateien und -einstellungen implementiert werden. Viele dieser Aspekte sollten durch das Testautomatisierungsframework bereitgestellt und genutzt werden.
- **Dokumentation**
  Eine gute (Inline-)Dokumentation der erstellten Testskripte hilft enorm bei Anpassungen und Erweiterungen der Testskripte und bei der Fehleranalyse. Die Einführung geeigneter Entwicklungs- und Dokumentationskonventionen, die der Lesbarkeit und Nachvollziehbarkeit dienlich sind, trägt wesentlich dazu bei, den Wartungsaufwand zu reduzieren.

1.5 Exkurs: Teststufen und Projektarten

Die Festlegung einer Testautomatisierungsstrategie, die Ausarbeitung einer Testautomatisierungsarchitektur und die Entwicklung eines Testautomatisierungsframeworks geschieht nicht kontextfrei. Die Automatisierung der Testaktivitäten erfolgt auf unterschiedlichen Ebenen des Entwicklungsprozesses bzw. Teststufen. Und je nach Projekttyp können sich der strategische, methodische und technische Zugang zur Testautomatisierung ebenfalls unterscheiden. Die folgenden Kapitel geben Hinweise und Ideen zur Ausgestaltung einer passenden Strategie, einer Architektur und eines Frameworks.

1.5.1 Testautomatisierung auf unterschiedlichen Teststufen

Es gibt viele Modelle, an denen sich Softwareentwicklungsprozesse orientieren können. Ein weitverbreitetes Modell ist das allgemeine V-Modell. Es bildet eine Grundlage für die Klassifizierung von Aktivitäten und deren Abhängigkeiten. Im Test sind die verschiedenen Teststufen an diesem Modell angelehnt, dabei spielt die Automatisierung je nach Teststufe eine unterschiedliche Rolle.

Abb. 1–5
Allgemeines V-Modell

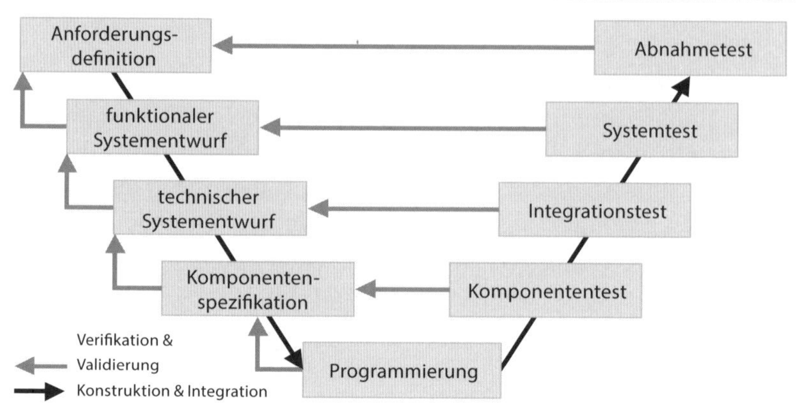

Komponententest

Typische Beispiele für den automatisierten Test sind Komponenten-, Modul- oder auch Unit Tests. Diese Tests fallen üblicherweise in den Verantwortungsbereich des Entwicklungsteams und werden somit oft als »automatisierte Entwicklertests« bezeichnet.

Der Komponententest zielt darauf ab, die Funktionalität in der kleinsten Einheit zu verifizieren, in der Software sinnvoll getestet werden kann. Übliche Definitionen für diese kleinste Einheit sind Klassen, Funktionen, Methoden oder Prozeduren, aber je nach Sprachparadigma sind auch andere Definitionen möglich.

Da das zu testende System aller Wahrscheinlichkeit nach nicht nur aus solchen eigenständigen Einheiten besteht, sondern auch Abhängigkeiten zwischen diesen Einheiten existieren, muss ein Testrahmen geschaffen werden, in dem diese Einheiten isoliert ausführbar und steuerbar gemacht werden können.

Mocks

In objektorientierten Umgebungen erfolgt dies durch eine Ersetzung der Abhängigkeiten mit möglichst einfachen »Mocks«, die im Gegensatz zur »echten« Abhängigkeit so wenig Funktionalität wie möglich besitzen. Üblicherweise bieten Mocks die Möglichkeit, zu spezifizieren, welche Werte sie bei Aufrufen zurückgeben, und zu überprüfen, ob und wie oft Methoden aufgerufen wurden.

Auf diese Weise werden die kleinstmöglichen Testobjekte isoliert testbar gemacht. Der automatisierte Komponententest eignet sich speziell dafür, dem Entwicklungsteam rasch Feedback über Auswirkungen von Änderungen am Testobjekt zu geben, und bietet damit Sicherheit, bei größeren Änderungen innerhalb einer Einheit (z.B. Refactoring) jederzeit feststellen zu können, ob bestehende Funktionalität beeinträchtigt wurde.

Auch die Robustheit der einzelnen Komponenten ist auf dieser Teststufe gut testbar, da auf die Komponenten meist ohne die Einschränkung von vorgelagerten Datenvalidierungen zugegriffen werden kann.

Test Driven Development

Der Komponententest wird immer mehr im Sinne von »Test Driven Development« angewendet. Test Driven Development (TDD) ist ein zentraler Bestandteil vieler agiler Methoden in der Softwareentwicklung, z.B. von Extreme Programming (XP). Die Idee von TDD ist, dass das Schreiben von Code durch den Test gesteuert wird. Üblicherweise werden Tests nach oder parallel zur Implementierung geschrieben, um den Code zu testen. Das hat den Nachteil, dass eine hohe Testüberdeckung durch automatisierte Tests nur mit hohem Aufwand möglich ist.

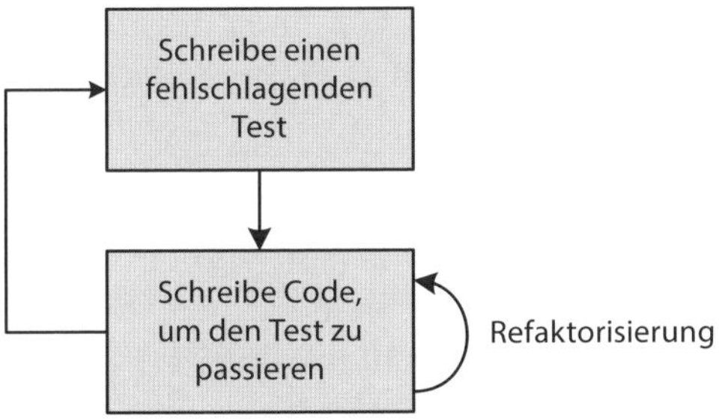

Abb. 1–6
Vorgehensweise bei Test Driven Development

TDD geht einen neuen Weg, der ein radikales Umdenken erfordert: zuerst der Test und danach die Codierung. Es wird jeweils nur so viel neuer Code geschrieben, wie es der automatisiert ausgeführte Test verlangt, um keinen Fehler zu melden. Der Code ist möglichst einfach und verständlich zu gestalten. Der Vorteil liegt auf der Hand: Es gibt zu jedem Zeitpunkt im Entwicklungszyklus ein Set an automatisierten Tests, die den aktuell vorliegenden Code in seiner Gesamtheit testen.

Folgende Schritte werden bei Verwendung dieser Methode beachtet:

1. Erstellung der benötigten Klasse
2. Erstellung einer Testklasse für die Klasse
3. Definition und Anlegen der Methoden der Klasse sowie der Testklasse

4. Implementierung der Tests in die Methoden der Testklasse
   a) Definition der Eingabewerte
   b) Definition der erwarteten Ergebnisse
   c) Überprüfung durch Assertions auf Richtigkeit und Fehlerfall (Extremfall)
5. Implementierung der Logik in die Methoden der Klasse

Für einen erfolgreichen Einsatz von TDD ist eine Toolunterstützung (Frameworks) auf den Ebenen Testentwicklung, Testautomatisierung und Build-Automatisierung unbedingt notwendig.

Integrationstest

Der Integrationstest beschreibt den expliziten Test des Zusammenspiels mehrerer Komponenten. Auf dieser Teststufe können, je nach Situation, sowohl Methoden des Komponententests als auch des Systemtests angewandt werden.

- Komponentenintegrationstest
  Beim Komponentenintegrationstest wird die zu testende Komponente nicht wie im Komponententest durch Techniken wie Mocking isoliert, sondern ihr Zusammenspiel mit den entsprechenden Komponenten getestet. Dieser Test ist in den meisten Fällen vollautomatisiert und bietet unter anderem Sicherheit bei größeren Refactorings, die auch die Interaktion von mehreren Komponenten betreffen.
- Subsystem- und Systemintegrationstest
  Beim (Sub-)Systemintegrationstest wird ähnlich vorgegangen: Teile des Gesamtsystems werden miteinander integriert und ihre Interaktion auf Korrektheit überprüft. Hierfür können Simulatoren und Testrahmen notwendig sein. In diesem Fall sind die zu testenden Komponenten üblicherweise keine Klassen und Module, sondern bereits Pakete solcher Einheiten oder Teilsysteme.

Robustheit und Datenintegrität

Der Integrationstest ist die Teststufe der Wahl, um Robustheit und Datenintegrität zwischen Komponenten sowie die Einhaltung von Protokollen und vereinbarten Verwendungsweisen zu überprüfen.

Auch auf dieser Ebene ist in vielen Fällen zumindest eine Teilautomatisierung sinnvoll, da ein nur teilweise integriertes System häufig noch keine Benutzerschnittstelle hat bzw. diese noch nicht integriert ist.

Systemtest

In sequenziellen Entwicklungsmodellen findet der funktionale Systemtest in seiner Gesamtheit an einer zentralen Stelle im Entwicklungsprozess statt. Dennoch gibt es Szenarien, in denen ein Regressionstest notwendig wird:

- Nachträgliche Change Requests und Erweiterungen
- Fehlerkorrekturen
- Refactoring
- Redesign
- Wartungsarbeiten

Wenn im Test von Testautomatisierung die Rede ist, so ist zumeist der automatisierte Systemtest gemeint. Dieser setzt in den meisten Tools an der grafischen Benutzerschnittstelle und der Datenbank an, um durch Tester spezifizierte und zumeist zuvor manuell durchgeführte Testfälle automatisiert abzuarbeiten. Dies ist mit ein Grund, warum der automatisierte Systemtest eine der aufwendigsten Varianten von Testautomatisierung sein kann.

- Im Fokus ist das gesamte zu testende System – unter Umständen inklusive weiterer, dahinter liegender Systeme.
- Die Testfälle erfordern fachliches Verständnis.
- Die betroffenen Schnittstellen sind für die Interaktion mit einem Benutzer, nicht mit einem Programm konzipiert.
- Für die Vorbereitung von ausreichenden Testdaten können keine Mocks verwendet werden – dies muss im System selbst erfolgen.
- Testtreibererstellung für die Simulation von Drittsystemen ist erforderlich, wenn kein Systemintegrationstest gewünscht ist.

Auch bei nicht funktionalen Systemtests ist Automatisierung in vielen Fällen ein essenzielles Werkzeug. Last- und Performanztests sind ohne Automatisierung erst gar nicht vernünftig machbar.

Abnahmetest

In klassischen, sequenziellen Entwicklungsmodellen steht der Abnahmetest am Ende eines Softwareentwicklungsprozesses, nach dem Systemtest. Hier wird die erstellte Software anhand der zu Beginn aufgestellten Anforderungsdokumentation vom Kunden abgenommen.

Agile und iterative Ansätze

In einigen Softwareentwicklungsmodellen, speziell in agilen und iterativen Ausprägungen, werden im Vorhinein unter Einbezug aller Disziplinen konkrete Akzeptanzkriterien in Form von Testfällen festgelegt und formuliert, die als Basis für die Feststellung der Komplettierung einer Funktionalität dienen.

Behaviour Driven Development

Eine Technik, die als Weiterführung von Test Driven Development gesehen werden kann und eine automatisierte Überprüfung der Erfüllung dieser Akzeptanzkriterien beinhaltet, ist Behaviour Driven Development (BDD) [URL: BDD]. In BDD sollen Testfälle in einer Form festgelegt werden, die einerseits fachlich verständlich und andererseits automatisiert durchführbar ist. Dies dient dazu, dem Entwickler ausreichend Hintergrundinformationen über den Zweck des erwarteten Codes in Form von Beispielen zu vermitteln.

Domänenspezifische Sprachen

Hierfür werden domänenspezifische Sprachen definiert, in denen Testfälle festgehalten werden können. Die Automatisierung dieser Testfälle bzw. die Erstellung einer Automatisierungsumgebung, die diese Testfälle automatisiert abarbeiten kann, ist Teil der Entwicklungsarbeit und kann im Vorfeld und unter Zuhilfenahme von Frameworks durchgeführt werden.

Ein klassisches Schema in BDD ist die Form, in der Testfälle beschrieben werden: Diese bestehen aus Vorbedingungen, Aktionen und Überprüfungen.

Ein Beispiel:

- **Gegeben** ein Kunde unter 16 Jahren ist angemeldet
- Und ein leerer Warenkorb des Kunden
- Und eine Veranstaltung mit Altersbeschränkung ab 16
- **Wenn** der Kunde die Veranstaltung in den Warenkorb legt
- **Dann** soll eine Fehlermeldung »Die Veranstaltung hat eine Altersbeschränkung von 16 Jahren« erscheinen ...
- ... und kein Ticket im Warenkorb sein

In diesem Beispiel beschreibt der erste Abschnitt die erforderlichen Testdaten, die vor Durchführung des Testfalls zur Verfügung gestellt werden müssen. Der zweite Abschnitt beschreibt eine Aktion auf dem Testobjekt. Der dritte Abschnitt legt Überprüfungen der Reaktion des zu testenden Systems und die dazugehörigen erwarteten Ergebnisse fest.

1.5.2 Einsatzgebiet nach Projektart

Unterschiedliche Projektarten bedingen unterschiedliche Szenarien der Automatisierung.

Unterschiedliche Projekttypen verlangen einen differenzierten Ansatz in der Testautomatisierung. Der automatisierte Test einer Einzelplatzanwendung hat unter Umständen einen eingeschränkten technologischen Umfang und den Schwerpunkt auf der funktionalen Korrektheit. Darüber hinaus steht der Regressionstest mehrerer geplanter Releases im Vordergrund. Demgegenüber ist der Einsatz von Testautomatisierung in einem Datenmigrationsprojekt normalerweise eher als Konsistenz- und Vergleichstest zu verstehen und nicht als Wiederholungsfall auf Jahre hinaus zu konzipieren.

Das klassische Softwareentwicklungsprojekt

So einfach dieser Projekttyp aufgrund der zumindest theoretisch geforderten, klaren fachlichen Vorgaben und Dokumentationen für den Softwaretest scheint, so schwierig ist dieser für die Implementierung einer umfassenden Testautomatisierung. Der Grund dafür liegt jedoch nicht in den fachlichen oder technischen Herausforderungen. Im Gegenteil, die fachlichen Anforderungen und die dazugehörigen Testfälle können meist erschöpfend und strukturiert erarbeitet und rechtzeitig zur Testdurchführung bereitgestellt werden. Die große Problematik für die Automatisierung besteht in der zeitgerechten Verfügbarkeit der zu automatisierenden Applikation. Mit der oft schon verzögerten Bereitstellung des Testobjekts wird bereits die Testdurchführung und ein rasches Feedback für die Entwicklung erwartet und nicht der Start einer unter Umständen mühsamen Automatisierung.

Daher steht in klassischen Softwareentwicklungsprojekten vorerst der manuelle Test im Vordergrund und nur in jenen Fällen, wo ein langdauerndes, über mehrere Lieferversionen geplantes Projekt vorliegt oder wo bereits in Voraussicht auf eine langjährige Produktweiterentwicklung geplant wird, hält die Testautomatisierung Einzug in das Vorhaben. Punktuell wird aber auch auf die Automatisierung zurückgegriffen, wenn der Test stark datengetrieben ist und es z.B. gilt, eine Vielzahl von Wertekombinationen zu testen. Hier rechnet sich die Investition in die Automatisierung unter Umständen schon mit einer einzigen Testdurchführung.

Das Wartungsprojekt und die Produktweiterentwicklung

Gegenwärtig ist die Automatisierung von Softwaretests in diesen Projekten nicht sehr verbreitet. Dies gilt aber meist auch für die geordnete Testdurchführung als Ganzes. Der Test von kleineren Erweiterungen und Anpassungen wird durch die Entwickler selbst durchgeführt oder an die Fachbereiche delegiert. Dieses Szenario ist jedoch in zunehmendem Maße schwer zu leben. Die Applikationen werden immer komplexer und die benötigten Testressourcen immer weniger verfügbar bzw. deren Kosten immer transparenter. Wenn z. B. die Kosten der Fachbereiche nachvollziehbar und hoch sind, wird es immer schwieriger, Argumente für den Ansatz des Testens durch den Fachbereich zu finden.

Daher stellt dieser Projekttyp aus organisatorischer Sicht einen idealen Ausgangspunkt für die Testautomatisierung dar. Nach der grundlegenden Definition einer Automatisierungsstrategie kann diese laufend und in kleinen Schritten umgesetzt werden. Diese Schritte erlauben einen stetigen Lern- und Adaptionszyklus. Die Umsetzungen können z. B. entlang folgender Nutzenüberlegungen priorisiert werden:

Schritte zur Automatisierung in Wartungsprojekten

- Automatisierung der Testfälle, die die aktuellen Änderungen betreffen. Neu entwickelte und von Veränderungen betroffene Bereiche sind wesentlich fehleranfälliger als Bereiche der Applikation, die bereits lange in Produktion sind. Das gilt auch noch für mehrere Folgereleases.
- Automatisierung jener Tests, die normalerweise vom Fachbereich durchgeführt werden. In einem ersten Ansatz werden diese Tests auch auf einem vergleichbaren Qualitäts- und Detaillevel umgesetzt. Dies reduziert den Aufwand in den Fachbereichen und schafft somit eine massive Kosteneinsparung bei zumindest gleichbleibender Qualität.
- Automatisierung von Testfällen, die aus der Analyse von Problemen und Fehlern während des Betriebs abgeleitet werden. Diese Quelle eignet sich besonders für die Auswahl der zu automatisierenden Testszenarien, insbesondere im Hinblick auf die Stabilisierung des SUT.
- Laufende Optimierung und Ausbau der oben angeführten Szenarien, vor allem der Regressionstests, wie sie normalerweise durch den Fachbereich oder eine Testabteilung manuell durchzuführen sind.

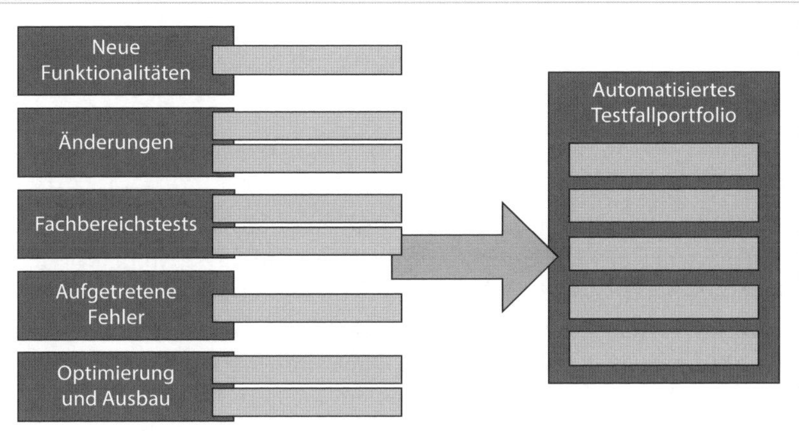

Abb. 1–7 *Quellen für Änderungen im automatisierten Testfallportfolio in Wartungsprojekten*

Das SAP-Projekt

Ein Sonderfall für ein Implementierungs- oder Weiterentwicklungsprojekt sind die vielen SAP-Implementierungen. Die laufenden Releasewechsel, Upgrades oder Enhancement Packages stellen eine große Herausforderung an die jeweilige Organisation dar. Jedes Mal sind insbesondere die Mitarbeiter aus den Fachbereichen aufgerufen, nach den durchgeführten Änderungen die Funktionstüchtigkeit des Systems zu überprüfen. Speziell davon betroffen sind alle Customizing-Einstellungen, individuelle Erweiterungen und die Systemschnittstellen. Der dafür erforderliche Testaufwand erreicht schnell ein fast unüberschaubares Maß, was einer der Gründe dafür ist, dass einige Unternehmen nicht jedes Upgrade oder Package installieren und lieber auf Systemverbesserungen verzichten, als das stabile Systemverhalten zu gefährden.

Automatisierung im SAP-Umfeld

Es ist daher sehr verständlich, dass der Ruf nach automatisierten Tests gerade in diesem Umfeld immer lauter wird. Die Ausgangslage dafür ist sehr gut: eine hoch standardisierte Anwendungslandschaft und weitgehend einheitliche Benutzeroberflächen und Schnittstellenarchitektur. Viele Hersteller kommerzieller Automatisierungslösungen sind zudem SAP-zertifiziert und bedienen sich direkt der transparenten SAP-Technologien.

Die Gründe, warum die Automatisierung im SAP-Umfeld immer noch nicht Standard ist, liegen zum einen in den Problemen der Testumgebung bzw. der Testdatenbereitstellung und Wiederherstellung einer konsistenten Datenbasis für die systemübergreifende Testdurchführung. Zum anderen liegt es aber auch an der nicht einfach zu beantwortenden Frage, welche der Tausenden möglichen Tests tatsächlich automatisiert werden sollen. Die richtigen Antworten auf diese konzeptionellen Fragen sind jedoch der Schlüssel zu einer erfolgreichen Automatisierung in SAP-Projekten.

Agile Projekte

Hocheffiziente Testmethoden und Pair Testing

»Working software is the primary measure of progress«, so heißt es in einem der zwölf Prinzipien des Agilen Manifests [URL: AGILE]. Das Ziel jedes Sprints ist daher, dass an dessen Ende eine funktionstüchtige, potenziell auslieferbare und daher korrekte Software verfügbar ist. Insbesondere bei sehr kurzen Entwicklungszyklen ist dies jedoch schwer zu gewährleisten, wenn gleichzeitig bis zum letzten Tag programmiert wird. Um dennoch sicherzustellen, dass alle notwendigen Testaktivitäten durchgeführt werden können, ist Testautomatisierung besonders im agilen Umfeld unumgänglich. Die Automatisierung wird jedoch dadurch erschwert, dass häufig keine stabilen Testobjekte zur Verfügung stehen, vielmehr sind diese Artefakte ständigen Veränderungen unterworfen. Diese Aussage trifft nicht nur auf jene Applikationsteile zu, die während eines Sprints umgesetzt werden, sondern auch auf solche aus vorhergehenden Iterationen. »Welcome changing requirements, even late in development«, lautet das entsprechende Prinzip im Agilen Manifest.

Für die Qualitätssicherung und vor allem für die Testautomatisierung bedeutet dies, dass nicht nur sehr oft vollständige Regressionstests durchgeführt werden müssen, sondern dass dieser Test kontinuierlich an neue Anforderungen sowie technische oder funktionale Änderungen angepasst werden muss. Daher ist es auch nicht überraschend, dass in vielen agilen Projekten mit gänzlich anderen Methoden und Ansätzen gearbeitet wird als in klassischen Projekten.

Wichtige Ansätze abseits von Testautomatisierung, die die tägliche Arbeit von agilen Testern und Entwicklern sehr stark prägen, sind der explorative Test und das Pair Testing (bzw. Pairing generell). Da diese Methoden jedoch nicht direkt durch Testautomatisierung unterstützt werden, seien interessierte Leser an dieser Stelle auf [Kaner et al. 11] bzw. [Baumgartner et al. 13] und [Linz 16] verwiesen.

Für den Einsatz von Testautomatisierung bedeutend sind jedoch die kontinuierliche Integration und kontinuierliche Auslieferung (Continuous Integration bzw. Continuous Delivery) sowie technische Ansätze wie testgetriebene Entwicklung (Test Driven Development) oder auch akzeptanztestgetriebene Entwicklung (Acceptance Test Driven Development).

Kontinuierliche Integration und Auslieferung

Kontinuierliche Auslieferung beschreibt im Grunde keine einzelne Technik oder Methode, sondern eine ganze Sammlung von Prinzipien mit dem Ziel, große Teile des Integrations- bzw. Auslieferungsprozesses zu automatisieren. Dazu gehören neben einer umfassenden Testautomatisierung (Komponententests, Systemtests, aber auch Abnahmetests) auch die kontinuierliche Integration, die automatisierte Bereitstellung von Testsystemen und die automatisierte Auslieferung auf unterschiedliche Systeme (sowohl Entwicklungs-, QA- als auch Produktivumgebung).

Martin Fowler fasst kontinuierliche Auslieferung wie folgt kurz zusammen [URL: Fowler]:

»*You're doing continuous delivery when:*

- *Your software is deployable throughout its lifecycle*
- *Your team prioritizes keeping the software deployable over working on new features*
- *Anybody can get fast, automated feedback on the production readiness of their systems any time somebody makes a change to them*
- *You can perform push-button deployments of any version of the software to any environment on demand*«

Die kontinuierliche Integration stellt nur einen Teil eines kontinuierlichen Auslieferungsprozesses dar. Ein weiterer zentraler Bestandteil ist die automatisierte Durchführung von Tests auf den unterschiedlichen Teststufen. Daraus ergeben sich spezifische Anforderungen an die Testautomatisierungswerkzeuge :

- Kann die Testdurchführung in ein Build-System (z.B. Maven, Ant) integriert werden? Ist es also möglich, dass die automatisierten Testfälle bei jedem Build des Systems automatisch durchgeführt werden und abhängig vom Ergebnis der weitere Build-Verlauf (z.B. Build abbrechen bei fehlgeschlagener Testdurchführung) beeinflusst werden kann.
- Ist es möglich, die Testergebnisse von unterschiedlichen Teststufen einheitlich zu verwalten und darzustellen? Da vor allem in agilen Projekten auch die Testautomatisierung von Komponenten eine wichtige Rolle spielt, ist es essenziell, dass diese auf die gleiche Weise dargestellt und verwaltet werden können wie automatisierte Integrations- bzw. Systemtests.

- Wie lassen sich die automatisierten Testfälle auf unterschiedlichen Umgebungen durchführen? Diese Frage stellt sich speziell dann, wenn die Software tatsächlich kontinuierlich auch auf unterschiedliche Zielsysteme ausgeliefert werden soll. Dies sollte dann ohne Zusatzaufwand möglich sein – im Optimalfall lediglich durch die Änderung eines Konfigurationsparameters.

Zusammenfassend lässt sich sagen, dass die Automatisierung des funktionalen Regressionstests ein Muss für agile Projekte ist. Dies gilt sowohl für den Ausbau von Komponententests (speziell durch den Einsatz von testgetriebener Entwicklung) als auch für die Automatisierung von funktionalen Systemtests und automatisierten oder teilautomatisierten Abnahmetests. Damit dies möglich ist, dürfen die organisatorischen Rahmenbedingungen nicht außer Acht gelassen werden. In agilen Projekten bedeutet das, dass die Automatisierbarkeit bzw. die Testbarkeit, aber auch der Grad der Automatisierung für eine User Story als essenzielle Punkte in die Definition of Done des Teams aufgenommen werden müssen und wie jede andere Abnahmebedingung zu handhaben ist.

Automatisierung ist ein Muss für agile Projekte.

Dies ist besonders wichtig, um ein Bewusstsein für den mit jedem Sprint stetig steigenden Testaufwand zu schaffen. In der Praxis ist es zwar selten der Fall, dass bei jedem Sprint tatsächlich alle vorhandenen Funktionalitäten erneut getestet werden, aber selbst wenn nur ein Teil davon in den Regressionstest einbezogen wird, verschiebt sich das Verhältnis von zu testender zu entwickelnder Funktionalität innerhalb eines Sprints schnell zulasten des Tests. Das Team muss darauf reagieren, indem es die Automatisierung vorantreibt und die Sprint-Planung entsprechend anpasst. Ein gutes, agiles Team findet die richtige Lösung, denn das gesamte Team ist am Ende des Sprints für die funktionierende Software verantwortlich.

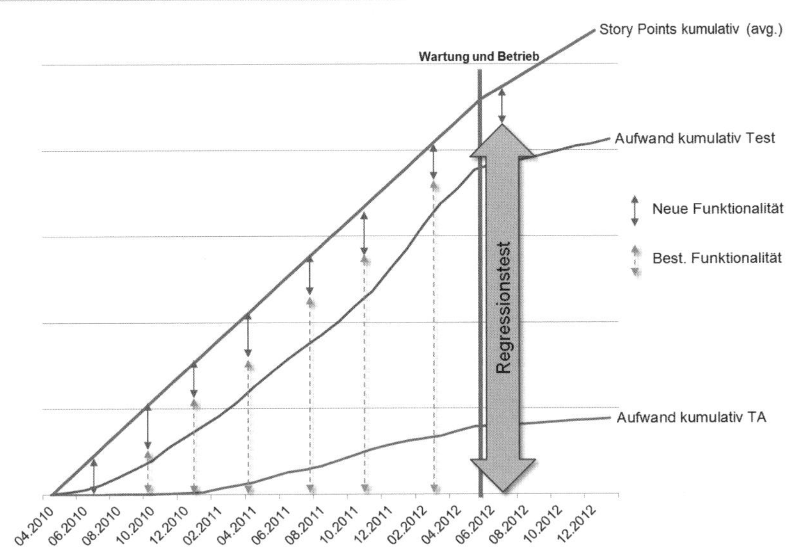

Abb. 1–8
Aufwandsentwicklung und kontinuierliches Wachstum des Regressionstestportfolios in agilen Projekten

DevOps

Neben »agilen Projekten« hat sich mit DevOps in den letzten Jahren eine weitere Idee in der Softwareentwicklung weit verbreitet und etabliert. Der Grundgedanke basiert dabei sehr stark auf agilen Prinzipien und Praktiken aus der agilen Softwareentwicklung, allerdings wird noch zusätzlicher Fokus auf die Integration der Fachbereiche und des Betriebs sowie der Automatisierung in sämtlichen Bereichen des Softwarelebenszyklus (Entwicklung, Test, Verteilung, Betrieb) gelegt. Auf abstrakter Ebene lässt sich die Zielsetzung von DevOps zu folgenden Zielen zusammenfassen:

- Verbesserung der Qualität des Gesamtsystems und damit Mehrwert für die tatsächlichen Endbenutzer
- Kürzere Lieferzyklen und dadurch effektivere Feedbackzyklen
- Kostenreduktion und Effizienzsteigerung
- Mehr Flexibilität und damit bessere Möglichkeiten, auf sich ändernde Rahmenbedingungen reagieren zu können

Ein Ansatz, um DevOps zu beschreiben, stellt das CALMS-Framework dar.

Das Akronym CALMS steht dabei für eine Reihe von Gesichtspunkten, unter denen eine Organisation betrachtet werden kann: Culture, Automation, Lean, Measurement und Sharing.

Culture

Eine essenzielle Voraussetzung ist die Tatsache, dass DevOps nicht lediglich als ein Prozess oder eine Herangehensweise an die Softwareentwicklung betrachtet werden kann. Vielmehr findet sich im Zentrum die Team- bzw. Organisationskultur, die stringent auf nahtlose, funktionsübergreifende Zusammenarbeit ausgerichtet ist.

In vielen Fällen können eine gemeinsame Vision und Mission des Teams hilfreich sein, um eine Grundlage für diese Kultur zu legen. Es gibt verschiedene Ansätze, diese zu entwickeln, aber Voraussetzung ist auf jeden Fall ausreichend Vertrauen (nicht nur das Vertrauen zwischen Teammitgliedern, sondern auch das Vertrauen des Managements in die Teammitglieder, DevOps und den damit verbundenen ROI).

Mit dieser offenen Kultur geht auch zwangsweise Transparenz in der Kommunikation einher. Sowohl Erfolge als auch Misserfolge sind Teil dieser Kultur und werden auf die eine oder andere Weise beachtet. Misserfolge sollen dazu führen, dass kontinuierliche Verbesserungen etabliert werden oder etwas Neues gelernt wurde. Gerade der Umgang mit Fehlern (»Fehlerkultur«) ist tief in der Organisationskultur verwurzelt und kann, zum Beispiel durch offene oder versteckte Schuldzuweisungen, den Erfolg von DevOps verhindern.

Automation

Grob gesagt sollten Organisationen bestrebt sein, so viele manuelle und wiederkehrende Aufgaben wie möglich zu automatisieren. Dabei muss allerdings auch stets auf Stabilität, Wartbarkeit und Einfachheit geachtet werden. Es gibt viele Teilbereiche, die unter dem Hauptthema der Automatisierung angesprochen werden können, und jeder für sich genommen ganze Artikel und Bücher füllen könnte. Daher sollen hier nur einige der wichtigsten zusammenfassend erwähnt werden:

- Automatisierung des Build-Prozesses
  Wie bereits zuvor erwähnt, ist die kontinuierliche Integration und Auslieferung hier eine Kernpraktik. Dazu gehört aber auch eine adäquate Verzweigungsstrategie (Branching-Konzept), ebenso wie die automatisierte Versionierung (z.B. semantische Versionierung) von Build-Artefakten.

- **Automatisierung des Testprozesses**
  Im Bereich von Automatisierung ist auch die Automatisierung von Aktivitäten im Testprozess ein naheliegender Ansatz. Hierbei ist es wichtig, hervorzuheben, dass damit sämtliche Teststufen und Testarten gemeint sind: von der Qualitätssicherung von Anforderungen, Sicherstellung von ausreichender Überdeckung durch automatisierte Komponententests, statische Codeanalyse, automatisierte Validierung von Gesamtsystemen bis hin zu automatisierten Testaktivitäten im Produktivsystem (z.B. A/B-Tests). Auch die Erkennung von möglichen Sicherheitsrisiken und Angriffsvektoren kann durch Dynamic Application Security Testing (DAST), Static Application Security Testing (SAST), Dependency Scanning, Container Scanning oder Secret Detection sichergestellt werden.
- **Automatisierung der Infrastrukturprovisionierung**
  Infrastruktur als Code (IaC) mit den verbreiteten Werkzeugen wie Ansible, Chef, Terraform, Puppet, Kubernetes oder Ähnlichen gehört ebenso dazu wie Ansätze wie GitOps. Gerade hier ist erkennbar, wie eng der Betrieb mit anderen Teilbereichen des Softwarelebenszyklus zusammenarbeiten muss. Die Infrastruktur wird dadurch nämlich ein zentrales Entwicklungsartefakt und die Sicherstellung von dessen Qualität damit Aufgabe des Teams.
- **Automatisierung des Bereitstellungs- oder Verteilungsprozess**
  Dabei spielen nicht nur Prinzipien wie »Continuous Delivery« oder »Continuous Deployment« eine große Rolle, sondern es gilt auch andere Fragen zu klären. Dazu gehört zum Beispiel die Automatisierung eines Änderungsprotokolls (Changelog), Versionshinweise oder eine angemessene Archivierung von Artefakten zur Sicherstellung der Nachvollziehbarkeit.
- **Automatisierung des Überwachungsprozesses**
  Bereits zu Beginn der Entwicklung eines Produkts sollten Sie, wie erwähnt, darüber nachdenken, wie Sie es betreiben wollen, aber nicht nur das. Neben der Überwachung der Infrastruktur müssen Sie sich auch Gedanken über mögliche anwendungsspezifische Dinge machen. Die Analyse der Logdateien oder, noch spezifischer, das korrekte Schreiben von Logausgaben ist unerlässlich. Auch das Feedback von Kunden oder die Sammlung von Daten aus A/B- oder Funktionstests ist ein wichtiger Teil der Überwachung, der berücksichtigt werden sollte.

Lean

Entwicklungsteams verwenden Prinzipien aus Lean Development, um »Waste« zu eliminieren, indem sie den Mehrwert für Endbenutzer definieren und verstehen, wie er erreicht werden kann. Der Wertstrom wird optimiert, durch z.B. die Minimierung der parallel laufenden Arbeiten (WIP-Limit), die Sichtbarmachung und Nachvollziehbarkeit von Arbeit und Fortschritt, die Reduzierung der Komplexität bei der Übergabe und die Aufschlüsselung von Schritten, um sicherzustellen, dass der Strom der verbleibenden Schritte reibungslos, ohne Unterbrechungen und ohne Wartezeiten abläuft. Dazu gehört auch die Einführung funktionsübergreifender Teams und die Schulung von Mitarbeitern, die vielseitig und anpassungsfähig sind.

Measurement

Um die Möglichkeiten und etwaige Optimierungsmaßnahmen des gegenwärtigen Systems besser zu verstehen, sind gut durchdachte Metriken notwendig. Daten bzw. Informationen, die gesammelt und analysiert werden sollten, können Planungsdaten, Produktdaten, Qualitätsdaten oder allgemeinere Teamdaten sein. Grundprämisse ist dabei jedoch immer, dass diese Daten nicht einer Überwachung des Teams, sondern zu dessen kontinuierlicher Verbesserung dienen sollen. Dies ist wiederum nur dann möglich, wenn ausreichend Vertrauen und eine angemessene Fehlerkultur etabliert ist, andernfalls muss immer damit gerechnet werden, dass die Validität von Metriken nicht oder nur teilweise gegeben ist.

Im Sinne der kontinuierlichen Verbesserung sind somit folgende Aktivitäten hilfreich:

- Produkt- und systemspezifische Daten sammeln und analysieren
- Definieren von Metriken und Schwellenwerten
- Überwachung und Verfolgung von Metriken und Automatisierung von Benachrichtigungen
- Erkennen von Fehlern
- Quality Gates definieren und deren Einhaltung sicherstellen
- Eine Kultur des kontinuierlichen Lernens und der Verbesserung schaffen
- Verbesserung der Effizienz und Reduzierung der Zykluszeiten

Sharing

Klassischerweise gehört dazu die Etablierung einer Kultur ohne Schuldzuweisungen, was auf den ersten Blick einfach klingt, allerdings viel Erfahrung und Verständnis sowie gute Rollenbilder auf Managementebene erfordert.

Eine offene Kommunikationskultur sollte auch das Prinzip des Fragens und Teilens fördern. Gute (technische und organisatorische) Lösungen und Erfahrungen sollten im Team und zwischen den Teams geteilt werden, um die dadurch verbesserte Effizienz auch in weitere Teile der Organisation übertragen zu können.

Migrationsprojekte

Bei einem Migrationsprojekt steht eine Frage im Vordergrund: Funktioniert das System noch so wie zuvor? Die Beantwortung dieser Frage kann eine Testautomatisierung auf verschiedene Weise sinnvoll unterstützen.

Testdatengenerierung

Um Datenmigrationen frühzeitig testen zu können, müssen zwei Testdatensets vorbereitet werden:

- Generierte synthetische Daten
  Diese basieren auf den Migrationsregeln und testen somit strukturiert die implementierten Routinen des Datenimports. Sie sind Ergebnis der Testfallspezifikationsmethoden und können dann anhand der Werkzeuge generiert werden.
- Produktionsdaten
  Ein Test mit Produktionsdaten muss stattfinden, denn schlussendlich sollen diese Daten ja migriert werden. Es finden sich in Produktionsdaten immer wieder Konstellationen, die so in keinem Anforderungs- oder Entwurfsdokument spezifiziert wurden und bei einer Migration dann Probleme bereiten. Die Automatisierung kann hier zwei Aufgaben übernehmen: den Export der Produktivdaten aus dem alten System und, wenn nötig, eine Anonymisierung dieser Daten. Der Export kann später nach den Tests auch für die eigentliche Migration verwendet werden. Die Anonymisierung kann aus rechtlichen Gründen gefordert sein, da beispielsweise das Testteam gewisse Daten nicht sehen darf oder datenschutzrechtliche Anforderungen bestehen. Hier muss jedoch darauf geachtet werden, dass die Anonymisierung der Da-

ten den Aufbau der Daten beibehält und auch auf spezielle Eigenschaften wie Schreibweisen eingeht.

Die Ausbildung zum GTB Certified Test Data Specialist geht auf die komplexe Aufgabenstellung des Testdatenmanagements und insbesondere auf den Umgang mit schützenswerten Daten und Massendaten zu Testzwecken und zur Testautomation ein [Albrecht-Zölch 18; GTB 18].

Datenvergleich

Gerade wenn eine große Menge an Daten migriert wird, können die neuen Daten nicht manuell gegen die alten Daten geprüft werden. Der Vergleich muss daher automatisiert werden. Dies kann z. B. mit Komparatoren erfolgen, die auf die zu vergleichenden Daten auch gewisse Regeln anwenden können.

Ablaufvergleich

Die Einsetzbarkeit von Testautomatisierung zur Überprüfung der Funktionalität vor und nach einer durchgeführten Migration ist sehr stark von der Art der Migration abhängig. Wenn zum Beispiel dieselbe Applikation auf eine neue Systemplattform migriert wurde oder die Anbindung an eine andere Datenbank erfolgt ist, kann die Durchführung einer umfassenden, automatisierten Testsuite, die bereits für das bisherige System entwickelt wurde, in der neuen Umgebung sehr rasch die gewünschten Ergebnisse liefern. Ähnlich verhält es sich, wenn ein System z. B. automatisiert von Cobol nach Java transformiert wurde. Meist muss hier jedoch eine Anpassung der automatisierten Testfälle erfolgen und der Aufwand dafür ist abhängig davon, wie sehr die Entkopplung der fachlichen Testfälle von der technischen Implementierung gegeben ist.

Handelt es sich im Wesentlichen um einen Umstieg auf eine komplett neue Lösung, wird ein automatisierter Vergleich der Abläufe mit dem alten System unter Umständen aus Kosten-Nutzen-Sicht nicht zweckmäßig sein.

Migration der Testautomatisierung

Ebenso wie das System selbst kann auch eine vorhandene Testautomatisierung migriert werden. Wenn die Automatisierung schlüsselwortbasiert ist, genügt es, bei gleichbleibenden Abläufen die hinter den Schlüsselwörtern liegenden Skripte zu ändern. Eventuell müssen neue Schlüsselwörter erstellt oder alte Schlüsselwörter für obsolet erklärt werden, die Beschreibungssprache bleibt jedoch dieselbe. Somit müssen sich die Tester nicht umgewöhnen und können einen Teil der bereits automatisierten Testfälle weiternutzen.

Aus der Praxis:
Schrittweise Umstellung von Schlüsselwörtern

In einem agilen Altsystem-Ablöseprojekt wurden Testfälle schlüsselwortbasiert implementiert. Aufgrund der komplexen Workflows mussten teilweise Aktionen auf dem Altsystem durchgeführt werden, um automatisierte End-to-End-Testfälle umsetzen zu können. Im Zuge des Projekts wurde dieses Altsystem Schritt für Schritt abgelöst, und Schlüsselwort um Schlüsselwort konnte verändert werden, um anstelle des Altsystems nun das neu entwickelte Produkt anzusteuern. Aufgrund der ähnlichen Strukturen und Arbeitsabläufe der beiden Systeme konnte ein großer Teil der bestehenden Testfallabläufe beibehalten werden, auch wenn sich die durchzuführenden Aktivitäten und Technologien letztlich grundlegend unterschieden.

2 Vorbereitungen für die Testautomatisierung

Und los geht es. Tool gekauft, installiert, dann ein paar Tests geschrieben und die Testautomatisierung läuft. Das geht leider in der Praxis selten auf. Auch wenn es beim ersten Hinsehen verlockend ist, einfach loszustürmen, lohnt sich ein tieferer Blick und eine gewisse Vorbereitung. Denn der Teufel steckt hier im Detail. Wer erst spät erkennt, dass das SUT vielleicht gar nicht die nötigen Schnittstellen anbietet, das Testwerkzeug nicht kompatibel ist oder viel zu überdimensioniert für den Einsatzzweck, hat womöglich schon viel Energie, Geld und Ressourcen in das Vorhaben gesteckt und beginnt noch einmal von vorne. Trotz aller Agilität und Experimentierfreude lohnt sich ein genauerer Blick, um später keine bösen Überraschungen zu erleben.

2.1 SUT-Faktoren mit Einfluss auf die Testautomatisierung

»Der Wurm muss dem Fisch schmecken, nicht dem Angler« – das trifft auch auf unsere Testautomatisierung zu. Sie muss primär zu den Rahmenbedingungen passen, die das SUT vorgibt. Sie bilden das Fundament, auf dem Tool- und Strategieauswahl basieren.

Noch bevor irgendein Automatisierungswerkzeug ins Spiel kommt, ist das SUT und sein Kontext dahingehend zu prüfen, inwieweit beides bereit ist, überhaupt automatisiert getestet zu werden. Folgende SUT-spezifische Faktoren sollten daher überprüft werden:

- **SUT-Schnittstellen**
  Automatisierte Testskripte müssen Daten aus dem SUT auslesen sowie Aktionen auslösen können. Dafür benötigt das SUT Schnittstellen, z.B. in Form von Oberflächenelementen, APIs oder Kommunikationsprotokolle. Für verschiedene Teststufen werden ggf. auch unterschiedliche Schnittstellen benötigt. Auf der System- oder Ab-

nahmeteststufe erfolgt die Testautomatisierung üblicherweise über die grafische Benutzungsoberfläche (sofern das SUT eine solche Schnittstelle anbietet), während auf der Komponenten- oder Integrationsteststufe die Interaktionen mit dem SUT eher über die API umgesetzt werden. Sofern die nativ bereitgestellten bestehenden SUT-Schnittstellen den automatisierten Test nicht oder nicht effizient unterstützen, müssen zusätzliche Schnittstellen, sogenannte »Test Hooks«, implementiert werden.

- **Fremdsoftware**
  Wenn das SUT nicht nur aus selbst entwickelten Komponenten besteht, sondern bestehende Fremdsoftware integriert[1], ist es vielleicht auch notwendig, diese Fremdsoftware automatisiert zu testen. Bei ähnlichen Technologien und Schnittstellen kann möglicherweise dasselbe Automatisierungswerkzeug genutzt werden. Es kann aber ebenso eine weitere oder adaptierte Testautomatisierungslösung oder Testautomatisierungsstrategie benötigt werden. Auch Themen wie die Integration von Schnittstellensimulation und Mocking sind dann zu beachten.
- **Grad der Intrusion**
  Der Grad der Intrusion drückt aus, ob und wie viel ein SUT für die Testautomatisierung angepasst wurde. Wie bereits erwähnt, ist es nicht immer der Fall, dass das SUT eine gute Testbarkeit aufweist. Unterstützen die SUT-Schnittstellen eine effiziente Testautomatisierung beispielsweise nicht, müssen unter Umständen Test Hooks implementiert werden. Diese individualisierten Schnittstellen werden jedoch nur zum Zwecke des Testens hinzugefügt. Es liegt also ein höherer Intrusionsgrad vor, als wenn der Test über die bestehenden Oberflächenelemente des SUT durchgeführt würde. Ein höherer Intrusionsgrad vereinfacht zwar die Testautomatisierung, birgt aber immer auch ein höheres Risiko. So könnten beispielsweise die Test Hooks fehlerhaft implementiert sein und sich auf das Testergebnis in Form von falsch negativen oder falsch positiven Ergebnissen auswirken.
- **Unterschiedliche SUT-Architekturen**
  Je nach Struktur und Architektur des SUT sind meist auch unterschiedliche Strukturen und Architekturen in den dazugehörigen Automatisierungslösungen notwendig. So ist beispielsweise der automatisierte Test einer Microservice-basierten Lösung strukturell deutlich

1. Das ist in eher die Regel als die Ausnahme.

anders zu gestalten als der Test einer Mainframe-Applikation. Mitunter sind für die verschiedenen Architekturen auch unterschiedliche Testautomatisierungsstrategien zu entwickeln.

- **Größe und Komplexität des SUT**
  Größe und Komplexität des SUT spielen eine essenzielle Rolle bei der Auswahl des Testautomatisierungsansatzes. Für kleine, einfache Systeme eignet sich ein leichtgewichtiger Ansatz; größere, komplexe Systeme benötigen einen flexibleren Ansatz. Es sollte sich auf jeden Fall zuvor ein Bild gemacht werden, wie das SUT beschaffen ist. Eine Möglichkeit ist z.B. die Vermessung des Codes und der Architektur mit statischen Analysewerkzeugen. Diese zeigen über Metriken ein detailliertes Bild, wie es um Quantität, Qualität und Komplexität im Inneren des SUT bestellt ist [Sneed et al. 10].

Einige dieser Informationen stehen erst spät im Softwareentwicklungsprojekt zur Verfügung. Da jedoch bereits frühzeitig mit den Überlegungen zur Testautomatisierung begonnen werden sollte, ist es ratsam, diese Aspekte so gut wie möglich abzuschätzen. Dafür können z.B. Anforderungsdokumente, Systemspezifikationen, technische Entwürfe oder die geplante Architektur des SUT hilfreich sein. Eine gute Praktik ist es beispielsweise auch, frühzeitig Test Hooks zu definieren, auf denen die automatisierten Tests aufsetzen. Diese sind von den SUT-Schnittstellen unabhängig und können mitunter bereits zum frühestmöglichen Zeitpunkt, etwa beim Testentwurf, definiert und verwendet werden. Der modellbasierte Test beruht genau auf dieser Idee, sich zunächst von den tatsächlichen SUT-Schnittstellen zu lösen, eigene, für den Entwurf optimierte Test Hooks zu definieren und dadurch bereits frühzeitig im Testprojekt nahezu vollständige und ausführbare Tests entwerfen zu können.

Exkurs: Der Schnittstellenbegriff im Lehrplan

Der Lehrplan verwendet unterschiedliche Schnittstellenbegriffe, die jedoch nicht eindeutig differenziert werden: SUT-Schnittstelle, Testschnittstelle, dedizierte (Test-)Schnittstelle, Test Hook und Schnittstelle. Von all diesen Begriffen ist einzig der Test Hook im Glossar definiert (siehe Anhang D). Beim GTB wird derzeit beraten, wie diese verschiedenen Schnittstellenbegriffe besser voneinander abgegrenzt werden können. Entsprechende Einträge wurden in der Änderungsdatenbank des GTB hinterlegt. Der aktuelle Stand der Diskussionen lässt vermuten, dass sich in Zukunft folgende offizielle Abgrenzung durchsetzen wird (siehe Abb. 2–1):

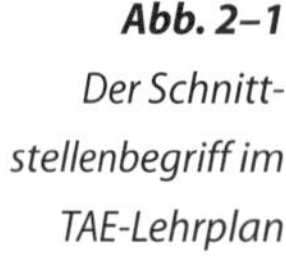

Abb. 2–1
Der Schnittstellenbegriff im TAE-Lehrplan

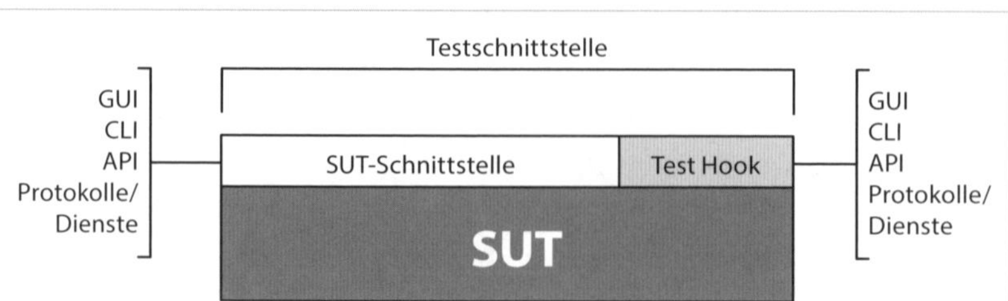

Der Begriff SUT-Schnittstelle umfasst alle nativen Schnittstellen (GUI, CLI, API etc.) des zu testenden Systems, die die Entwickler und Architekten vorgesehen und eingebaut haben.

Der Begriff Test Hook umfasst seiner offiziellen Definition nach alle individualisierten bzw. dedizierten Schnittstellen, die dem zu testenden System zusätzlich zum Zwecke der besseren Test- bzw. Automatisierbarkeit hinzugefügt wurden. Unter diese Kategorie fällt auch die im Lehrplan häufig verwendete Bezeichnung dedizierte (Test-) Schnittstelle.

Der Begriff Testschnittstelle umfasst die Gesamtheit aller für den Test zur Verfügung stehenden Schnittstellen des zu testenden Systems. Die Testschnittstelle vereint gewissermaßen die SUT-Schnittstellen und Test Hooks.

2.2 Bewertung und Auswahl von Werkzeugen

Die Rahmenbedingungen sind nun klar. Darauf aufbauend lässt sich ein passendes Werkzeug evaluieren und auswählen. Eine wichtige Phase, denn wenn sich später Inkompatibilitäten oder Probleme herausstellen, lassen sich diese oft nur mühsam mit Workarounds umgehen. Oder noch schlimmer – das Werkzeug muss gewechselt werden.

Heutzutage stehen dem interessierten Tester eine Vielzahl an Automatisierungswerkzeugen zur Verfügung. Einige sind auf Technologien spezialisiert, andere auf spezifische Testentwurfsverfahren im dynamischen Test oder auf verschiedene Testarten. Die systematische Bewertung und Auswahl von Automatisierungswerkzeugen und die Zusammenstellung solcher zu geeigneten Werkzeuglandschaften ist angesichts der breiten Palette generell verfügbarer Werkzeuge ein wesentlicher Erfolgsfaktor für ein Testautomatisierungsprojekt. In diesem Kapitel werden die grundsätzlichen Unterscheidungs- und Auswahlmöglichkeiten diskutiert, ein Bewertungs- und Auswahlprozess skizziert und die für diesen Prozess Verantwortlichen definiert.

Anmerkung der Autoren: Obwohl im Lehrplan und auch in diesem Buch die Auswahl der Werkzeuge vor dem generellen Architekturdesign und der generischen Testautomatisierungsarchitektur (gTAA) angesiedelt sind, ist es wichtig, zu beachten, dass diese beiden Themen eng miteinander verknüpft sind und gemeinsam betrachtet werden sollten.

2.2.1 Verantwortlichkeiten

Der Testautomatisierungsmanager (TAM) ist für die Auswahl von Testautomatisierungswerkzeugen bzw. Werkzeugen zur Testausführung verantwortlich. Sollte diese Rolle nicht definiert sein, fällt die Verantwortung dem Testmanager oder sogar dem Projektleiter zu. Dabei erhält er Informationen und Zuarbeit vom Testautomatisierungsentwickler (TAE), der die Evaluierung durchführt und die Empfehlung für ein Werkzeug ausspricht.

Konkrete Aufgaben des TAE in diesem Prozess sind z. B.:

- Bewertung der organisatorischen Reife und der Möglichkeiten einer Testwerkzeugunterstützung
- Bewertung realistischer Zielvorstellungen durch eine Testwerkzeugunterstützung
- Ermittlung und Sammlung von Informationen zu potenziell einsetzbaren Werkzeugen
- Analyse von Werkzeugeneigenschaften unter Berücksichtigung der Ziele und Projektrestriktionen
- Abschätzung des Kosten-Nutzen-Verhältnisses auf Basis eines soliden Business Case
- Ermittlung der Werkzeugkompatibilität mit dem SUT (bzw. seinen Komponenten)
- Aussprechen von Empfehlungen für geeignete Werkzeuge

2.2.2 Exkurs: Evaluierung von Automatisierungswerkzeugen

Generell sind bei der Werkzeugauswahl einige Schritte in Betracht zu ziehen, um eine fundierte Entscheidung herbeizuführen [Spillner et al. 14]:

1. Grundsätzliche Entscheidung über den Einsatz eines Werkzeugs
2. Identifikation von Anforderungen
3. Evaluierung
4. Auswertung und Auswahl

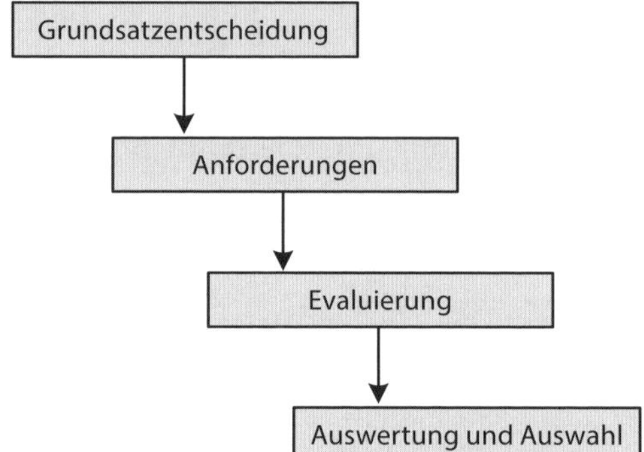

Abb. 2–2 *Auswahlprozess eines Automatisierungswerkzeugs*

Dieser Abschnitt geht speziell auf die häufigsten Kriterien für Testautomatisierungswerkzeuge ein, indem die wichtigsten Anforderungsgebiete aufgelistet und beleuchtet werden. Damit dient dieser Abschnitt als Grundlage für Punkt 2 der obigen Liste: die Identifikation von Anforderungen, nach denen Evaluierungskriterien erarbeitet werden können. Ein Vorschlag für einen Kriterienkatalog, der als Grundlage und Grundgerüst für eine detaillierte Kriterienanalyse dienen kann, befindet sich in Anhang C »Kriterienkatalog zur Testwerkzeugauswahl«.

Unterstützte Technologien

Speziell beim automatisierten Testen auf GUI-Ebene ist die Erstellung von ausreichend generischen Schnittstellen zum Testobjekt nicht immer einfach. In manchen Fällen ist die Erstellung von testobjektspezifischen Testrahmen von Vorteil – in anderen Fällen ist ein Blackbox-Test gefordert und somit eine spezielle Schnittstelle technisch aufwendig. Hier ist der Einsatz eines Werkzeugs, das die verwendete Technologie bereits unterstützt und somit den Zugriff auf das SUT ermöglicht, praktisch unumgänglich.

Kriterium »Erweiterbarkeit«

In einigen Fällen, speziell wenn die Anschaffung eines Werkzeugs nicht nur für ein konkretes System, sondern für eine ganze Systemlandschaft erfolgen soll, kann oft kein Werkzeug gefunden werden, das alle Schnittstellen bedient und daneben auch noch alle anderen notwendigen Kriterien erfüllt. In diesen Fällen muss auf eine einfache Erweiterbarkeit, die in ihrem Konzept auch dem Testansatz entspricht, geachtet werden.

Das Erstellen einer eigenen Schnittstelle zu Objekten in einer bestimmten Programmiersprache kann in einer Skriptsprache oder einer »fremden« Programmiersprache weitaus aufwendiger sein, als wenn die Schnittstelle direkt in derselben Sprache erstellt werden kann.

Als wesentlicher Aspekt ist ebenfalls zu beachten, ob eine dynamische Objekterkennung aktuell oder perspektivisch umgesetzt werden soll. Damit ist es möglich, zur Laufzeit z.B. auf veränderte Oberflächen, Listeneinträge etc. zu reagieren.

Möglichkeiten der Testfallbeschreibung und Modularisierung

Viele Werkzeuge bieten eine spezielle Unterstützung für bestimmte Testfallkonzepte. Sowohl datengetriebenes Testen als auch schlüsselwortgetriebenes Testen haben in ihrem Kern gewisse Anforderungen an das Testwerkzeug, speziell im Sinne von Datenzugriff (bei datengetriebenem Testen) und Modularisierung der Testfälle (in beiden Fällen).

Zielgruppe

Eine wichtige Frage, die bei der Entscheidung für ein Testautomatisierungswerkzeug gestellt werden muss, ist, welche Erfahrungen und Fähigkeiten die angedachte Benutzergruppe besitzt. Gibt es beispielsweise ein zentrales Automatisierungsteam, das aus erfahrenen Entwicklern besteht, bringt eine Drag-and-Drop-Oberfläche zum Erstellen von Testfällen wenig Mehrwert. Dafür ist ein gut durchdachtes Objektmodell umso wichtiger.

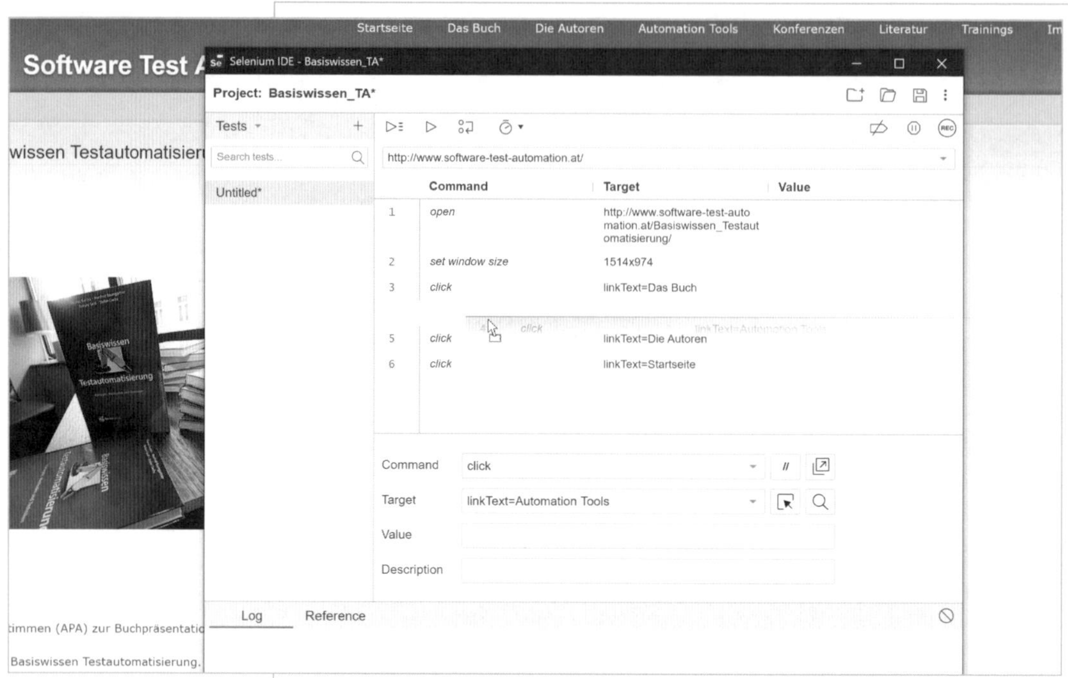

Abb. 2–3
Drag-and-Drop-Ansicht von technischen Testschritten

Besteht die Zielgruppe größtenteils aus fachlichen Testern, ist eine komfortable Oberfläche zum Erstellen von Testfällen aus Schlüsselwörtern, die durch Automatisierungsspezialisten zusammengestellt wurden, wahrscheinlich ein Musskriterium. Logik wie Schleifen oder dynamische Abfragen auf dieser Ebene können in vielen Fällen hilfreich sein, aber in einem solchen Szenario auch dazu verleiten, Testfälle unkontrolliert komplex werden zu lassen. Eine gute Daumenregel ist hier, Entwickler entwickeln zu lassen und Tester Testfälle schreiben zu lassen, aber nicht umgekehrt.

Integration in die Werkzeuglandschaft

In vielen Unternehmen gibt es neben der Automatisierung noch andere Werkzeuge, mit denen der Test in Berührung kommt. Beispiele hierfür sind: Testfallmanagement, Fehlermanagement oder auch Anforderungsmanagement.

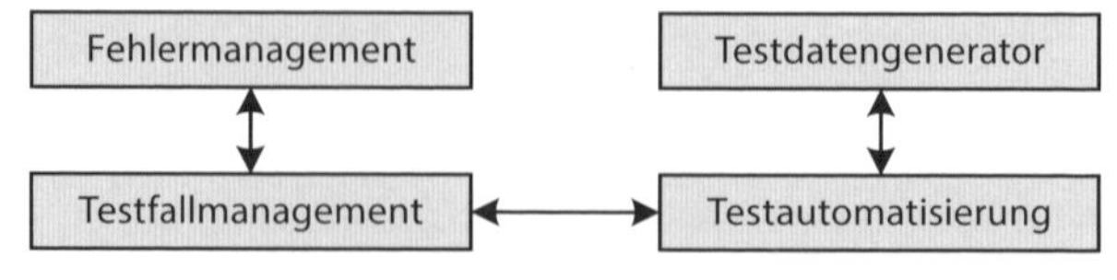

Abb. 2–4
Beispiel einer integrierten Werkzeuglandschaft für den Softwaretest

Für die komfortable Integration dieser Werkzeuge kann eine Anschaffung vom selben Hersteller von Vorteil sein. Steht aber eine gemeinsame Anschaffung noch nicht fest bzw. kann aufgrund anderer Kriterien eine andere Entscheidung getroffen werden, ist darauf zu achten, dass offene Integrationsmöglichkeiten, etwa über eine API, vorhanden sind. Dann besteht auch bei einer heterogenen Landschaft oder einem späteren Toolwechsel zumindest die Möglichkeit, einen integrierten Workflow beizubehalten. Dabei ist auch darauf zu achten, wie stabil eine solche API ist, also ob beispielsweise bei einem Releasewechsel der Integrationscode nicht komplett neu erstellt werden muss.

Welche Integrationen sind sinnvoll?

Eine weitere wichtige Frage in diesem Zusammenhang ist, für welche dieser Werkzeuge eine Integration überhaupt hilfreich ist: So ist z.B. das automatisierte Erstellen eines Fehlerberichts im Falle eines fehlgeschlagenen automatisierten Tests zwar auf den ersten Blick verlockend, in vielen Fällen aber letztendlich unerwünscht.

Proof of Concept

Die meisten Werkzeughersteller bieten zur Evaluierung eine kostenfreie Evaluierungslizenz. Die Gültigkeit einer solchen Lizenz kann sich je nach Werkzeug unterscheiden; erfahrungsgemäß kann hier mit 14 bis 30 Tagen Gültigkeit gerechnet werden. Zusätzlich sind bei Werkzeugevaluierungen Proof-of-Concept-Workshops sinnvoll. Als Vorbereitung für solche Workshops erarbeitet der potenzielle Kunde ein repräsentatives Testszenario in eingeschränktem Rahmen, das dann in Zusammenarbeit mit dem Werkzeughersteller ausgearbeitet und umgesetzt wird.

Eindruck »am lebenden Objekt«

Diese Vorgehensweise hat den Vorteil, dass das Werkzeug auf Kompatibilität mit dem SUT und der Testautomatisierungsstrategie sowie der Benutzergruppe überprüft werden kann – so garantiert z.B. ein prinzipieller Java-Support seitens des Werkzeugs nicht die Kompatibilität mit sämtlichen Java-Benutzungsoberflächen. Die meisten Applikationen haben die eine oder andere Eigenheit, die in der Praxis zu Problemen führen kann. Klassische Beispiele hierfür sind komplexe UI-Elemente wie beispielsweise Tabellen- oder Baumdarstellungen.

Solche Proof of Concepts helfen, einen Eindruck vom Werkzeug im realen Umfeld zu gewinnen, ohne sich bis ins kleinste Detail mit jedem Werkzeug befassen zu müssen, und fordern damit die Hersteller, ihr Werkzeug unter Einsatzbedingungen zu demonstrieren. Der Proof of Concept ist üblicherweise die Vorstufe zu einem Pilotprojekt.

Schulungen, Support und Dokumentation

Schulungen sind die häufigste und komfortabelste Möglichkeit, ein Werkzeug zu erlernen. In den meisten Fällen bieten Hersteller von kommerziellen Testwerkzeugen Schulungen selbst oder über Partner beim Kunden vor Ort oder in den eigenen Räumlichkeiten an.

Wichtig ist ebenfalls der langfristige Support, sowohl des Werkzeugs selbst als auch für die Benutzung der unterstützten Technologien und Integrationen. Auch der Supportprozess und die damit verbundenen Bearbeitungsmodalitäten und Eskalationsstufen müssen untersucht werden. Dabei ist auch auf möglicherweise durch den Support zusätzlich anfallende Kosten zu achten.

Im Fall von Open-Source-Werkzeugen sollte in diesem Rahmen auch die Aktivität und Hilfsbereitschaft der dazugehörigen Community oder des Herstellers betrachtet werden. In letzterem Fall kann es durchaus sein, dass das Werkzeug frei zu beziehen ist, für Herstellersupport aber Kosten anfallen.

Kriterien für Dokumentation

Auch die Wichtigkeit der Dokumentation darf in diesem Zusammenhang nicht unterschätzt werden. Das Werkzeug sowie dessen Verwendung im Zusammenhang mit den unterstützten Technologien muss vollständig und verständlich dokumentiert sein.

Speziell kundenspezifische Erweiterungen oder Integrationen des Werkzeugs müssen dokumentiert und vollständig dem Kunden übergeben sein, um als Kunde selbst Änderungen oder Wartungen vornehmen zu können und nicht bei jeder kleinen Änderung auf Beratungsleistungen durch den Hersteller angewiesen zu sein.

Lizenzmodell

Kommerzielle Testautomatisierungswerkzeuge bieten meist drei unterschiedliche Arten der Lizenzierung an:

- Node-Locked
  Die Lizenz ist an einen spezifischen Rechner gebunden.
- Floating
  Die Lizenz wird zur Laufzeit aus einem Pool abgerufen. Bei der Berechnung der benötigten Lizenzen muss darauf geachtet werden, dass gerade bei GUI-Automatisierung während der Durchführung der eingesetzte Rechner in vielen Fällen nicht für andere Zwecke verwendet werden kann und somit z.B. für das parallele Weiterarbeiten an Testfällen oder Schlüsselwörtern eine zusätzliche Lizenz notwendig sein kann.

- Execution
  Diese Lizenzform ist für die reine Durchführung von Tests gedacht und enthält kein User Interface, um Testfälle, Strukturen oder Daten in den Tests an sich zu verändern. Daher wird die Testfalldurchführung gerne zentralisiert. Dies ist aber nicht immer vollständig möglich. Es kann beispielsweise das Debugging von Skripten oder Schlüsselwörtern nicht praktikabel sein, wenn es nicht die Möglichkeit gibt, unmittelbar und unabhängig von der sonstigen Verwendung der Testumgebung lokal Testabläufe durchzuführen.

Im Fall der Integration der Testautomatisierung in CI/CD-Pipelines sollte auch beachtet werden, dass diese Lizenzformen in der Regel die Skalierung limitieren. So können z.B. bei Parallelisierung der Testdurchführung nicht mehr Tests parallel ausgeführt werden, als Lizenzen verfügbar sind. Dies kann in der Gesamt-Pipeline-Architektur durchaus eine Herausforderung darstellen.

Kostenpflichtige Erweiterungen

Es ist üblich, dass die Unterstützung von spezifischen Technologien, einzelnen Features oder Erweiterungen der Werkzeuge (z.B. für Testfalldesign oder Anforderungsmanagement) kostenpflichtig sind. Hier ist auch der mittelfristige Bedarf zu beachten.

Wenn man den Markt der Testautomatisierungswerkzeuge betrachtet, so sind einige Tendenzen erkennbar. Kommerzielle Werkzeuge zeichnen sich speziell auf folgenden Gebieten aus:

- Auswertungen und Protokolle sind ansprechender und integriert gestaltet.
- Es wird eine breite Palette an Technologien unterstützt, während Open-Source-Projekte sich eher auf eine Technologie konzentrieren.
- Die Integration mit anderen Testwerkzeugen ist out-of-the-box möglich, zumindest bei Werkzeugen desselben Herstellers.
- Die Durchführung von Testfällen ist komfortabler.
- Grafische Oberflächen zur Gestaltung von Testfällen sind vorhanden – die Hürde für Anwender mit weniger technischem Hintergrund ist niedriger.
- Support durch den Hersteller ist vertraglich gesichert.

Open-Source-Werkzeuge haben dagegen tendenziell Vorteile in folgenden Bereichen:

- Es fallen für das Grundprodukt keine Kosten an.
- Es werden gängige Programmier- oder Skriptsprachen verwendet – der Einstieg für Personen mit Programmiererfahrung ist unkomplizierter.
- Änderungen und Erweiterungen der Funktionalität sind komfortabler und werden auch von der Community angeboten.
- Die Integration in einen automatisierten Build-Prozess ist einfach gestaltbar.
- Wenn das Werkzeug eine breite Benutzergruppe hat, ist bei Problemen rasch und unkompliziert Feedback aus der Community möglich.

Sowohl kommerzielle als auch Open-Source-Werkzeuge haben ihre Stärken, die in die Entscheidung für ein Werkzeug oder eine Werkzeugpalette einfließen müssen.

Aus der Praxis:
Drum prüfe, wer sich ewig bindet

Ein Entwicklungsteam wollte für den Regressionstest der eigenen Applikation eine Automatisierung über die Benutzerschnittstelle umsetzen. Ein Teammitglied recherchierte eine Liste der kommerziell verfügbaren Werkzeuge und testete einen Vertreter erfolgreich auf der eigenen Applikation. Also wurde dieses Werkzeug angeschafft. Bei der Umsetzung der angedachten Regressionstestfälle traten allerdings Probleme auf: Die im Werkzeug vorgesehene Testfallstruktur erlaubte es nur teilweise, bestehende Testfälle abzubilden. Auch war es für die Vorbereitung der Testdaten und die Validierung der Ergebnisse von Transaktionen notwendig, Systeme anzusteuern und abzufragen, die keine Webapplikationen waren und auch sonst vom Hersteller nicht unterstützt wurden. Die einzige Möglichkeit, die Anforderungen mit dem bestehenden Werkzeug umzusetzen, bestand in Workarounds über Tastendrücke und Mauskoordinaten, gekoppelt mit Scripting über ein Scripting Interface des Tools.

Andere Werkzeuge hätten die entsprechende Struktur und Technologieunterstützung out-of-the-box angeboten. Durch diese Workarounds litt die Stabilität und Wartbarkeit der Automatisierung deutlich, und es entstand ein erheblicher Mehraufwand, dessen Vermeidung eine initiale, systematische Evaluierung von Automatisierungswerkzeugen mehr als gerechtfertigt hätte.

2.2.3 Exkurs: Evaluieren leicht gemacht

Im Zentrum einer Werkzeugevaluierung steht die praktische Erfahrung. Oft scheint aber bereits die erste Frage eine der schwierigsten zu sein: Wo beginnen wir? Im Folgenden stellen die Autoren daher beispielhaft einen, ihrer Erfahrung nach, praktikablen Ansatz vor, um erste Schritte direkt am zu evaluierenden Werkzeug zu absolvieren.

Die beschriebenen Schritte beziehen sich auf die Evaluierung von gängigen kommerziellen Werkzeugen für GUI-Automatisierung mit Unterstützung für mehrere Technologien.

Zu beachten ist jedoch, dass dieser Abschnitt keine Tutorials oder Handbücher ersetzen kann und will, sondern als grober Leitfaden zur Orientierung gedacht ist.

Vorbereitung der Szenarien

Im Vorfeld ist es ratsam, zwei bis drei repräsentative zu testende Szenarien festzuhalten, die einerseits fachlich, aber andererseits auch technisch den Schwerpunkt der zu erwartenden Arbeit reflektieren.

So kann ein Szenario beispielsweise zum automatisierten Testen von Webapplikationen folgende Schritte umfassen:

1. Start eines Browsers
2. Öffnen des SUT auf der Testumgebung
3. Login mit einem Test-User
4. Anlegen eines Datenelements (z.B. Kunde)
5. Überprüfung der erfolgreichen Anlage
6. Löschen des Datenelements
7. Überprüfung des erfolgreichen Löschens
8. Logout
9. Schließen des Browsers

Es sollte darauf geachtet werden, dass komplexe UI-Elemente wie z.B. Trees oder Grids oder aber auch dynamische Masken nicht bereits im ersten Szenario massiv gefordert werden. Diese Elemente haben aber in zweiten und dritten Szenarien absolut ihre Berechtigung und sollten dort bei einer Evaluierung auch unbedingt betrachtet werden. Eine Mischung aus »typischen« und »anspruchsvollen« Szenarien ist jedenfalls zu empfehlen, da nahezu jedes Werkzeug problemlos mit einfachen oder statischen UI-Elementen interagieren kann, in komplexeren Szenarien kann es allerdings vorkommen, dass diese Elemente nur noch eingeschränkt oder über Workarounds angesprochen werden können. Für das Ergebnis einer Evaluierung sind eben jene Limitationen ein wichtiges Kriterium.

Ein Katalog von gewichteten Evaluierungskriterien sollte ebenfalls vorbereitet werden (siehe Anhang C).

Zum Start sollten die Testdaten sowie alle anderen notwendigen Rahmenbedingungen (z.B. Berechtigungen, Testumgebung) bereitstehen.

Vorbereitung des Testrechners

Es ist ratsam, Evaluierungen nicht auf dem eigenen Rechner lokal durchzuführen, da für die meisten generischen Automatisierungswerkzeuge je nach Technologie unterschiedlichste Änderungen an der Systemkonfiguration vorgenommen werden müssen (z.B. Installation einer speziellen Java-Version, Konfiguration von Umgebungsvariablen). Dieser Rechner sollte auch entsprechende Leistungsmerkmale vorweisen, wie sie vom Werkzeug und vom SUT (zusätzlich) gefordert werden, und, soweit damit vereinbar, auch der Produktivvariante eines Rechners, von dem aus das zu testende System bedient wird, entsprechen.

Neben diesen Rahmenbedingungen sind oft noch einige weitere Punkte zu beachten, die unbedingt vor der eigentlichen Evaluierung sichergestellt werden sollten:

- Zugänge und Clients für das bzw. die SUTs sollten konfiguriert werden.
- In der Regel sind weitere Administratorberechtigungen zur Installation des Werkzeugs notwendig.
- Es sollte auch abgeklärt werden, ob für benötigten Technologiesupport zusätzliche Add-ins, Engines, Plug-ins, Module oder Lizenzen vonnöten sind (z.B. Delphi, PowerBuilder, Java, SAP).

Installation des Werkzeugs und Erstellung des Arbeitsbereichs

Liegt eine Lizenz (z.B. Evaluierungslizenz) sowie ein Installationsmedium (z.B. Download) bereit, kann auf einem Rechner mit der Installation begonnen werden. Diese ist in den meisten Fällen unkompliziert und läuft wie bei Desktop-Applikationen üblich ab. Dennoch empfiehlt sich ein Blick in die Installationsanleitung, da z.B. bei strengen Security-Policies durchaus der eine oder andere Fallstrick vermieden werden kann.

Sollten im vorigen Schritt Erweiterungen bezogen worden sein, sind diese ebenfalls entsprechend ihrer Anleitung zu installieren.

Sobald das Werkzeug installiert ist, kann es gestartet werden. Es empfiehlt sich, nun einen Bereich für die Evaluierung anzulegen. In vielen Fällen erfolgt dies in Form eines Arbeitsbereichs oder aber auch einfach durch ein Verzeichnis auf der Festplatte. In diesem Bereich wird die Evaluierung nun durchgeführt.

Erstellen des ersten Szenarios

Die ersten Hürden sind genommen: Das Werkzeug ist installiert, gestartet und es ist ein erster Arbeitsbereich vorhanden.

Nun kann das SUT gestartet und mit der Erstellung des ersten Szenarios begonnen werden. Wie das gemacht wird, ist von Werkzeug zu Werkzeug unterschiedlich, allerdings bieten die meisten Vertreter die Möglichkeit, einen Testfall aufzuzeichnen und anschließend wieder abzuspielen (Capture/Playback). Diese Funktion ist typischerweise über einen prominenten roten »Record«-Button aufrufbar. Sollte diese Funktion nicht verfügbar sein, gibt es meist Wizards oder andere Methoden, die die Identifikation von UI-Elementen erleichtern.

Der nächste Schritt im zuvor erwähnten Beispielszenario ist das Ausfüllen der Login-Maske in dem gestarteten SUT. Danach kann die Aufzeichnung bzw. Erfassung gestoppt werden. Es empfiehlt sich bereits jetzt, die erfassten Elemente anzusehen und unter anderem die folgenden Fragen zu klären:

- Wurden die Aktionen auf Elementen oder Koordinaten erstellt?
- Wurden sprechende und stabile Erkennungsmerkmale gewählt?
- Die meisten Tools bieten die Möglichkeit, erkannte Elemente im SUT hervorzuheben. Werden die richtigen Elemente hervorgehoben, wenn die Login-Maske wieder angezeigt wird?

Im Falle einer korrekten Identifikation können jetzt die Schritte für das Login in einen Testfall eingefügt werden. Sollten die Schritte aufgezeichnet worden sein, liegen dieser bereits vor und können direkt abgespielt werden.

War die Umsetzung oder Durchführung des Testfalls nicht zufriedenstellend, kann eine entsprechende Lösung oft im Handbuch bzw. in Online-Communitys gefunden werden. Auftretende Probleme bieten aber auch gleichzeitig die Möglichkeit, den Herstellersupport (Hotline) zu »testen«.

Mögliche Probleme können auf fehlende Technologiemodule oder auch Schwächen in der Aufzeichnung oder unzureichende Automatisierbarkeit des SUT zurückzuführen sein. Aber erfahrungsgemäß ist bei den allermeisten Fällen schlicht eine manuelle Überarbeitung der automatisch aufgezeichneten Elemente notwendig.

Ist das Login erfolgreich erfasst, kann mit dem Rest des ersten Szenarios gleichermaßen fortgefahren werden. Dabei ist besonders darauf zu achten, dass Elemente, die bereits in anderen Schritten verwendet wurden, nicht doppelt implementiert werden.

Refactoring und Parametrierung des ersten Szenarios

Bevor mit weiteren Szenarien fortgefahren wird, sollte der bestehende Testfall überarbeitet werden.

Gruppieren Sie die Schritte, die aktuell im Normalfall nur unzusammenhängende Einzelaktionen oder Masken auf der Benutzungsoberfläche darstellen, zu fachlich sinnvollen Blöcken, wie z.B. »Login« oder »Kunde anlegen«. Dadurch kann ein Gefühl für die Strukturierung in wiederverwendbare Blöcke in dem zu evaluierenden Werkzeug erlangt werden. Dabei sollten besonders die folgenden Fragen beachtet, beantwortet und dokumentiert werden:

- Wie werden Schritte zu einem Block gruppiert?
- Wie kann dieser Block an anderer Stelle wiederverwendet werden?
- Was passiert, wenn Änderungen an den im Block befindlichen Schritten durchgeführt werden? Gelten diese Änderungen auch automatisch an allen Stellen, die diesen Block verwenden?
- Wie werden Testdaten von einem Block an den nächsten übergeben?
- Wie können Testdaten in Überprüfungsschritten gehandhabt werden?

Wenn das Szenario dem zuvor beschriebenen »Kunde anlegen«-Szenario entspricht, ist es sinnvoll, sich an dieser Stelle auch die Parametrierung in Richtung datengetriebenem Test anzusehen. Dabei ist speziell darauf zu achten, an welchen Stellen sich Testdaten befinden und welche dieser Daten für eine Parametrierung geeignet sind. Ein guter Weg, um dies genauer unter die Lupe zu nehmen, ist es, unterschiedliche Datenelemente (im Falle unseres Beispiels »Kunden«) zu hinterlegen (etwa einen Kunden ohne Sonderzeichen, einen mit Sonderzeichen und einen mit Ziffern im Namen), deren Datenvariationen jedoch keinen Einfluss auf den Ablauf des Tests haben. Ist dies geschehen, kann der Testlauf mit allen Varianten gestartet werden und sollte jeweils das gleiche Ergebnis liefern.

Nach der Behandlung von Datenvarianten können nun Ablaufvarianten betrachtet werden. Dies ist aber in der Regel, sofern nicht einfach manuell zusätzliche Testfälle geschaffen werden, eher ein Bereich für den fortgeschrittenen TAE und daher für eine rasche Evaluierung nur schwer umsetzbar. Ein Beispiel für Ablaufvarianten ist, dass im Falle eines ungültigen Kundendatensatzes der Testfall an entsprechender Stelle eine Überprüfung auf die Fehlermeldung und das Beenden des Testfalls notwendig machen kann, da die weitere Durchführung kein sinnvolles Ergebnis mehr liefern würde. Da diese Situation jedoch in verschiedenen Werkzeugen recht unterschiedlich zu behandeln ist, sei an dieser Stelle auf das jeweilige Handbuch oder Tutorial verwiesen.

Umsetzung weiterer Szenarien

Nun ist das erste Szenario umgesetzt, in fachliche, wiederverwendbare Blöcke aufgeteilt und in mehreren Datenvarianten ausgeprägt. Im nächsten Schritt können weitere Szenarien auf gleiche Weise umgesetzt werden, und zwar unter Verwendung der bisher entstandenen wiederverwertbaren Elemente. Wie in früheren Abschnitten erwähnt, sollten diese Szenarien das Werkzeug im Hinblick auf den Technologiesupport etwas fordern, indem beispielsweise komplexere UI-Elemente, aber auch dynamische Masken enthalten sind.

Häufig funktioniert bei komplexen Elementen (z.B. Trees, Grids) die Aufzeichnung im Vergleich zu einfachen Elementen nicht einwandfrei und muss eventuell manuell angepasst werden. Auch die Ansteuerung aus dem Testfall heraus ist mitunter etwas unterschiedlich. Hier empfiehlt sich die Recherche im jeweiligen Handbuch oder sogar in der Dokumentation des Technologiemoduls.

Bei dynamischen Masken ist die Handhabung in der Regel etwas schwieriger, da sie meistens Einfluss auf den zu automatisierenden Ablauf haben. So können z.B. wiederholbare Blöcke in der Benutzungsoberfläche dazu führen, dass mehrere UI-Elemente gleiche Erkennungsmerkmale haben. Hier kann in vielen Werkzeugen eine auf Parent-Child-Beziehungen oder auch geometrische Beziehungen (z.B. »steht links von«) basierende Erkennung unter Einbeziehung eines eindeutig erkennbaren Elements (z.B. Label, Name) eingesetzt werden und somit eine stabile Objektidentifikation erreicht werden. Einige Hersteller bieten auch eine Unterstützung durch künstliche Intelligenz in diesem Bereich – zum Beispiel bei der Auswahl geeigneter Erkennungsmerkmale.

Integration in den Entwicklungsprozess

Die Testfälle sind nun so weit als möglich erfolgreich automatisiert. Jetzt geht es darum, zu evaluieren, wie sie in den Entwicklungs- und Testprozess eingebettet werden können. Das bedeutet einerseits zu überlegen, wie oft ein Durchlauf praktikabel ist (unter Einbeziehung von z.B. Erfahrungen bezüglich Performanz), und andererseits, mit welchen anderen Werkzeugen eine Integration sinnvoll ist. Häufige Integrationsszenarien betreffen unter anderem:

- Testfallmanagement
  Integration in die allgemeine Testfallverwaltung, Durchführungs-Reporting, Fehlermanagement, Berichtswesen etc.
- Continuous Integration
  Zeitpunkt und Umfang automatisierter Tests
- Versionierungssysteme
  Sicherstellung, dass auch die für das zu testende Release gültigen Testfälle ausgeführt werden
- Change- und Releasemanagement
  Wie wird mit fachlichen Änderungen umgegangen? Mehrere Varianten oder Versionen eines SUT parallel in Entwicklung, Test oder Betrieb stellen ebenfalls eine Herausforderung dar, die bereits in der Evaluierung betrachtet werden muss.
- Service-Virtualisierung
  Wird ein entsprechendes Werkzeug eingesetzt und wie ist dieses mit der Testautomatisierungslösung integrierbar?

Abb. 2–5
Integration in den Entwicklungsprozess

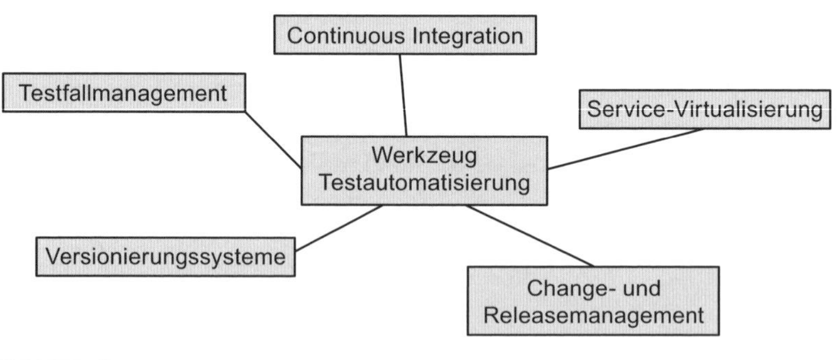

Abschluss

Zu guter Letzt sollten die Ergebnisse sowohl anhand des Kriterienkatalogs als auch in Prosaform erfasst werden, um eine objektive Bewertbarkeit und Nachvollziehbarkeit zu gewährleisten. Da die Zielgruppe des Werkzeugs (nämlich diejenigen, die tagtäglich damit umgehen sollen) für den Erfolg des Werkzeugeinsatzes ein kritischer Faktor ist, sollte abseits der quantitativen Erfassung der Erfahrungen auch die qualitative Einschätzung nicht zu kurz kommen.

2.2.4 Typische Herausforderungen

Nicht immer erfüllen Automatisierungswerkzeuge alle Erwartungen oder es treten unerwartete Probleme während des Betriebs auf. Die folgende Aufzählung zeigt eine Auswahl an Herausforderungen, die typischerweise beim Einsatz eines Werkzeugs auftreten können.

Inkompatibilität bei Werkzeugschnittstellen

Beispiel: Das Werkzeug für das Anforderungsmanagement wurde aktualisiert, worauf der Datenaustausch mit dem Testautomatisierungswerkzeug nicht mehr funktioniert.

Mögliche Lösungen:

- Prüfen des Changelogs vor der Aktualisierung
- Prüfen der Version der Schnittstelle
- Support durch den Hersteller
- Recherche in Foren

Verändertes SUT wird nicht mehr vom Testwerkzeug unterstützt

Beispiel: Das SUT verwendet eine neue Version eines Frameworks.

Mögliche Lösungen:

- Nutzung der gleichen Frameworks und Versionsstände beim SUT und beim Testautomatisierungswerkzeug
- Kompatibilitätsprüfung neuer Versionen vor dem Einsatz

GUI-Elemente können vom Testwerkzeug nicht vollständig genutzt werden

Beispiel: Ein neues GUI-Element wird vom Testwerkzeug erkannt, Daten können aber nicht ausgelesen oder manipuliert werden.

Mögliche Lösungen:

- Proof of Concept bei neuen GUI-Elementen
- Anforderungen des Testwerkzeugs an neue GUI-Elemente vor Entwicklung bereitstellen
- Keep it simple – einfache und standardisierte Technologien nutzen

Bedienung des Testwerkzeugs ist kompliziert

Beispiel: Das Testwerkzeug bietet viele Funktionen, die nicht genutzt werden, aber die Bedienung kompliziert machen.

Mögliche Lösungen:

- Wenn möglich, nicht benötigte Funktionalität abschalten bzw. Plugins deaktivieren
- Einschränken der Funktionsvielfalt über Zugriffsbeschränkungen
- Verkleinern der gebuchten Lizenz
- Suche nach einem alternativen Testwerkzeug mit stärkerem Fokus auf den notwenigen Funktionsumfang

Beeinträchtigung des SUT durch das Testwerkzeug

Beispiel: Beim Einsatz des Testwerkzeugs reagiert das SUT deutlich langsamer als ohne das Testwerkzeug.

Mögliche Lösungen:

- Suche nach einem Werkzeug, das weniger intrusiv arbeitet
- Änderung der Anbindung des Werkzeugs an das SUT (ggf. über Test Hooks)

Änderungen des SUT durch das Werkzeug

Beispiel: Das Testwerkzeug ändert (z.B. instrumentiert) den Quellcode des SUT.

Mögliche Lösungen:

- Nutzung von Bibliotheken bzw. anderen Zugriffsschichten
- Suche nach einem Werkzeug, das weniger intrusiv arbeitet

Fehlende Ressourcen

Beispiel: Auf den Testumgebungen steht bei Nutzung des Testwerkzeugs kein Arbeitsspeicher mehr zur Verfügung. Dies ist insbesondere bei eingebetteten Umgebungen relevant.

Mögliche Lösungen:

- Prüfen und Analysieren auf Speicherlecks
- Prüfen und Abgleich der Systemvoraussetzungen des Testwerkzeugs
- Recherche in Benutzerforen

Updates

Beispiel: Nach dem Update des Testwerkzeugs funktionieren Testskripte nicht mehr.

Mögliche Lösungen:

- Update und Funktionsfähigkeit der Testskripte vorab testen
- Prüfen und Abgleich der Release Notes des Updates
- Anpassen der Testskripte, beispielsweise Umstellung auf einen höheren Testautomatisierungsansatz

Auswirkung auf die IT-Sicherheit

Beispiel: Das Testwerkzeug benötigt Zugriff auf sonst geschützte Bereiche bzw. auf Informationen, auf die der TAE keinen Zugriff hat.

Mögliche Lösungen:

- IT-Sicherheits- und Zugriffskonzept prüfen und anpassen; ggf. ist es unabdingbar, dass der TAE Zugriff auf diese Informationen erhält
- Testschnittstellen prüfen und erweitern
- IT-Sicherheitsbereiche definieren und umsetzen

Fehlende Portabilität

Beispiel: Testskripte funktionieren nicht in allen Testumgebungen bzw. auf allen Geräten.

Mögliche Lösungen:

- Verwendung eines Testautomatisierungsansatzes, der sich durch Einbringung von Abstraktion von den technischen Details einer konkreten Plattform löst
- Änderung der Testautomatisierungsarchitektur bzw. der Testautomatisierungslösung, um eine möglichst hohe Plattformunabhängigkeit zu erreichen

2.3 Auslegung auf Testbarkeit und Automatisierung

Wie gut sich das SUT über die Testautomatisierung testen lässt, hängt zu einem sehr großen Anteil am SUT selbst. Die Testbarkeit des SUT im Sinne der Testautomatisierung ist stark dadurch bestimmt, wie gut es sich über Schnittstellen steuern und beobachten lässt.

Die Auslegung auf Testbarkeit und Automatisierung eines SUT sind wichtige Eigenschaften für den Erfolg eines Testautomatisierungsprojekts. Während die Auslegung auf Testbarkeit für den automatisierten und manuellen Test gleichermaßen wichtig ist – nur ein gut testbares SUT lässt sich auch nur gut testen –, zielt die Auslegung auf Automatisierung insbesondere auf die Kompatibilität des SUT mit der Testautomatisierung ab.

Generell ist die Testbarkeit des SUT zu bestimmen und sicherzustellen. Bei der Testbarkeit handelt es sich um ein Untermerkmal des Qualitätsmerkmals Wartbarkeit und ist somit ein nicht funktionales Merkmal, das bereits frühzeitig bei der Konzeption des SUT adressiert werden kann. Es liegt in der Verantwortung der Architekten und Entwickler, sicherzustellen, dass das SUT möglichst einfach getestet werden kann. Oftmals fehlt diesen Rollen jedoch die spezifische Testsicht. Idealerweise wird der TAE bereits frühzeitig in die Entwurfsüberlegungen des zu testenden Systems einbezogen, sodass er wertvolle Beiträge zur Testbarkeit des Systems liefern kann. Generell erfolgt die Interaktion zwischen dem Testautomatisierungswerkzeug und dem SUT über Schnittstellen. Die Eignung dieser Schnittstellen bezüglich der nachfolgenden Faktoren bestimmt schlussendlich die Testbarkeit des SUT.

- **Steuerung des SUT**
  Automatisierte Tests nutzen Schnittstellen, um Aktionen am und Ereignisse im SUT auszulösen. Dies kann beispielsweise über APIs, Kommunikationsprotokolle, UI-Elemente oder elektronische Schalter geschehen.
- **Beobachtbarkeit des SUT**
  Automatisierte Tests nutzen Schnittstellen, um zu überprüfen, ob das tatsächliche Verhalten des SUT mit dem erwarteten Verhalten übereinstimmt.
- **Klare Architektur**
  Für eine durchgängige und transparente Testautomatisierungsstrategie muss klar definiert sein, welche Schnittstellen auf welcher Teststufe für die Testautomatisierung zur Verfügung stehen. Zudem ist hier auch der Grad der Intrusion und die Auswirkungen des Automatisierungswerkzeugs auf das SUT zu prüfen.

Je einfacher sich die drei oben genannten Faktoren umsetzen lassen, desto höher ist die Testbarkeit des SUT. Werden neue Schnittstellen benötigt oder müssen bestehende erweitert werden, ist es die Aufgabe des TAE, diese zu spezifizieren und den Entwicklern frühzeitig mitzuteilen, damit der benötigte Aufwand auch frühzeitig eingeplant werden kann. Dabei ist immer auch zu beachten, dass auch neue und geänderte Testschnittstellen qualitätsgesichert und getestet werden müssen, d.h., auch hier sind statische Analysen, Reviews und dynamische Tests erforderlich.

Die Bandbreite möglicher Testschnittstellen, die zu einer Verbesserung der Testbarkeit führen, ist groß. Hier einige Beispiele:

- Testschnittstellen für die Beobachtung und Steuerung des SUT, wenn z.B. (noch) keine grafische Benutzungsoberfläche vorhanden ist
- Testschnittstellen zur Ermittlung, in welchem Zustand sich das SUT befindet, wenn ein zustandsbasierter Test durchgeführt wird
- Platzhalter zur Simulation von Software und/oder Hardware
- Schnittstellen/Platzhalter/Treiber, um Fehlerzustände zu simulieren (z.B. Hardwareausfall) durch Verwendung von Fehlereinfügungswerkzeugen
- Skripterstellung für Kalkulationstabellen

Durch eine Bewertung der Testbarkeit und deren möglicher Optimierung durch Bereitstellung zusätzlicher Test Hooks stellt der TAE sicher, dass die automatisierten Tests effektiv und effizient durchgeführt werden können. Interessanterweise profitiert auch der möglicherweise parallel stattfindende manuelle Test von einer besseren Testbarkeit.

Folgende Faktoren sind zudem für die Auslegung auf Automatisierung zu berücksichtigen:

- Die Kompatibilität mit bestehenden Testwerkzeugen muss schon in einer frühen Phase gewährleistet werden.
- Die Frage der Kompatibilität von Testwerkzeugen ist entscheidend, da sie die Fähigkeit zur Automatisierung des Testens wichtiger Funktionen beeinträchtigen kann.
- Lösungen für eine bessere Auslegung auf Automatisierbarkeit können die Entwicklung von Programmcode und Aufrufe an APIs erfordern.

3 Die generische Testautomatisierungsarchitektur

Testautomatisierung ist kein Selbstzweck – sie soll wertvolle Informationen über den Qualitätszustand des Testobjekts liefern und dadurch der Organisation und dem Team ermöglichen, zu jedem Zeitpunkt fundierte Entscheidungen zu treffen. Dies gilt sowohl während der Entwicklung des Testobjekts als auch darüber hinaus, entlang des gesamten Lebenszyklus. Einerseits hat das zur Konsequenz, dass Testautomatisierung nicht nur während der entwicklungsbegleitenden Tests nützlich sein kann, sondern auch während des Wartungstests. Andererseits bedeutet dies aber auch, dass sie über den gesamten Zeitraum hinweg auch selbst im Fokus von Wartungsaktivitäten steht und dennoch wirtschaftlich sein muss. Das ist eine der größten Herausforderungen, der sich ein TAE stellen muss.

3.1 Einführung in die generische Testautomatisierungsarchitektur (gTAA)

Dieses Kapitel beschreibt eine generische Testautomatisierungsarchitektur (gTAA), wie sie im Lehrplan des ISTQB® Certified Tester »Testautomatisierungsentwickler« definiert wird. Die Struktur dieses Kapitels orientiert sich daher ganz bewusst stark an dem entsprechenden Kapitel im Lehrplan, führt die Inhalte weiter aus, setzt sie in einen weiteren Kontext und ergänzt sie durch konkrete Elemente wie mögliche Werkzeuge, Fallstudien und in weiterer Folge durch ein durchgängiges Beispiel.

Die gTAA spezifiziert die grundlegenden Schichten, Komponenten und Schnittstellen, die eine typische Testautomatisierungslösung (engl. Test Automation Solution – TAS) aufweist. Sie ist als Basis gedacht, um strukturiert, modular und zuverlässig für einen konkreten Bedarf eine konkrete Testautomatisierungsarchitektur (TAA) ableiten zu können.

In der zweiten Hälfte des Kapitels wird dargelegt, wie die Inhalte aus der gTAA in eine konkrete Testautomatisierungsarchitektur (TAA) und eine Testautomatisierungslösung (TAS) überführt werden können.

3.1.1 Warum eine gute Testautomatisierungsarchitektur so wichtig ist

Wesentlicher Treiber für den gewinnbringenden Einsatz von Testautomatisierung sind, wie in den vorhergehenden Kapiteln bereits beschrieben, die Wartungskosten. Diese können reduziert werden, indem bei der Auswahl der zu automatisierenden Testfälle sehr sorgsam umgegangen wird und ein möglichst minimales Set an aussagekräftigen Testfällen automatisiert wird. Andererseits unterstützt auch eine nachhaltige und modulare Testautomatisierungsarchitektur (TAA) eine langfristige Wirtschaftlichkeit der Testautomatisierung. Eine solche Architektur bietet nicht nur Vorteile in der Wartungsphase, sondern erlaubt auch einen rascheren Aufbau von automatisierten Testfällen sowie eine erhöhte Stabilität der Automatisierung und Flexibilität gegenüber Änderungen am Technologie-Stack oder dem Testobjekt.

Hinzu kommt, dass durch eine modulare Architektur nicht nur die Wiederverwendbarkeit in einem einzelnen Team bzw. Testobjekt gewährleistet werden kann, sondern auch darüber hinaus.

Nicht nur die gesamte Architektur, sondern auch die einzelnen konkreten Einzelelemente der Testautomatisierung (wie z.B. Schnittstellenanbindungen und Werkzeugkonfigurationen) können team- oder organisationsübergreifend wiederverwendet werden, um z.B. in einem Systemintegrationstest zusammenzuspielen.

Die Aufgabe, diesen Anforderungen gerecht zu werden, stellt hohe Ansprüche an den TAE. Dieser sollte daher neben Test- und Automatisierungsfähigkeiten auch tiefes Wissen über das gewählte Entwicklungsvorgehen, Programmierstandards, Best Practices und domänenspezifische Rahmenbedingungen besitzen.

3.1.2 Entwicklung von Testautomatisierungslösungen

Eine Testautomatisierungslösung ist eine konkrete Ausprägung einer TAA und setzt sich zusammen aus der Testumgebung und den dazugehörigen automatisierten Testmitteln, wie den automatisierten Testfällen (die möglicherweise zu Testsuiten gruppiert sind), Testdaten oder spezifischen Konfigurationsdateien. Eine TAS ist also kein monolithisches Werkzeug oder Framework im klassischen Sinne, sondern repräsentiert meist einen Verbund von Werkzeugen, Komponenten und Testmitteln, die zum Zwecke einer Testautomatisierung zusammengeführt wurden. Es kann aber ein TAF (Testautomatisierungsframework, vgl. Abschnitt 1.4.4) genutzt werden, um Testumgebung, Werkzeuge, Testbibliotheken oder zusätzliche Testrahmen bereitzustellen, die dann für eine schnellere Erstellung und Durchführung automatisierter Tests wiederverwendet werden können.

Bei der Entwicklung einer TAS sind viele Faktoren zu beachten. Im Zentrum des TAS-Entwurfs einer solchen Lösung stehen:

- Definition des funktionalen und nicht funktionalen Umfangs
- Definition der Schichten, Dienste und Schnittstellen
- Effiziente und wirksame Entwicklung von automatisierten Testfällen durch möglichst einfache Komponenten
- Wiederverwendung für verschiedene Testobjekte (bspw. Produktlinien), Technologien und Werkzeuge
- Vereinfachung von Wartung und Weiterentwicklung
- Anforderungen der Benutzer der TAS

Diese Auflistung visualisiert auch, warum die Entwicklung einer Testautomatisierungslösung eine Form von spezialisierter Softwareentwicklung ist: Anforderungen, technischer Entwurf und Schnittstellen sind zu identifizieren, zu spezifizieren, zu implementieren und auch zu testen. Ein Testautomatisierungsprojekt ist ein Softwareentwicklungsprojekt! Daher ist es auch nicht überraschend, dass auch die grundlegenden Prinzipien der Softwareentwicklung zur Anwendung kommen sollten: die fünf SOLID-Prinzipien nach Uncle Bob [Martin 00].

Anmerkung der Autoren: Da es mehr als ausreichendes und exzellentes Material zu den SOLID-Prinzipien sowohl in Form von Literatur als auch im Internet gibt, verzichten wir an dieser Stelle auf eine ausführliche Beschreibung und Codebeispiele, sondern versuchen einen Überblick und Beispiele für ihre Relevanz im Kontext einer TAS zu geben. Die SOLID-Prinzipien sind im Lehrplan nicht explizit als solche ausgewiesen – die Überschrift der hier vorhandenen Unterkapitel macht aber deutlich, auf welchen Abschnitt im Lehrplan Bezug genommen wird. Wir halten uns an die deutsche Übersetzung der Prinzipienbezeichnungen, die im Lehrplan verwendet wird, auch wenn diese von der z.B. in Wikipedia gebräuchlichen Übersetzung abweicht.

S – Das Single-Responsibility-Prinzip oder auch die fest definierte Aufgabe

Dieses Prinzip besagt, dass jede Komponente eine (und nur eine) fest definierte Aufgabe erfüllt, die komplett in dieser Komponente umgesetzt und gekapselt ist. Dies kann im Kontext einer TAS die Erzeugung von bestimmten Testdaten, die Ausführung von Tests, die Umsetzung einer bestimmten fachlichen Aktion, die Anbindung einer Schnittstelle, das Protokollieren von Testaktionen oder auch das Erzeugen eines Reports sein.

Eine bewährte Methode, um eine Aufgabe abzugrenzen, ist ein Gedankenexperiment, bei dem Gründe für den Bedarf nach Änderung in dieser Komponente überlegt werden. Was könnte ein Grund sein, damit diese Komponente geändert werden muss?

Ziehen wir als Beispiel eine Komponente heran, die für die Generierung eines visuell ansprechenden und inhaltlich vollständigen Reports zuständig ist. Was könnte ein Grund sein, sie zu ändern? Ein Grund könnte sein, dass die Inhalte des Reports geändert werden sollen, z.B. dass ein neues Feld »Dauer des Testfalls« ergänzt werden soll. Ein zweiter Grund könnte sein, dass das Format geändert werden muss, also, dass z.B. die Diagramme nun zentriert dargestellt werden sollen. Wir haben also bereits zwei mögliche Änderungsgründe identifiziert – dies weist in der Regel darauf hin, dass das »Single Responsibility Principle« verletzt ist. In unserem Beispiel sollte also die Bereitstellung der Inhalte von deren Formatierung getrennt werden, indem die Funktionalität der Komponente auf zwei Komponenten aufgeteilt wird.

O – Das Open/Closed-Prinzip oder auch Erweiterbarkeit

Jede Komponente sollte offen für Erweiterungen sein, aber geschlossen für Modifikation. Ziel ist, zusätzliche Funktionalität ergänzen zu können, ohne die bestehende Funktionalität zu beeinträchtigen – ein wichtiger Aspekt für Wartbarkeit und Rückwärtskompatibilität (also die Fähigkeit, nach einer Änderung vorhergehende Verwendungsweisen zu unterstützen).

Eine Komponente ist beispielsweise »erweiterbar (open)«, wenn es eine Möglichkeit der Ergänzung von Daten oder Funktionen zu einer Komponente gibt. Dies kann im objektorientierten Kontext durch Polymorphie über mehrere Wege passieren, z.B. über Schnittstellendefinitionen oder Vererbung. In beiden Fällen ist die Komponente selbst aber immer noch »geschlossen (closed)«, da die Komponente selbst nach außen hin keine Veränderung aufweist. Im Falle von Schnittstellen bleibt die Signatur weiterhin stabil und im Falle von Vererbung bleibt die ursprüngliche Klasse unverändert, und damit werden bestehende Verwendungen dieser Klasse nicht beeinträchtigt.

Ein Beispiel im Kontext einer TAS ist die Erweiterbarkeit von Testschnittstellen zum SUT: Es sollte einfach sein, neuen Tests neue Bereiche und Funktionalitäten des SUT zugänglich zu machen, ohne bestehende Tests negativ zu beeinflussen.

L – Das Liskov-Substitution-Prinzip oder auch die Ersetzbarkeit

Jede Komponente sollte ersetzbar sein, ohne das Gesamtverhalten der TAS zu beeinträchtigen. Das bedeutet, dass bei Verwendung einer Komponente diese durch eine andere Komponente, die auf derselben Basis definiert wurde (z.B. Basisklasse oder Interface), ausgetauscht werden kann und das System weiterhin ein wünschenswertes Ergebnis liefert. Das impliziert, dass die Verwendungsweise dieser Komponenten kompatibel ist, also z.B. alle Funktionen sinnvoll implementiert sind und die Aufrufreihenfolge beider Komponenten sich nicht widersprechen.

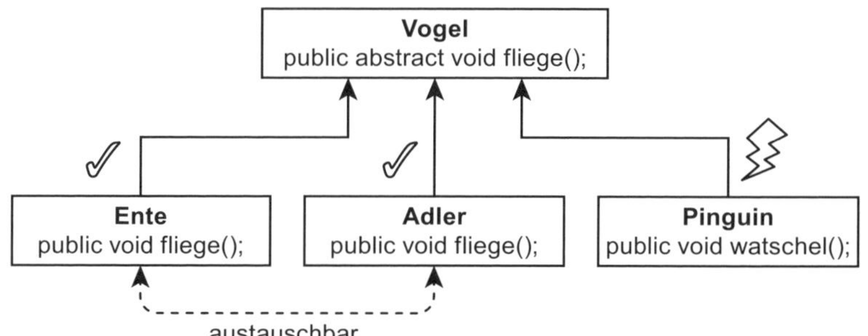

Abb. 3–1
Illustration des Liskov-Substitution-Prinzip

Eine typische Analogie ist das »Duck«-Beispiel. Wenn ein System eine Komponente »Vogel« benötigt, so kann die Implementierung von »Ente« diese Rolle erfüllen. In diesem Fall wäre »Ente« aber auch durch andere Vögel ersetzbar. Eine Komponente »Pinguin« würde allerdings die Ersetzbarkeit für »Ente« verletzen, da in »Pinguin« die Funktionalität »Fliegen« nicht implementiert ist. Daher ist ein wesentlicher Aspekt nicht umgesetzt und damit nicht gewährleistet, dass das Gesamtsystem immer noch auf wünschenswerte Weise funktioniert.

Im Kontext einer TAS sind typische Beispiele die Umsetzung von Reporting-Mechanismen mit austauschbaren Adaptern zu unterschiedlichen Reportarten und Testmanagementsystemen oder auch die Steuerung unterschiedlicher, untereinander austauschbare Webbrowser über eine generische Anbindung.

I – Das Interface-Segregation-Prinzip oder die Komponentensegregation

Das Interface-Segregation-Prinzip besagt, dass keine Komponente von Methoden abhängig sein sollte, die sie nicht benötigt. Dazu ist es hilfreich, Komponenten so zu gestalten, dass sie nicht viele Funktionalitäten enthalten, sondern modular aufgebaut sind. Dieses Prinzip steht damit auch in naher Beziehung zum Single-Responsibility-Prinzip. Ziel ist, Abhängigkeiten minimal, übersichtlich und wartbar zu halten.

Damit verbunden ist in jedem Fall eine Überlegung, wie Schnittstellen zu gestalten sind. Beispiele im Bereich einer TAS, die auf dem schlüsselwortgetriebenen Testautomatisierungsansatz aufbauen, sind die Implementierung von Schlüsselwortbibliotheken (ein Testfall sollte nicht Schlüsselworte einbinden müssen, die nicht verwendet werden) oder auch von Capabilities in WebDriver/Selenium, einer Kombination von kleineren Interfaces, die einzelne Funktionalitäten beschreiben mit einem Dictionary zur Verwaltung, welche Funktionalitäten in der konkreten Implementierung benötigt werden bzw. verfügbar sind. Dadurch können die einzelnen Interfaces schlank und konsistent gehalten werden und spezifische Funktionalität bei Bedarf hinzugezogen werden.

D – Das Dependency-Inversion-Prinzip oder die Abhängigkeitsumkehr

Laut Robert Martin sollten Komponenten auf einer höheren architektonischen Ebene nicht von Komponenten auf einer unteren Ebene abhängen [Martin 00]. Beide Komponenten sollten die gleiche Abstraktion nutzen und Abstraktionen sollten nicht von Implementierungsdetails abhängen. Dies führt zu einer gewünschten und forcierten Trennung von Abstraktion und Implementierung (oder Logik und Technik) und dadurch zu einer loseren Kopplung und erhöhter Ersetzbarkeit.

Im Kontext einer TAS beeinflusst dieses Prinzip viele Bereiche, wie z. B. die Anbindung zum SUT, die Gestaltung von Schlüsselwortbibliotheken oder die Bereitstellung von Reporting-Mechanismen. Ein Beispiel für eine Verletzung ist die Anbindung eines spezifischen Browsers in einem Testskript. Dies würde für den Start desselben Testskripts mit einem anderen Browser eine Änderung des Testskripts erfordern. Stattdessen sollte sowohl in der Anbindung des Browsers als auch im Skript eine Abstraktion eingebracht werden, um Modularität und Flexibilität zu erhöhen.

Aus der Praxis:
Werkzeug versus Automatisierungslösung

Testautomatisierung wird häufig mit kommerziellen Standardprodukten am Markt assoziiert. Die gTAA ist in vielen dieser Produkte umsetzbar – es ist aber wichtig, zu bemerken, dass die konkrete Umsetzung der gTAA spezifisch für den Kontext der Anwendung und für die mit dem Werkzeug erstellten Artefakte ist und damit ein generisches Werkzeug keine systematisch eingesetzte gTAA gewährleisten kann.

Ein klassisches Automatisierungswerkzeug erlaubt z.B. die Umsetzung von Testskripten und Testfällen und die Anbindung von Quellen für Testdaten. Dass die konkreten Testfälle und Testskripte allerdings die Struktur und Prinzipien der gTAA berücksichtigen, kann das Werkzeug selbst nicht sicherstellen. Dafür sind eine entsprechende Ausbildung und systematische Herangehensweise der mit der Automatisierung betrauten Personen notwendig.

Die gTAA trifft auch keine Aussage darüber, wie viele und welche Werkzeuge, Plug-ins, Schnittstellen, Bibliotheken, Frameworks genutzt werden können, um eine konkrete TAA zu definieren. Sie ist technologisch neutral, herstellerunabhängig und nicht an eine bestimmte Fachdomäne gebunden.

Daher ist die gTAA, wie das »g« besagt, eben »generisch« – also mit vielen Werkzeugen, Technologien und Patterns umsetzbar und für verschiedene Domänen, Testobjekte, Testziele und Teststufen einsetzbar, wenn sie dementsprechend in eine TAA konkretisiert und in einer TAS umgesetzt wird.

Es bestätigt sich also auch aus dieser Perspektive, dass Testautomatisierung spezialisierte Softwareentwicklung ist, und damit auch entsprechende Kompetenzen und Ressourcen bereitgestellt werden, um sowohl Tests als auch die TAS, die Infrastruktur und die dazugehörigen Artefakte, wie z.B. Dokumentation, in ausreichender Qualität bereitstellen und warten zu können.

Dabei sind auch domänen- und unternehmensspezifische Standards zu beachten, wie z.B. für Codequalität, Dokumentation oder Artefakte und Wissensmanagement.

3.1.3 Die Schichten der gTAA

Wie beschrieben sollte eine TAS unter Berücksichtigung von bewährten Praktiken und Prinzipien der Softwareentwicklung realisiert werden. Die gTAA versteht sich in diesem Kontext als abstrakte Architektur, die den Entwurf, den Betrieb und die Wartbarkeit einer TAS und der automatisierten Testmittel unterstützt und entweder explizit oder implizit ohnehin den meisten aktuellen TAS zugrunde liegt. Die gTAA basiert auf den SOLID-Prinzipien, ganz gleich, ob ein strukturierter, objekt- oder serviceorientierter Entwicklungsansatz präferiert wird. Die gTAA repräsentiert eine herstellerneutrale und technologieunabhängige Referenzarchitektur für die Ableitung von konkreten TAA und ihrer Weiterentwicklung zu einer oder mehreren TAS. Sie definiert mehrere horizontale, logische Schichten, die einerseits den Fluss bestimmter Aktivitäten und Aufgaben (bspw. Testentwurf kommt vor Testdurchführung), aber andererseits auch Abstraktionsebenen der Testmittel selbst repräsentieren. Diese aufeinander aufbauen Schichten sind in Abbildung 3–2 illustriert.

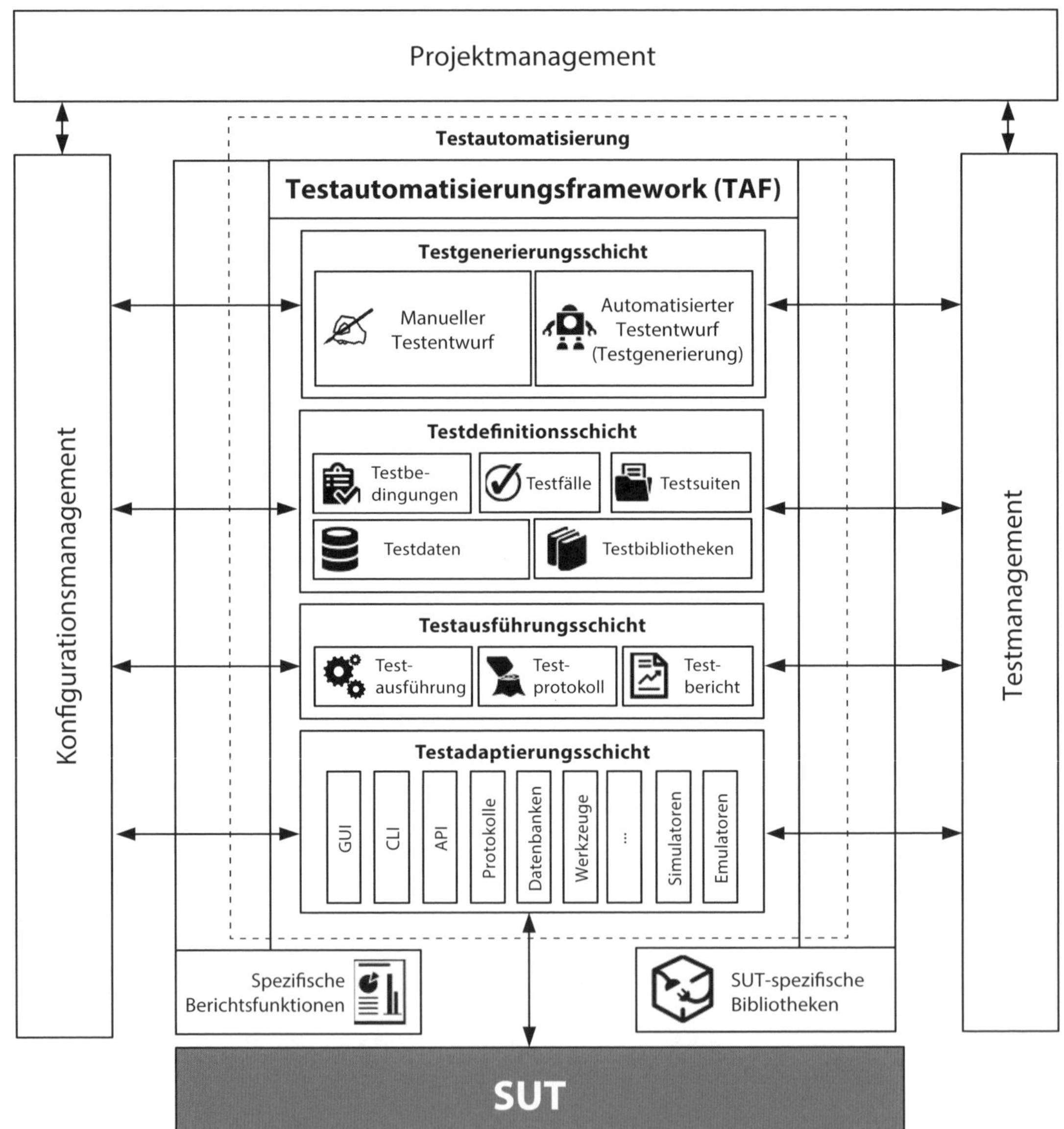

Abb. 3–2 *Die generische Testautomatisierungsarchitektur (gTAA[1]) [ISTQB 19c]*

Jede dieser Schichten hat spezielle Aufgaben, die nachfolgend kurz umrissen sind:

- **Testgenerierungsschicht** – unterstützt die manuelle oder automatisierte Generierung von Testfällen
- **Testdefinitionsschicht** – unterstützt die Definition und Implementierung von abstrakten und konkreten Testfällen und deren Elementen (Testschritte, Testdaten)
- **Testausführungsschicht** – unterstützt die Durchführung und Protokollierung von Tests
- **Testadaptierungsschicht** – unterstützt die Ansteuerung der verschiedenen Schnittstellen (bspw. GUI, CLI, API; vgl. Kap. 1) zum SUT

Darüber hinaus definiert die gTAA logische Schnittstellen für die Integration mit weiteren, für die Testautomatisierung wichtigen Werkzeugen:

- **Projektmanagement** – sowohl für die Steuerung der TAS-Entwicklung als Softwareprojekt und die Integration in den Softwarelebenszyklus als auch für die Steuerung der Kompatibilität und Synchronisation mit dem Projektmanagement des SUT
- **Konfigurationsmanagement** – für das Management von Konfigurationen und Versionen aller relevanten Testmittel und Komponenten einer TAS
- **Testmanagement** – für die Bereitstellung der Testprotokolle und Testergebnisse und Verfolgbarkeit sowie der Bewertung des Testfortschrittes durch den Testmanager

Da die Schichten der gTAA modular sind, kann es je nach Umfeld einzelne Schichten in mehrfacher Ausprägung geben, oder es kann sein, dass gewisse Schichten in einer TAS nicht explizit umgesetzt wurden oder Funktionalitäten von zwei Schichten nicht streng getrennt werden. Es ist auch möglich, dass es innerhalb der einzelnen Schichten weitere Abstraktionsebenen gibt (z.B. mehrstufige Schlüsselwörter, bei denen Schlüsselwörter auf höherer Ebene durch Schlüsselwörter auf niedrigerer Ebene implementiert werden, Testdatenabstraktion etc.). Die Komponenten und Werkzeuge auf jeder Schicht können grundsätzlich mit Systemen außerhalb der TAS interagieren, beispielsweise um Testergebnisse automatisiert in ein Testmanagementwerkzeug zu übertragen. Die Schichten umfassen daher oft auch technologie- oder werkzeugspezifischen Code.

---

1. Hinweis: Die Abbildung weicht von der Originalabbildung im Lehrplan in folgendem Punkt ab: In der Testdefinitionsschicht findet sich in der Originalabbildung statt des Begriffs *Testsuiten* der Begriff Testprozeduren. Testprozedur ist jedoch kein offizieller Begriff im ISTQB-Glossar und ist auch nicht im Kontext des Lehrplans erklärt.

Der generische Charakter dieses Schichtenmodells ermöglicht es, TAS für die verschiedensten Anwendungsfälle umzusetzen. Speziell wenn es um Workflow-basierten, funktionalen Test geht, ist dieses Modell naheliegend, verbreitet und bewährt. Es kann allerdings Anwendungsfälle geben, die eine Erweiterung oder Änderung dieses Modells erfordern, wie z.B. für Last- und Performanztests, Tests mit großen Datenmengen, hochgradiger Parallelisierung, Echtzeitanforderungen, Machine Learning, Probabilistik etc. Besteht der Bedarf, die gTAA anzupassen, empfiehlt es sich, die gTAA zu analysieren und Abweichungen davon bewusst vorzunehmen.

Aus der Praxis:
Fallstudie: Test eines DWH-Systems als Graybox

Diese folgende Fallstudie illustriert an einem Beispiel, wie die unterschiedlichen Schichten der gTAA zusammenspielen können und eine TAS mit der Umwelt interagiert. Sie zeigt auch, dass selbst in nicht Workflow-basierten Testkonstellationen die gTAA eine Grundlage für den Aufbau einer TAS bilden kann.

Für das Gruppen-Data-Warehouse einer internationalen Bank wurde ein stark automatisierter Testansatz verfolgt. Teil dieses Ansatzes war der Test einer hohen Anzahl von Transformationsregeln für das massive Datenvolumen der Mitglieder der gesamten Bankengruppe und deren unterschiedlichen Kernbankensystemen.

Die zugrunde liegende TAA der entwickelten TAS war, aus dem Blickwinkel des Schichtenmodells der gTAA betrachtet, wie folgt aufgebaut:

- **Testgenerierung**
  Automatisierte Testfälle wurden aus einem Regelmodell generiert, das teilautomatisiert aus semiformalen Business-Transformationsregeln abgeleitet wurde.
- **Testdefinition**
  Die Ergebnisse der Testgenerierung waren abstrakte Testfälle, die in tabellarischer Form Regeln für die Prüfung der Ergebnisse der einzelnen Testdatentransformationen programmatisch ausführbar umsetzten. Konkrete Testfälle waren in dieser Schicht nicht vorhanden, da die Testdaten erst bei der Ausführung bereitgestellt wurden.
- **Testausführung**
  Die Testausführungsschicht nahm in der Testdefinitionsschicht definierte und bereitgestellte Testdaten, steuerte die Beladung der Datenbank, führte die durch das Entwicklungsteam bereitgestellte Transformationsprogramm durch und prüfte anhand der bereitgestellten Soll-Ergebnis-Regeln das Ergebnis. Abweichungen wurden protokolliert, und die Testergebnisse sowie dazugehörige Logfiles und Testprotokolle in das Testfallmanagementsystem des Unternehmens eingespielt.

→

- **Testadaptierung**
  Für die Beladung der Datenbank, die Durchführung der Transformationsprogramme und die Prüfung der Ergebnisse wurden die jeweils relevanten Schnittstellen über Adapter angesteuert. Für die unterschiedlichen Systeme der verschiedenen Gruppen-Banken waren in dieser Schicht unterschiedliche Adapter im Einsatz.

Für die Einbettung in den Entwicklungsprozess wurden zudem weitere Komponenten der gTAA umgesetzt:

- **Projektmanagement**
  Die Umsetzung der TAS war im Unternehmen als eigenes Softwareentwicklungsprojekt in der Domäne des DWH-Tests eingebettet. Dies inkludierte formal die Planung, Anforderungserhebung, Umsetzung und Qualitätssicherung sowie Inbetriebnahme, Wartung und Erweiterungsaktivitäten, wobei die Umsetzung und Weiterentwicklung weitgehend nach agilen Methoden stattfand (umgangssprachlich »Water-Scrum-Fall« genannt). Für die Planung der Automatisierungsaktivitäten, der Testdatenbeschaffung und der Testdurchführung wurde das Projektmanagement- und Ressourcenverwaltungssystem genutzt. Resultierende Fehler wurden manuell in ein Fehlermanagementsystem eingetragen. Eine technische Anbindung an die TAS war nicht notwendig.
- **Konfigurationsmanagement**
  Für die Konfiguration des Frameworks, die Beladung der Testdaten in die korrekten Datenbanken, die Durchführung der korrekten Transformationen und die Validierung gegen die korrekten Soll-Ergebnis-Prüfungen wurde eine dateibasierte Konfigurationsstruktur geschaffen. Für die Verwaltung der Codebasis der TAS sowie der Konfigurationsdateien wurde das standardmäßige Versionierungssystem des Unternehmens genutzt. Dadurch wurden alle Artefakte, die die hier gelisteten Schichten umsetzten, in die üblichen Konfigurationsmanagementstrukturen und -prozesse integriert. Für das Management der Testergebnisse und der Testberichte und deren Historisierung wurde das Testmanagementwerkzeug des Unternehmens verwendet.
- **Testmanagement**
  Das TAF wurde in der Testausführungsschicht an das Testmanagementwerkzeug des Unternehmens angebunden. Die Soll-Ergebnis-Prüfungen wurden als Testfälle abgebildet und bei jeder Durchführung der Tests ein entsprechendes Durchführungsobjekt und dessen Einzelergebnisse im Testfallmanagementbereich protokolliert. Dadurch waren Reports, Metriken sowie eine Gesamtübersicht der Tests und deren Ergebnisse jederzeit verfügbar. Die Berichte waren Hauptbestandteil der Testfortschrittsberichte und dienten als Basis für die Freigabeentscheidung im Testmanagement- und Freigabeprozess.

Häufig beginnt die Implementierung des Schichtenmodells »bottom-up«, also von den unteren Schichten nach oben. Aber auch eine Top-down-Implementierung, also von den abstrakteren Schichten zu den technischeren Schichten, ist ein valides und in der Praxis gängiges Vorgehen.

Die einzelnen Schichten im Detail

In diesem Abschnitt werden einzelne Schichten der gTAA in Form von Steckbriefen gegenübergestellt, voneinander abgegrenzt, unterstützte Testaktivitäten und Funktionalitäten der Schichten beschrieben sowie konkrete Beispiele für Werkzeuge, die in der jeweiligen Schicht anzufinden sein können aufgelistet.[2]

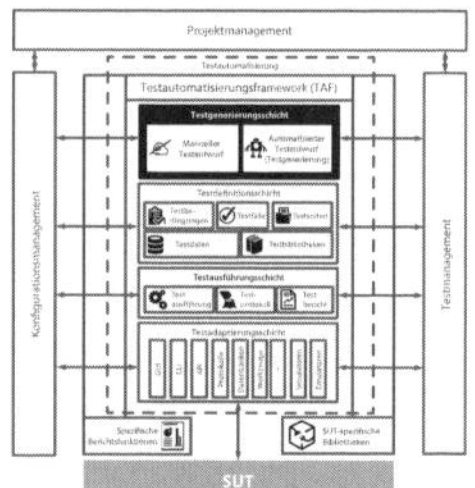

Steckbrief: Testgenerierungsschicht

Werkzeuge für:

- Entwurf von Testfällen
- Definition und Verwaltung von Testdaten
- Automatische Generierung von Testfällen

Funktionalitäten:

- Rückverfolgbarkeit zu Anforderungen oder Modellen
- Modellierung und Konfiguration für automatische Testfallgenerierung

Beschreibung:

Die Testgenerierungsschicht bildet die höchste Schicht der gTAA und hat damit auch das größte technische Abstraktionsniveau. Sie dient dem inhaltlichen Erfassen von Testfällen, Testdaten und Testsuiten sowie deren Verfolgbarkeit zu weiteren relevanten Elementen der Testbasis wie z. B. Anforderungen oder Testelemente des Testobjekts.

Beim Begriff »Testgenerierung« wird vielen Lesern zu Recht auch das modellbasierte Testen in den Sinn kommen. Dabei wird von Anforderungen, Prozessen oder dem SUT ein Modell abgeleitet, das wiederum als Basis für die Ableitung von Testfällen nach bestimmten Kriterien herangezogen wird. Eine solche in vielen Fällen automatisierte Generierung von Testfällen ist in der Tat der Testgenerierungsschicht

2. Die Werkzeuge wurden durch die Autoren nach Plakativität und Wiedererkennungswert für die jeweilige Schicht ausgewählt und stellen keine Empfehlung oder durchgängige Lösung dar.

zuzuordnen. Dies umfasst beispielsweise auch die Möglichkeit, die dafür notwendigen Modelle zu erstellen, die Generierungsalgorithmen zu definieren oder zu konfigurieren und die Verfolgbarkeit der resultierenden Testfälle herzustellen. In manchen Fällen werden sogar die einzelnen Testschritte zu den Modellelementen zugeordnet, aus denen sie hervorgegangen sind.

Wenn der manuelle Entwurf von Testfällen auf abstrakter Ebene (z.B. visuell oder über fachlich basierte Textformen oder Domain Specific Languages (DSL)) ermöglicht wird, so ist dies ebenso der Testgenerierungsschicht zuzuordnen. Dazu gehört das Management (also die Navigation durch Strukturen, Aktualisierung, Löschung usw.) solcher Testsuiten und Testfälle sowie deren Dokumentationsverwaltung.

Gleiches gilt auch für die Entwicklung, Erfassung oder Ableitung von Testdaten oder deren technischer Grundlage. Hierzu zählen sowohl manuelle als auch automatisierte Ansätze zur Testdatenerzeugung sowie die Verknüpfung von Testdaten mit den zugrunde liegenden Anforderungen oder Testfällen.

Beispiele für Werkzeuge:

- Gherkin Feature File Editoren
- Tricentis TOSCA TestCase-Design
- MBTsuite

Steckbrief: Testdefinitionsschicht

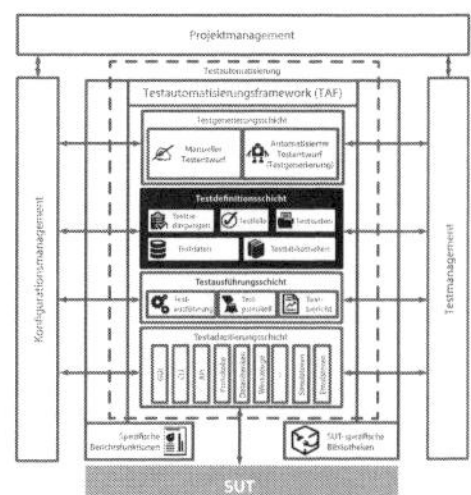

Werkzeuge für:

- Festlegen von Testfällen, Testbedingungen, Testdaten
- Spezifizieren von Testabläufen
- Definieren von Testskripten
- Zugang zu Testbibliotheken

Funktionalitäten:

- Partitionieren, Einschränken, Parametrieren und Instanziieren von Testdaten
- Spezifizieren, Parametrieren und Gruppieren von Testsequenzen und Testverhaltensmustern
- Dokumentieren der Testfälle, Testdaten, Testabläufe
- Testsuite- und Testfallentwurf, -verwaltung und -dokumentation

Beschreibung:

Während die Testgenerierungsschicht sich mit dem Entwurf und der Verwaltung von Testfällen und Testdaten auseinandersetzt, enthält die Testdefinitionsschicht abstrakte oder konkrete Testfälle, Testdaten, Testabläufe und die damit verbundenen Codebausteine (bspw. Schlüsselwortimplementierungen) oder Skripte. Auch die Werkzeugunterstützung der Erstellung, Verwaltung und Bereitstellung von Testsuites, Testfällen, Codebausteinen oder Skripten ist Teil dieser Schicht. Hier geht es nicht um deren automatische Definition, sondern um deren Umsetzung und die Bildung der damit verbundenen Strukturen. Damit fallen auch datengetriebene oder schlüsselwortgetriebene Testfälle in diese Schicht.

Komponenten, die in dieser Schicht realisiert werden, können daher sowohl die Umsetzung und Dokumentation dieser Elemente auf niedrigerer Ebene unterstützen (z.B. technische Skripte oder Codebausteine, konkrete Ausprägungen von Testdaten) als auch die Selektion und Ausprägungen dieser Elemente (z.B. Partitionierung, Gruppierung, Parametrierung, Instanziierung von Testsuiten, Testfällen oder Testdaten).

Dazu kann auch die »Konkretisierung« von Testfällen an dieser Stelle gehören (also die Ergänzung von abstrakten Testfällen durch konkrete Testdaten), sofern diese nach der Generierung aber vor der Durchführung stattfindet.

Beispiele für Werkzeuge:

- Gherkin Features Files & Step Definitions
- Tricentis TOSCA Kernbereich
- TestNG TestSuites

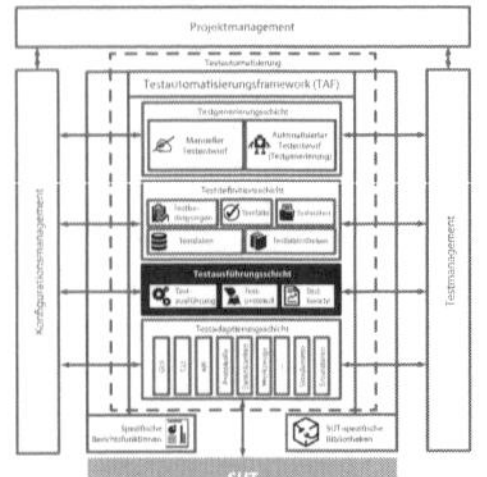

Steckbrief: Testausführungsschicht

Werkzeuge für:

- Automatische Ausführung von Testfällen
- Protokollierung von Testausführungen
- Dokumentieren der verwendeten Testfälle, Testdaten und Testabläufe

Funktionalitäten:

- Einrichten, Instrumentieren und Aufräumen des SUT und von Testsuiten
- Konfigurieren und Parametrieren der Testumgebung
- Interpretieren von Testdaten und Testfällen und deren Umwandlung in ausführbare Skripte

- Analysieren und Validieren der Reaktionen des SUT auf die Tests
- Zeitliche Steuerung der Testdurchführung

Beschreibung:

Die Testausführungsschicht ist in vielerlei Hinsicht der Kern einer TAS. Sie setzt die eigentliche Ausführung der Testfälle um und kontrolliert damit Interaktionen der TAS mit ihrer Umgebung, hauptsächlich mit dem SUT.

Diese Schicht interpretiert die in der Testdefinition festgelegten Testsuiten, Testfälle und Testschritte, arbeitet sie in der festgelegten Reihenfolge ab und protokolliert die Testdurchführung. Auch die Parallelisierung von Testsuiten, Testfällen und Testschritten wird durch diese Schicht umgesetzt. Häufig anzutreffen ist auch das Interpretieren (umgangssprachlich häufig »Flattening« oder »Flachdrücken«) von Testdaten oder Schlüsselwörtern in konkrete, ausführbare Testschritte.

Auch die automatisierte Sicherstellung von Vorbedingungen für die Durchführung der automatisierten Tests sowie die dazugehörigen Aufräumarbeiten werden dieser Schicht zugeordnet. Dazu gehört die Einrichtung und Bereinigung des SUT, der Datenbasis, die Einrichtung der TAS auf die korrekten Parameter und die korrekte Testumgebung anhand ihrer Konfiguration. Auch die Anwendung von weiteren Elementen eines Testrahmens, z.B. die Instrumentierung des SUT für technische Validierungen, Fehlerinjektion oder Performanzmessungen, sind in dieser Schicht umgesetzt.

Das Ziel einer Testausführung ist ein Testergebnis, im einfachsten Fall *bestanden* oder *fehlgeschlagen*. Dazu ist es notwendig, dass das tatsächliche Verhalten des SUT mit dem erwarteten Verhalten verglichen wird. Dieser Vergleich bzw. die Validierung der Reaktionen des SUT auf die Testschritte liegt ebenfalls im Verantwortungsbereich der Testausführungsschicht. Neben dem Vergleich ist vor allem noch die Protokollierung der Testausführung essenziell, insbesondere im Fehlerfall. Abweichungen und Details des fehlgeschlagenen Vergleichs zwischen tatsächlichem und erwartetem Verhalten sowie die Weiterverarbeitung einer solchen Eskalation (z.B. Screenshot, Einfügung in einen Bericht oder eine mögliche Fehlermeldung) sind Teil dieser Schicht, ebenso wie die Einspielung von Testergebnissen in Testmanagementwerkzeugen und die Generierung von Berichten.

Beispiele für Werkzeuge:

- JUnit Runner
- Cucumber Runner
- TOSCA TestCase Executor

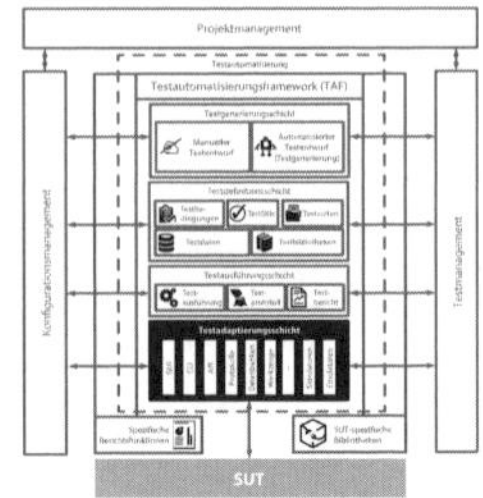

Steckbrief: Testadaptierungsschicht

Werkzeuge für:

- Steuerung des Testrahmens
- Interaktion und Überwachung des SUT
- Simulieren und Emulieren (von Teilen) der Umgebung des SUT

Funktionalitäten:

- Verwendung des jeweils der Technologie entsprechenden Adapters
- Ausführen von Aktionen auf Basis der unterstützten Technologie
- Verteilung der Testausführung auf mehrere Geräte, falls nötig

Beschreibung:

Die Testadaptierungsschicht ist technisch gesehen die unterste Schicht und enthält daher in der Regel viele technologiespezifische Elemente. In den meisten TAS sind die höheren Schichten aus vielerlei Gründen Technologie-agnostisch implementiert, z. B.

- um system- oder produktübergreifende Tests zu ermöglich,
- um langfristige Wartbarkeit gegenüber Technologieänderungen zu verbessern,
- um Testwerkzeuge austauschen zu können,
- um Wiederverwendbarkeit über Systeme hinweg sicherzustellen,
- um Wiederverwendbarkeit über Teams und Personen sicherzustellen.

Trotz aller technischen Abstraktionen ist es bei automatisierten Tests unabdinglich, dass diese mit dem SUT interagieren müssen. Diese Interaktion erfolgt über die vorhandenen Testschnittstellen und umfasst in der Regel zwei typische Aktivitäten, die bereits in Kapitel 2 diskutiert wurden:

- Steuerung des SUT (z. B. das Klicken eines Buttons oder der Aufruf eines REST-Services)
- Beobachtung des SUT (z. B. das Auslesen eines Textfeldes oder der Empfang einer REST-Response)

In beiden Fällen ist eine technologiespezifische Implementierung der jeweiligen Aktivität notwendig. Die logischen oder abstrakten Aktionen werden gewissermaßen wie mit einem Adapter an das SUT angeschlossen.

Doch nicht nur die Adaptierung von Steuerbarkeit und Beobachtbarkeit des SUT sind Teil dieser Schicht. Auch die Umsetzung und Steuerung von anderen Elementen des Testrahmens, also z. B. von eingesetzten

Simulatoren und Emulatoren, Monitoring- und Überwachungslösungen, sind Teil der Testadaptierungsschicht.

Im Fall von Parallelisierung oder Multi-Device-Tests sind auch Werkzeuge für die Verwaltung und Vermittlung von passenden und verfügbaren Endgeräten an laufende Testdurchführungen in dieser Schicht zu finden.

Beispiele für Werkzeuge:

- Selenium, Selenium Grid
- Appium, Ranorex
- Xamarin.UITest
- BrowserStack

3.1.4 Projektmanagement einer TAS

Die Entwicklung einer TAS ist ein Softwareentwicklungs- und Softwareeinführungsprojekt. Neben der reinen Verteilung der TAS sind auch die Entwicklung, Integration und Einführung der damit verbundenen Prozesse wesentliche Aspekte und Erfolgsfaktoren einer Testautomatisierung. Wie für alle Softwareprojekte so sind auch für ein Testautomatisierungsprojekt unter anderem folgende Dinge zu entscheiden:

- Wer sind die Stakeholder und Nutzer?
- Welche Ziele verfolgt das Projekt?
- Welche Prozesse beeinflusst die Lösung?
- Welche Rahmenbedingungen werden benötigt oder sind bereits gegeben?
- Welches Vorgehen verfolgt das Entwicklungsprojekt?
- Welche Ressourcen werden benötigt?
- Welche Lieferobjekte gibt es?
- Wie kann die TAS effizient qualitätsgesichert werden?

Häufig erfolgt Testautomatisierung im Kontext eines Softwareentwicklungsprojekts oder in einem Umfeld, in dem Softwareentwicklung stattfindet. Daher sind in der Regel die Antworten auf viele dieser Fragen, speziell im Bereich des Vorgehens und des prozessual/technischen Kontexts, durch bestehende Elemente bereits gegeben, wie z. B. ein Standardvorgehen, ein gegebener Technologie-Stack oder bestehende Werkzeuge für Projektmanagement.

Ist dies nicht der Fall, wie z. B., wenn eine Organisation Software von einem Lieferanten bezieht und die Akzeptanz-Regressionstests automatisieren möchte, kann es sein, dass Testautomatisierung eines der ersten

Entwicklungsprojekte in einer Organisation darstellt. Das kann herausfordernd sein und sollte nicht unterschätzt werden. Es ist wichtig, sicherzustellen, dass ausreichend Fokus auf dem Thema liegt und entsprechende Expertise vorhanden ist.

Die Entwicklung einer Testautomatisierung erfordert also alle Tätigkeiten, die auch im Softwareentwicklungslebenszyklus relevant sind. Ein wesentlicher Schlüssel dabei ist, die Rolle des Testautomatisierungsentwicklers als hoch qualifizierte Rolle zu etablieren.

Das Entwicklungsprojekt sollte darüber hinaus so aufgesetzt sein, dass während des Projekts wichtige Informationen über Ziele, Ressourcenverbrauch, Fortschritt, Ergebnisse und Hindernisse rasch und einfach zugänglich sind, um ausreichende und zeitnahe Möglichkeiten für die Projektsteuerung zu haben. Eine Automatisierung der Erhebung dieser Informationen (z.B. über ein Dashboard) ist dabei sehr hilfreich (vgl. Kap. 5).

Aus der Praxis:
Ein praxisnahes Beispiel als Illustration

Eine TAA soll in einem agilen Vorgehen, angelehnt an Scrum, entwickelt werden. Diese Architektur soll durch die unterschiedlichen Applikationsteams in der Organisation verwendet werden, in denen jeweils TAE tätig sind. Es wird also eine zentrale TAA entwickelt, die für die Umsetzung mehrerer TAS herangezogen wird.

In einer Reihe von Workshops mit Stakeholdern (z.B. Product Owner der zu testenden Systeme, Management, Testautomatisierungsentwickler der Teams) sammelt der Product Owner (in diesem Fall durch den Testmanager besetzt) Epics für die TAS und beschreibt diese im Task-Tracking-System. Diese Epics werden im Backlog priorisiert. Die Epics im Backlog werden auf Stories heruntergebrochen und durch die TAE umgesetzt. Nach jedem Sprint erhalten die Applikationsteams eine neue Version der TAS, die die in diesen Teams vorhandenen TAE nutzen, um Regressionstests für ihr jeweiliges SUT zu definieren und durchzuführen. Auftretende Fehler werden ebenfalls in das Backlog eingetragen und dort priorisiert.

Hierbei wird die Regelkommunikation und das Vorgehen gemäß Scrum angewandt (Estimations, Sprint Planning, Daily Scrum, Sprint-Review, Sprint-Retrospektive, Board, Backlog-Priorisierung, Backlog Refinement etc.). Dadurch wird auch eine kontinuierliche Steuerung des Fokus entsprechend der aktuellen Prioritäten vorgenommen. Ein Dashboard erlaubt allen Stakeholdern, sich über den Status des Projekts zu informieren. Aber auch die TAA liefert Dashboard-Vorlagen für die Regressionstests der einzelnen Teams als Lieferobjekt.

3.1.5 Konfigurationsmanagement einer TAS

Eine TAS wird meist verwendet, um verschiedene Versionen eines SUT zu testen. Daher muss auch eine TAS im Laufe der Zeit angepasst und verändert werden, um sich einerseits selbst weiterzuentwickeln, aber auch um kompatibel mit den unterschiedlichen Versionen des SUT zu bleiben. Wird eine solche Kompatibilität nicht sichergestellt, werden die Ergebnisse einer Testdurchführung nicht repräsentativ sein und hohen Analyse- und Wartungsaufwand verursachen.

Damit ist das Konfigurationsmanagement einer TAS in Kombination mit dem SUT ein wesentlicher Erfolgsfaktor für eine nachhaltige Testautomatisierung.

Dies betrifft alle Aspekte einer TAS, unter anderem:

- Modelle
- Testdefinitionen (Testdaten, Testfälle, Bibliotheken)
- Testskripte
- Testausführungskomponenten
- Testadaptierungskomponenten
- Simulatoren und Emulatoren
- Testprotokolle
- Testberichte
- Fehlerbericht

TAA, TAS und die automatisierten Testmittel müssen in einer kompatiblen Version vorliegen und müssen zueinander passen, um aussagekräftige Ergebnisse zu erhalten. Andererseits sollten diese Elemente auch versioniert abgelegt werden, um Nachvollziehbarkeit und Reproduzierbarkeit sicherzustellen. Häufig wird eine Kombination aus Wissensmanagement (z.B. für Dokumentation der TAS), Task-Tracking (für Nachvollziehbarkeit der Aktivitäten), Testfallmanagementwerkzeug (für Testergebnisse und Berichte) und Codeversionsverwaltung (für Automatisierungsartefakte) verwendet, um alle wichtigen Artefakte kontrolliert und versioniert erfassen und verwalten zu können.

Doch nicht nur die operative Verwaltung ist eine Voraussetzung für proaktives Management der Versionen, auch der Kommunikationsfluss im Projekt und mit dem Umfeld sollte derart gestaltet werden, dass Informationen über Änderungen des SUT, des Prozesses oder der Infrastruktur aktiv an die TAE herangetragen werden, damit diese entsprechende Änderungen an der TAS umsetzen können, und nicht erst nach fehlgeschlagenen Testläufen in eine Fehleranalyse gehen müssen, um schließlich festzustellen, dass Änderungen vorgenommen wurden.

3.1.6 Unterstützung des Testmanagements und anderer Zielgruppen

Da Testautomatisierung als Softwareentwicklung in der Domäne des Softwaretests betrachtet werden kann, ist das Testmanagement meist ein wesentlicher Auftraggeber und Nutzer der Testautomatisierung. Testautomatisierung soll daher wertvolle Informationen für Testmanager liefern, aber auch für das gesamte Team und die gesamte Organisation Nutzen stiften.

Daraus resultiert, dass die von automatisierten Tests erzeugten Informationen zielgruppenspezifisch aufbereitet werden sollten. Auch die Gestaltung von Testfalldefinitionen, Dokumentationen und anderen Artefakten sollte so gestaltet sein, dass sie den Nutzeranforderungen entsprechend aufgebaut sind. Letztlich sollten alle relevanten Artefakte hinsichtlich ihrer Zielgruppe aufbereitet werden. Dazu zählen unter anderem:

- Berichte
- Protokolle
- Metriken
- Testsuiten
- Testdefinitionen
- Dokumentation
- Gesammelte Informationen über das SUT

Dafür sind einerseits Ergebnisartefakte zu definieren, aber häufig auch Integrationen wie z. B. mit Testfallmanagementwerkzeugen umzusetzen und die Ergebnisse im Konfigurationsmanagement zu verwalten.

3.2 Der Entwurf einer TAA

Nachdem im Abschnitt 3.1 beschrieben wurde, woraus eine gTAA besteht und wie eine TAS mit umliegenden Prozessen (Konfigurationsmanagement, Projektmanagement, Testmanagement) interagiert, soll nun die Frage geklärt werden, wie ein TAA-Entwurf für eine konkrete Projektsituation erfolgen kann.

Um dies zu erreichen, werden zunächst grundlegende Fragestellungen besprochen, die eine wichtige Grundlage für den TAA-Entwurf darstellen. Deren Beantwortung ist jedoch immer nur in einem gewissen Projekt-/Organisationskontext valide und daher werden anschließend sowohl relevante Ansätze zur Automatisierung von Testfällen (Abschnitt 3.2.2) und technische Überlegungen zum SUT (Abschnitt 3.2.3) als auch Überlegungen zu Entwicklungs- und Qualitätssicherungsprozessen besprochen und den Fragestellungen gegenübergestellt.

3.2.1 Grundlegende Fragestellungen

Der Entwurf einer konkreten TAA basiert auf einigen grundlegenden Fragestellungen, die implizit oder explizit gewisse Entwurfsentscheidungen vorwegnehmen und dadurch den Entwurfsprozess leiten. Abhängig davon, welche Schicht der gTAA betrachtet wird, unterscheiden sich sowohl die zugrunde liegenden Überlegungen als auch die möglichen Ableitungen.

Welche Anforderungen werden an die TAA gestellt?

Grundsätzlich muss beachtet werden, dass es wie bei anderen Softwareprojekten unterschiedliche Anforderungsquellen gibt, die unterschiedliche Erwartungen an den TAA-Entwurf stellen und entsprechend zu berücksichtigen sind. Erfordern beispielsweise etablierte Prozesse notwendige Integrationen mit anderen Systemen (Testmanagement, Projektmanagement, ...)? Welche Erwartungen der Stakeholder hinsichtlich relevanter, durch die TAS zu liefernder Informationen sind zu berücksichtigen und durch die TAA zu unterstützen? Welche Testart muss unterstützt werden?

Der TAA-Entwurf für den automatisierten Komponenten-Regressionstest, der lediglich von einem Team von Entwicklern genutzt wird (Unit Test), wird beispielsweise grundlegend anders aussehen als der TAA-Entwurf für den automatisierten Systemintegrationstest, bei dem Stakeholdern aus unterschiedlichen Bereichen ohne Entwicklungserfahrung die Testspezifikationen verstehen müssen, um selbst neue Testfälle erfassen zu können.

Für die nachfolgenden Abschnitte sei daher eine konkrete Menge an Anforderungen für ein fiktives Szenario wie folgt gegeben:

- In einer komplexen Systemlandschaft mit unterschiedlichen, teilweise vernetzten Teilsystemen soll ein Systemintegrationstest umgesetzt werden, um Regressionen, die durch den Einsatz neuer Systeme verursacht wurden, frühzeitig identifizieren zu können.
- Technologisch sind die relevanten Teilsysteme sehr heterogen, teilweise moderne Webapplikationen, Client-Server-Architekturen, aber auch Altsysteme auf Host-Infrastruktur.
- Testautomatisierungskomponenten, die im Zuge des Systemtests der Einzelsysteme erstellt wurden, sollen aus Effizienzgründen für den Systemintegrationstest wiederverwendet werden können.
- Ergebnisse der Testdurchführung sollen einerseits als detailliertes Protokoll für die Fehleranalyse inklusive korrelierter Applikationsprotokolle zentral archiviert, andererseits aber auch im unternehmensweiten Testmanagementwerkzeug publiziert werden.
- Die Erstellung, kontinuierliche Wartung und Weiterentwicklung werden von einem dedizierten Team verantwortet.
- Die Durchführung der Testfälle soll sich nahtlos in eine Continuous-Integration-Pipeline einbinden lassen.
- Fachlich stellen die beschriebenen Systeme eine E-Commerce-B2C-Plattform dar, die sämtliche Geschäftsprozesse im Bereich CRM, CMS, Payment und Fulfilment abdeckt. Dabei sind wie eingangs erwähnt, ein komplexes Zusammenspiel von Systemen für die Bereitstellung der Funktionalität zuständig und nicht ein einzelnes, monolithisches System.

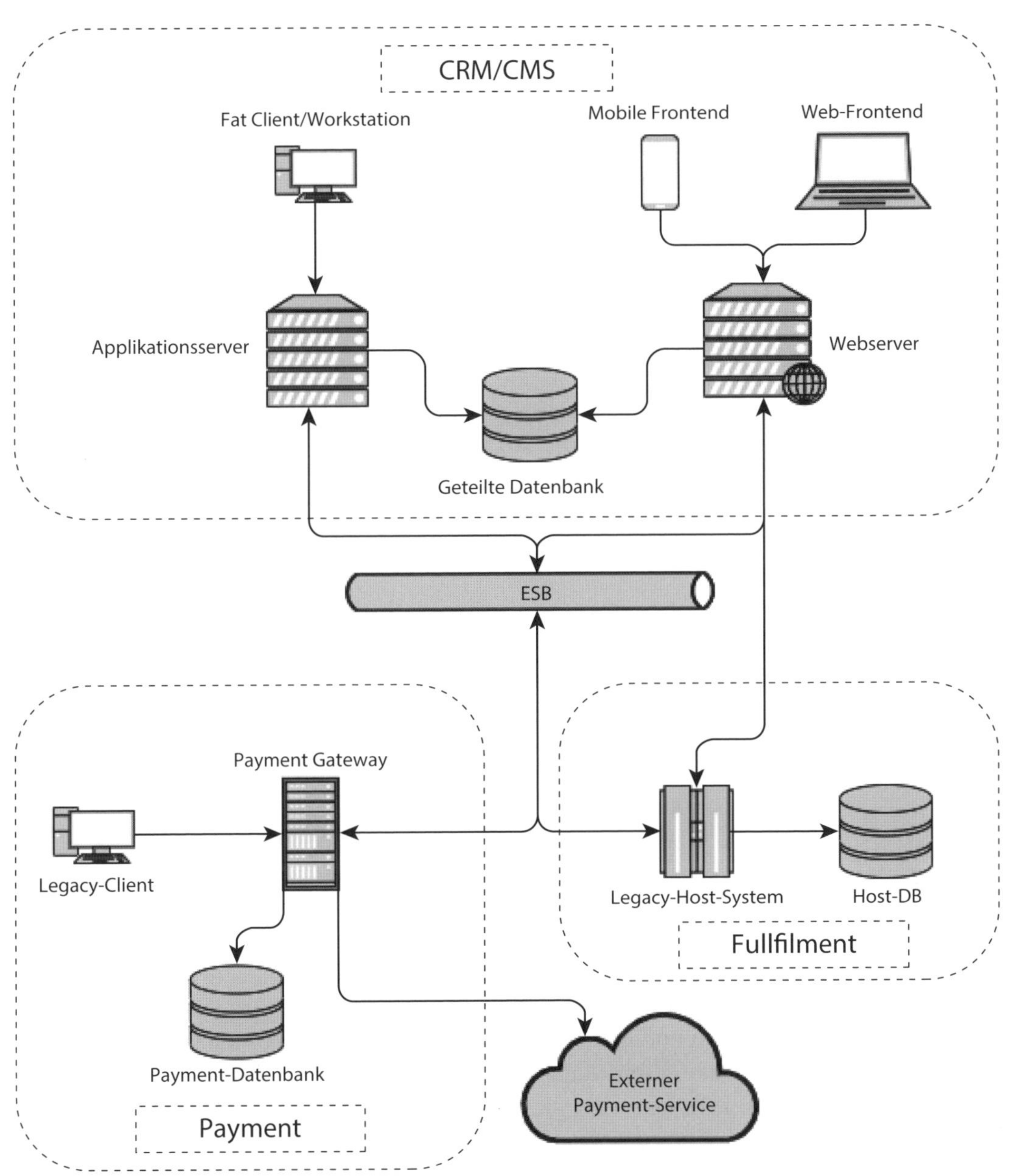

Abb. 3–3
Schematische Darstellung der Systemlandschaft des Anwendungsbeispiels

Aus diesen projektspezifischen Randbedingungen und Informationen lassen sich konkrete Anforderungen für die TAA ableiten. Diese sollten systematisch erfasst und spezifiziert werden, damit die nachfolgende TAS-Entwicklung auf ihnen aufsetzen kann.

Vergleich und Gegenüberstellung verschiedener Entwurfs- und Architekturansätze

Nachdem im vorherigen Abschnitt die grundlegenden Rahmenbedingungen für einen TAA-Entwurf erläutert wurden, müssen nun unterschiedliche Entwurfs- und Architekturansätze gegenübergestellt und bewertet werden. Das Ergebnis dieser Überlegungen ist eine aus der gTAA abgeleitete TAA mit Erläuterungen und nachvollziehbaren Begründungen, welche Schicht der gTAA in welcher Form repräsentiert wird und wie die Schnittstellen zwischen den einzelnen Schichten und Komponenten aussehen. Dabei ist es essenziell, dass jede Gegenüberstellung immer nur in Verbindung mit einem gewissen Kontext valide ist und die Entscheidung für oder gegen einen Ansatz gänzlich anders aussehen kann, wenn sich die zugrunde liegenden Rahmenbedingungen ändern.

Im Kontext des zuvor beschriebenen fiktiven Szenarios soll nun der Entwurf einer TAA auf Basis der gTAA pro Schicht diskutiert werden.

Testgenerierungsschicht

Da mit der TAS ein automatisierter Systemintegrationstests realisiert werden soll, werden sich sowohl Testbasis als auch Testobjekte stark auf die Interaktionen der Teilsysteme ausrichten. Dies spricht für eine anforderungsbasierte, manuelle (oder teilautomatisierte) Testgenerierung. Des Weiteren sollte der Überdeckungsgrad anhand der relevanten Anforderungen betreffend unterschiedlicher Integrationsszenarien gemessen werden. Dadurch wird sichergestellt, dass auf effiziente Weise eine solide Menge an automatisierten Tests erstellt wird, die sinnvoll die Anforderungen der unterschiedlichen Stakeholder erfüllt.

Für den Fall, dass diese Menge nicht vollständig durchgeführt werden soll bzw. kann (z.B. aufgrund fehlender Verfügbarkeit notwendiger Testressourcen, zu geringe Projektlaufzeit, ...), kann die Priorisierung anhand des Geschäftswerts des zu testenden Geschäftsprozesses erfolgen und damit risikobasiert eine Teilmenge isoliert werden.

Testdefinitionsschicht

Die Entscheidung darüber, auf welche Art die Testdefinition erfolgen soll, orientiert sich primär an den beteiligten Stakeholdern und deren Anforderungen. Abhängig davon müssen unterschiedliche Notationen (z.B. Tabellen, Gherkin, Datenfluss, UML, Domain Specific Languages, Java/C#/ ...) berücksichtigt werden. Zusätzlich ist es relevant, dass die hier gewählten Ansätze zueinander kompatibel sind und sich optimal ergänzen. Das bedeutet z.B.:

- Für den automatisierten oder modellbasierten Testentwurf ist eine formale Notation sinnvoll (UML, TDL, TTCN-3).
- Szenariobasierte Testgenerierungsstrategien lassen sich gut in Cucumber/Gherkin abbilden.
- Eine gemeinsame Menge an Technologien in der Testausführungs- und Testdefinitionsschicht kann sich gegenseitig sinnvoll ergänzen.

Da die Benutzergruppe im beschriebenen Szenario sehr heterogen ist und unterschiedliche Benutzergruppen unterschiedliche Informationen extrahieren wollen, ist der Einsatz von Cucumber/Gherkin als normative Abstraktion in einer einheitlichen Sprache sinnvoll. Die Testdefinition sollte sich dabei möglichst nahe an der fachlichen Domäne orientieren und technologieneutral realisiert werden. Dadurch kann sichergestellt werden, dass die Testdefinition von den beteiligten Parteien einheitlich verstanden wird und trotzdem diverse, für die Automatisierung der Teilsysteme notwendige Werkzeuge integriert werden können.

Testausführungsschicht

Die für die Testdefinitionsschicht getroffenen Entscheidungen stellen nun direkt einen Rahmen für mögliche Ansätze der Testausführungsschicht dar. Da eine sehr heterogene Systemlandschaft mit sehr unterschiedlichen Schnittstellen als Testobjekt betrachtet wird, muss diese Tatsache entsprechend berücksichtigt werden. Allerdings beeinflussen auch andere organisatorische Rahmenbedingungen die Entscheidung. So ist es beispielsweise sinnvoll, eine Implementierungstechnologie zu wählen, die bereits in der Organisation etabliert ist und für die eine entsprechende Expertise vorliegt. Aber auch die notwendigen Technologien zur Interaktion mit dem SUT (werden im nächsten Abschnitt besprochen) müssen berücksichtigt werden.

In dem hier beschriebenen fiktiven Szenario können wir nun folgende Entscheidungen festhalten:

- Als Technologie zur Implementierung der TAS soll .NET genutzt werden, da bereits langjährige Erfahrung in der Organisation vorhanden ist und weil ein für die Testadaptierungsschicht notwendiges Werkzeug (Ranorex [URL: Ranorex]) nur eine .NET-Schnittstelle (DLL) [URL: .NET] zur Verfügung stellt.
- Ein einheitliches Aufbereiten der Testergebnisse soll durch eine Integration in das bestehende, zentrale Testmanagementwerkzeug JIRA [URL: Jira]/Xray [URL: Xray] ermöglicht werden.
- Die Steuerung darüber, wann, welche Testfälle und im Zuge welcher Änderungen durchgeführt werden sollen, erfolgt in Azure DevOps [URL: Azure].

- Um eine einheitliche Konfiguration der Testumgebungen sicherzustellen, sollen zusätzlich Technologien zu Service-Virtualisierung/Mocking im TAA-Entwurf berücksichtigt werden, um in der TAS umgesetzt werden zu können.

Testadaptierungsschicht

Wie bereits erwähnt, müssen bei Entscheidungen, die Testadaptierungsschicht betreffen, immer die spezifischen Anforderungen und technischen Rahmenbedingungen des SUT berücksichtigt werden. Zudem muss auf dieser Schicht beachtet werden, dass jede Werkzeugentscheidung auch direkte Auswirkungen auf die dafür notwendige Infrastruktur und dadurch implizit auf die mögliche Skalierbarkeit der gesamten TAS hat. Das bedeutet konkret, dass eine nicht optimal entworfene Testadaptierung zum Beispiel dazu führen kann, dass die eigentlich zu erzielende Anzahl von Testfällen gar nicht in einem sinnvollen Zeitrahmen durchgeführt werden können, da eine parallele Durchführung werkzeugbedingt nicht möglich ist.

Gerade in komplexen, heterogenen Umgebungen, wie im hier beschriebenen fiktiven Szenario, ist es essenziell, die Integrationsmöglichkeiten diverser Werkzeuge zu berücksichtigen und vorausschauend mögliche Änderungen vorwegzunehmen, um eine einfache Anpassbarkeit an diese zu ermöglichen. Dieser Tatsache kann Rechnung getragen werden, indem beispielsweise klare Schnittstellen und Abstraktionen zwischen den Schichten des TAA-Entwurfs eingehalten werden, um somit eine Austauschbarkeit einzelner Komponenten oder ganzer Schichten zu ermöglichen.

Konkret könnte ein grober Entwurf der Testadaptierung des fiktiven Szenarios folgendermaßen aussehen:

- Grundsätzlich sollen unterschiedliche technische Schnittstellen der SUTs angesteuert werden können. Dazu zählen: grafische Benutzerschnittstelle, Service Endpoints wie REST, SOAP oder auch der direkte Datenbankzugriff. Abhängig von einem konkreten Testziel und eines SUT muss die optimale Schnittstelle individuell selektiert werden können.
- Um eine aggregierte Sicht auf Protokolle aus den einzelnen SUTs zu ermöglichen, sollen Daten zentral gesammelt, gefiltert, korreliert und visuell aufbereitet werden. Dies lässt sich konkret durch Elastic Stack [URL: ELK] (ELK, Elasticsearch, Kibana, Beats und Logstash) erreichen.
- Als Werkzeuge zur Interaktion mit den ausgewählten Testschnittstellen sollen Ranorex und Selenium [URL: Selenium] (grafische Benutzerschnittstellen), RestSharp [URL: RestSharp] (REST-Schnitt-

stellen) und x3270/tn5250 (Terminalemulation) zum Einsatz kommen.

- Die notwendige Infrastruktur soll dynamisch skalierbar über eine projektübergreifende, zentrale Testausführungsinfrastruktur verfügbar gemacht werden. Konkret wird dies durch ein dynamisches Selenium Grid und dynamisch provisionierte Ranorex Execution Agents realisiert.

In welchen Bereichen bieten Abstraktionen einen Vorteil?

Im Zuge des TAA-Entwurfs muss entschieden werden, welches Abstraktionsniveau auf den verschiedenen Schichten (und damit möglicherweise: welcher Grad an zusätzlicher Komplexität) notwendig und nachhaltig ist. Dazu sollte bewusst Folgendes betrachtet werden:

- Welches Ziel soll mit der Abstraktion erreicht werden?
- Welche negativen Auswirkungen hat die Realisierung der Abstraktion?
- Welcher Mehrwert kann durch die Maßnahme erzielt werden?

Erst wenn nach Abwägung dieser drei Fragestellungen ersichtlich ist, dass eine Abstraktion einen relevanten, im Vergleich zum Aufwand vertretbaren Mehrwert generiert, sollte die Implementierung davon geplant werden. Bezogen auf das anfangs vorgestellte fiktive Szenario könnte eine kritisch zu hinterfragende Abstraktion der Einsatz von Cucumber [URL: Cucumber] und Gherkin als generische Testspezifikation sein. Abzuwägen wären hier einerseits die Ziele, andererseits die erwarteten Optimierungen:

- Die Testspezifikation soll unabhängig von konkreten Technologien und Werkzeugen erfolgen, um somit die Wiederverwendbarkeit und Lesbarkeit zu erleichtern.
- Sowohl fachliche Änderungen im automatisierten Testfall als auch technologische Änderungen an den SUT-Schnittstellen sollen mit geringem Wartungsaufwand handhabbar sein.
- Die Erstellung von neuen Testfällen soll effizient möglich sein.
- Die Fehleranalyse in Bezug auf das eigentliche Testziel und das erwartete Verhalten soll durch eine einheitliche, nicht technische Sprache vereinfacht werden.
- In der Testadaptierungsschicht können unterschiedliche Werkzeuge einfach miteinander integriert werden, ohne dass dies eine Auswirkung auf die Testspezifikation hat.

Allerdings sind diesen Tatsachen unter anderem folgende negative Auswirkungen gegenüberzustellen:

- Nachhaltige, langfristig wartbare Testfälle oder Szenarien in Cucumber zu spezifizieren, ist ein nicht zu vernachlässigender Aufwand und setzt Erfahrung mit diesen Methoden voraus.
- Die Hinzunahme zusätzlicher Abstraktion bedeutet immer auch eine Zunahme der zu erstellenden und zu wartenden Testmittel. Es müssen neue Artefakte (z.B. Step Definitions) erstellt und gewartet werden, neue Formalismen erlernt (z.B. Gherkin) und zusätzliche Integrationen bereitgestellt werden (z.B. Ergebnisse sollen im zentralen Testmanagementwerkzeug verfügbar gemacht werden). Zudem muss die eingebrachte Abstraktion spätestens in der Testadaptierungsschicht adressiert und aufgelöst werden.
- Der Einsatz von Cucumber kann zu höheren initialen Investitionen führen.
- Für die Realisierung dieses Ansatzes werden möglicherweise zusätzliche Anforderungen an die Erfahrung und Expertise von Mitarbeitern gestellt.

Abgeleitet von dieser Betrachtung müssen nun Testautomatisierungsmanager und Testautomatisierungsentwickler in Diskussionen den tatsächlich erzielbaren Mehrwert im Hinblick auf Zeitrahmen, Kosten, Aufwand und Vorteile beurteilen.

Wie soll die TAS mit dem SUT vernetzt werden?

Es wurde bereits im Zuge des Vergleichs und der Gegenüberstellung verschiedener Entwurfs- und Architekturansätze im Kontext der Testadaptierungsschicht erwähnt, dass ein TAA-Entwurf die genutzten Schnittstellen zu den relevanten SUTs berücksichtigen muss. Voraussetzung dafür ist, dass der TAE versteht, wie ein SUT technologisch mit der TAS vernetzt werden kann. Wie bei vielen Punkten gibt es hierbei diverse Möglichkeiten, das gleiche Ergebnis zu erzielen mit jeweils unterschiedlichen Implikationen und möglicherweise unerwünschten Nebeneffekten. Abhängig von einem konkreten Testziel ist dabei zu betrachten, wo die infrage kommende Funktionalität im SUT realisiert wurde, welche technischen Schnittstellen das SUT bietet, um die Funktionalität anzusteuern, und welche Folgen die Nutzung dieser Schnittstellen in Bezug auf langfristige Wartbarkeit der TAS sowie Validität der Testergebnisse hat.

So lässt sich beispielsweise die Validierungslogik einer Benutzerregistrierung sowohl über eine grafische Benutzungsschnittstelle als auch über eine REST-Schnittstelle testen. Die Verwendung der grafischen Benutzungsschnittstelle hat einen höheren Grad an Abhängigkeit von Elementen, die im Falle dieses konkreten Tests nicht Testziel sind, z. B. vom Browser oder vom Zeitverhalten von bestimmten UI-Elementen. Das kann dazu führen, dass die Testausführung instabil läuft und vermehrt falsch positive Testergebnisse zu einem Mehraufwand führen, wohingegen die technische REST-Schnittstelle in dieser Hinsicht stabiler und weniger anfällig für diese Art von Problemen ist. Andererseits muss sichergestellt werden, dass über das Testziel tatsächlich eine valide Aussage getroffen werden kann. Dies kann zum Beispiel dadurch beeinträchtigt werden, dass die Validierungslogik der Benutzerregistrierung auch teilweise im Web-Frontend des SUT realisiert wurde und die Testergebnisse bei einer ausschließlichen Nutzung der REST-Schnittstelle nicht aussagekräftig sind bzw. zu falsch negativen Tests führen können.

Welche Rahmenbedingungen bezüglich Umgebung und Architektur des SUT sind zu berücksichtigen?

Wie bereits aus anderen Punkten hervorgegangen ist (bzw. siehe auch Abschnitt 3.2.3), spielt die Architektur und die Art des SUT eine wesentliche Rolle bei vielen Fragestellungen in Bezug auf den TAA-Entwurf und die TAS-Entwicklung. Um dieser Tatsache Rechnung zu tragen, ist es Voraussetzung, die spezifischen Rahmenbedingungen des SUT zu kennen. Im Allgemeinen kann das SUT unterschiedlichste Varianten bezeichnen:

- Ein überwiegend eigenständiges/monolithisches Softwaresystem
- Ein Verbund aus mehreren miteinander interagierenden Softwaresystemen – als SUT kann, kontextabhängig, sowohl ein einzelnes System als auch der Systemverbund betrachtet werden
- Hardware oder Umgebungskomponenten

Ausschlaggebend für den TAA-Entwurf ist es unter anderem, festzustellen, in welchen Testumgebungen die TAS bereitgestellt werden kann. Ein relativ isoliertes Softwaresystem hat zum Beispiel andere Anforderungen als ein hochintegriertes eingebettetes System, das mit Sensoren und Aktoren interagieren muss, um getestet werden zu können. Ganz essenziell ist hier die Fragestellung, welche Komponenten in einer Testumgebung in welcher Art und Weise bereitgestellt werden müssen und welche Auswirkungen dadurch zu erwarten sind. Verbreitete Möglichkeiten sind:

- Tatsächliche Bereitstellung der Komponenten (Hardware, Software) in einer Konfiguration, in der sie auch im Produktivbetrieb genutzt werden – vorteilhaft ist hierbei, dass ein SUT unter sehr realitätsnahen Bedingungen getestet werden kann und die Aussagekraft von Testergebnissen sehr hoch ist. Allerdings muss gerade bei eingebetteten Systemen mit teilweise erheblichen Mehrkosten gerechnet werden, um die notwendige Hardware anzuschaffen, zu konfigurieren und zu betreiben.
- Simulation oder Emulation gewisser Komponenten – dadurch ist es möglich, die Aufwände für die Bereitstellung einer Testumgebung zu verringern, da zum Beispiel nicht die tatsächliche physische Umgebung eines eingebetteten Steuergeräts verfügbar gemacht werden muss. Jedoch werden durch den Einsatz von Simulatoren und Emulatoren einerseits die Anzahl der durchführbaren Testszenarien reduziert und andererseits erhöht sich das Risiko von invaliden Testergebnissen (z.B. aufgrund von unterschiedlichem Verhalten von echten Komponenten und deren simulierten oder emulierten Abbildungen).
- SUT und TAS gemeinsam auf dedizierter Infrastruktur betreiben, um zum Beispiel Softwareanwendungen zu testen.
- Ein Verbund von TAS und SUT-Komponenten, die über ein Netzwerk miteinander verbunden sind, um Client-Server-, Peer-to-Peer-, SOA- und Microservice-Architektur-Systeme oder ähnliche Systemarchitekturen testen zu können. Es ist möglich, dass SUT und TAS eine einheitliche oder dedizierte Infrastruktur nutzen.

Wie hoch ist der Zeitaufwand und die Komplexität der Implementierung der TAA?

Die Investitionskosten, die mit einer Testautomatisierung einhergehen, sollten angemessen sein. Die Automatisierung darf auf Dauer nicht teurer sein als der manuelle Test. Beim Entwurf einer TAA ist der Nutzwert der Testautomatisierung stets zu berücksichtigen. Um dies frühzeitig bewerten zu können, ist es notwendig, sich mit dem notwendigen Zeitaufwand bzw. der technischen und organisatorischen Komplexität des TAA-Entwurfs bzw. der TAS-Implementierung auseinanderzusetzen. Die Grundlage dafür können unterschiedliche, gängige Schätzverfahren liefern. Ungeachtet dessen, welches Schätzverfahren eingesetzt wird, ist jedoch zu beachten, dass diese ausschließlich Indikationen liefern können. Speziell in agilen Entwicklungsprojekten und den dort präsenten Rahmenbedingungen stellt sich dort weniger die Frage, ob eine TAS notwendig und sinnvoll ist, sondern eher, wie kann mit den verfügbaren Ressourcen möglichst effizient eine Testautomatisierung aufgebaut, betrieben und gewartet werden, um einen Mehrwert bzw. einen möglichst hohen Nutzwert für das Projekt zu liefern.

Wie komplex ist die Verwendung der TAA und TAS?

Auch wenn ein TAA-Entwurf funktional exakt den Anforderungen entspricht, langfristig wartbar realisiert und auf vielfältige Weise mit sämtlichen, relevanten SUT interagieren kann, muss zusätzlich die Gebrauchstauglichkeit bzw. die Komplexität der Verwendung berücksichtigt werden. Wie grundsätzlich bei Fragen zur Gebrauchstauglichkeit ist es hierfür notwendig, sehr genau die relevante Zielgruppe zu identifizieren und deren individuellen Voraussetzungen zu kennen und zu berücksichtigen. Damit ein TAA-Entwurf zielführend implementiert und etabliert werden kann, ist es Voraussetzung, dass die Zielgruppe diesen akzeptiert, die Lernkurve möglichst flach ist und die Zielgruppe in ihrer täglichen Arbeit effizient unterstützt wird. Das kann durch unterschiedliche Maßnahmen erreicht werden:

- Zielgruppenspezifische/rollenspezifische Schnittstellen – ein TAE benötigt beispielsweise andere Informationen und andere Darstellungen als ein TAM oder das Projektmanagement
- Ausführliche, aktuelle, korrekte, zielgruppenspezifische und qualitativ hochwertige Dokumentation (Handbücher, Guides, Schulungen)
- Klare und einheitliche Verwendung von Begriffen
- Einfache Verwendbarkeit, die sich an den Anwendungsfällen der relevanten Zielgruppen/Rollen orientiert
- Kontinuierliches Erheben von Feedback der Benutzer zur TAS und eine kontinuierliche Optimierung auf Basis dieses Feedbacks

3.2.2 Welcher Ansatz zur Automatisierung von Testfällen soll unterstützt werden?

Um einen soliden TAA-Entwurf erstellen und daraus eine langfristig erfolgreiche TAS ableiten zu können, muss ein für den Projektkontext (z. B. die aktuelle Teststufe, in der automatisiert werden soll) passender Ansatz zur Automatisierung von Tests gewählt werden. Der Testautomatisierungsansatz bestimmt bzw. beeinflusst, wie aus einem abstrakten Testfall inklusive der Handlungsabfolge (also dem Verhalten des Tests) schlussendlich eine ausführbare Abfolge von Testschritten bzw. Interaktionen mit dem SUT, konkrete Testdaten und Verifizierungsschritte entstehen, sprich, ein konkreter und ausführbarer Testfall wird. Der Prozess, mit dem konkrete und ausführbare automatisierte Tests schlussendlich entworfen und erstellt werden, ist nicht vorgeschrieben und kann je nach Reife des Testprozesses und der Testautomatisierungsstrategie variieren. Einige in der Industrie geläufige Varianten sind nachfolgend kurz umrissen.

Variante 1: Direkte Implementierung

Der TAE kann die Tests beispielsweise direkt mit einer gängigen Programmiersprache in einem Testskript implementieren, wie es üblicherweise bei klassischen Unit Tests der Fall ist. Der größte Kritikpunkt daran ist, dass wenig bis keine Abstraktion von technischen Details stattfindet und die Wartbarkeit dadurch negativ beeinflusst wird. Allerdings ist die Einbringung von Abstraktion bei der Verwendung von Unit-Test-Frameworks oftmals einfach nicht ratsam. Unit-Test-Frameworks werden (nicht exklusiv, aber doch zumeist) auf Komponententestebene oder für Entwicklertests verwendet, mit dem Zweck, möglichst viel Fehlerzustände auf Codeebene zu finden. Eine zusätzliche Abstraktionsschicht brächte für dieses Ziel nur weitere Komplexität, die in diesem Fall nicht zielführend wäre.

Variante 2: Manuelle Umwandlung von logischen/abstrakten Tests

Eine weitere Möglichkeit ist, dass der TAE für die logischen (in den meisten Fällen natürlich sprachlichen) Testspezifikationen Handlungsabfolgen festlegt und diese anschließend manuell in einem Testskript implementiert. Dem Vorteil der durch die logischen Handlungsabläufe eingebrachten Abstraktion steht hier der Nachteil der manuellen Implementierung gegenüber.

Variante 3: Werkzeugunterstützte Umwandlung logischer/abstrakter Tests

Bei der dritten Variante verwendet der TAE ein Werkzeug, das die Umsetzung von abstrakten zu konkreten Testfällen vornimmt. Schlüsselwortgetriebene Ansätze verfahren auf diese Weise. Durch die Spezifikation und Implementierung der Schlüsselwörter ist ein entsprechendes Werkzeug (bspw. das Open-Source-Werkzeug Robot [URL: Robot]) in der Lage, die definierte Abfolge von Schlüsselwörtern auszuführen. Zusätzlich zur Einbringung von Abstraktion kommt noch die automatisierte Skripterstellung als weiterer Vorteil hinzu.

Variante 4: Vollautomatisierte Erstellung der Tests

Eine weitere und hinsichtlich des Automatisierungsgrades optimale Variante ist der automatisierte Entwurf von abstrakten und/oder konkreten Tests inklusive der notwendigen Testskripte. Diese Variante automatisiert die Aktivitäten des Testentwurfs, der Testimplementierung und der Testdurchführung und erreicht sowohl den höchstmöglichen Grad an zielführender Abstraktion als auch der durchgehenden Automatisierung.

Welche Erstellungsvariante für ein Projekt ausgewählt wird, hängt stark von den vorherrschenden projektspezifischen Randbedingungen ab. Gerade in Unternehmen, in denen noch keine oder wenig Erfahrungen mit dem Aufbau einer Testautomatisierung vorliegen, empfiehlt es sich oftmals, mit einem weniger komplexen Ansatz zu starten und bei Bedarf auf einen flexibleren Ansatz zu migrieren (vgl. Abschnitt 2.1).

Zu den etablierten Ansätzen für die oben genannte Automatisierung von Testfällen zählen:

- Der Mitschnitt-Ansatz (Capture & Replay) und die lineare Skripterstellung für Variante 1
- Die strukturierte Skripterstellung, datengetriebenes Testen und der schlüsselwortgetriebene Ansatz für die Varianten 2 und 3
- Das modellbasierte Testen und die prozessgetriebene Skripterstellung für Variante 4

Entwicklung der verschiedenen Automatisierungsansätze

Diese Ansätze werden nachfolgend ausführlicher besprochen. Ihre Reihenfolge ist historisch bedingt, denn Automatisierungsansätze gibt es bereits seit einigen Jahrzehnten. Im Laufe der Zeit wurden diese Ansätze immer weiterentwickelt, um die automatisierten Tests flexibler, effizienter und wartbarer zu gestalten. Diese Entwicklung ähnelt in gewisser Weise den Programmiersprachen, deren Entwicklung sich von Maschinensprachen über mehrere (aktuell sind es fünf) Generationen hinweg bis zu logischen Sprachen wie Prolog entwickelt haben. Getrieben wurde diese Entwicklung stets von dem Wunsch, dass der Mensch (sprich der Entwickler oder der Tester) die zu lösenden Problemen einfacher und schneller codieren kann, indem von den darunterliegenden technischen Details zunehmend abstrahiert wird. Eine objektorientierte Programmiersprache ist für die meisten Entwickler einfacher zu verwenden als Maschinen- oder Assemblersprachen. Für die Testautomatisierungsansätze bedeutet dies, dass die höherwertigen Ansätze wie das schlüsselwortgetriebene Testen oder die prozessgetriebene Skripterstellung flexibler, mächtiger und gleichzeitig wartbarer sind als die unteren Automatisierungsansätze wie die lineare Skripterstellung.

Der Mitschnitt-Ansatz (Capture & Replay)

Grundkonzept

Die einfachste und schnellste Möglichkeit, um Tests zu automatisieren, besteht darin, manuell durchgeführte Tests mittels eines entsprechenden Werkzeugs aufzuzeichnen (capture) und diese Aufzeichnungen später wieder abzuspielen (replay). Das Ergebnis einer solchen Aufzeichnung ist üblicherweise ein Testskript, das sämtliche Interaktionen mit dem SUT auflistet. Wird das Testskript später wieder abgespielt, gibt es verschiedene Möglichkeiten, wie die Prüfungen gegen das tatsächliche Verhalten des SUT durchgeführt werden:

- **Manuell**
  Der Tester muss manuell überprüfen, ob Abweichungen vorliegen.
- **Vollständig**
  Alle Systemausgaben (z.B. Daten, Texte, Bildschirmdarstellungen), die während der Aufzeichnung vermerkt wurden, müssen auch in gleicher Weise wieder vorliegen.
- **Exakt**
  Alle Systemausgaben (z.B. Daten, Texte, Bildschirmdarstellungen), die während der Aufzeichnung vermerkt wurden, müssen vom SUT bis zu einer bestimmten Detailtiefe reproduziert werden.
- **Checkpoints**
  Es werden nur spezifisch ausgewählte Systemausgaben mit einer gewünschten Detailtiefe zu bestimmten Zeitpunkten der Testfallausführung geprüft.

Vorteile

Der Mitschnitt-Ansatz ist vergleichsweise einfach einzurichten und umzusetzen. Werkzeuge für die automatisierte Aufzeichnung von Benutzerinteraktionen gibt es in Hülle und Fülle, sowohl kommerzielle als auch Open-Source-Werkzeuge. Viele kommerzielle Werkzeuge unterstützen die gängigsten und verbreitetsten Benutzungsschnittstellen-Bibliotheken (bspw. Java Swing oder SWT). Viele Werkzeuge lassen sich auch auf API- oder Protokoll- bzw. Diensteebene für die Aufzeichnungen der Interaktionen mit dem SUT verwenden. Im Endeffekt bedarf dieser Ansatz nicht viel mehr als der manuellen Testausführung.

Nachteile

Ein deutlicher Nachteil des Mitschnitt-Ansatzes ist, dass die Mitschnitte erst dann erstellt werden können, wenn die entsprechende (Teil-) Komponente des SUT vorliegt, d.h., die Implementierung des SUT (oder dieser spezifischen Komponente) bereits beendet wurde. Testen geschieht erfahrungsgemäß oftmals unter Zeitdruck. Mit den Automatisierungsaktivitäten abzuwarten, bis das SUT fertiggestellt wurde, widerspricht den aktuellen Trends des Shift-Left-Gedankens. Zudem ist die Fragilität der mitgeschnittenen Testskripte ein großes Problem. Ein aufgezeichnetes Testskript erwartet bei der erneuten Ausführung, dass sich das SUT exakt identisch verhält (z.B. gleich aufgebaut und konfiguriert ist). Dies ist insbesondere bei grafischen Benutzungsoberflächen problematisch, da jede kleinste Anpassung des grafischen Layouts, die Umbenennung oder Neuanordnung von Textfeldern, Knöpfen etc. der GUI dazu führen kann, dass die Tests nicht mehr ausführbar sind.

Diese Nachteile machen den Mitschnitt-Ansatz äußerst anfällig für (eher zu erwartende) Änderungen des SUT und sind daher mit einem hohen Wartungsbedarf verbunden.

Aus der Praxis:
Moderne, robuste Wiedererkennung von UI-Steuerungselementen

Die ersten Generationen der Mitschnitt-Werkzeuge verwendeten ausschließlich geometrische Informationen – also die X- und Y-Koordinate für die Platzierung sowie die Höhe und Weite für die Ausdehnung – der UI-Steuerungselemente, um diese beim Wiederabspielen zu lokalisieren. Es braucht nicht viel Fantasie, um sich vorstellen zu können, dass die auf einer solchen Wiedererkennung aufbauenden automatisierten Tests bei jeder noch so kleinen Änderung an der GUI Anpassungen erforderten und zunächst nicht mehr ausführbar waren. Dies brachte Mitschnitt-Werkzeugen schnell den Ruf ein, zu einer nicht wartbaren bzw. nicht umsetzbaren Testautomatisierung zu führen.

Aber natürlich haben die Hersteller dieser Werkzeuge in den letzten Jahrzehnten dazugelernt und versucht, Lösungen für das Wiedererkennungsproblem zu entwickeln. Denn eine Aussage bleibt unbestritten: Das Mitschneiden manueller Interaktionen mit dem SUT ist und bleibt ein überaus effizienter Weg, um automatisierte Tests zu entwickeln.

Viele Werkzeuge bieten beispielsweise an, dass die Wiedererkennung eines UI-Steuerungselements anhand einer eindeutig festgelegten ID erfolgen soll. Oberflächen-Bibliotheken wie Java Swing oder Java SWT erlauben es, dass jedem UI-Steuerungselement bei der Programmierung eine feste ID mitgegeben wird. Bei einem ID-basierten Wiedererkennungsansatz kann das GUI-Layout komplett »auf links gedreht werden« und dennoch würden die aufgezeichneten Elemente auf Basis ihrer ID gefunden. Problem gelöst also? Nicht ganz. Es gibt immer wieder Situationen, in denen die ID eines UI-Steuerungselements sich durch unterschiedliche Benutzung dynamisch berechnet. Zudem gibt es auch heute noch (Web-)Frameworks, die bei jedem Aufruf einer Webseite die IDs für die UI-Steuerungselemente neu berechnen. Auch tun sich Entwickler oftmals überraschend schwer damit, die ID-Vergabe als festen Bestandteil ihrer Entwicklungsarbeit zu sehen.

Um solche Situationen zu lösen, bieten Mitschnitt-Werkzeuge neben der reinen geometrischen Wiedererkennung oftmals eigene auf UI-Hierarchien beruhende Wiedererkennungsansätze an. Man kann sich eine GUI wie eine Baumstruktur vorstellen, die sich immer weiter verästelt, bis irgendwann schlussendlich nur noch atomare UI-Steuerungselemente verschachtelt sind. Diese Struktur wird in abstrakter Form abgespeichert, für die interne Verwendung optimiert und der Aufzeichnung hinzugefügt. Wird nun die Aufzeichnung wieder abgespielt, wird versucht, anhand dieser hierarchischen Informationen das benötigte UI-Steuerungselement wieder aufzuspüren.

Die lineare Skripterstellung

Grundkonzept

Die lineare Skripterstellung kann als Weiterentwicklung des Mitschnitt-Ansatzes verstanden werden[3]. Üblicherweise bilden auch bei der linearen Skripterstellung manuelle Tests die Grundlage, die dann mittels eines Aufzeichnungswerkzeugs in Testskripte umgewandelt werden. Der große Unterschied zum reinen Mitschnitt-Ansatz besteht darin, dass die aufgezeichneten Testskripte bearbeitet werden können, um die Analysierbarkeit zu verbessern. Aufgezeichnete Skripte besitzen in der Regel keine oder nur sehr grundlegende, rudimentäre Kommentare. Für eine bessere Wartbarkeit sollten zusätzliche und spezifischere Kommentare oder weitere Verifizierungsschritte hinzugefügt werden. Dies ist bei klassischen Mitschnitt-Ansätzen nicht möglich. Beide Varianten haben jedoch gemein, dass sie ohne großen Aufwand genutzt werden können und schnell erste Ergebnisse erzielen.

Vorteile

Ähnlich wie bei dem Mitschnitt-Ansatz liegt der größte Vorteil der linearen Skripterstellung in der einfachen Umsetzung. Es bedarf eigentlich nur des Automatisierungswerkzeugs, um die Interaktionen mit dem SUT aufzuzeichnen und wieder abzuspielen. Zudem sind Programmierkenntnisse, die in Testteams auch gerne mal knappe Ressourcen sind, bei den meisten derart gestalteten Werkzeugen nicht zwingend notwendig (wenn auch hilfreich), um die aufgezeichneten Aktionen mit Kommentaren oder weiteren Verifikationsschritten zu versehen.

Nachteile

So verlockend und einfach die ersten beiden Automatisierungsansätze auch klingen mögen, es gibt für beide eine ganze Reihe von Nachteilen, die die Anwendung in der Praxis deutlich erschweren, weshalb in den meisten Projekten, zumindest langfristig, ein höherer Ansatz präferiert werden sollte.

Ein Problem mit der linearen Skripterstellung – ganz gleich, ob die Skripte mitgeschnitten oder manuell implementiert wurden – ist, dass der Aufwand für die Automatisierung nicht skaliert. Jede Variation in einem Testfall muss entweder separat aufgezeichnet oder implementiert werden. Dies gilt auch für lange Tests, die sich ggf. nur in einem Eingabewert unterscheiden. Die Zeit, die benötigt wird, um den ersten Testfall zu automatisieren, wird beim tausendsten zu automatisierenden Test nicht weniger, d.h., der Spielraum für die Reduzierung des Aufwands für die Entwicklung neuer automatisierter Tests ist äußerst gering.

---

3. Hinweis: Der Lehrplan sieht die lineare Skripterstellung als strikte Erweiterung des Mitschnitt-Ansatzes. Allerdings lassen sich lineare Testskripte auch manuell programmieren. Wichtig ist dabei der Umstand, dass es keinerlei Modularisierungskonzepte in den Skripten bzw. der verwendeten Skriptsprache gibt.

Diese Nicht-Skalierbarkeit bei der Automatisierung rührt daher, dass jede noch so kleine Abwandlung in der Durchführung des Tests, beispielsweise die Verwendung eines anderen Eingabewerts bei der manuellen Testausführung, in einem eigenen autarken Testskript landet. Wenn es Kombinationen von möglichen Wertekombinationen bei den Eingabewerten gibt, dann muss für jede mögliche Kombination ein eigenes Testskript aufgezeichnet werden. Die klassische lineare Skripterstellung kennt keine Subroutinen oder Module, die Wiederverwendbarkeit ermöglichen würden. Daher geht dieser Ansatz auch mit erhöhtem Wartungsbedarf oder grundsätzlich einer schlechteren Wartbarkeit einher. Durch die fehlende Wiederverwendbarkeit und Modularität müssen Änderungen, die am SUT gemacht wurden, bei allen automatisierten Tests, auf denen sich diese Änderung auswirkt, manuell und zeitintensiv nachgezogen werden. Die mangelnde Modularität führt auch dazu, dass die aufgezeichneten Skripte in Abhängigkeit der durchzuführenden manuellen Testschritte schnell sehr lang und übersichtlich werden.

Üblicherweise sind die Testskripte auch technisch eng an das Werkzeug gekoppelt, das für die Aufzeichnung verwendet wurde. Die Handlungsabfolgen werden gemeinhin in einem werkzeugspezifischen Format aufgezeichnet. Dieses Format oder diese Sprache muss erlernt werden. Zwar bringen diese abstrakteren werkzeugspezifischen Formate den Vorteil, dass nicht unbedingt Programmierkenntnisse benötigt werden, sie schränken aber auch die Wiederverwendbarkeit der Tests an sich ein.

Zeichnen die Werkzeuge die Handlungsabfolgen mittels Programmiersprachen auf, so werden Programmierkenntnisse erforderlich, um die Testskripte zu warten.

Beispiele

Mit Selenium aufgezeichnete und in Java formalisierte automatisierte Tests könnten wie folgt aussehen[4]:

4. Hinweis: Die Werkzeuge und Programmiersprachen sind natürlich mächtiger als in diesem Beispiel vorgestellt. Zum Zwecke der Veranschaulichung sind gewissermaßen nur die Konzepte verwendet worden, die man bei der reinen linearen Skripterstellung zur Verfügung hätte.

```
@Test
public void testLogin_ValidUser() {
   webDriver.navigate().to("http://localhost/espocrm");
   WebElement usernameField = this.waitForElement(By.id("field-
                                                     userName"));
   usernameField.sendKeys("testuser");
   WebElement passwordField = this.waitForElement(By.id("field-
                                                     password"));
   passwordField.sendKeys("password");
   WebElement loginButton = this.waitForElement(By.id("btn-
                                                     login"));
   loginButton.click();
   WebElement navMenuDropdown = this.waitForElement(By.id("nav-
                                                     menu-dropdown"));
   navMenuDropdown.click();
   WebElement logoutLink = this.waitForElement(By.linkText("Log
                                                     Out"));
   logoutLink.click();
}
@Test
public void testLogin_InvalidUser() {
   webDriver.navigate().to("http://localhost/espocrm");
   WebElement usernameField = this.waitForElement(By.id("field-
                                                     userName"));
   usernameField.sendKeys("testuser");
   WebElement passwordField = this.waitForElement(By.id("field-
                                                     password"));
   passwordField.sendKeys("passwordINVALID");
   WebElement loginButton = this.waitForElement(By.id("btn-
                                                     login"));
   loginButton.click();
   WebElement usernameFieldAfterLogin = this.waitForElement
                                          (By.id("field-userName"));
}
```

Die beiden aufgezeichneten Tests "testLogin_ValidUser" und "testLogin_InvalidUser" haben vergleichsweise große Schnittmengen und funktionale Überlappungen. In der Tat unterscheiden sich die ersten sieben Zeilen beider Testskripte ausschließlich in den Eingabedaten für das Passwort (einmal "password", einmal "passwordINVALID"). Die Möglichkeit, den Login-Vorgang als Modul, Subroutine oder Schlüsselwort (tatsächlich bezeichnen alle drei Begriffe das gleiche logische Konzept) auszulagern, drängt sich aus Gründen der Analysier- und Modifizierbarkeit geradezu auf.

Abbildung 3–4 illustriert zudem, dass beide Tests die Variante 1 verwenden. Es gibt keine Abstraktion von den technischen Details des zu testenden Systems. Die automatisierten Testdefinitionen liegen in Java programmiert und für das Testausführungswerkzeug JUnit5 optimiert vor. JUnit verwendet für die Ausführung des Tests das TAF Selenium WebDriver.

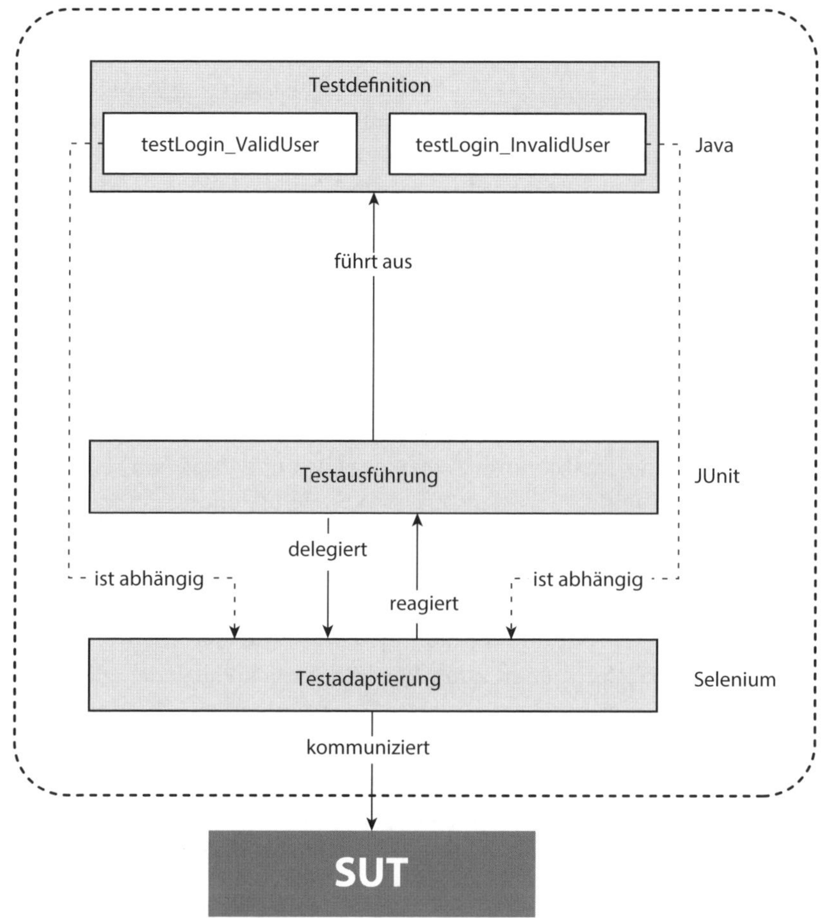

Abb. 3–4
Schematische Darstellung der linearen Skripterstellung mit JUnit und Selenium

Strukturierte Skripterstellung

Grundkonzept

Im Gegensatz zum Mitschnitt-Ansatz und zur linearen Skripterstellung bietet die strukturierte Skripterstellung die Möglichkeit, zu modularisieren. Wiederverwendbare Testschritte oder gemeinsam genutzte Funktionalitäten werden dadurch in sogenannte Test- oder Skriptbibliotheken gekapselt und für die Wiederverwendung in verschiedenen Testskripten verfügbar macht.

Vorteile

Neben dem bereits erwähnten Vorteil der Modularität und Wiederverwendbarkeit, der eine erhebliche Reduzierung des Wartungsaufwands bewirkt, wird zudem der Aufwand reduziert, der für die Automatisierung neuer Tests nötig ist. Durch die wiederverwendbaren Module lassen sich neue zu automatisierende Tests oftmals bereits nur durch Zusammenstellen bereits aufgezeichneter und extrahierter Handlungsabfolgen und Testschritte erstellen, sodass Tests mit zunehmender Zeit gar nicht mehr in Gänze manuell ausgeführt und aufgezeichnet werden müssen, sondern nur noch partiell. Die restlichen Schritte zur Komplettierung eines automatisierten Tests werden dann einfach auf den vorhandenen Test- oder Skriptbibliotheken hinzugefügt. Je nach Werkzeug ist dies sogar per einfachem Drag & Drop möglich.

Nachteile

Ein Nachteil, der unmittelbar mit der Modularisierung einhergeht, ist, dass die extrahierten Module oder Subroutinen gut dokumentiert sein müssen, ansonsten kann schnell ein nicht mehr zu beherrschendes Chaos entstehen. Jedoch: Dokumentation kostet Zeit und Aufwand – und eine Dokumentation muss ebenfalls gewartet und gepflegt werden. Namenskonventionen und Benennungsstandards sind hilfreich, um nicht den Überblick zu verlieren.

Der Anfangsaufwand, der betrieben werden muss, um Module, Subroutinen und Testbibliotheken zu erstellen und zu verwalten, kann ebenfalls als Nachteil der strukturierten Skripterstellung gesehen werden. Allerdings zahlt sich dieser Anfangsaufwand bei disziplinierter Arbeitsweise recht schnell und mehrfach wieder aus.

Je nach Werkzeug können für die Erstellung und Verwaltung der Testbibliotheken Programmierkenntnisse notwendig werden.

Beispiele

Strukturierte Skripterstellung kann eigentlich mit jeder gängigen strukturierten oder objektorientierten Programmiersprache umgesetzt werden. JUnit ist beispielsweise ein Testausführungswerkzeug, basierend auf der Programmiersprache Java, die die strukturierte Skripterstellung unterstützt. Die Testsprache TTCN-3 (Testing and Test Control Notation v3) [URL: TTCN-3] setzt ebenfalls auf diesem Automatisierungsansatz auf.

Eine mittels strukturierter Skripterstellung optimierte Version der beiden Testfälle `"testLogin_ValidUser"` und `"testLogin_InvalidUser"` aus den vorherigen Abschnitten könnte wie folgt aussehen:

```
@Test
public void testLogin_ValidUser() {
   loginPage.enterUsername("testuser");
   loginPage.enterPassword("password");
   HomePage homePage = loginPage.submitLogin();
   Assert.assertTrue(homePage.isLoaded());
   homePage.logout();
}
@Test
public void testLogin_InvalidUser() {
   loginPage.enterUsername("testuser");
   loginPage.enterPassword("passwordINVALID");
   HomePage homePage = loginPage.submitLogin();
   Assert.assertFalse(homePage.isLoaded());
}
```

Die sehr detaillierten Interaktionen auf UI-Steuerungselementebene der beiden aufgezeichneten Testfälle wurden unter Verwendung des Testpattern "PageObject" optimiert. Die Testschritte in den strukturierten Tests bestehen nur noch aus Funktionsaufrufen an die "PageObjects", die ihrerseits wiederum in einer Test- oder Skriptbibliothek vorliegen. Abbildung 3–5 illustriert den hierarchischen Zusammenhang dieser Modularisierung.

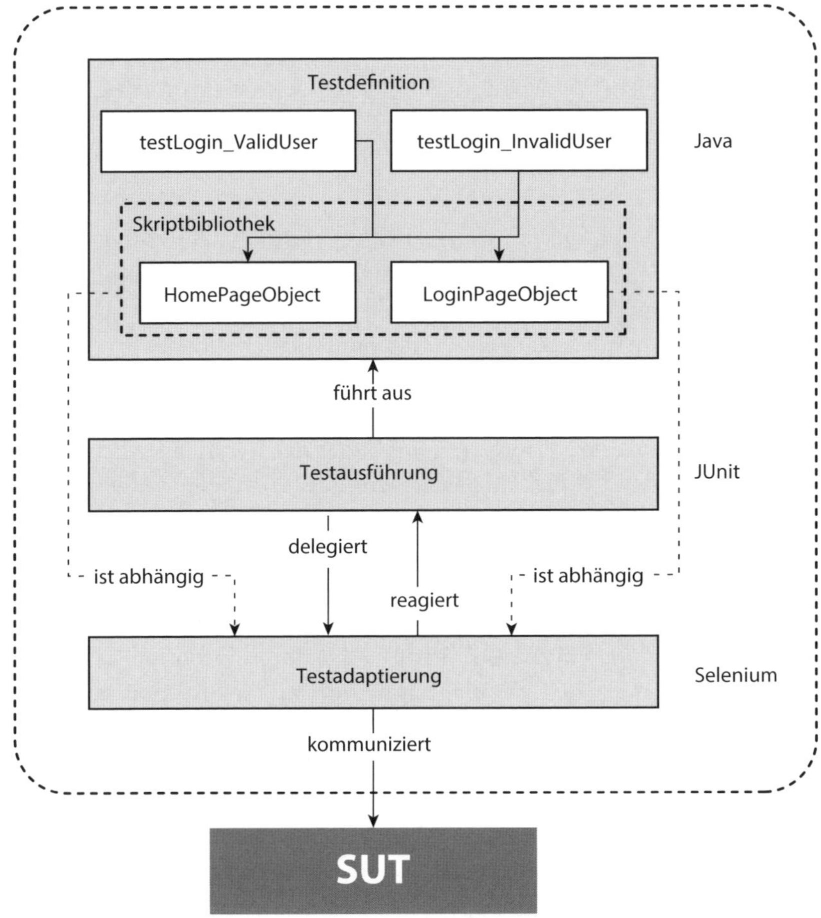

Abb. 3–5 *Schematische Darstellung einer strukturierten Skripterstellung mit JUnit und Selenium*

Eine weitere Optimierung im Sinne der strukturierten Skripterstellung wäre die Komposition eines weiteren Moduls (oder Subroutine oder Funktion), das auch die ersten drei Aufrufe an die PageObjects zusammenfasst und parametriert. Das nachfolgende Listing illustriert diese Vorgehensweise:

```
@Test
public void testLogin_ValidUser() {
   HomePage homePage = step_login("testuser", "password");
   Assert.assertTrue(homePage.isLoaded());
   homePage.logout();
}
@Test
public void testLogin_InvalidUser(String username, String password) {
   HomePage homePage = step_login("testuser", "passwordINVALID");
   Assert.assertFalse(homePage.isLoaded());
}
private HomePage step_login(String username, String password){
   loginPage.enterUsername(username);
   loginPage.enterPassword(password);
   HomePage homePage = loginPage.submitLogin();
   return homePage
}
```

Gemäß guter Praktiken für automatisierte Testfälle beinhalten die beiden Tests jetzt ausschließlich fachliche Aufrufe (genau einen mit unterschiedlichen Eingabedaten, es könnten aber auch mehrere sein) und Verifikationsschritte (genau einen, es könnten aber auch mehrere sein), die auf die fachlichen Anforderungen bzw. die Testbedingungen hin prüfen, die den Tests zugrunde liegen.

Grundlage für daten- und schlüsselwortgetriebenes Testen

Die strukturierte Skripterstellung bildet die Grundlage für weitere sogenannte höhere Automatisierungsansätze, wie das datengetriebene oder auch schlüsselwortgetriebene Testen. In dem optimierten Beispielcode hätten auch noch die ersten drei Aufrufe in eine weitere parametrierte Subroutine (oder Schlüsselwort) ausgelagert werden können. Die Fähigkeit, zu modularisieren und somit immer weiter von der technischen Umsetzung eines Testschrittes, einer Interaktion mit dem SUT zu abstrahieren, ist die Grundlage für jeden auf Abstraktion beruhenden Testautomatisierungsansatz.

Datengetriebenes Testen

Grundkonzept

Das datengetriebene Testen baut konzeptionell auf der strukturierten Skripterstellung auf[5]. Unter »datengetriebenen Testfällen« werden Testfälle verstanden, die sich nur in ihren Testdaten unterscheiden, in ihrem prinzipiellen Ablauf jedoch nicht. Das »Haupttestskript« wird also parametriert und kann daher mehrfach mit unterschiedlichen Eingabedaten ausgeführt werden.

---

5. Hinweis: Datengetriebenes Testen setzt zwar auf der Idee der Parametrierung auf, die mit der strukturierten Skripterstellung einhergeht, allerdings ließe sich auch bei linear erstellten Skripten und sogar beim Mitschnittansatz das datengetriebene Testen umsetzen.

Ein Beispiel hierfür: Es soll ein bestimmter Kunde angelegt werden. Die konkreten Eingabedaten für die fachlichen Informationen *Name, Adresse, Geburtsdatum* werden jedoch nicht im Testskript hartcodiert, sondern in einer externen Datenquelle definiert und verwaltet. Bei der Durchführung wird der Testfall für jeden Datensatz erneut abgespielt. Beispielsweise mit folgenden Datensätzen:

Tab. 3–1 Tabellarische Darstellung von Testfällen zur datengetriebenen Verarbeitung

Datensatz #	Kundenname	Adresse	Geburtsdatum
01	Max Mustermann	Musterstr. 3	12.12.1975
02	Mina Musterfrau	Beispielweg 5	15.06.1981

Das Haupttestskript wird gemeinhin als Steuerungsskript und die (externen) Datenquellen als Datendateien bezeichnet. Datendateien können in den verschiedensten Formaten definiert werden (sie gehören zu den Testdefinitionen), in JSON, XML, als relationale Datenbanken, Excel-Tabellen, HTML, in Wikitext u.v.m.

Die meisten Testausführungswerkzeuge stellen eine solche Funktionalität bereits nativ zur Verfügung und machen sie ohne Programmierung zugänglich. Datentabellen sind eine leicht verständlich, gut kommunizierbare und weitverbreitete Darstellung für Eingabedaten (und auch als Testorakel). Und Tabellenkalkulationsprogramme sind ohnehin Standard in den meisten Unternehmen – insbesondere beim Testen.

Vorteile

Der Aufwand für das Erstellen neuer Tests, die auf demselben Steuerungsskript basieren, reduziert sich auf das Hinzufügen eines neuen Datensatzes in der Datendatei. Das ist im Gegensatz zur Implementierung oder Aufzeichnung eines ähnlichen Testfalls ein verhältnismäßig kleines Unterfangen.

In vielen Fällen gibt es gewisse Anwendungsfälle in einem SUT, die für den Test von besonders großer Relevanz sind, da im Fehlerfall mit ihnen ein erhebliches Risiko verbunden ist. Um hier eine ausreichend hohe Überdeckung zu erreichen, kann eine Anzahl an Varianten notwendig sein, die mit manuell erstellten automatisierten Tests nicht mehr zu bewältigen ist. In solchen Fällen ist die datengetriebene Testfallerstellung eine überlegenswerte und durch Werkzeuge gut unterstützte Variante.

Ein gewichtiger Vorteil ist zudem die erweiterte und konsequentere Trennung von Fachlogik (die Datensätze) und technischer Umsetzung (das Steuerungsskript) eines Testfalls. Sobald die Steuerungsskripte mit ihren Parametern bekannt sind, können die Fachexperten oder Testanalysten nach Belieben neue Tests hinzufügen, indem sie einfach weitere Datensätze erstellen. Programmierkenntnisse werden nur für die Anpassung der Steuerungsskripte benötigt.

Zudem lassen sich mit einem datengetriebenen Ansatz viele spezifikationsorientierte Testverfahren direkt umsetzen:

- Äquivalenzklassenbildung
- Grenzwertanalyse
- Klassifikationsbaummethode
- Ursache-Wirkungs-Graph/Entscheidungstabellen

Nachteile

Die Werkzeuge müssen jedoch in der Lage sein, die Datendateien einzulesen und auszuwerten. Allerdings würde man sich ja nur für einen solchen Ansatz entscheiden, wenn sichergestellt ist, dass das eingesetzte Werkzeug datengetriebenes Testen unterstützt.

Die Datendateien müssen gut organisiert, verwaltet und dokumentiert werden. Zudem wirken sich notwendige oder fachlich motivierte Änderungen an der Struktur der Datendateien unmittelbar auf die Steuerungsskripte aus und umgekehrt.

Außerdem tendieren Testteam dazu, die relativ einfach zu erreichende höhere Überdeckung eines SUT dank datengetriebenen Testens überzubewerten. Negative Tests werden oftmals vergessen. Negative Tests werde mit ungültigen oder unerwarteten Eingabedaten ausgeführt, um zu bewerten, wie das SUT mit solch »negativen« Eingaben umgeht. Sie erfordern aber einen grundlegend anderen Handlungsablauf als positive Tests und müssen daher separat bereitgestellt werden. Zudem gibt es oft bei negativen Tests eine bilaterale Verknüpfung von Datensatz und Steuerungsskript, d.h., für unterschiedliche negative Tests werden zumeist auch unterschiedliche Steuerungsskripte benötigt. Dies ist bei positiven Tests natürlich anders. Daher wirkt sich der Vorteil des datengetriebenen Ansatzes vor allem auf die Erstellung von positiven Tests aus – infolgedessen werden negative Tests häufiger übersehen.

Beispiel

Das Login-Beispiel ist prädestiniert, um die Anwendung des datengetriebenen Testens zu illustrieren. Bisher waren die Eingabedaten hartcodiert, die in den Tests verwendet wurden, mit dem Ergebnis, dass jedes Testskript stets nur mit derselben Benutzername-Passwort-Kombination ausgeführt wurde. Durch Extraktion der Eingabedaten in Testfallparameter wird ein datengetriebener Ansatz ermöglicht, wie im nachfolgenden Codelisting illustriert:

```
@Test
public void testLogin_ValidUser(String username, String password) {
   HomePage homePage = step_login(username, password);
   Assert.assertTrue(homePage.isLoaded());
   homePage.logout();
}
@Test
public void testLogin_InvalidUser(String username, String password)
{
   HomePage homePage = step_login(username, password);
   Assert.assertFalse(homePage.isLoaded());
}
```

Nach der Parametrierung der Eingabedaten liegen nunmehr zwei Steuerungsskripte vor. Eines für einen erfolgreichen Login, eines für einen fehlerhaften Login. Testanalysten können nun beginnen, unterschiedliche Datendateien für diese beiden Steuerungsskripte zu erstellen, um mit mehr als jeweils nur einer Benutzername-Passwort-Kombination zu testen.

Hinweis

Datengetriebenes Testen ließe sich prinzipiell auch bei der linearen Skripterstellung einsetzen. Es geht hier um die Fähigkeit, Testfälle zu parametrieren. Ob dieser Testfall allerdings als rein lineares oder strukturiertes Skript vorliegt, ist beim datengetriebenen Testen eigentlich egal.

Schlüsselwortgetriebenes Testen

Grundkonzept

Das schlüsselwortgetriebene Testen (manchmal auch aktionswortgetriebenes Testen) führt den datengetriebenen Ansatz konsequent weiter. Während das datengetriebene Testen erlaubt, hartcodierte Steuerungsskripte (was die Handlungsabfolge betrifft) mit verschiedenen Datensätzen auszuführen, abstrahiert das schüsselwortgetriebene Testen von den hartcodierten Steuerungsskripten. Dabei gibt es zwei grundlegende Unterschiede:

1. Die Datendateien heißen nun Testdefinitionsdateien, Schlüsselwortdateien, Testbibliotheken, Aktionswortdateien (oder ähnlich).
2. Es gibt nur noch ein Steuerungsskript.

Der große Unterschied zu den Datendateien ist, dass Schlüsselwortdateien neben den reinen Testdaten auch noch die logischen Testschritte kapseln, wie ein Benutzer mit dem SUT interagieren kann. Dadurch, dass diese Dateien nur die logischen Testschritte enthalten, sind diese natürlich viel einfacher von einem Testanalysten oder Fachexperten zu verstehen als deren technische Umsetzung. Im vorherigen erweiterten Beispiel zum datengetriebenen Testen wurde eine zusätzliche Funktion "`step_login`" implementiert, die der Semantik eines Schlüsselworts schon sehr nahekommt. Für weitere Testfälle könnte der Testanalyst einfach einen weiteren Aufruf dieser Funktion verwenden und hätte bereits die Login-Funktionalität in diesem neuen Testfall implementiert. Ob und wie dieser Login nun technisch realisiert wird, ist dem Testanalysten für die Aktivität des Testentwurfs ziemlich egal. Er kann sich in diesem Fall darauf verlassen, dass ein Technical Test Analyst (im Wesentlichen eine Person mit Programmierkenntnissen) diesen logischen Testschritt korrekt für die benötigte Schnittstelle des SUT implementiert. Der alleinige Aufruf von `"step_login"` sagt noch nichts darüber aus, ob der Test gegen die API oder die GUI des SUT ausgeführt wird.

Für den Entwurf und die Implementierung neuer automatisierter Tests stellt der Testanalyst einfach Sequenzen von Schlüsselwörtern zusammen, die dann durch das Testausführungswerkzeug interpretiert und ausgeführt werden. Verifikationsschritte lassen sich im Prinzip auf die gleiche Art und Weise umsetzen und fachlich so vereinfachen, dass Testanalysten eigenständig in der Lage sind, neue Tests zu entwerfen oder bestehende Tests bei Bedarf anzupassen.

Woher kommen nun aber die Schlüsselwörter? Dies ist definitiv die Aufgabe der Testanalysten [ISTQB 19b]. Durch Analyse der Testbasis ergibt sich für die Testanalysten ein Bild von den möglichen Interaktionen mit dem SUT. Die verschiedenen Interaktionsmöglichkeiten werden dann üblicherweise in der fachspezifischen Nomenklatur des SUT benannt, um ein hohes Wiederkennungspotenzial zu besitzen. Der Testschritt, der das Einloggen eines Benutzers repräsentiert, könnte beispielsweise als `"LoginUser"` mit entsprechenden Parametern für Benutzername und Passwort bezeichnet werden. Andere mögliche Schlüsselwörter wären beispielsweise `"LogoutUser"`, `"SetzePasswort"`, `"SetzeAdresse"` etc.

Ähnlich wie bei dem datengetriebenen Ansatz variieren auch beim schlüsselwortbasierten Testen die Formate, in denen die schlüsselwortgetriebenen Tests spezifiziert sind. Tabellenkalkulationsprogramme, reine ASCII-Dateien oder werkzeugspezifischere Formate sind möglich.

Damit ein Werkzeug die eingelesenen Schlüsselwörter auch tatsächlich gegen das SUT ausführen und mit dem SUT interagieren kann, benötigt es natürlich eine technische Darstellung dieser logischen Aktionen. Diese nennt man auch Schlüsselwortimplementierungen. Sie dienen dem Werkzeug im Verbund mit den Schlüsselwortsequenzen dazu, ausführbare Tests zu erstellen. Die Implementierung eines Schlüsselworts wird stets für eine bestimmte SUT-Schnittstelle angelegt und von Personen mit Programmierfähigkeiten umgesetzt. Abbildung 3–6 illustriert den grundlegenden Ablauf bzw. Zusammenhang zwischen den verschiedenen Artefakten der Testmittel auf den unterschiedlichen architektonischen Schichten.

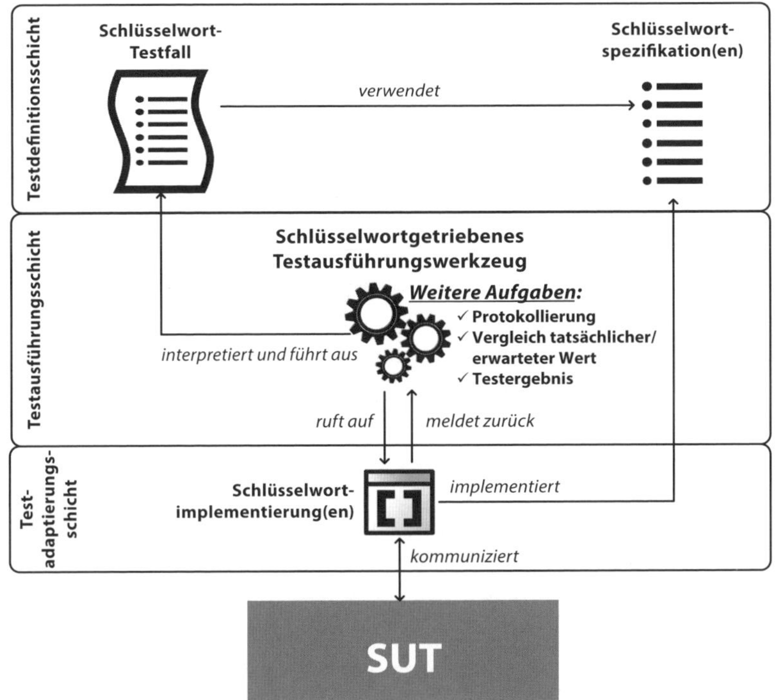

Abb. 3–6 Schaubild eines schlüsselwortgetriebenen Testautomatisierungsansatzes

Auch für die Dokumentation von Testdurchführungen und Reproduktionsschritten bieten Schlüsselwörter in vielen Fällen einen guten Detaillierungsgrad.

Vorteile

Der größte Vorteil des schlüsselwortgetriebenen Testens ist die konsequente Trennung von Fachlogik und technischer Umsetzung. Diese Trennung hat das Potenzial, den Wartungsaufwand verbunden mit rein technischen Änderungen am SUT (bspw. reine Schnittstellenänderungen) in einem akzeptablen Umfang zu halten und dadurch über Akzeptanz oder Ablehnung der Testautomatisierung zu entscheiden. Bei einer rein technischen Änderung des SUT muss lediglich die Implementierung des Schlüsselworts entsprechend der Änderung am SUT angepasst werden. Der bereits spezifizierte schlüsselwortgetriebene Test kann indes unangetastet bleiben. Er ist weiterhin gültig.

Ebenfalls wird durch die Trennung technische Komplexität verborgen. Zumeist interessiert die Testanalysten nicht, wie eine Aktion technisch umgesetzt wird, ihr Ziel ist die fachliche Überdeckung des SUT mit entsprechenden Tests. Technische Details, die die Komplexität der Tests erhöhen, sind da kontraproduktiv.

Ebenfalls ermöglicht die Trennung, dass die Testanalysten bereits frühzeitig mit der Analyse der Testbasis und Spezifikation der Schlüsselwörter beginnen können. Theoretisch könnte sogar eine vollständige

Überdeckung des SUT mit fachlichen Tests abgeschlossen werden, bevor eine einzige Zeile Code implementiert wurde. Schlüsselwortgetriebenes Testen unterstützt dadurch explizit das Shift-Left-Paradigma, also den frühzeitigen Beginn der Testaktivitäten. Natürlich müssen die früh spezifizierten Schlüsselwörter noch implementiert werden. Dies kann erst dann geschehen, wenn die technischen Details der SUT-Schnittstellen bekannt sind. Die Tests wären dann jedoch prinzipiell ausführbar. Neue Tests werden also schneller und zeitsparender umgesetzt, wenn die Schlüsselwörter spezifiziert sind.

Da Schlüsselwörter im Prinzip nichts anderes als Module oder Subroutinen sind, lassen diese sich gewissermaßen unbegrenzt zu neuen Schlüsselwörtern zusammenstellen. Teil 5 des ISO-Standards ISO 29119 [ISO 29119] sieht Schlüsselwörter auf unterschiedlichen Abstraktionsebenen, die beiden extremsten Ebenen sind die Schnittstellen-Schlüsselwörter (auf der untersten Ebene) und die Domain-Keywords (auf der obersten Ebene). Zwischen diesen beiden Ebenen kann es eine ganze Reihe weiterer zusammengestellter Schlüsselwörter geben. Diese werden von ISO 29119 als »composite keywords«, also komponierte Schlüsselwörter, bezeichnet.

Nachteile

Die Einbringung von Abstraktion erfordert immer ein höheres Maß an Entwicklungstätigkeit. Komplexität kann zwar abstrahiert, aber niemals effektiv reduziert werden. Das schlüsselwortgetriebene Testen ist hier keine Ausnahme. Schlüsselwörter müssen implementiert werden. Dies ist in gewisser Weise nicht anders als bei einem Entwicklungsprojekt. Dieser Entwicklungsaufwand gehört zum Automatisierungsansatz dazu, es ist keine Schwäche von ihm, sondern das Resultat konsequenter Vereinfachung auf fachlicher Ebene.

Die Identifikation, Spezifikation und Implementierung von Schlüsselwörtern erfordert eine gewisse Anfangsinvestition in die Automatisierung. Implementierungen können fehlerbehaftet sein, zu falschen Testergebnissen führen und Nacharbeitungen erfordern. Bei kleineren Systemen ist dieser Ansatz vermutlich unnötig komplex und nicht rentabel, da der Aufwand für die separate Verwaltung von fachlogischen und technischen Testmitteln zu groß sein kann.

Die Tatsache, dass Schlüsselwörter vielfältig neu zusammengestellt werden können, gibt den Testanalysten natürlich einen optimalen Gestaltungsraum, sich »die Welt so zu machen, wie sie ihnen gefällt«. Sprich, es wäre möglich, dass die Testanalysten zu einer inflationären Spezifikation von Schlüsselwörtern tendieren. Dies führt jedoch zu einem erhöhten Wartungsaufwand der Schlüsselwortdateien. Daher sollte die Komposition neuer Schlüsselwörter einem klaren Prozess folgen und mit Bedacht eingesetzt werden.

Zudem ist sehr darauf zu achten, dass durch Parameterübergaben in einem Testskript und Variantenbildungen der Schlüsselwörter nicht ein undurchschaubares und wenig analysierbares Geflecht von Testskripten entsteht. Wenn die einzelnen Schlüsselwörter bzw. die entsprechenden Implementierungen nicht wiederverwendbar bleiben, schafft man sich erst recht wieder ein großes Wartungsproblem. Es ist daher darauf zu achten, die notwendige Verarbeitungslogik in den Schlüsselwörtern zu positionieren und Testfälle klar lesbar und linear/sequenziell zu halten.

Diese Methode kann auch gut mit systematischen Testverfahren kombiniert werden: Zustands- oder anwendungsfallbasierte Testfälle können in vielen Fällen mit wenig Aufwand in schlüsselwortbasierte Testfälle übersetzt oder sogar direkt als solche aus dem entsprechenden Werkzeug generiert werden.

Beispiele

Eine schlüsselwortgetriebene Variante des Login-Beispiels könnte wie folgt aussehen:

```
Testfall Login_User ($name, $pwd, $isValid)
LoginUser($name, $pwd)
Check_UserLoggedIn($name, $isValid)
LogoutUser($name)
```

Die dazugehörige Implementierung des Login-Schlüsselworts könnte in Java etwas wie folgt aussehen[6]:

```
@Keyword("LoginUser")
public boolean LoginUser(String username, String password){
   loginPage.enterUsername(username);
   loginPage.enterPassword(password);
   HomePage homePage = loginPage.submitLogin();
   return homePage != null
}
@Keyword("Check_UserLoggedIn")
public boolean Check_UserLoggedIn(String username, boolean
                                                  isValid){
   HomePage homePage = session.getHomePageForUser(username);
   return homePage.isLoaded() == isValid;
}
```

An diesem kleinen Beispiel wird die Mächtigkeit, aber auch der erhöhte Entwicklungsaufwand deutlich. In diesem Fall bedarf es tatsächlich nur eines Steuerungsskripts mit unterschiedlichen Datensätzen, um zu überprüfen, ob die Login-Funktionalität des SUT korrekt implementiert wurde.

---

6. Es sei an dieser Stelle nochmals explizit betont, dass kein dediziertes Schlüsselwort-Framework verwendet wurde. Die Listings sind reiner Pseudocode und dienen ausschließlich illustrativen Zwecken.

Die prozessgetriebene Skripterstellung

Grundkonzept

Die prozessgetriebene Skripterstellung baut auf dem schlüsselwortgetriebenen Ansatz auf, wobei ein noch größerer Fokus auf die durch den Testfall zu testenden Anwendungsfälle des SUT gelegt wird. Ein Testskript bildet dabei einen oder einen Teil eines Anwendungsfalls ab, kombiniert mit dafür notwendigen, parametrisierbaren Testschritten und Testdaten. Dadurch ist es einfach möglich, Anforderungen an ein SUT mit den verifizierenden Testfällen in Verbindung zu bringen und auch langfristig synchron zu halten (siehe dazu auch »Synchronisierung durch BDD/ATDD« in Abschnitt 3.3.5).

Vorteile

Die prozessartige oder szenariobasierte Darstellung von Testfällen aus einer Anwendungsfall- oder Workflow-Perspektive in nahezu natürlicher Sprache unterstützt die Analysier- und Modifizierbarkeit erheblich und trägt zudem enorm zur Kommunikation zwischen relevanten Stakeholdern bei.

Nachteile

Die Implementierung von Prozessen oder Prozessschritten ist mitunter für technisches Personal, das kein tieferes Verständnis über die Fachlichkeit besitzt, durchaus nicht einfach.

Ähnlich wie beim schlüsselwortgetriebenen Testen ist die Qualität der Prozessbeschreibungen von großer Bedeutung, was deren Wiederverwendbarkeit betrifft. Gute Beschreibungen werden von vielen automatisierten Tests einbezogen, schlechte bleiben autark und sollten ggf. überarbeitet werden. Dieser Nachteil gilt auch für schlüsselwortgetriebenes Testen.

Da Prozessbeschreibungen ihrerseits wiederum aus Schlüsselwörtern (oder Schlüsselsätzen) bestehen, wird bereits deutlich, dass sich eine Implementierung dieses Ansatzes komplexer und vielschichtiger darstellt als bei den zuvor erwähnten Ansätzen. Daher ist einerseits mit erhöhten Aufwänden zu rechnen und andererseits sind wiederum Programmierkenntnisse und erfahrene TAE notwendig, um diesen Ansatz nachhaltig einsetzen zu können.

Beispiel

Ein mit Gherkin und Cucumber realisiertes Beispiel für einen prozessgetriebenen (BDD-)Ansatz wird im folgenden Beispiel dargestellt, wobei hier nur ein Teil der Implementierung gezeigt wird:

```
@Scenario
Feature: Verify Login Test cases

Scenario: As a user I should be able to Login using valid credentials
   Given I have valid credentials for EspoCRM
   When I try to login
   Then I should be able to get access to the application

Scenario: As a user I should be not able to Login using invalid
                                                       credentials
   Given I have invalid credentials for EspoCRM
   When I try to login
   Then I should not be able to get access to the application
```

Dabei wird in den bei Cucumber als »Feature File« bezeichneten Testdefinitionen das nach außen sichtbare Verhalten des SUT festgehalten. Die dafür notwendigen Testschritte können wiederum durch wiederverwendbare Schlüsselwörter in einer Testbibliothek oder durch Skripte in einer Skriptbibliothek verfügbar gemacht werden. Für die Abbildung, welche Schlüsselwörter oder Skripte zur Ausführung eines Prozessschritts (in Cucumber als »Step« bezeichnet) ausgeführt werden müssen, sind sogenannte »Step Definitions« notwendig.

Das modellbasierte Testen

Grundkonzept

Das modellbasierte Testen (MBT) hebt sich von den anderen Automatisierungsansätzen ab, da es beim modellbasierten Testen nicht um die automatisierte Ausführung von Tests, sondern um deren automatisierten Entwurf geht. MBT ist prädestiniert dafür, den Automatisierungsgrad der dynamischen Testaktivitäten deutlich zu erhöhen und eine nahezu durchgehende Automatisierung von Entwurf, Implementierung und Ausführung zu erreichen.

Beim modellbasiertes Testen werden Tests automatisiert aus formal definierten Modellen abgleitet. Ein solches Modell wird üblicherweise auf Grundlage der Informationen erstellt, die durch Analyse der Testbasis gewonnen wurden. Das Modell, das zur anschließenden Ableitung von Testfällen durch einen sogenannten Testgenerator verwendet wird, kann daher bereits zu einem sehr frühen Zeitpunkt erfolgen, nämlich dann, wenn die Testbasis für die entsprechende Teststufe zur Verfügung steht. System- und/oder Abnahmetests lassen sich beispielsweise theoretisch bereits auf Basis der Anforderungsspezifikation modellbasiert entwerfen. Dazu werden die logischen Aktionen und das Verhalten des SUT mittels Modellen formalisiert, auf denen dann die Testgeneratoren nach bestimmten Überdeckungskriterien Tests ableiten. Dadurch, dass die Modelle (je nach Teststufe) kaum bzw. keinerlei technische Informationen beinhalten, resultieren daraus logische Tests. Eine ähnliche, wenn auch manuelle Vorgehensweise für den Entwurf logischer Tests wurde bereits beim schlüsselwortgetriebenen und prozessgetriebenen Testen vorgestellt. In diesem Sinne führt MBT den Gedanken konsequent fort. Da die resultierenden Tests weder an technische Schnittstellen noch an einen konkreten Skripterstellungsansatz gebunden sind, gibt es verschiedene Möglichkeiten, wie diese Tests ausgeführt werden. Je nach Reife und Komplexität des Modells sind verschiedene Kombinationsmöglichkeiten mit der Testdurchführung denkbar:

- **Modellbasierter Entwurf und manuelle Ausführung**
  In einem solchen Setting werden die Tests zwar automatisiert entworfen, die Ausführung erfolgt jedoch manuell. Eine solche Kombination bietet sich beispielsweise für den Abnahmetest an, aber auch in Situationen, in denen eine Testautomatisierung zu »teuer« wäre, wie z.B. wenn fest installierte technische Geräte getestet werden sollen wie Computertomographen.

- **Modellbasierter Entwurf, manuelle Implementierung und automatisierte Ausführung**
  Diese Kombination ist in der Praxis oft anzutreffen und kommt einer nahezu durchgehenden Automatisierung schon sehr nahe. Die Tests werden automatisiert beispielsweise als schlüsselwortgetriebene oder prozessgetriebene Tests entworfen. Die Implementierung und Wartung der Schlüsselwörter bzw. der Adaptierungsschicht erfolgt jedoch manuell.

- **Durchgehende Automatisierung in Entwurf, Implementierung und Ausführung**
  Die Königsdisziplin! Allerdings erfordert dieses Vorgehen, dass das Modell, aus dem die Tests abgeleitet werden, auch technische Informationen über die SUT-Schnittstellen beinhaltet, aus denen dann wiederum mittels Modell-zu-Text-Transformationen die Adaptierungsschicht generiert werden kann. In der industriellen Praxis sieht man dieses Vorgehen eher selten (aber es gibt sie), was natürlich der technischen Komplexität des Vorgehens geschuldet ist.

Für die Formalisierung des SUT-Verhaltens können unterschiedliche Modellarten verwendet werden. Gängige Beispiele sind Zustandsmodelle oder Aktivitätsdiagramme. Aber auch strukturierte Tabellen wie sie etwa bei der Äquivalenzklassenbildung oder dem Entscheidungstabellentest verwendet werden, sind adäquate Modelle, aus denen entsprechende Werkzeuge logische Tests ableiten können – es muss nicht immer gleich eine sophistische Modellierungssprache wie UML, Modellica oder SysML verwendet werden.

Nach welchen Kriterien die Tests automatisiert aus dem Modell abgeleitet werden, orientiert sich zum einen an den Vorgaben hinsichtlich der Testtiefe aus dem Testkonzept, zum anderen an dem Testverfahren, das automatisiert wird. Das Modell ist nur das Mittel zum Zweck, um ein systematisches Testverfahren zu automatisieren. Je nach automatisierten Testverfahren und Modellart lassen sich unterschiedliche Überdeckungskriterien anwenden. Einige Beispiele hierzu (die in den Advanced-Level-Lehrplänen Test Analyst [ISTQB 19b] und Technical Test Analyst [ISTQB 19a] genauer beschrieben sind):

- **Zustandsbasiertes Testen unter Verwendung von Zustandsmodellen**
  Zustandsüberdeckung, Zustandsübergangsüberdeckung, n-Switch-Überdeckung etc.
- **Anwendungsfallbasiertes Testen unter Verwendung von Aktivitätsdiagrammen**
  Basispfadtestüberdeckung, Pfadüberdeckung, Happy Path etc.
- **Entscheidungstabellentest unter Verwendung von strukturierten Tabellen**
  vollständiger oder reduzierter Entscheidungstabellentest, Kombination von Bedingungen, Überdeckung einzelner Bedingungen etc.

Die gewünschte Überdeckung kann üblicherweise in den entsprechenden modellbasierten Testwerkzeugen konfiguriert werden.

Weitere Informationen zum praxisorientierten modellbasierten Test finden sich sowohl im entsprechenden ISQTB®-Lehrplan für den Certified Model-Based Tester [ISTQB 15] als auch in der dazugehörigen Sekundärliteratur »Basiswissen Modellbasierter Test« [Winter et al. 16].

Vorteile

Um modellbasiertes Testen anwenden zu können, benötigt man zwangsläufig Modelle. Die Analyse der Testbasis, die die Grundlage für die Formalisierung des SUT-Verhaltens liefert, stellt an sich bereits eine qualitätssichernde Aktivität dar. Damit Testgeneratoren Testfälle aus diesen Modellen ableiten können, müssen diese widerspruchsfrei und konsistent sein. Die notwendige Präzision bei der Erstellung der Modelle deckt Lücken und Mehrdeutigkeiten in der Testbasis auf. Dieser Vorteil ergibt sich generell durch die Anwendung eines spezifikationsorientierten Testverfahrens, in dem die Analyse der Testbasis quasi als perspektivisches Lesen [ISTQB 18] durchgeführt wird.

Ist das Modell dann erstellt, lässt es sich hervorragend als aktive Dokumentation der Testbedingungen für das SUT verwenden und pflegen. Das Modell konserviert wichtiges Wissen, das in der Testanalyse gewonnen wurde, und ist dadurch einer potenziell größeren Anzahl an

»Lesern« zugänglich. Durch konsequente Verfolgbarkeit der Modellelemente mit den entsprechenden Quellen der Testbasis ist es zudem möglich, die Auswirkungsanalyse nach Änderungen an dem SUT zu unterstützen. Es genügt, diese Änderungen an dem Modell nachzuziehen und die Tests aus diesem Modell heraus zu generieren. Die Wartungsaktivitäten konzentrieren sich auf das Modell (oder die Modelle) und nicht auf eine Menge automatisierter Testmittel.

Das modellbasierte Testen weist zudem weitere prägnante Vorteile auf:

- **Verständlich und kommunizierbar**
  Das Modell, aber viel mehr noch die Sichten auf das Modell (die Diagramme) ermöglichen einen Überblick über die zu testenden Aspekte des SUT und bieten eine verständliche Kommunikationsgrundlage, auch für Personen, die technisch nicht versiert sind. Angemessen visualisierte Modelle haben den Vorteil, dass sie gut lesbar sind. Angemessen bedeutet in diesem Zusammenhang, dass jeder Stakeholder im Prinzip seine eigene, für ihn optimierte Sicht (bzw. Diagramm) auf das Modell haben kann.
- **Vereinfacht**
  Durch gezielte Abstraktion von verschiedenen technischen Aspekten des SUT beinhalten die Modelle ausschließlich Informationen, die für den Test des SUT relevant sind. Alle anderen Informationen werden ausgespart (abstrahiert), da sie für das Testen nicht benötigt werden. Dadurch sind solche Modelle zumeist einfacher[7] als das SUT selbst bzw. ein Systemmodell, das das gesamte SUT darstellt.
- **Automatisierbar**
  Durch die formale Darstellung des Modells können Werkzeuge (sogenannte Testgeneratoren) Testmittel, allen voran Testfälle und Testdaten, automatisiert ableiten. Dies steht dem manuellen Testentwurf gegenüber, der im Vergleich dazu üblicherweise signifikant langsamer als der automatisierte Generierungsprozess ist.
- **Systematisch**
  Die Testfallerstellung wird stark systematisiert. Dies geschieht einerseits durch festlegbare Vorgehensweisen bei der Modellierung, andererseits durch die Ableitung von Testfällen aus Modellen nach vorgegebenen Regeln, die von den Testgeneratoren umgesetzt werden.

---

7. Achtung: Einfacher bedeutet nicht einfach! Bei einem sehr komplexen SUT wird auch das entsprechende Modell für den automatisierten Testentwurf komplex sein, allerdings sehr wahrscheinlich einfacher als die korrespondierende Implementierung oder Dokumentation des SUT, da es ausschließlich die für den Test relevante Informationen beinhalten muss.

- **Modular**
  Während des Modellentwurfs können durch die Bildung von Diagrammhierarchien und die Kapselung von Teilmodellen verschiedene Abstraktionsebenen geschaffen werden. Teilmodelle können wiederum zu Modellbibliotheken zusammengefasst werden, die dann zur schnelleren Erstellung weiterer Modelle verwendet werden können. Im Prinzip ähnelt dieses Vorgehen der Modularisierung in der Testautomatisierung durch die Kapselung wiederverwendbarer Testschritte.
- **Wiederverwendbar**
  Durch die technische Abstraktion des Testmodells und die Entkopplung der nachgelagerten Ausführungsart der generierten Tests stellt das Testmodell eine sichere Investition in die Zukunft dar. Aus den Modellen lassen sich Tests für die verschiedenen Automatisierungsansätze und technischen Zielplattformen oder Frameworks generieren. Dazu müssen entsprechende Modell-zu-Text-Transformationen implementiert werden, aber das Wissen über das SUT ist sicher und wiederverwendbar in dem Modell konserviert.
- **Reproduzierbar**
  Testgeneratoren produzieren bei jedem Generierungsprozess mit gleicher Konfiguration identische Ergebnisse. Es ist daher genauesten nachvollziehbar, warum ein Testfall oder ein Testdatum erzeugt wurde. Die Qualität des Testentwurfs beim tausendsten Generierungsprozess ist die gleiche wie beim ersten Generierungsprozess.
- **Flexibel und sukzessive integrierbar**
  MBT kann sukzessive eingeführt und in eine bestehende Automatisierungskette integriert werden. Beispielsweise wird das Modell zunächst für die Priorisierung und die Kommunikation zwischen den Beteiligten herangezogen. In einem zweiten Schritt werden zunächst logische Tests abgeleitet. In einer dritten Entwicklungsstufe erfolgt dann die Generierung ausführbarer Tests.

Nachteile

Bei so viele Vorteilen drängt sich geradezu die Frage auf, warum MBT noch nicht flächendeckend in der täglichen Praxis eingesetzt wird. Die Gründe dafür sind vielfältig.

So gibt es nicht DAS modellbasierte Testen per se! Modellbasiertes Testen ist letztlich nur ein Name für die Verwendung von formalen Modellen für die Ableitung von Tests. Das Abstraktionsniveau, die Modellart, die Modellierungssprache, der Testgenerator, der Überdeckungsgrad, der durchgehende Automatisierungsgrad, all das sind projektspezifische Entscheidungen, die getroffen werden müssen und die die Ausprägung eines modellbasierten Verfahrens variieren lassen.

Zudem erfordert die Formalisierung des SUT-Verhaltens Kenntnisse und Erfahrungen in der Modellierung. Diese erfordert wiederum die Fähigkeit der Abstraktion, und zu guter Letzt bedarf es kompetenter Werkzeuge für die Modellierung, für das Konfigurationsmanagement sowie für die Versionierung von Modellen bzw. Modellelementen. Für eine lückenlose Verfolgbarkeit zwischen den Elementen der Testbasis und den Modellelementen wird ein entsprechendes Framework benötigt. All diese rein technisch bedingten Anforderungen an eine Werkzeugkette für die effiziente Durchführung eines modellbasierten Testentwurfs erschweren den Einsatz in der Praxis. Wohlgemerkt, es ist durchaus ratsam und zu empfehlen, zunächst klein anzufangen, sowohl was den Anspruch an die Werkzeugkette als auch an deren Komplexität und Mächtigkeit betrifft. Das modellbasierte Testen ist aufgrund seiner Systematik und Nachvollziehbarkeit dennoch äußerst hilfreich. Es muss ja nicht immer gleich die eierlegende Wollmilchsau sein.

Die Formalisierung des zu erwartenden SUT-Verhaltens kann durchaus schwierig und diffizil sein. Es besteht die Gefahr, dass die Modelle nicht mit dem tatsächlichen Verhalten des SUT bzw. den Anforderungen an das SUT übereinstimmen. Modellierung erfordert Modellierungsfähigkeiten; diese fordern wiederum, dass es ein neues Rollenverständnis im Testprojekt gibt. Es bedarf eines Testmodellierers (eines zertifizierten Model-Based Tester), denn die Modelle repräsentieren wertvolle Artefakte der automatisierten Testmittel. In diesen Artefakten steckt Wissen und Geld, sie müssen daher qualitätsgesichert und konsequent gewartet werden, damit diese Investition nicht wirkungslos verpufft.

Zusammenfassung

Nach alle den umfangreichen Erläuterungen und Beispielen zu den verschiedenen Testautomatisierungsansätzen sei gesagt, dass in der Praxis die Ansätze mitunter nicht einfach voneinander abzugrenzen sind. So ermöglicht das vielfach in diesem Abschnitt verwendete JUnit-Framework eine ganze Reihe unterschiedlicher Ansätze. Schlüsselwortgetriebenes Testen muss nicht zwingend auf einer rein textuellen Definition der Schlüsselwörter basieren. Ein Schlüsselwort ist – wie im Beispiel zur strukturierten Skripterstellung gezeigt – auch nichts anderes als eine Subroutine, die ihrerseits wiederum Aufrufe an weitere Subroutinen (oder Schlüsselwörter) oder das SUT tätigt. Es wäre also problemlos möglich, mit einer strukturierten Programmiersprache einen schlüsselwortgetriebenen Ansatz zu realisieren, indem die Schlüsselwörter als Funktionen, Module oder Subroutinen definiert werden. Das Wissen um die theoretischen Grundlagen der unterschiedlichen Ansätze ist an dieser Stelle wichtiger, als eine trennscharfe Abgrenzung der tatsächlichen Ausprägungen der Ansätze in der Praxis vorzunehmen.

Am Anfang steht meist der Mitschnitt.

Der Mitschnitt-Ansatz wurde als Erstes besprochen, und würde er stets so dogmatisch angewendet, wie in diesem Abschnitt beschrieben, hätte der Mitschnitt-Ansatz tatsächlich keine Relevanz mehr für die Testautomatisierung. Tatsächlich aber steht zu Beginn der meisten automatisierten GUI-Tests der Mitschnitt von Interaktionen. Ob der Mitschnitt nun ganze Testfälle oder nur einzelne Interaktionssequenzen mit dem SUT umfasst, sei zunächst einmal dahingestellt. Fakt ist, dass halbwegs erfolgreiche kommerzielle Werkzeuge Möglichkeiten anbieten, diese mitgeschnittenen Interaktionssequenzen nach der Aufzeichnung zu bearbeiten. Einzelne Schritte können in Subroutinen ausgelagert werden, konkrete Eingabedaten in Datenquellen extrahiert und die dazugehörigen Testfälle parametriert werden. Es können weitere, bereits aufgezeichnete und extrahierte Subroutinen (oder Schlüsselwörter) aus einer Testbibliothek ausgewählt werden. Ab einem bestimmten Reifegrad der Testbibliotheken lassen sich ganze Testfälle manuell durch Zusammenstellung dieser aufgezeichneten und nachträglich bearbeiteten und optimierten Subroutinen zusammenstellen, sodass der Testfall wie ein schlüsselwortgetriebener Testfall aussieht. Die Grundlage für automatisierte Tests (insbesondere über die grafische Benutzungsoberfläche) bildet nach wie vor und zumeist der Mitschnitt-Ansatz – in einer optimierten und zweckdienlichen Variante.

Abstraktion macht den Unterschied.

Ganz allgemein lässt sich für strukturierte Skripterstellung und alle darauf aufbauenden Ansätze sagen, dass ihre Vorteile insbesondere durch Einbringung von Abstraktion entstehen. Die strukturierte Skripterstellung ließe sich grundsätzlich mit jeder strukturierten Programmiersprache und auf dem technisch niedrigsten Abstraktionsniveau umsetzen. Erst die eingebrachte Abstraktion versteckt die technisch bedingte Komplexität, vereinfacht langfristig die Wartbarkeit und ermöglicht es, dass Testanalysten eigenständig automatisierte Tests entwerfen können. Außerdem lassen sich komplexe Testfälle aufgrund der erhöhten Abstraktion zielgerichteter abbilden (idealerweise kann man einen solchen Testfall beinahe vorlesen) und sind dadurch deutlich einfacher verständlich und weniger fehleranfällig. Auch mit einem Fachbereich können so strukturierte Tests einfacher diskutiert werden, und z.B. im Fall von datengetriebenen Tests können automatisierte Testfälle sogar durch diesen definiert werden.

Neben den spezifisch für den schlüsselwortgetriebenen Ansatz erwähnten Herausforderungen sind generell für die strukturierte Skripterstellung einige Nachteile zu beachten:

- Initial ist mit mehr Aufwand pro automatisierten Testfall zu rechnen, da neben der Implementierung des eigentlichen Ablaufs auch eine gut wartbare, modulare Skriptbibliothek aufgebaut werden muss.
- Die Implementierung einer gut wart- und nutzbaren Skriptbibliothek ist nicht trivial und erfordert im Normalfall Programmierkenntnisse, zumindest jedoch erfahrene TAE.
- Die Skriptbibliothek muss verwaltet, dokumentiert und regelmäßig gewartet werden, damit sie nicht zu einer Last wird.

Umsetzung der Ansätze in den Werkzeugen

Die meisten kommerziellen und auch mehr und mehr Open-Source-Werkzeuge setzen in irgendeiner Form auf der strukturierten Skripterstellung auf. Mitunter sind die Bezeichnungen innerhalb der Werkzeuge für die verschiedenen Konzepte proprietär. So bezeichnet das Testautomatisierungswerkzeug QFTest [URL: QFTest] Schlüsselwörter historisch bedingt als *Prozeduren*. Das Konzept ist jedoch das gleiche, wie bei dem Open-Source-Werkzeug Robot [URL: Robot], das konsequent von Schlüsselwörtern spricht.

Die in diesem Kapitel vorgenommenen Erklärungen zu den unterschiedlichen Ansätzen dienten dazu, das Verständnis bezüglich aktueller Automatisierungsansätze zu schärfen. In der Praxis wird vermutlich stets der ein oder andere Ansatz in der ein oder anderen Variante eingesetzt.

3.2.3 Welche technischen Überlegungen zum SUT sind zu beachten?

Neben der bereits in Abschnitt 3.2.1 behandelten Fragestellung, wie die TAS mit dem zu testenden System vernetzt werden soll, müssen noch weitere technische Überlegungen zu diesem System beachtet werden, um einen nachhaltigen TAA-Entwurf sicherzustellen.

Schnittstellen des SUT

Ein SUT stellt seine Funktionalität über eine oder mehrere Schnittstellen bereit. Diese können entweder ausschließlich intern vom SUT selbst (interne Schnittstelle) oder durch Benutzer bzw. Drittsysteme (externe Schnittstellen) genutzt werden. Ein TAA-Entwurf muss in der Lage sein, mit sämtlichen relevanten Schnittstellen zu interagieren und erwartetes Verhalten an diesen Schnittstellen zu verifizieren. Abhängig von vielen Faktoren (Benutzerschnittstelle, technische Schnittstelle, Implementierungstechnologie des SUT) kann dies zu teilweise sehr heterogenen Anforderungen an die Testadaptierungsschicht führen, die durch die TAS einheitlich verfügbar gemacht werden müssen.

SUT-Daten und Konfigurationen

Das Verhalten eines SUT ist nicht nur durch seine Implementierung definiert, sondern wird ebenfalls durch eine Menge von Daten und Konfigurationsparameter beeinflusst. Das bedeutet auch, dass dieser Umstand unbedingt berücksichtigt werden muss, um valide Testergebnisse zu erhalten. Sind in einer TAS zum Beispiel keine, falsche oder nicht repräsentative Testdaten enthalten, so können bestimmte Testfälle womöglich gar nicht durchgeführt werden, weil bestimmte, dafür notwendige Vorbedingungen nicht sichergestellt werden können. Ebenso findet man in der Praxis viele in ihren Konfigurationen unterschiedliche Instanzen eines SUT. Potenziell können sich dadurch zusätzliche Anforderungen an die TAA, die TAS oder die zu berücksichtigenden Testfälle ergeben. Dabei kann es notwendig sein, entweder einen gleichen Testfall auf unterschiedlich konfigurierten SUTs durchzuführen oder für eine SUT-Konfiguration spezifische Testfälle zu erstellen und durchzuführen. Als konkretes Beispiel sei an dieser Stelle das Thema Internationalisierung und Lokalisierung erwähnt, also die Anpassbarkeit bzw. Anpassung eines Systems an unterschiedliche Sprachen und Kulturen. Je nach unterstütztem Ansatz zur Testautomatisierung, Notation der Testfälle oder Implementierung der Testadaptierungsschicht kann dadurch viel zusätzlicher Aufwand entstehen.

SUT-Standards und rechtliche Vorgaben

Auch der für ein SUT geltende rechtliche Rahmen kann Auswirkungen auf den TAA-Entwurf haben. Es gilt sicherzustellen, dass alle relevanten gesetzlichen oder branchenspezifischen Standards und Normen eingehalten werden, damit der TAA-Entwurf konform ist. So müssen zum Beispiel personenbezogene Daten oder sensitive (z.B. IT-sicherheitskritische) Informationen anonymisiert werden oder sie dürfen nicht bzw. nur für gewisse Personenkreise im Protokoll sichtbar gemacht werden.

Werkzeuge und Werkzeugumgebungen für die Entwicklung des SUT

Die Entwicklung der TAS bzw. der TAA-Entwurf stehen, wie sich aus den vorherigen Abschnitten erkennen lässt, nicht für sich allein, sondern müssen immer auch im Kontext der technischen und organisatorischen Rahmenbedingungen des SUT betrachtet werden. Dazu gehören auch zentral die in der SUT-Entwicklung etablierten Werkzeuge, die für die Definition von Anforderungen, Entwurf und Modellierung, Codierung sowie die Integration und Verteilung des SUT verwendet werden. Im Zuge des TAA-Entwurfs muss sichergestellt werden, dass entweder gleiche Werkzeuge, Methoden oder Ansätze wiederverwendet werden oder aber die für die TAS-Entwicklung spezifisch eingesetzten Werkzeuge dazu kompatibel sind. Ist das nicht der Fall, so kann es schwierig oder gar unmöglich sein, die Verfolgbarkeit, Nachvollziehbarkeit und Konsistenz von TAS- und SUT-Artefakten sicherzustellen.

Testschnittstellen im Softwareprodukt

Um die Testbarkeit zu verbessern oder die Fehleranalyse zu erleichtern, werden im Zuge der SUT-Entwicklung oftmals Testschnittstellen erstellt bzw. bestehende Schnittstellen um Testaspekte erweitert. Diese Erweiterungen können im Normalfall parallel zu der eigentlichen Implementierung bestehen und sollten das Verhalten des SUT nicht beeinflussen. In einigen Situationen wird empfohlen, diese Schnittstellen im Zuge einer Veröffentlichung nicht komplett zu entfernen, da sie auch beispielsweise für Test, Support oder Betrieb einen Mehrwert stiften können.

Dabei ist allerdings unbedingt zu berücksichtigen, dass durch die Schnittstellen kein zusätzliches IT-Sicherheitsrisiko entsteht (zusätzlicher Angriffsvektor, fehlende Authentifizierung, Datensicherheit nicht gegeben), aber auch, dass es bei der Schnittstelle keine Fehlerzustände gibt, die zu Problemen in der Produktionsumgebung führen. Empfehlenswert ist es jedenfalls, wenn die Testschnittstellen dynamisch aktiviert oder deaktiviert und nur für spezifische Benutzergruppen freigeschaltet werden können.

Aus der Praxis:
Testschnittstellen im Auto

Eine der wohl am weitesten verbreitete Testschnittelle befindet sich in nahezu jedem Auto und dient der Diagnoseprüfung durch die Kfz-Werkstatt. Bei jeder Hauptuntersuchung wird das zu überprüfende Automobil an den Prüfstand angeschlossen und bestimmte Messwerte aus dem Automobil ausgelesen. Diese Testschnittstelle wird erst aktiviert, wenn sie an den Prüfstand angeschlossen wird.

Realität in der Vergangenheit: Es gibt sogar Autos, die erkennen, wenn sie sich auf einem Prüfstand zur Abgaswertmessung befinden und sich dann effizienter verhalten als während des Betriebs auf der Straße.

3.2.4 Überlegungen zu Entwicklungs- und Qualitätssicherungsprozessen

Letztendlich spielen bei einem erfolgreichen TAA-Entwurf neben den bereits erwähnten technischen Fragestellungen auch Aspekte der Entwicklungs- und Qualitätssicherungsprozesse des SUT eine Rolle.

Zuallererst bedeutet das, dass abhängig von den gegebenen Rahmenbedingungen geklärt werden muss, wie die Steuerung und Verwaltung der Testausführung erfolgt und welche Ergebnisse davon in welchem Format wohin veröffentlicht werden sollen. Auch wenn diese Aspekte trivial erscheinen, treten in der Praxis im Detail doch häufig Herausforderungen auf, die in den folgenden Abschnitten diskutiert werden.

Auslöser einer Testdurchführung

Eine Testdurchführung kann durch unterschiedliche Auslöser initiiert werden, entweder manuell, zeitlich getaktet oder ausgelöst durch Änderungen am SUT. Allerdings kann diese Mechanik nicht isoliert entschieden werden, sondern muss immer unter Berücksichtigung des eigentlichen Einsatzzwecks der zu entwerfenden TAA betrachtet werden. So ist gerade in CI/CD-Szenarien das Ziel, dass eine TAS die Validierung gewisser Änderungen sicherstellen soll (z.B. ein Feature-Branch soll gemergt und die Änderung anschließend auf eine Vorproduktionsumgebung veröffentlicht werden). In diesem Fall wäre eine zeitliche Taktung (z.B. einmal pro Nacht – Nightly) nicht sinnvoll, da der eigentliche Auslöser die Änderung am System ist und genau diese Änderung im Zuge der Testdurchführung validiert werden soll. Andererseits stellt diese tiefe Integration in den SUT-Entwicklungsprozess hohe Anforderungen an eine schnelle Durchführungszeit und stabile sowie verlässliche Testergebnisse.

Exkurs: Testumgebung des SUT

Typischerweise gibt es zumindest eine dedizierte Testumgebung, die für die Durchführung der automatisierten Tests genutzt werden kann. Allerdings muss immer berücksichtigt werden, dass diese möglicherweise nicht exklusiv genutzt werden kann, sondern dort auch andere Aktivitäten (manuelle Testdurchführung, Entwicklungsaktivitäten, Schulungsmaßnahmen) stattfinden und diese untereinander koordiniert werden müssen. Findet diese Abstimmung nicht statt, kann das sowohl die automatisierte Testdurchführung beeinflussen und Ergebnisse invalidieren als auch die parallel dazu stattfindenden

Aktivitäten stören. Alternativ dazu wird immer häufiger bei Bedarf auf provisionierte Testumgebungen gesetzt. In diesen Fällen gibt es keine oder nur teilweise statische SUT-Instanzen, sondern diese werden im Zuge der Testvorbereitung automatisch erzeugt und konfiguriert. Vorteilhaft dabei ist:

- Es muss keine Rücksicht auf andere Aktivitäten genommen werden.
- Es ist sichergestellt (zumindest, wenn die Provisionierung der Infrastruktur und die Bereitstellung des SUT entsprechend implementiert wurde), dass bei jeder Testdurchführung die gleichen Vorbedingungen herrschen und dadurch reproduzierbare Testergebnisse erzielt werden können.
- Die dafür notwendigen technischen Maßnahmen, Werkzeuge und Methoden (Infrastructure as Code [URL: IaC], Ansible [URL: Ansible], Chef [URL: Chef], Terraform [URL: Terraform], Vagrant [URL: Vagrant], ...) können bzw. sollten aus dem SUT-Entwicklungsprozess übernommen werden können, dadurch entsteht nur wenig zusätzlicher Aufwand während der TAS-Entwicklung
- Unterschiedliche Varianten eines SUT (siehe auch Abschnitt 3.2.3) können einfach bereitgestellt und getestet werden.
- Wird die Bereitstellung der Testumgebung durch virtualisierte Infrastruktur realisiert (z.B. Docker [URL: Docker], Kubernetes [URL: K8s]), so kann auch eine bessere Auslastung dieser Ressourcen ermöglicht werden, da nur jene Kapazitäten reserviert werden, die auch tatsächlich gerade für die Testausführung notwendig sind.

Anforderungen an die Bereitstellung der Ergebnisse

Ganz essenziell für den Erfolg eines TAA-Entwurfs und der daraus entwickelten TAS ist natürlich die Bereitstellung der Testergebnisse. In Abschnitt 5.4 wird noch im Detail darauf eingegangen, welche Qualitätskriterien bei der Berichterstattung zu berücksichtigen sind. Aber selbst bevor dies im Detail im Zuge der TAS-Entwicklung passiert, muss vorab als Teilaspekt des TAA-Entwurfs geklärt sein, welche Informationen unterschiedliche Parteien benötigen und in welchem Format diese veröffentlicht werden müssen. Auch das hängt primär davon ab, für welchen Einsatzzweck eine TAS vorgesehen ist. Häufig müssen Testergebnisse zumindest als visueller Bericht bereitgestellt werden. Andererseits sind auch automatisiert generierte Testüberdeckungsmetriken wichtige Informationen, die entsprechend prominent veröffentlicht werden sollten.

Anmerkung der Autoren: Wie aufgrund der Komplexität und Diversität der Thematik des TAA-Entwurfs nachvollziehbar ist, ist eine vollständige Auflistung sämtlicher zu berücksichtigender Fragestellungen, Überlegungen und Aspekte und eine ausführliche Beschreibung der dabei relevanten Ableitungen nicht möglich. Daher dürfen die zuvor erwähnten Punkte auch nicht als vollständig interpretiert werden. Viele weitere Themen, wie Anforderungen an die Sicherheit, Rollen und Zugriffskonzepte, das Berücksichtigen von etablierten Werkzeuglandschaften und viele andere, möglicherweise organisationsspezifische Aspekte wurden nicht diskutiert, müssen sich allerdings unbedingt in einem TAA-Entwurf wiederfinden.

3.3 TAS-Entwicklung

Die TAS-Entwicklung beschreibt die Abfolge von Aktivitäten, die notwendig sind, um eine ausführbare und funktionierende TAS aus einem zuvor definierten TAA-Entwurf (siehe Abschnitt 3.2) abzuleiten und zu implementieren. Grundsätzlich ist die Entwicklung einer TAS vergleichbar mit anderen Softwareentwicklungsprojekten und sollte entsprechend auch den in der Organisation dafür etablierten Prozessen folgen. Allerdings müssen dabei spezifische Rahmenbedingungen berücksichtigt werden, die typischerweise für andere Softwareentwicklungsprojekte nicht gegeben sind. Diese lassen sich neben den Anforderungen, die durch den TAA-Entwurf definiert sind, in folgende Kategorien von Anforderungen einteilen:

- Kompatibilität zwischen TAS und SUT
- Synchronisierung zwischen TAS und SUT
- Einbau von Wiederverwendbarkeit in die TAS
- Unterstützung verschiedener Zielsysteme

Abb. 3–7
Unterschiedliche Quellen von Anforderungen und deren Auswirkungen

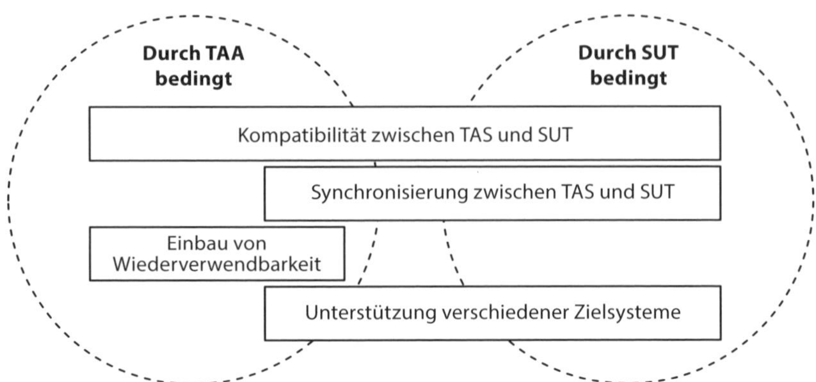

Wie in Abbildung 3–7 dargestellt, sind Kategorien wie die Synchronisierung zwischen TAS und SUT sowie die Unterstützung verschiedener Zielsysteme primär durch das SUT und dessen Entwicklungsprozess bedingt und geben die notwendigen Rahmen vor. Andererseits ist der Einbau von Wiederverwendbarkeit größtenteils SUT-unabhängig. Bei der Kompatibilität zwischen TAS und SUT sind beide Perspektiven zu betrachten, die sich in der Praxis häufig wechselseitig beeinflussen. So kann eine Entscheidung für eine bei der TAS-Entwicklung eingesetzte Technologie auch zu Auswirkungen auf die SUT-Entwicklung führen.

In den folgenden Unterkapiteln soll nun kurz ein Überblick über diese spezifischen Aspekte gegeben werden (siehe Abschnitt 3.3.1 bis 3.3.4) und abschließend anhand konkreter Vorgehensmodelle und Methoden veranschaulicht werden, wie diesen Aspekten Rechnung getragen werden kann (siehe Abschnitt 3.3.5).

3.3.1 Kompatibilität zwischen TAS und SUT

Unter Kompatibilität zwischen TAS und SUT wird verstanden, dass unterschiedliche Dimensionen von TAS- und SUT-Entwicklung sowie des Betriebs von TAS und SUT wechselseitig miteinander vereinbar seien müssen. Primär betrifft das die etablierten Prozesse und Teamstrukturen sowie die eingesetzten Werkzeuge und Technologien. Das bedeutet nicht, dass jegliche dieser Dimensionen zwangsweise identisch gestaltet werden müssen, es ist ebenfalls denkbar, technische Unterschiede zum Beispiel über Adapter zu kompensieren und organisatorische Unterschiede beispielsweise über klar definierte Teamverantwortlichkeiten oder regelmäßige gemeinsame Abstimmungstermine zu überbrücken.

Kompatibilität ist nicht gleichzusetzen mit Übereinstimmung.

Es ist wichtig, klarzustellen, dass unter Kompatibilität explizit nicht die völlige Übereinstimmung der zuvor erwähnten Dimensionen gefordert wird, sondern die Vereinbarkeit, Austauschbarkeit oder Gleichwertigkeit von Komponenten, Schnittstellen und Artefakten. Konkret kann das heißen, dass zum Beispiel unterschiedliche Implementierungstechnologien für die SUT- und TAS-Entwicklung etabliert sind, allerdings deren Integration in einer gemeinsamen CI/CD-Pipeline verifiziert wird. Somit ist die Vereinbarkeit jederzeit sichergestellt, ohne die spezifischen Vorteile der jeweiligen Implementierungstechnologien zu negieren. Andererseits sind auch unterschiedliche Entwicklungsprozesse für SUT und TAS durchaus valide, solange sichergestellt ist, dass essenzielle Prozessschritte eine gleichwertige Entsprechung finden und damit gleichwertige Ergebnisse erzeugt werden können. (Das inkludiert auch die Qualitätssicherungsprozesse von SUT-Artefakten und TAS-Artefakten, die nach gleichen Richtlinien erfolgen sollten.)

3.3.2 Synchronisierung zwischen TAS und SUT

Neben der Kompatibilität muss ebenfalls die Synchronisierung zwischen TAS und SUT berücksichtigt werden. Hierunter wird die Tatsache verstanden, dass nicht nur die Prozesse, Teamstrukturen, Werkzeuge und Technologien auf einer abstrakten Ebene zueinander kompatibel sein müssen, sondern auch, dass deren Ergebnisse kontinuierlich miteinander synchronisiert werden müssen. Um valide Testergebnisse zu generieren, müssen daher Anforderungen, Entwicklungsphasen, Fehlerverfolgung und die Weiterentwicklung von SUT und TAS aufeinander abgestimmt werden, um auch langfristig valide Testergebnisse zu generieren. Konkret bedeutet das Folgendes:

- Die TAS-[8] und die SUT-Anforderungen[9] werden nicht nur initial konsistent zueinander erhoben, sondern diese Konsistenz bleibt auch bei Änderungen erhalten.
- Die Entwicklungsphasen verlaufen entweder synchron zueinander oder sind zumindest aufeinander abgestimmt. Dies ist Voraussetzung, damit die TAS dann einsatzbereit ist, wenn sie gebraucht wird, um die SUT-Entwicklung zu unterstützen. Andererseits ist es ebenfalls notwendig, dass z.B. Arbeitsergebnisse aus der Anforderungserhebung synchron berücksichtigt werden können.

---

8. Also jene Anforderungen, die beschreiben, welche Funktionalitäten die TAS implementieren soll (z.B. unterstützte Testentwurfsverfahren, Möglichkeiten der Ergebnisanalyse).
9. Im Gegensatz zu Anforderungen an die TAS selbst werden als SUT-Anforderungen diejenigen Anforderungen bezeichnet, die sich auf das Testen des SUT mittels der TAS beziehen (z.B. welche Funktionalitäten und Eigenschaften des Systems sollen durch die TAS getestet werden).

- In die Fehlerverfolgung werden sowohl Fehler bezogen auf das SUT, die TAS, aber auch Fehler in Anforderungen, Entwürfen oder Spezifikationen miteinbezogen. So kann beispielsweise das Vorhandensein von Fehlern im SUT dazu führen, dass gewisse Tests nicht ausgeführt werden können. Genauso können Fehler in der TAS bewirken, dass gewisse Funktionalitäten des SUT (temporär) nicht getestet werden können und dieser Umstand daher durch andere Qualitätssicherungsmaßnahmen kompensiert werden muss. In beiden Fällen müssen notwendige Korrekturmaßnahmen auf jeden Fall aufeinander abgestimmt werden.
- Die Weiterentwicklung von SUT und TAS muss, ähnlich wie die Fehlerverfolgung, aufeinander abgestimmt erfolgen. Hiermit werden speziell das Hinzufügen bzw. Entfernen von Funktionen und die Änderung an der SUT- bzw. TAS-Umgebung referenziert, da dadurch potenzielle Probleme (z.B. unzureichende Testüberdeckung aufgrund zahlreicher zusätzlicher SUT-Funktionalitäten oder Fehler bei der Erkennung von Objekten auf der Benutzungsoberfläche aufgrund einer geänderten Darstellung) verursacht werden können.

Synchronisierung ist abhängig von Vorgehensmodellen.

Abhängig von den etablierten Vorgehensmodellen ist dies unterschiedlich schwer zu gewährleisten oder teilweise sogar fast ein Nebenprodukt aus Vorgehensmodellen wie Acceptance Test-Driven Development (ATDD), Behaviour Driven Development (BDD) [URL: BDD] oder Specification by Example (SbE) [Adzic 11]. Genaueres dazu wird in Abschnitt 3.3.5 diskutiert.

3.3.3 Wiederverwendbarkeit in einer TAS

Eine weitere Kategorie von Anforderungen, die nicht direkt aus dem TAA-Entwurf hervorgeht, ist die Wiederverwendbarkeit von TAS-Artefakten. Dabei ist das Ziel, möglichst viele TAS-Artefakte wiederzuverwenden. Diese kann durch andere Projekte, Produktteams, Domänen innerhalb einer Organisation, aber auch über Organisationsgrenzen hinweg erfolgen. Ähnlich wie bei der Implementierung von Abstraktionen ist allerdings auch hier immer der erhoffte Mehrwert (z.B. effizientere Testfallerstellung) den notwendigen Investitionen (z.B. mehr Aufwand bei der Implementierung wegen höhere Komplexität) oder der negativen Effekte (z.B. erhöhte kognitive Belastung) gegenüberzustellen.

Fast alle TAS-Artefakte können potenziell wiederverwendet werden.

Dabei können fast alle TAS-Artefakte in der ein oder anderen Art potenziell wiederverwendet werden. In der Praxis hat sich jedoch gezeigt, dass es einige gängige Muster gibt, die zu einer effizienten und effektiven Wiederverwendung von Artefakten führen:

- Ganze Testfälle oder Teile davon werden von anderen Projekten genutzt, um Vor- oder Nachbedingungen sicherzustellen. Das ist vor allem dann sinnvoll, wenn es dedizierte Teams gibt, die an einer TAS für das jeweilige SUT arbeiten und einzelne Testschritte als Vor- oder Nachbedingung ebenfalls wiederverwenden müssen. So können Testschritte nicht nur für den Systemtest eines SUT genutzt werden, sondern auch für einen Systemintegrationstest zwischen mehreren SUTs.
- Gemeinsame Kernkomponenten einer TAS, die keine SUT-spezifische Funktionalität enthalten, können gemeinsam genutzt werden. Grundsätzlich lassen sich diese Komponenten auf jeder Schicht der gTAA finden, allerdings tendenziell eher in der Testadaptierungs- oder Testausführungsschicht. Gute Kandidaten hierfür sind Komponenten für die Berichterstellung oder die Integration in ein zentrales Testmanagementwerkzeug oder ein Adapter für spezifische Ausführungstechnologien (z.B. Selenium, REST).
- Generische Testinfrastruktur kann von unterschiedlichen TAS mit der gleichen Ausführungstechnologie wiederverwendet werden. Das ist auch gerade deswegen sinnvoll, da sich einerseits die Konfiguration und der Betrieb einer stabilen, gut skalierbaren Testinfrastruktur als nicht trivial darstellt und andererseits einzelne TAS oft keine kontinuierliche Nutzung/Auslastung dieser Infrastruktur verursachen und Ressourcen dadurch teilweise brachliegen. Eine in der Praxis sehr häufig vorzufindende Wiederverwendung von Testinfrastruktur ist ein projektübergreifendes Selenium Grid, das von unterschiedlichen TAS transparent genutzt werden kann, um webbasierte Selenium-Tests auszuführen, ohne sich mit der Bereitstellung der Infrastruktur befassen zu müssen.

Ungeachtet des konkret betrachteten Artefakts, muss die Wiederverwendbarkeit durch unterschiedliche Maßnahmen unterstützt bzw. ermöglicht werden. Diese Maßnahmen sind oftmals technologiespezifisch, lassen sich aber grob wie folgt zusammenfassen. Für Artefakte, die wiederverwendet werden sollen, gilt Folgendes:

- Sie müssen der TAA entsprechen.
- Sie müssen entsprechend ihrer geplanten Verwendung ausreichend, aktuell und qualitativ hochwertig dokumentiert sein.
- Ihre funktionale Korrektheit muss durch angemessene Qualitätssicherungsmaßnahmen (z.B. Unit Tests, Review, statische Codeanalyse) sichergestellt werden.
- Sie müssen entsprechend ihrer geplanten Verwendung publiziert und verfügbar gemacht werden. Dies kann zum Beispiel durch ein Veröffentlichen in einem zentralen Binary-Repository geschehen.

3.3.4 Unterstützung verschiedener Zielsysteme

Bis jetzt wurde ein SUT als ein System betrachtet, das zu jedem Zeitpunkt jeweils nur in einer Ausprägung berücksichtigt werden muss. In der Praxis ist dies allerdings nur selten der Fall, sondern vielmehr gibt es unterschiedliche, teilweise nicht kompatible Ausprägungen desselben Systems, die von einer TAS unterstützt werden müssen. Der Grund dafür können verschiedene relevante Versionen (z.B. Version 1.0.0 in PreProd1 und Version 2.0.0 in PreProd2), Varianten (z.B. Integration mit sämtlichen Schnittstellen in PreProd1 und deaktivierte/simulierte Schnittstellen in PreProd2) oder andere Rahmenbedingungen (z.B. unterschiedliche Hardware/Plattform in PreProd1 und PreProd2) eines SUT sein.

Variabilität durch Konfigurationsmanagement sicherstellen

Diese Variabilität muss bei der TAS-Implementierung berücksichtigt werden, wenn daraus relevante Verhaltensunterschiede resultieren können. Das kann sichergestellt werden, indem ein geeignetes Versions- und Konfigurationsmanagement für SUT und TAS etabliert wird. Ebenfalls ist es notwendig, dass das Verhalten der TAS über Konfigurationen beeinflusst und dadurch an die jeweilige Variante des SUT angepasst werden kann. Viele Werkzeuge bieten mittlerweile gute Unterstützung, wenn eine Menge von Tests gegen unterschiedliche SUT-Varianten (Hardwarekonstellationen) ausgeführt werden soll. Ein Beispiel hierfür sind die Matrix Projects/Multi-Configuration Projects in Jenkins [URL: JenkinsMatrix]. Dadurch ist es möglich, kombinatorische Ausprägungen bestimmter Merkmale (z.B. Betriebssystem, Sprache) zu beschreiben und Tests gegen diese Varianten auszuführen.

3.3.5 Exkurs: Realisierung in unterschiedlichen Vorgehensmodellen und Methoden

In den vorherigen Unterkapiteln wurde grundsätzlich besprochen, welche Aspekte bei der TAS-Entwicklung besonders berücksichtigt werden müssen. Diese sollen in den nun folgenden Abschnitten anhand von konkreten Beispielen veranschaulicht und verdeutlicht werden. Jedes Beispiel stellt dabei immer nur eine Möglichkeit dar und sollte weder als generelle Handlungsempfehlung noch als allgemeingültiger Leitfaden interpretiert werden.

Kompatibilität in agilen Projekten

In agilen Projekten findet die Entwicklung der TAS primär parallel zur SUT-Entwicklung und teilweise auch durch die gleichen Personen statt. Entsprechend einfach ist es auch, eine Team- und Prozesskompatibilität sicherzustellen. Es ergibt sich aus der Teamstruktur und vielen agilen Vorgehensmodellen, dass Kommunikation und Interaktion zwischen der TAS- und SUT-Entwicklung zeitnah stattfindet (z.B. im Zuge von Sprint Plannings, Daily Standups oder anderen Regelabstimmungen). Auch die Frage nach einer einheitlichen Werkzeugunterstützung für diverse Prozesse stellt sich nicht, da sämtliche Aktivitäten (unabhängig davon, ob sie zur TAS- oder SUT-Implementierung beitragen) als gleichwertig betrachtet werden.

Dennoch stellt sich auch in agilen Projekten die Frage, welche Werkzeuge oder Technologien für die Implementierung von TAS und SUT eingesetzt werden sollen, doch passiert dies im Normalfall wiederum durch diverse Diskussionen und Abstimmungen in einem cross-funktionalen Team.

Intrateam-Kompatibilität als Herausforderung in agilen Organisationen

Eine größere Herausforderung als die Kompatibilität innerhalb eines Teams stellt oftmals die Intrateam-Kompatibilität in agilen Organisationen dar. Das resultiert daraus, dass Teams selbstorganisiert weitreichende Entscheidungen bezüglich Technologien, Werkzeugen und Vorgehensmodellen treffen dürfen, diese Entscheidungen allerdings negative Auswirkungen auf die Kompatibilität zwischen Teams und unterschiedlichen TAS haben können. So kommt es zum Beispiel häufig vor, dass die Wiederverwendbarkeit von TAS-Artefakten (siehe Abschnitt 3.3.3) nicht oder nur unzureichend berücksichtigt wird und dadurch zwar eine isoliert/lokal gute, aber nicht zwangsweise global gesehen optimale Lösung implementiert wird. Um diesem Risiko Rechnung zu tragen, bietet es sich an, Austauschplattformen zu etablieren, deren Aufgabe es ist, eine kontinuierliche Diskussion über mögliche (globale) Optimierungen zu führen. Eine Möglichkeit einer Austauschplattform stellt eine Community of Practice (CoP) [Cox 05] dar, aber auch Chapters und Guildes, wie sie zum Beispiel durch Spotify [URL: Spotify] gelebt werden, sind wirkungsvolle Modelle.

Synchronisierung durch BDD/ATDD

In Acceptance Test Driven Development (ATDD) und in Behaviour Driven Development (BDD) besteht ein Schlüsselelement darin, dass die Erhebung und Dokumentation der Anforderungen stark integriert mit deren Implementierung stattfindet. Auf unterschiedlicher Weise (bei BDD kann dies zum Beispiel durch Gherkin/Cucumber erfolgen) werden dabei die Anforderungen und deren Akzeptanzkriterien so formal erfasst, dass diese in Form eines Tests genutzt werden können, um sie gegen ein vorhandenes SUT durchzuführen. Es werden also Anforderungen und Akzeptanzkriterien sowie Testfälle für deren Verifikation nicht getrennt voneinander verwaltet, sondern als eine Einheit (konzeptionell ist dieses Vorgehen weitestgehend auch mit Specification by Example vergleichbar).

Zur Illustration hier ein kurzes Beispiel für ein Gherkin-Szenario:

```
Szenario: Lagerbestand wird nach Verkauf und Auslieferung
          aktualisiert
          Gegeben es sind 10 Paar Schuhe auf Lager
          Wenn 5 Paar Schuhe verkauft und ausgeliefert werden
          Dann sind 5 Paar Schuhe auf Lager
```

Sämtliche Entwicklungsaktivitäten sind an diesen in BDD/Cucumber als Szenarien oder Features bezeichneten Artefakten ausgerichtet. Können sie nicht erfolgreich durchgeführt werden, bedeutet das, dass entweder die SUT-Entwicklung noch nicht abgeschlossen, ein Fehler im Zuge der Implementierung aufgetreten oder eben auch, dass die Synchronisierung zwischen SUT und TAS aktuell nicht gegeben ist. Abweichungen werden dadurch kontinuierlich transparent gemacht und im Zuge der täglichen Arbeit auch kontinuierlich wieder aufgelöst.

Synchronisierung von unabhängigen SUT- und TAS-Entwicklungsprozessen

Ganz allgemein lässt sich die Synchronisierung von SUT- und TAS-Entwicklungsprozessen wie in Abbildung 3–8 dargestellt beschreiben. In dieser Illustration wird die Synchronisierung zu zwei Zeitpunkten sichergestellt. Einerseits dadurch, dass die TAS-Analyse auf dem SUT-Entwurf basiert, und andererseits, dass die auf dieser Analyse entworfene, implementierte und getestete TAS zum Testen des SUT eingesetzt wird.

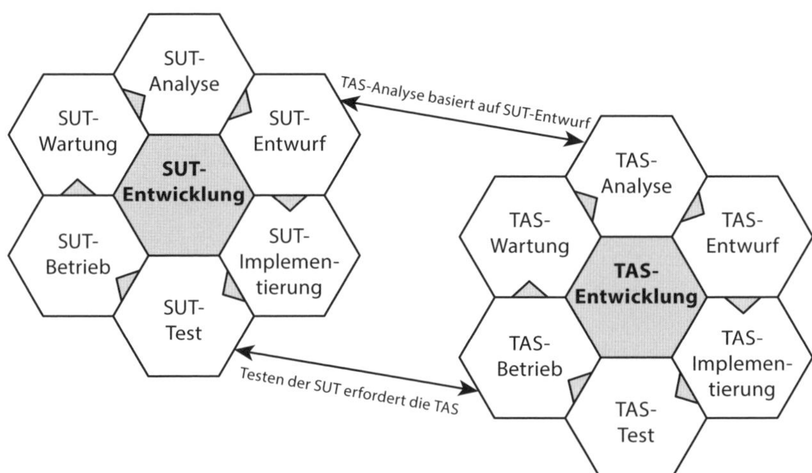

Abb. 3–8
Mögliche Synchronisierung von TAS- und SUT-Entwicklungsprozessen, übernommen aus [ISTQB 19c]

Ob dieser Zyklus pro Änderung, also kontinuierlich, oder in regelmäßigen zeitlichen Abfolgen (täglich, monatlich, pro Release) durchlaufen wird, hängt wiederum vom gewählten Vorgehensmodell ab. Grundsätzlich gilt aber, dass eine möglichst regelmäßige Synchronisierung zu guten Ergebnissen führt und eine hohe Frequenz an Zyklen (und somit eine hohe Anzahl an Abstimmungen zwischen SUT-Entwurf/TAS-Analyse und TAS-Betrieb/SUT-Test) forciert werden sollte. Je seltener das der Fall ist, desto größer ist die Wahrscheinlichkeit, dass Inkompatibilitäten zwischen TAS und SUT umgesetzt wurden.

4 Risiken und Eventualitäten bei der Softwareverteilung

Nachdem zuvor dargestellt wurde, welche Vorbereitungen für eine erfolgreiche TAS-Einführung getroffen werden müssen, wie auf Basis der gTAA ein für den Projektkontext sinnvoller TAA-Entwurf erstellt werden kann und auch welche Fragestellungen für die Ableitung der TAS aus dem TAA-Entwurf zu berücksichtigen sind, soll nun die tatsächliche, operative Verteilung und Wartung dieser TAS diskutiert werden, in der Testautomatisierung letztendlich wirksam wird. Hier zeigen sich die Effekte der vorhergehenden Schritte, und damit auch deren Sinnhaftigkeit und Erfolg.

Dabei ist relevant, wie die Verteilung bzw. der Rollout der TAS realisiert wird (siehe Abschnitt 4.1), welche Risiken dabei auftreten können und wie diesen begegnet werden kann (siehe Abschnitt 4.2) und – abschließend – wie die TAS-Wartung nach der initialen Verteilung erfolgt (siehe Abschnitt 4.3).

Als Zusatz wird in Abschnitt 4.4 noch ein Überblick über unterschiedliche Einsatzgebiete von TAS und deren spezifische Besonderheiten gegeben.

4.1 Auswahl des Testautomatisierungsansatzes und Planung von Verteilung/Rollout

Bei der Implementierung einer TAS bzw. der Etablierung einer TAS in Projekten ist ein iteratives Vorgehen empfehlenswert. Dadurch kann mit relativ geringem Risiko sichergestellt werden, dass eine TAS-Einführung auch den geplanten Mehrwert stiftet und welche unvorhergesehenen Herausforderungen dabei zu meistern sind. Dies kann durch einen mehrstufigen Prozess erreicht werden, bei dem erst nach erfolgreicher Erprobung in kleinem Rahmen eine großflächige Verteilung stattfindet. Das Hauptziel der Erprobung ist dabei primär ein Erkenntnisgewinn in unterschiedlichen Dimensionen (z.B. TAS, SUT, technische Probleme beim Zusammenspiel von SUT und TAS) sowie die Validierung von im TAA-Entwurf getroffenen Annahmen und den insgesamt notwendigen Vorbedingungen. Erst wenn im Zuge dieser Aktivitäten deutlich wird, dass eine großflächige Verteilung sinnvoll ist, sollte die tatsächliche Verteilung der TAS im breiten Rahmen geplant und umgesetzt werden. Dabei ist es valide, wenn

- nach der ersten Erprobung Anpassungen am TAA-Entwurf bzw. an der TAS notwendig werden und anschließend eine erneute Erprobung stattfinden soll;
- abhängig von der Komplexität der organisatorischen und technischen Rahmenbedingungen nicht nur eine isolierte Erprobung durchgeführt wird, sondern unterschiedliche Erprobungen parallel stattfinden (z.B. die gleiche TAS wird von verschiedenen Teams auf mehrere unterschiedliche SUT angewendet).

Auswertung der Erprobung

Es ist auch wichtig, darauf hinzuweisen, dass die Auswertung der Erprobung selten trivial ist. Optimalerweise wird im Vorfeld geklärt, nach welchen Kriterien, Metriken oder Verfahren über Erfolg oder Misserfolg der Erprobung entschieden wird. Dabei spielen Faktoren wie der notwendige Aufwand, die Komplexität bei der Implementierung, zusätzlicher Schulungsaufwand, aber auch die erzielbare Stabilität und Zuverlässigkeit der TAS eine Rolle. Allerdings müssen die genaue Auslegung und Gewichtung dieser Faktoren immer abhängig von den vorherrschenden Rahmenbedingungen und dem geplanten Einsatzzweck der TAS gewählt werden.

4.1.1 Die Erprobung oder der Pilotversuch

Um valide Erkenntnisse aus einer Erprobung, im Folgenden auch Pilotversuch genannt, zu generieren, sollte dabei folgender Ablauf verfolgt werden:

1. Ermittlung eines geeigneten Projekts
2. Planen des Pilotversuchs
3. Durchführen des Pilotversuchs
4. Evaluieren des Pilotversuchs

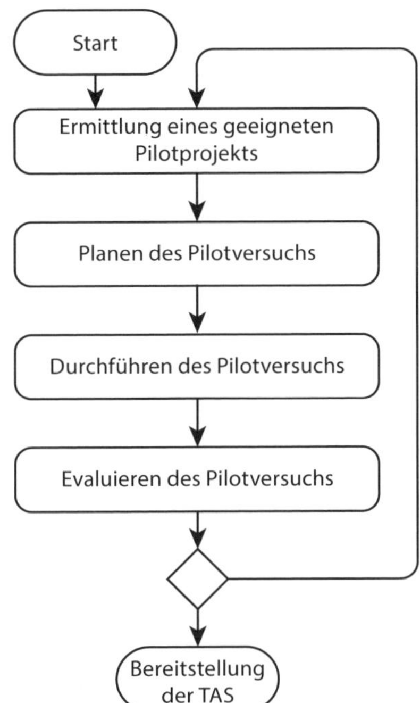

Abb. 4–1
Schematischer Ablauf der Erprobung

Ermittlung eines geeigneten Projekts

Um auf Grundlage der Auswertung eines Pilotversuchs eine valide Evaluierung der TAS durchführen zu können, muss ein geeignetes Projekt bzw. ein geeigneter Rahmen dafür ermittelt werden. Wichtige Faktoren bei dieser Auswahl sind organisatorische sowie technische Rahmenbedingungen des Projekts. Unter anderem sollte das Projekt folgende Punkte erfüllen:

- Es sollte tatsächlich den Bedarf haben, eine TAS einzuführen bzw. eine neue TAS zu etablieren. Ist das nicht der Fall, kann es dazu führen, dass fälschlicherweise der Gesamtnutzen der TAS infrage gestellt wird, obwohl lediglich im konkreten Projektkontext kein Mehrwert erzielt werden konnte.
- Es sollte nicht gerade eine kritische Projektphase durchlaufen. Die Einführung einer TAS ist häufig mit einer Verzögerung aufgrund unvorhersehbarer Eventualitäten verbunden. Diese Verzögerungen oder Probleme in der Einführung einer TAS dürfen die Lieferqualität des SUT nicht beeinflussen.
- Es sollte repräsentativ für den geplanten Einsatzzweck sein. Das bedeutet, dass es weder zu komplex noch zu trivial ist (fachlich und technologisch), um falsche Ableitungen daraus zu vermeiden. Gerade

wenn zu triviale Projekte für die Erprobung herangezogen werden, besteht die Gefahr, dass eine TAS implementiert wird, die der Komplexität der Realität nicht standhält, und dass dieser Umstand durch den Pilotversuch nicht aufgedeckt wird.

- Im Hinblick auf die zu automatisierenden Schnittstellen des SUT sollte das Projekt repräsentativ für andere Projekte in der Organisation sein. Es sollten also nicht nur »exotische« Schnittstellen angesteuert werden, sondern jene, die auch in einer Vielzahl anderer vergleichbarer SUTs anzutreffen sind.
- Außerdem sollte es unter Berücksichtigung der individuellen Bedürfnisse sämtlicher beteiligter Personengruppen (Projektmanagement, Testmanagement) ausgewählt werden.

Planen und Durchführen des Pilotversuchs

Nachdem ein geeignetes Projekt für den Pilotversuch identifiziert wurde, sollte die Planung und Durchführung genauso stattfinden wie für jedes andere Softwareentwicklungsprojekt auch.

Umsetzung und Einführung einer TAS benötigt Zeit.

Dabei ist zu berücksichtigen, dass die Umsetzung und Einführung einer TAS Aufwand und Zeit benötigt. Nicht nur bei der Einführung oder bei der Installation der Werkzeuge, sondern auch bei der Konzeption, der Implementierung, der Auswertung und der Wartung der automatisierten Tests. Aufwand und Durchlaufzeiten müssen daher eingeplant sein und sich in der Projektplanung niederschlagen. Dies ist in manchen Situationen schwierig, vor allem dann, wenn die Automatisierung nur als beiläufige Tätigkeit oder als »Hobby« eines Testers bzw. Entwicklers wahrgenommen wird oder wenn sie in der ursprünglichen Planung des Rahmenprojekts nicht vorgesehen war. Dann muss umso mehr mit dem Nutzen auch explizit aufgezeigt werden, dass es sich bezahlt macht, für diese Aktivitäten Ressourcen bereitzustellen.

Evaluierung des Pilotversuchs

Nach Abschluss des Pilotprojekts (der mehr oder weniger formal erreicht werden kann) ist die Evaluierung des Pilotversuchs nun der finale Schritt, bevor mit der Bereitstellung einer TAS gestartet werden kann. Wie bereits eingangs erwähnt, geht es hierbei primär um einen Erkenntnisgewinn, und im Zuge der Evaluierung muss nun sichergestellt werden, dass aus dem abgeschlossenen Pilotversuch tatsächlich ausreichend Ableitungen getroffen und die notwendigen Erkenntnisse gezogen werden können. In dieser Phase sollte ein möglichst breiter Kreis an Personengruppen involviert werden, um die spätere Akzeptanz der Evaluierung sicherzustellen und um unterschiedliche Perspektiven und Interpretationen in der Entscheidung berücksichtigen zu können.

Einbeziehung einer breiten Personengruppe verbessert die Akzeptanz der Evaluierung.

Zusammenfassend sollten nach der Evaluierung zumindest für die nachfolgenden Fragen klare Antworten gefunden sein:

- Sind TAA- und TAS-Entwurf mit den bestehenden Prozessen, Abläufen, Werkzeugen und Technologien kompatibel?
- Können Testfälle mit vertretbarem Aufwand automatisiert werden?
- Ist der Wartungsaufwand der TAS für den geplanten Einsatzzweck akzeptabel?
- Welche Optimierungsmaßnahmen sollten in der TAS umgesetzt werden, um einen besseren Nutzen zu erzielen oder um effizienter damit arbeiten zu können?
- Liefert die automatisierte Testdurchführung tatsächlich den erwarteten Mehrwert und mit welchen zusätzlichen Risiken ist das verbunden?
- Welche potenziellen Risiken wurden identifiziert, die die großflächige Einführung der TAS gefährden könnten?

Fehlen diese wichtigen Antworten, kann dies entweder an einer nicht optimalen Auswahl eines geeigneten Projekts oder einer nicht gut geplanten Durchführung liegen. In jedem Fall sollte nicht mit der großflächigen Bereitstellung fortgefahren werden, sondern ein erneuter Pilotversuch mit anderen Rahmenbedingungen geplant, durchgeführt und bewertet werden.

Aus der Praxis:
Best Practice aus einem Projekt

In einer großen Behörde wurde systematisch, aber manuell getestet. Mit der Zeit wurden zwei Probleme immer deutlicher: Zum einen sank durch viele Testzyklen die Testqualität. Zum anderen gab es bedingt durch das Tagesgeschäft oftmals Ressourcenprobleme im Test. Diesen Problemen sollte mit Testautomatisierung entgegengewirkt werden, da mit ihr viele Regressionstests mit gleichbleibender Qualität möglich wären und de facto ein 24h-Arbeitstag zur Verfügung stehen würde. Eine Unsicherheit bestand jedoch in der Machbarkeit der Umsetzung und somit wurde folgendes Vorgehen geplant und realisiert:

→

- Es wurde ein kompakter Pilotversuch gestartet. Es wurde eine Liste der Top-10-Testfälle erstellt und diese automatisiert.
- Auf Basis der Ergebnisse aus dem Pilotversuch wurde die Entscheidung getroffen, dass Testautomatisierung in diesem Umfeld funktioniert und Nutzen stiftet.
- Die Testautomatisierung wurde auf weitere Testfälle ausgeweitet.

Neben dem Ergebnis der Machbarkeit hatte dieses Vorgehen noch zwei weitere entscheidende Vorteile: Durch die Begrenzung auf die Top-10-Testfälle wurden schnell Resultate sichtbar und verwertbar bereitgestellt und das Testteam konnte sich mit der Testautomatisierung vertraut machen.

4.1.2 Die Verteilung oder das Deployment

Nachdem durch die Auswertung der Erprobung validiert wurde, dass der großflächige Einsatz der TAS zielführend und mehrwertstiftend ist, sollte mit der tatsächlichen Bereitstellung begonnen werden. Damit ist sowohl die initiale Verteilung der TAS gemeint als auch die Verteilung neuer TAS-Versionen (z.B. aufgrund von adaptiven Wartungsaktivitäten), wobei grundsätzlich die gleichen Herausforderungen bzw. Erfolgsfaktoren gelten. Bei der Verteilung von Aktualisierungen der TAS besteht immer auch ein gewisses Risiko (wie grundsätzlich bei jeder Änderung an einem Softwaresystem), dadurch Verzögerungen bzw. Mehraufwände auszulösen. Vergleichbar mit der Entwicklung von generischen Softwaresystemen hat sich auch für die TAS-Entwicklung gezeigt, dass es effizienter ist, dieses Risiko durch häufige, kontinuierliche und inkrementelle Bereitstellung zu verteilen (vgl. Continuous Integration, Continuous Delivery/Deployment [URL: Fowler]). Anstelle einer kontinuierlichen, inkrementellen Verteilung der TAS kann diese auch an Projektmeilensteine des SUT gekoppelt werden (z.B. Projektbeginn, Sprint-Ende, Code-Freeze bei größeren Releases). In diesem Fall muss allerdings berücksichtigt werden, dass auch die Verteilung der TAS im Prinzip einer Integration zwischen SUT und TAS entspricht und daher, abhängig davon, wie die Synchronisierung und Kompatibilität zwischen SUT und TAS sichergestellt wurde (siehe dazu auch Abschnitt 3.3.1 und 3.3.2), zu Problemen, Wartungsaktivitäten bzw. generell Mehraufwand führen kann. Ganz grundsätzlich haben sich in der Praxis die in Abbildung 4–2 veranschaulichten Empfehlungen für eine erfolgreiche Bereitstellung als hilfreich erwiesen.

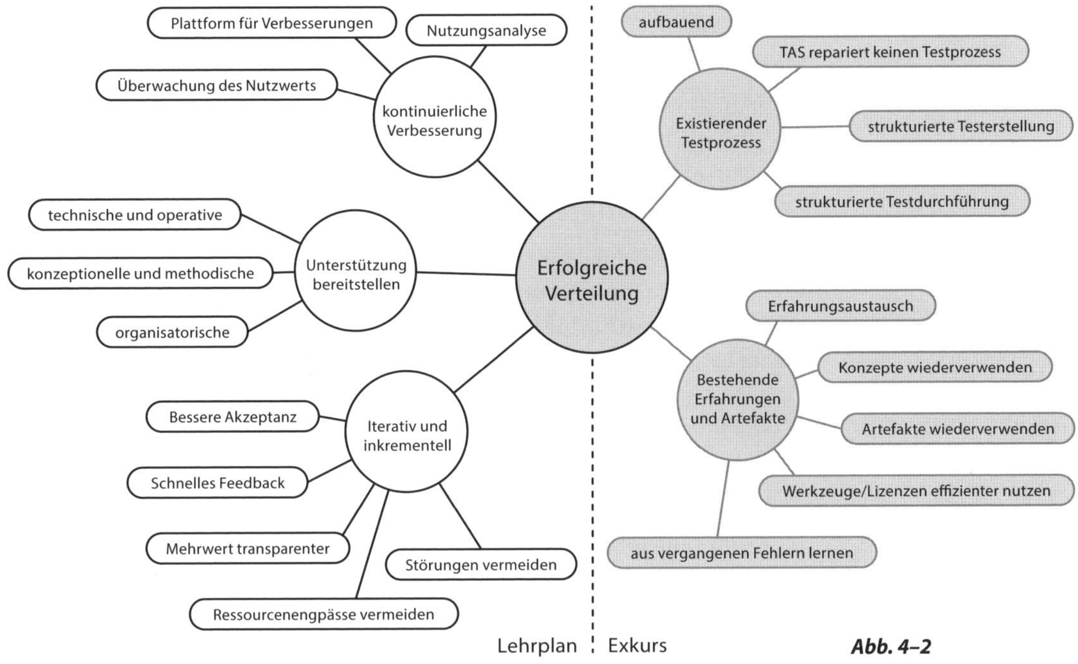

Abb. 4–2
Empfehlungen für eine erfolgreiche Bereitstellung

Iterative und Inkrementelle Verteilungen sind hilfreich

Auch hier ist ein Vergleich mit anderen Softwareentwicklungsprojekten zulässig, bei denen sich ein iteratives und inkrementelles Vorgehen oft als effizienter und effektiver herausgestellt hat [Beck & Andres 04]. Bei einer schrittweisen Einführung einer TAS entstehen weniger Störungen, außerdem ist es bei diesem Vorgehen auch einfacher, notwendige Unterstützung den einzelnen Projekten bereitzustellen, ohne Ressourcenengpässe zu riskieren. Weiterhin kann somit auch vermieden werden, dass Fehler, nicht optimal entworfene Prozesse oder fehlerhaft interpretierte Anforderungen an die TAS zu wesentlichen Widerständen in der Organisation führen. Vielmehr werden diese frühzeitig und in kleinem Rahmen erkannt und können beseitigt werden. Das führt im Allgemeinen zu einer besseren Akzeptanz, höherer Zufriedenheit und einem klar wahrgenommenen Mehrwert, der durch die TAS generiert werden kann. Anpassungen und Optimierungen können dabei sowohl die TAS als auch den TAA-Entwurf betreffen und sollten jedenfalls berücksichtigt werden, bevor ein weiterer Rollout der TAS forciert wird.

Unterstützung bei der Implementierung bereitstellen

Man darf nicht erwarten, dass eine Verteilung ohne aktive Unterstützung der Nutzer erfolgreich ist. Das ist besonders dann wichtig, wenn die Einführung in eine Organisation ohne Erfahrung mit Testautomatisierung passiert, oder auch nach wiederholten Fehlschlägen. Unabhängig davon, sollten bei der Unterstützung jedenfalls folgende Aspekte berücksichtigt werden:

- **Technische und operative Unterstützung** – umfasst sämtliche Informationen oder Maßnahmen, die die Nutzung der TAS erleichtern. Dazu können Checklisten, Schulungsunterlagen, Guidelines oder aktives Mentoring/Coaching sowie Workshops etabliert werden. Wichtig ist, dass diese Maßnahmen nicht nur passiv angeboten, sondern aktiv forciert werden.
- **Konzeptionelle und methodische Unterstützung** – neben der technischen und operativen Unterstützung bei der Arbeit mit der TAS ist bei einer erfolgreichen Verteilung auch der konzeptionelle und methodische Aspekt relevant. Dadurch kann zum Beispiel ein einheitliches und klares Vorgehen bei der Transformation von manuellen Testfällen zu automatisierten Testskripten etabliert werden. Aber auch die Frage nach Kriterien, um entscheiden zu können, unter welchen Umständen Testfälle automatisiert werden sollen, sollte dokumentiert oder diskutiert werden.
- **Organisatorische Unterstützung** – abschließend sollte bei dem Angebot von Unterstützungsmaßnahmen auch die organisatorische Integration als wichtig betrachtet werden. Konkret können dabei unterschiedliche Teamstrukturen bzw. die Integration und Synchronisierung von SUT- und TAS-Entwicklung beschrieben werden und welche Aspekte im konkreten organisatorischen Rahmen besonders berücksichtigt werden müssen.

Kontinuierliche Verbesserung auf Basis von Nutzerfeedback

Nach der Erstverteilung wird leider oft dem laufenden Betrieb einer TAS zu wenig Beachtung geschenkt. In der Praxis führt dieser Umstand häufig dazu, dass eine Lösung nicht optimal genutzt wird, mit fortschreitender Zeit weniger passend für den eigentlichen Anwendungszweck wird und sich der Nutzwert der TAS dadurch kontinuierlich verringert. Um dies zu vermeiden, ist es wichtig, einen Prozess zur kontinuierlichen Verbesserung der TAS zu etablieren. Um diesen Prozess auf Fakten zu basieren, müssen unterschiedliche Quellen für Feedback und Nutzerverhalten berücksichtigt werden:

- Überwachung des kontinuierlich generierten Nutzwerts und der Kosten einer TAS (siehe dazu auch Kap. 5), um einerseits sicherzugehen, dass die Nutzung und kontinuierliche Investition in die Weiterentwicklung der TAS nach wie vor stattfinden soll. Andererseits aber auch, um festzustellen, welche Änderungen notwendig sind, um diese Ziele weiterhin erreichen zu können.
- Etablierung einer Plattform zur Erhebung und Umsetzung von Verbesserungen, basierend auf Feedback durch Teams, die die TAS tatsächlich nutzen. Durch diese Maßnahme wird erreicht, dass die Weiterentwicklung der TAS mit den praktischen Bedürfnissen der tatsächlichen Nutzer übereinstimmt.
- Eine automatisierte Nachverfolgung der tatsächlichen Nutzung der TAS sollte vor allem bei sehr heterogenen und komplexen Lösungen umgesetzt werden. Auf Basis dieser Informationen zur Nutzung in der Praxis können Module oder Teilkomponenten identifiziert werden, die sehr häufig genutzt werden (und daher eventuell weiter optimiert werden sollten), aber auch welche, die nicht oder nur sehr wenig im Einsatz sind (und daher eventuell außer Betrieb genommen werden sollten). Auf diese Weise ist es auch möglich, Verbesserungsmaßnahmen besser zu priorisieren, um möglichst viel Mehrwert für eine große Anzahl von Nutzern zu generieren und den Nutzwert der TAS insgesamt zu erhöhen.

In Kapitel 8 werden diese und weitere Faktoren zur fortlaufenden Optimierung von Testautomatisierung in höherem Detailgrad beschrieben.

Exkurs: Auf existierende Testprozesse aufbauen

Testautomatisierung ist kein Mittel, um einen schlecht funktionierenden Testprozess zu »reparieren«. Wenn keine Expertise in Testtechniken oder qualifizierte Testressourcen zur Verfügung stehen oder Testen als unstrukturiertes »Probieren« verstanden wird, bringt der Einsatz einer TAS einer Organisation in der Regel keinen oder nur einen sehr geringen Mehrwert. Stattdessen werden Kosten durch die Anschaffung von Werkzeugen sowie durch die Implementierung und Verteilung einer TAS verursacht und im Projekt entstehen zusätzliche Reibungsverluste durch den Zwang, sich damit auseinanderzusetzen, obwohl dadurch kein erkennbarer Mehrwert generiert werden kann.

→

Das soll nicht bedeuten, dass es notwendig ist, einen bis ins Letzte ausdefinierten Testprozess zu haben. Ein schlanker Prozess, in dem überlegt und strukturiert Testfälle erstellt und durchgeführt werden, reicht im Normalfall aus, um erste nachhaltige Testautomatisierungsschritte umzusetzen.

Exkurs: Auf bestehenden Erfahrungen und Artefakten aufbauen

Gerade in größeren Organisationen gibt es oftmals Automatisierungsprojekte, die in der Vergangenheit erfolgreich umgesetzt, bereits ausgelaufen oder auch erfolglos gescheitert sind. Leider werden diese Expertise, die dabei entworfenen Konzepte oder die implementierten Frameworks oftmals nicht weiterverwendet. Stattdessen kommt es häufig dazu, dass diese Artefakte erneut realisiert werden, was wiederum zu vermeidbarem Mehraufwand und steigender Frustration in einer Organisation führen kann. Dabei liegt in der Wiederverwendung – wo es möglich ist – ein großer Vorteil der Automatisierung. Und auch gescheiterte Ansätze können eine wichtige Entscheidungsgrundlage sein, um Fehler nicht zu wiederholen.

Bei Recherchen im eigenen Unternehmen kommen häufig überraschend viele potenziell wiederverwendbare Ressourcen zutage, die zumindest evaluiert und auf ihre Anwendbarkeit hin geprüft werden sollten. Um diese Herangehensweise zu institutionalisieren, lohnt es sich, gerade in größeren Organisationen zum Beispiel eine Plattform »Erfahrungsaustausch Testautomatisierung« zu etablieren.

Testautomatisierungswerkzeuge bringen in Bezug auf die Wiederverwendung zusätzlich noch die Kostenfrage mit, denn Neuanschaffungen können sehr kostenintensiv sein, obwohl im Unternehmen vielleicht vergleichbare Werkzeuge bereits im Einsatz sind. Abhängig vom geltenden Lizenzmodell kann zum Beispiel bei Floating-Lizenzen die Ausnutzung durch projektübergreifende Verwendung deutlich erhöht werden.

4.2 Strategie für die Bewertung und Begrenzung von Risiken

Mit der Verteilung einer TAS gehen zwangsläufig auch Risiken einher, deren Auftretenswahrscheinlichkeit aufgrund des Einsatzzwecks stark mit der Entwicklung des SUT korreliert. Deren Auswirkung kann oftmals auch eine direkte Konsequenz für Prozesse im SUT haben, z.B. kann eine fehlerhafte Testdurchführung dazu führen, dass ein System nicht für den Abnahmetest freigegeben wird – auch wenn der Fehlschlag nicht zwangsweise auf einen tatsächlichen Fehlerzustand im SUT zurückzuführen ist (also ein falsch positives Ergebnis eines automatisierten Tests). Typische Vertreter dieser Risiken sowie spezifische für die Erst- und Wartungsverteilung relevante Vertreter werden in den nun folgenden Abschnitten beschrieben und mögliche Lösungsansätze dafür vorgestellt.

Typische Risiken

Sehr häufig lassen sich eine Reihe von typischen generischen Risiken identifizieren, die in fast jedem Kontext valide sind. Deren konkrete, spezifische Ausgestaltung mag zwar projekt- oder organisationsabhängig sein, jedoch lassen sie sich grob zu den folgenden Themenkomplexen zusammenfassen:

- Ein zu hoher Grad an Abstraktion erschwert die Arbeit mit automatisierten Testfällen und schreckt potenziell viele Beteiligte ab, sich damit auseinanderzusetzen.
- Statische, konkrete Testdaten werden zu umfangreich oder zu komplex bzw. der Wartungsaufwand für die Pflege dieser Datensets wird zu groß.
- Probleme bei der ausreichenden Bereitstellung von notwendigen Ressourcen (Personal, Zeit, Geld)
- Änderungen oder zusätzliche Entwicklungen in der TAS können den Betrieb stören oder behindern.
- Hoher Aufwand bei der initialen Einführung der TAS
- Hoher Aufwand bei der Anpassung der TAS, die durch Wartungsaktivitäten am SUT ausgelöst wurden (siehe dazu auch Abschnitt 1.1.1)
- Probleme bei der stabilen Interaktion zwischen TAS und SUT

Risiken lassen sich nicht vermeiden.

All diese Risiken lassen sich nicht gänzlich vermeiden, jedoch können deren Auswirkung und Auftretenswahrscheinlichkeit reduziert werden. Außerdem kann der Zeitpunkt, zu dem sie erkannt werden, durch entsprechende Maßnahmen vorgezogen werden. Gerade unerwartet hohe Aufwände für die initiale Einführung und kontinuierliche Wartung können durch einen soliden TAA-Entwurf (siehe Abschnitt 3.2) und durch für den Projektkontext sinnvolle Ansätze zur Testautomatisierung (siehe Abschnitt 3.2.2) vermieden werden. Ebenso lassen sich Probleme bei der stabilen Interaktion zwischen TAS und SUT durch die Wahl einer geeigneten Schnittstelle (siehe die Abschnitte 3.2.3 und 7.2) vermeiden oder zumindest durch den bereits anfangs erwähnten Pilotversuch frühzeitig erkennen. Unzureichend bereitgestellten Ressourcen ist deutlich schwerer zu begegnen, da die Ursache davon oftmals in fehlender Managementunterstützung oder aktivem Widerstand durch unterschiedliche Parteien begründet ist. Begegnen kann man diesem Umstand, indem man kontinuierlich, transparent und kritisch über den Zweck und den erwarteten Nutzen der TAS kommuniziert (siehe Abschnitt 1.1 und Kap. 5).

Häufige Auslöser bzw. verstärkende Faktoren

Wie in Abbildung 4–3 illustriert, treten diese Risiken häufig nicht stetig auf, sondern werden durch bestimmte Projektaktivitäten ausgelöst oder verstärkt. Dazu gehören unter anderem:

- Erst- oder Wartungsverteilung einer TAS in die Zielumgebung
- Migration der TAS in eine andere Umgebung
- Wartungsaktivitäten und Änderungen am SUT

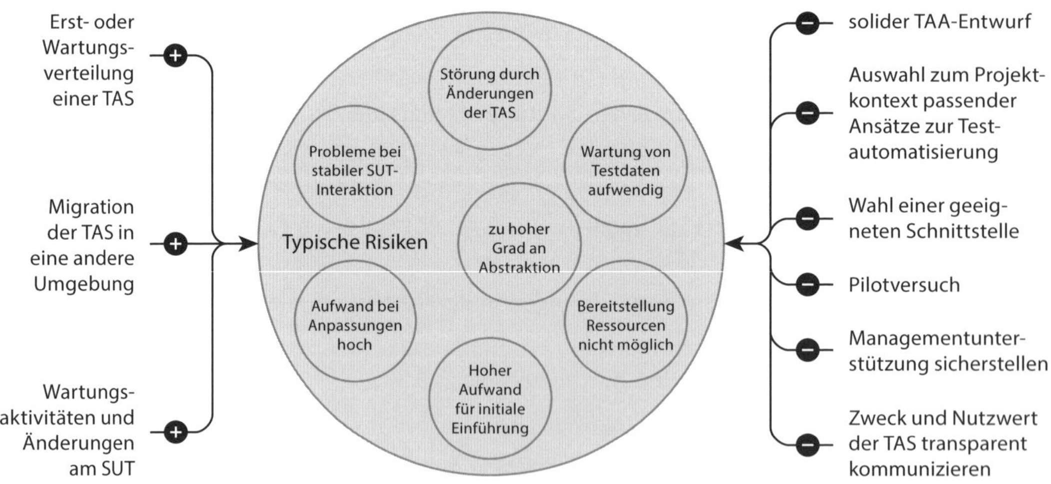

Abb. 4–3 *Typische Risiken und deren verstärkende sowie mitigierende Faktoren*

Daraus soll allerdings nicht abgeleitet werden, dass diese Projektaktivitäten so gut wie möglich vermieden werden sollen. Vielmehr ist dies ein Hinweis darauf, dass zu diesen Zeitpunkten vermehrt über dadurch hervorgerufene Risiken diskutiert werden muss und mögliche Minderungsstrategien notwendig werden können.

4.2.1 Spezifische Risiken bei der Erstverteilung

Neben den zuvor beschriebenen generischen Risiken, die es zu berücksichtigen gilt, sind gerade mit der Erst- und späteren Wartungsverteilung einige spezifische Herausforderungen verbunden.

Mit der Erstverteilung einer TAS werden jene Schritte bezeichnet, die notwendig sind, um die für die automatisierte Testdurchführung benötigte Testumgebung zu definieren, zu erstellen sowie kontinuierlich weiterzuentwickeln und zu warten. Ebenso zählt dazu die initiale Erstellung sowie die Wartung von Testsuites, die von der TAS ausgeführt werden sollen. Fehlende Erfahrungswerte und Expertise in der Nutzung der TAS können dazu führen, dass es speziell bei der Erstverteilung zu unerwarteten Problemen während dieser Schritte kommt. Einige häufig anzutreffende Probleme und mögliche Lösungsansätze werden im Folgenden erläutert.

Zu lange Gesamtausführungszeit der Testsuites

Abhängig von dem geplanten Einsatzgebiet einer TAS gibt es unterschiedliche Rahmenbedingungen für die maximale Ausführungszeit einer Testdurchführung. Ein automatisierter Integrationstest als Teil einer CI/CD-Pipeline darf womöglich nicht mehr als 15 Minuten benötigen, wohingegen die Durchführung von umfangreichen Regressionstests im Zuge einer nächtlichen Ausführung durchaus mehrere Stunden dauern darf. So unterschiedlich wie die Rahmenbedingungen sind auch die damit verbundenen Limitierungen, Herausforderungen und entsprechend mögliche Lösungsansätze:

- **Mehr Zeit für die Durchführung bereitstellen** – im einfachsten Fall ist es ausreichend, die längere Ausführungszeit organisatorisch zu berücksichtigen und vom Ergebnis abhängige Projektaktivtäten entsprechend darauf abzustimmen.

Aus der Praxis:

- **Unterschiedlicher Umfang** – oft ist bereits die Ausführung einer Teilmenge der automatisierten Testfälle sinnvoll und führt zu kürzeren Ausführungszeiten. Einerseits kann dies durch Analyse und Selektion von einzelnen Testfällen abhängig von den durchgeführten Änderungen am SUT erreicht werden (Auswirkungsanalyse), andererseits aber auch durch die statische Definition einer Teilmenge für spezifische Zwecke (z.B. Smoke-Tests nach der Verteilung einer neuen Version des SUT). Auch die Reduktion von bestimmten Testfällen entlang einer Risikobewertung ist in der Praxis häufig eine Option, die auch den Wartungsaufwand kürzen kann.

→

- **Parallelisierung der Testdurchführung** – ist die sequenzielle Durchführung der Tests nicht in einem akzeptablen Rahmen möglich, so kann sie auch parallel erfolgen. Wichtig dabei ist, dass sowohl die automatisierten Testfälle als auch die TAS und die Testumgebung dies erlauben (sie müssen also in beliebiger Reihenfolge und ohne Abhängigkeit untereinander durchgeführt werden können und keine Konflikte durch gemeinsam genutzte Ressourcen oder Testdaten haben).
- **Performanzoptimierung der TAS** – basierend auf umfangreichem Profiling der etablierten TAS sollte auch die Optimierung der TAS-Performanz betrachtet werden. So können beispielsweise oft redundante oder in bestimmten Situationen nicht notwendige Zwischenschritte in Tests reduziert werden.
- **(Teil-)Migration auf andere Schnittstellen** – häufig lassen sich erheblich kürzere Ausführungszeiten erreichen, wenn z.B. neben grafischen Benutzungsschnittstellen auch technische Schnittstellen des SUT genutzt werden (siehe dazu auch Abschnitt 3.2). Es ist nicht notwendig, zwangsweise eine komplette Migration auf andere Schnittstellen durchzuführen, oft ist es bereits ausreichend, wenn z.B. Testvor- und -nachbereitung auf technische Schnittstellen verlagert werden.

Installations- und Konfigurationsprobleme bei der Testumgebung

Damit eine Testdurchführung gestartet werden kann und valide Ergebnisse liefert, muss im Zuge der Erstverteilung der TAS sichergestellt werden, dass sämtliche dafür notwendigen Vorbedingungen erfüllt sind.

Notwendige Vorbedingungen, um mit einer Testdurchführung starten zu können

Konkret kann das bedeuten, dass notwendige Komponenten und Systeme installiert und konfiguriert sind, die Infrastruktur bereitgestellt ist oder Dienste gestartet werden müssen. Häufig werden diese Aktivitäten manuell, eventuell auf Basis von definierten Checklisten oder dokumentierten Verteilungsverfahren durchgeführt. Dadurch kann eine korrekte und reproduzierbare Installation bzw. Konfiguration nicht garantiert werden, da Menschen Fehlhandlungen begehen und eine angemessene Dokumentation nicht immer vorhanden ist. Dies kann zu einem nicht zu vernachlässigenden Zusatzaufwand führen, der benötigt wird, um die Ursache der nicht aussagekräftigen Testergebnisse zu identifizieren.

Mögliche Maßnahmen, um solche Probleme zu vermeiden, sind:

- Enge Zusammenarbeit und Abstimmung mit Entwicklung und Betrieb, um auftretende Probleme schnell und effektiv zu lösen
- Weitgehende Automatisierung der notwendigen Aktivitäten – durch zeitgemäße Werkzeuge und Methoden (IaC, Chef, Ansible, Cloud-Infrastruktur, Virtualisierung) lassen sich viele manuelle Schritte automatisieren. Manuelle Fehlerquellen und Aufwand können dadurch reduziert, die Reproduzierbarkeit wiederum erhöht werden. Gleichzeitig können die dafür entwickelten Testmittel nicht nur für die Erst-, sondern auch für sämtliche folgenden Wartungsverteilungen wiederverwendet werden. Der kulturelle und technische Rahmen dazu lässt sich gut unter dem Begriff DevOps zusammenfassen, der bereits in Abschnitt 1.5.2 vorgestellt wurde.

4.2.2 Spezifische Risiken bei der Wartungsverteilung

Unter dem Begriff Wartungsverteilung werden all jene Schritte und Aktivitäten zusammengefasst, die notwendig sind, um Änderungen an einer TAS erneut zu verteilen (im Gegensatz zur Erstverteilung, die die TAS an sich von »null weg« bereitstellt). Dazu gehören die Bewertung der Änderungen in der neuen Version der TAS im Vergleich zur alten Version, das Testen der TAS mit Fokus auf neuen Funktionen sowie potenziellen Regressionen und die Prüfung, ob Testsuites in Abstimmung auf die neue Version der TAS geändert werden müssen. Wie auch bei der Erstverteilung werden im Folgenden einige häufig anzutreffende Risiken und mögliche Lösungsansätze vorgestellt.

Notwendige Änderungen an Testsuites und Testrahmen

Änderungen an der TAS können dazu führen, dass Änderungen an den automatisierten Testfällen oder am Testrahmen notwendig werden. Dadurch entsteht zusätzlicher Aufwand und es kann zu Verzögerungen anderer Projektaktivitäten kommen. Gerade bei sehr umfangreichen Lösungen mit einer großen Anzahl von Testsuiten und Testfällen muss dieser Umstand bei der Planung berücksichtigt werden. Ebenfalls ist es valide, gewisse Änderungen in der TAS nicht bzw. zu einem späteren Zeitpunkt bereitzustellen, wenn ansonsten dadurch wichtige Projektaktivitäten negativ beeinflusst werden.

Ausführliches Testen von umfangreichen Änderungen ist unbedingt notwendig.

Gerade umfangreiche Änderungen sollten ausführlich getestet und validiert werden, bevor sie produktiv bereitgestellt werden. Dazu ist es vorteilhaft, wenn auch für die TAS eine dedizierte Testumgebung genutzt werden kann, die keinen Einfluss auf die produktive Testdurchführung hat. Somit können Fehler frühzeitig erkannt und unmittelbar behoben werden.

Zusätzlich zu ausführlichen Tests der Änderungen führt auch die möglichst kleinteilige, aber in sich konsistente Verteilung dieser Änderungen tendenziell zu weniger Aufwänden bei der Anpassung. Anstelle von einigen wenigen umfangreichen Wartungsverteilung im Jahr sollten diese eher häufig bzw. sogar kontinuierlich erfolgen.

Unerwartete Seiteneffekte durch Änderungen von zentralen TAS-Komponenten

Neben den zuvor erwähnten meist offensichtlich notwendigen Änderungen an Testsuiten und Testrahmen besteht bei Änderungen in der TAS auch immer das Risiko von unerwarteten Seiteneffekten. Eine Änderung an einer Komponente kann zum Beispiel dazu führen, dass die Tests weiterhin durchgeführt werden, aber Fehlerwirkungen im SUT nicht erkannt werden[1]. Die dadurch generierten falsch negativen Testergebnisse führen mittel- und langfristig zu weniger Vertrauen in den Mehrwert der TAS sowie potenziell zu Qualitätsproblemen und hohen Wartungsaufwänden des SUT. Komplett vermeidbar ist dieses Risiko in der Regel nicht, allerdings werden in den Abschnitten 7.2 und 7.3 einige mögliche Herangehensweisen besprochen. So ist es zum Beispiel empfehlenswert, auch für TAS-Komponenten automatisierte Komponententests sowie statische (manuelle und automatisierte) Testverfahren einzusetzen.

1. Ein typisches Beispiel in diesem Kontext ist eine TAS, die bei Validierungen in einer relationalen, SQL-basierten Datenbank »=«-Vergleiche anstellt und durch einen Fehler in der TAS auf der »Soll-Wert«-Seite den Leerwert »NULL« verwendet. Vergleiche mit »NULL« werden in SQL immer als »keine Übereinstimmung« gewertet, was sowohl falsch positive als auch falsch negative Testergebnisse verursachen kann.

Fehler durch Änderungen an der TAS-Infrastruktur

Auch die TAS-Infrastruktur muss kontinuierlich gewartet, weiterentwickelt und erneuert werden. Durch dabei auftretende Fehler können bestimmte Funktionen der TAS beeinträchtigt oder gar unbrauchbar gemacht werden. Ähnlich wie bei der Erstverteilung kann eine weitgehende Automatisierung der Schritte helfen, diese zumindest teilweise zu vermeiden – allerdings nur in der operativen Durchführung und der Sicherstellung von reproduzierbaren Ergebnissen. Es kann weiterhin dazu kommen, dass notwendige Infrastrukturkomponenten untereinander nicht mehr kompatibel sind (z.B. aufgrund von Änderungen an der Schnittstelle zwischen zwei Systemen) oder dass die Konfigurationsänderungen eine Benutzung von Komponenten unmöglich machen (z.B. aufgrund fehlender Berechtigungen von durch die TAS verwendeten Benutzerkonten). Auch hier empfiehlt es sich daher, Änderungen an der TAS-Infrastruktur (Dokumente, Checklisten, automatisierte Skripte, Konfigurationsvorlagen, ...) mit statischen Testverfahren zu verifizieren.

Zusätzliche Fehler oder Performanzprobleme durch die Aktualisierung der TAS

Im Normalfall sollten aktualisierte Versionen einer TAS ausschließlich Verbesserungen (funktional, Performanz) beinhalten und daher auch bedenkenlos verteilt werden können. In der Realität entstehen aber auch bei der TAS-Entwicklung neue Fehler, oder Änderungen verursachen unerwartete Performanzprobleme. Deren Eintrittswahrscheinlichkeit kann zwar wie bereits erwähnt durch unterschiedliche Testverfahren verringert, aber nie vollständig vermieden werden. Sind solche Fehler in neuen TAS-Versionen bekannt, dann muss dies transparent dokumentiert und kommuniziert werden (z.B. in Release Notes), damit auf Basis einer Risiko-Nutzen-Analyse bewertet werden kann, wie damit umzugehen ist. Beispielsweise kann die bekannte Unzulänglichkeit akzeptiert werden, wenn deren Auswirkung vernachlässigbar ist. Eine andere Möglichkeit ist die temporäre Zurückstellung der betreffenden TAS-Version, bis die Fehlerzustände entweder behoben wurden oder ein geeigneter Workaround für den Fehlerzustand bekannt ist.

4.3 Wartung der Testautomatisierung

Das übergeordnete Ziel von Wartungsaktivitäten besteht darin, die Lebens- bzw. Einsatzdauer und die Leistungsfähigkeit einer Testautomatisierung kontinuierlich zu optimieren. Nach der Erstverteilung der Testautomatisierung wird es höchstwahrscheinlich zu mehreren wartungsbedingten Verteilungen kommen, während die Testautomatisierung bereits produktiv ist. Eine TAS muss sich mit sehr hoher Wahrscheinlichkeit weiterentwickeln, um neuen Zielumgebungen, Schnittstellen, Anforderungen oder gesetzlichen Bestimmungen zu genügen. Ein langfristiger Betrieb einer TAS kann daher nur erfolgreich und rentabel sein, wenn es eindeutige und effektive Wartungsaktivitäten und -prozesse gibt. Der größte Aufwand der Wartungsaktivitäten wird auf die mit der Wartungsverteilung verbundenen Risiken und Eventualitäten fallen.

Wartbarkeit ist für eine Testautomatisierung vermutlich von weitaus größerer Bedeutung als für das zu testende System. Während es den Benutzern eines Softwaresystems verständlicherweise egal sein wird, ob die zugrunde liegende Codebasis der Implementierung eine gute Wartbarkeit unterstützt, trifft eine schlechte wartbare Testautomatisierung das Testautomatisierungsteam (in gewisser Weise die Benutzer eines sehr speziellen Softwaresystems) mit voller Härte.

Zumeist wirkt sich schlechte Wartbarkeit einer Testautomatisierung als Verzögerungen der dynamischen Testaktivitäten aus. Je nach Zeitplan kann dies für das Projekt zu kritischen Situationen führen. Eine in der Praxis ebenfalls häufig erlebte Auswirkung ist ein teils erheblicher Vertrauensverlust in die Testautomatisierung. Wenn Testautomatisierungsentwickler regelmäßig den überwiegenden Teil ihrer Arbeitszeit in das »Nachziehen« von automatisierten Tests investieren, damit diese wieder ausführbar sind, dann sinkt ganz zwangsläufig die Zuversicht des Projektmanagements, mit der Testautomatisierung tatsächlich einen Mehrwert für das Projekt zu generieren. Dies kann so weit gehen, dass mitten im Projekt alle Automatisierungsvorhaben durch das Management abgebrochen werden und zurück zu manuellem Testen gewechselt wird. Durch die vergleichsweise hohen Investitionskosten, um eine Testautomatisierung aufzubauen, in Betrieb zu nehmen und zu halten, sind wartungsbedingte Ausfallzeiten der Testautomatisierung in jedem Fall zu minimieren.

4.3.1 Auslöser und Arten von Wartungsaktivitäten

Wartungsaktivitäten werden durch unterschiedliche Ereignisse ausgelöst. So ist in industriellen Fertigungsstraßen vor allem physischer Verschleiß einzelner Bestandteile der Auslöser für die Wartung. Ventile, die nicht mehr schließen, poröse oder leckende Gummidichtungen oder mechanisch blockierende Scharniere – all dies sind wohlbekannte Beispiele physischen Verschleißes. Wenngleich diese Art des Auslösers in Softwaresystemen nicht zu erwarten ist, so gilt auch – und insbesondere – für industrielle Automatisierungsanlagen, dass ein wartungsbedingter Stillstand, so gut es geht, zu minimieren ist.

Dass Software keinem Verschleißprozess unterliegt, ist natürlich dem immateriellen Charakter von Software geschuldet. Eine interessante Analogie zum physischen Verschleiß von Bestandteilen ist die graduelle Verschlechterung der Wartbarkeit der Codebasis eines Softwaresystems nach Modifikationen bis zu einem Punkt, an dem entschieden wird, dass die Codebasis oder Teile davon von Grund auf und »sauber« neu implementiert werden. Dennoch gibt es für eine Testautomatisierung eine ganze Menge von Auslösern, die Wartungsaktivitäten zur Folge haben. Diese Auslöser lassen sich in zwei Kategorien gliedern:

1. Auslöser, die durch das Testteam bzw. die TAS ausgelöst wurden: Zu dieser Kategorie gehören sowohl die Korrektur von Fehlerzuständen in der TAS oder den automatisierten Testmitteln als auch Verbesserungen funktionaler und nicht funktionaler Aspekte der TAS.
2. Auslöser, die durch das Entwicklungsteam bzw. das zu testende System ausgelöst wurden: Zu dieser Kategorie gehören die Modifikation, Migration oder Außerbetriebnahme des zu testenden Systems.

Je nach der zugrunde liegenden Motivation dieser Änderungen besitzen Wartungsaktivitäten einen adaptiven, korrektiven, präventiven oder verbessernden Charakter (vgl. Abb. 4–4). Details der verschiedenen Wartungsarten, ihre Auslöser und Ziele werden in den nachfolgenden Abschnitten erläutert.

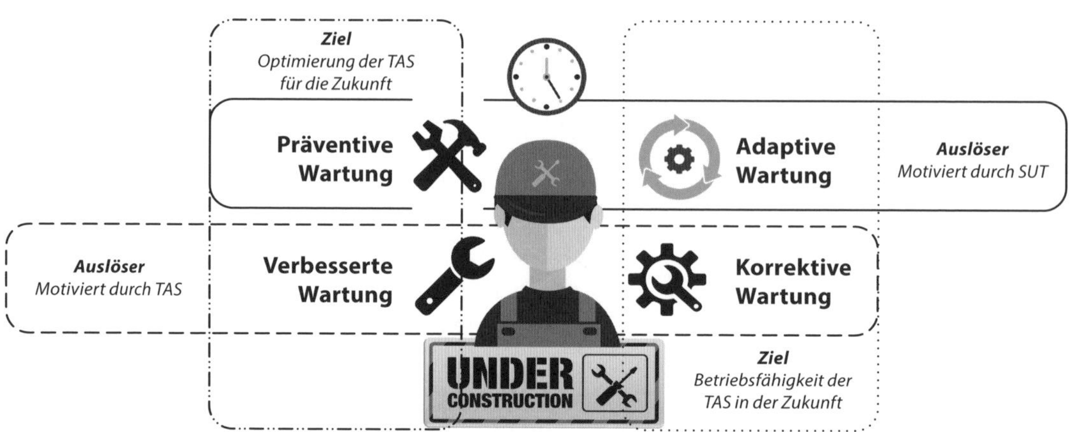

Abb. 4–4 *Auslöser und Ziele der Wartungsarten*

Adaptive Wartung

Adaptive Wartungsarbeiten werden durch Modifikationen an dem SUT ausgelöst. Sie ziehen üblicherweise notwendige Anpassungen an der Testautomatisierung nach sich. Adaptive Wartungsarbeiten stellen in der Praxis gemeinhin den größten Anteil aller anfallenden Wartungsaktivitäten dar. Gründe für Modifikationen am zu testenden System gibt es viele, einige davon sind die folgenden:

- Fachliche Änderungen in den Anforderungen oder User Stories des SUT
- Technische Änderungen an den Schnittstellen des SUT
- Gesetzliche Änderungen, die sich auf das SUT auswirken
- Migration des SUT auf neue Zielumgebungen oder Plattformen

Fachliche Änderungen

Fachlich motivierte Modifikationen haben ihren Ursprung so gut wie immer in der Hinzunahme, Außerbetriebnahme oder in Änderungen von Anforderungen, User Stories, Funktionen oder Qualitätsmerkmalen des zu testenden Systems. Jede dieser drei möglichen fachlich motivierten Modifikationen wirkt sich effektiv auf die Testautomatisierung oder die automatisierten Testmittel aus. Bei einer Außerbetriebnahme von Funktionen konzentrieren sich die Wartungsaktivitäten vor allem darauf, die mit den Funktionen in Beziehung stehenden automatisierten Testmittel ebenfalls kontrolliert außer Betrieb zu nehmen. Neben den automatisierten Tests betrifft dies ggf. noch Datenquellen, Konfigurationsdateien, Testbedingungen oder Testmodelle für den automatisierten Testentwurf. Die Außerbetriebnahme der nicht mehr benötigten automatisierten Testmittel sichert ab, dass die Codebasis und sonstige Artefakte der Testautomatisierung möglichst kompakt und konsistent bleiben, es also keine Testmittel mehr gibt, die keine Daseinsberechtigung mehr besitzen. Hilfreich für eine effiziente Außerbetriebnahme ist eine gut etablierte und gepflegte Verfolgbarkeit der Testbasis bis hin zu den automatisierten Testmitteln.

Werden neue Funktionen, Anforderungen oder User Stories hinzugenommen, fallen die üblichen Hauptaktivitäten eines Testprozesses an. Die Testbasis wird analysiert und Testbedingungen werden abgeleitet. Aufbauend auf diesen Testbedingungen erfolgt der Testentwurf (manuell oder automatisiert). Die entworfenen Tests werden abschließend implementiert und für die automatisierte Testdurchführung eingeplant. Oftmals ist die Automatisierung von Tests für neue Funktionalität einfacher als für bestehende Funktionalität, da die Testautomatisierungsentwickler bei einer neuen Funktionalität prinzipiell viel früher in den Prozess einbezogen werden und somit unmittelbar Einfluss auf eine gute Testbarkeit (siehe Abschnitt 2.3) der neuen Funktionalitäten nehmen können.

Die Änderung von bestehenden Anforderungen, User Stories oder Funktionen ist logisch gesehen eine Kombination aus Außerbetriebnahme und Hinzunahme von Funktionen. Zunächst müssen die automatisierten Testmittel identifiziert werden, auf die sich die fachlichen Änderungen auswirken. So müssen beispielsweise Testfälle aus Regressionstestsuiten entfernt werden, da sich die zugrunde liegende Funktionalität geändert hat. Für diesen analytischen Schritt ist eine lückenlose Verfolgbarkeit immens hilfreich. Eine Möglichkeit, bei fehlender Verfolgbarkeit ganz prinzipiell die von der Änderung betroffenen Testfälle möglichst einfach aufzuspüren, ist die erneute Ausführung der Tests oder einzelner Testsuiten (bspw. Regressionstests) gegen das geänderte SUT. Testfälle, die keine Gültigkeit mehr besitzen oder Anpassungen erfordern, haben ein hohes Potenzial, fehlzuschlagen.

Nachdem die anzupassenden automatisierten Testmittel identifiziert sind, muss analysiert werden, welche Anpassungen notwendig sind. Dazu ist es erforderlich, die geänderte Testbasis zu analysieren, ggf. neue Testbedingungen zu identifizieren, Tests zu entwerfen und zu implementieren, ähnlich zur Hinzunahme neuer Anforderungen, User Stories oder Funktionen. Erst nach der fachlichen Analyse der Testbasis lässt sich entscheiden, ob bestehende Tests obsolet geworden sind und außer Betrieb genommen werden können, eine Anpassung der automatisierten Testmittel möglich oder gar eine komplette Neuentwicklung von automatisierten Testmitteln erforderlich ist.

Technische Änderungen

Technische Änderungen des zu testenden Systems sind in der Praxis allgegenwärtig, da die technischen Voraussetzungen für die Entwicklung bzw. Weiterentwicklung und Optimierung eines Softwaresystems sich ständig ändern. Technische Änderungen können im Zuge von fachlichen Änderungen auftreten, aber auch vollkommen losgelöst von diesen sein. Die Migration eines Systems auf eine Zielumgebung ist eine technische Änderung, der nicht zwingend eine fachliche Änderung zugrunde liegen muss. Weitere Beispiele für rein technisch bedingte Änderungen sind die Unterstützung weiterer Betriebssysteme, Datenbankmanagementsysteme, Webbrowser etc. Die Testautomatisierung muss diese Änderungen reflektieren, damit die automatisierten Tests wieder bzw. überhaupt in der neuen Zielumgebung ausführbar sind.

Eine der wohl am häufigsten auftretenden, rein technischen Änderungen ist die Modifikation von Schnittstellen des zu testenden Systems. Jede der in Kapitel 1 erwähnten Schnittstellen kann technischen Änderungen unterliegen. Ob diese technischen Änderungen im Zuge eines Refactorings oder einer fachlichen Änderung durchgeführt wurden, ist dabei im Grunde unerheblich. In jedem Fall muss die Implementierung der Testadaptierungsschicht für die betroffene Schnittstelle angepasst werden. Je nach Testautomatisierungsansatz muss unter Umständen auch der automatisierte Testfall angepasst werden. Dies sollte jedoch bei rein technischen Änderungen an den Schnittstellen des zu testenden Systems idealerweise nicht erforderlich sein. Es gibt Testautomatisierungsansätze, die inhärent auf einer Trennung von fachlichen und technischen Aspekten eines automatisierten Testfalls basieren wie das schlüsselwortgetriebene Testen oder die prozessgetriebene Skripterstellung. Auch einige Lösungen, die auf der strukturierten Skripterstellung beruhen, unterstützen diese Trennung, beispielsweise TTCN-3 [URL: TTCN-3]. Durch die Aufteilung von fachlichen und technischen Details in die Testdefinitions- und Testadaptierungsschicht verringern diese Ansätze nachweislich den Wartungsbedarf an der TAS bzw. den automatisierten Testmitteln bei rein technisch bedingten Modifikationen des zu testenden Systems.

Aus der Praxis:
Adaptiver Wartungsaufwand als Ausschlusskriterium

In einem »Technical Test Analyst«-Seminar hatte eine Teilnehmerin von ihren Erfahrungen bei der Einführung und dem Betrieb einer TAS in einem traditionell eher manuell ausführenden Testteam berichtet. Die Testautomatisierung stand von Beginn an unter der strengen Beobachtung der Entscheidungsträger, wurde aber auf Drängen der Tester schlussendlich eingeführt. Als Testautomatisierungsansatz wurde die strukturierte Skripterstellung eingesetzt, allerdings gab es keine Trennung von Fachlogik und technischer Anbindung an das zu testende System. Zu Beginn zeigte die Umstellung auf Automatisierung den erhofften Nutzen. Mit zunehmender Zeit jedoch wurde der Wartungsbedarf der zahlreich vorliegenden automatisierten Testmittel immer größer und größer. Eine Vielzahl der Auslöser waren rein technische Änderungen an der Codebasis des zu testenden Systems. Die Tester waren irgendwann überwiegend damit beschäftigt, die Testfälle wieder »gerade zu ziehen«, die durch sich ändernde Schnittstellen des zu testenden Systems nicht mehr ausführbar waren. Gleichermaßen sank das Vertrauen der Entscheidungsträger in die Wirksamkeit der Testautomatisierung, da die Tester nur noch mit Wartungsaktivitäten beschäftigt waren. Die Quintessenz des Vorhabens war, dass das Testautomatisierungsprojekt als gescheitert angesehen und beendet wurde. Die Tester waren gewissermaßen in eine adaptive Wartungsfalle getappt.

Als die Seminarteilnehmerin dann während des Seminars von dem schlüsselwortgetriebenen Ansatz gehört hatte, war sie der Meinung, dass die Testautomatisierung in ihrem Fall vermutlich mit diesem Ansatz nicht gescheitert wäre. Die Tester hatten damals schlichtweg keine Kenntnis von diesem Ansatz gehabt.

Konformität mit Gesetzen und Vorschriften

Gesetze, regulatorische Vorschriften, hersteller- oder branchenspezifische Anforderungen haben mitunter großen Einfluss auf das SUT und die TAS. Eine geänderte Gesetzeslage kann ohne Weiteres einen erheblichen Aufwand für ein Entwicklungsteam bedeuten, um die neuen gesetzlichen Vorgaben im System widerzuspiegeln. Man denke nur an die Einführung der Datenschutz-Grundverordnung (DSGVO) in der Europäischen Union im Jahre 2018. Wird das SUT an die gesetzliche Lage angepasst, wirkt sich dies natürlich auf die Testautomatisierung aus. Testfälle müssen angepasst oder gar neu entworfen werden, um zu validieren, dass das SUT konform zur neuen oder geänderten Gesetzeslage ist. Mitunter müssen auch die automatisierten Testmittel angepasst werden, insbesondere der Schutz personenbezogener oder personenbeziehbarer Daten erschwert den Einsatz von realistischen bzw. Produktivdatensätzen beim Testen. Hier müssen zusätzliche Werkzeuge in die TAS integriert werden, die es ermöglichen, die Daten zu anonymisieren, ohne deren Plausibilität und innere Struktur zu korrumpieren. Eine solche Anforderung wirkt sich direkt auf die TAS und die TAA aus. Ähnlich verhält es sich bei regulatorischen Vorschriften von Prüfungsbehörden wie beispielsweise dem TÜV. Für viele sicherheitskritische Anwendungen ist die Inbetriebnahme eines Systems an eine Freigabe bzw. Zertifizierung einer Zulassungsbehörde gekoppelt. Diese regulatorischen Stellen haben meist strenge Vorgaben, in welcher Form das Testen zu erfolgen hat, welche Testsprache zu wählen ist, in welcher Form die Testprotokolle zu erfassen und die Berichte abzugeben sind. In einem solchen Szenario ist Konformität zwingend für die Prüfung (oft in Form eines Audits) durch die Behörde einzuhalten. Auch in anderen, nicht zwingend sicherheitskritischen Bereichen ist eine strenge Konformität erforderlich. So veröffentlicht das European Telecommunications Standardisation Institute (ETSI) auf TTCN-3 basierende Konformitätstestsuiten für zahlreiche Kommunikationsprotokolle (darunter auch prominente Vertreter wie LTE), mit denen die Hersteller nachweisen können, dass ihre Implementierungen bzw. Geräte dem jeweiligen Protokollstandard entsprechen. Möchte ein Hersteller nun belegen, dass sein Gerät oder seine Protokollimplementierung konform zu der Spezifikation ist, bleibt ihm keine andere Wahl, als seine TAS mit einer TTCN-3-konformen Testdefinitions- und Testausführungsschicht auszustatten.

Korrektive Wartung

Korrektiver Wartungsbedarf entsteht, wenn in der TAS oder den automatisierten Testmitteln Fehlerzustände identifiziert wurden, die es zu beheben gilt. Korrektive Wartungsauslöser sind also üblicherweise durch das Testteam motiviert. Wir erinnern uns, dass die Entwicklung einer Testautomatisierung wie ein normales Softwareentwicklungsprojekt zu verstehen und zu verwalten ist. Im Grunde steht die Entwicklung einer TAS der Entwicklung eines zu testenden Systems in nichts nach. Eine TAS ist eine spezielle Art eines Softwaresystems, das einzig und allein den Zweck hat, andere Softwaresysteme über deren bereitgestellte Schnittstellen auszuführen und zu testen. Bei der Entwicklung einer TAS oder den automatisierten Testmitteln können Fehlhandlungen begangen werden, die zu Fehlerzuständen führen – ganz genau so, wie das auch bei einem zu testenden System der Fall ist. Idealerweise sind auch die Funktionen einer TAS bzw. die automatisierten Testmittel qualitätsgesichert und getestet (vgl. Kap. 7). Fehlerzustände in einer TAS oder den automatisierten Testmitteln können sich ganz unterschiedlich auswirken. Abstürze der TAS, zu langsame Reaktionen seitens der TAS, (Test-)Datenkorruption, undefinierte Systemzustände bei TAS- oder SUT-seitigem Auftreten von Fehlerwirkungen u.v.m. Eine der offenkundigsten Fehlerzustände in der Testautomatisierung ist jedoch das Auftreten von falsch negativen oder falsch positiven Ergebnissen.

Welche Grundursache einem Fehlerzustand in der Testautomatisierung auch zugrunde liegen mag, sobald erkannt, sollte dieser korrigiert werden. Die korrektiven Wartungsarbeiten an der Testautomatisierung unterscheiden sich wiederum nicht von denen des zu testenden Systems. Fehlerzustände müssen lokalisiert, korrigiert und getestet werden. Idealerweise sind Fehlermanagementwerkzeuge für die Testautomatisierung im Einsatz, um stets einen Überblick über die gemeldeten Fehler (in Form von Fehlerberichten) zu haben. Nach der Fehlerkorrektur sind mitunter Regressionstests durchzuführen, um abzusichern, dass keine ungewollten Seiteneffekte durch die Fehlerkorrektur in die Testautomatisierung eingebracht wurden.

Weiterführende Details und gute Praktiken, um die TAS bzw. die automatisierten Testmittel zu verifizieren, werden in Kapitel 7 beschrieben.

Aus der Praxis:
Wie testet man eigentlich Tests?

Wie wir bereits gelernt haben, sollten sowohl die TAS als auch die automatisierten Testmittel qualitätsgesichert getestet werden. Aber was bedeutet es eigentlich, ein automatisiertes Testmittel zu testen? Müssen dafür ebenfalls Testfälle geschrieben werden, werden diese mit dynamischen Tests getestet?

Die Antwort auf diese Fragen, die zuweilen von Seminarteilnehmern diesbezüglich gestellt wurden, heißt wie so oft: Das hängt davon ab. Für implementierte Komponenten einer TAS sollten dynamische Testfälle geschrieben und durchgeführt werden. Dazu zählen beispielsweise Funktionsbibliotheken einer TAS, Adapterimplementierungen und Komparatoren; im Grunde kann jedes implementierte Artefakt, das Funktionalität bereitstellt, dynamisch getestet werden. Üblicherweise verfährt man dabei so, dass zunächst etablierte, externe Testausführungswerkzeuge verwendet werden. Mit zunehmender Stabilität und Funktionalität einer TAS findet man Szenarien vor, in denen die TAS eingesetzt wurde, um sich selbst zu testen (man spricht auch von dem »Eat your own dogfood«-Prinzip). Dieses reflexive Verfahren wird unter Softwarearchitekten und Programmierern gemeinhin als gute Praktik und als Beleg für die Einsetzbarkeit und Anwendbarkeit einer TAS angesehen.

Eine weitere Möglichkeit, um die korrekte Funktionsweise der TAS nach Änderungen zu überprüfen, ist es, Testfälle mit bekannten Bestanden- oder Fehlgeschlagen-Ergebnissen erneut auszuführen. Ändert sich das Testergebnis eines Testfalls, ohne dass sich das zu testende System oder der automatisierte Testfall geändert haben, ist die Wahrscheinlichkeit groß, dass die Modifikation in der TAS das geänderte Testergebnis bewirkt hat.

→

Wie verhält es sich aber bei automatisierten Testfällen, diese sind zumeist auch programmiert und liegen in ausführbarer Form vor. Hier kommen zu Qualitätssicherungszwecken überwiegend statische Testverfahren zum Einsatz, insbesondere Reviewtechniken, die den implementierten Testfall auf Konsistenz, Vollständigkeit und Korrektheit überprüfen. Dazu können auch Hilfswerkzeuge wie statische Analysatoren oder Codereview-Werkzeuge eingesetzt werden. Einen dynamischen Testfall zu schreiben, um einen automatisierten Testfall zu testen, ergibt wenig Sinn, da das Ergebnis eines Testfalls ein Testergebnis ist. Ein Testfall für einen Testfall würde demnach einzig überprüfen können, ob das erwartete Testergebnis produziert wurde. Dies würde allerdings keinen wirklichen Mehrwert bringen, da ein solcher dynamische Test für einen automatisierten Test letztlich vergleichbar ist mit der Ausführung des automatisierten Tests.

Verbessernde Wartung

Die Auslöser für verbessernde Wartungsarbeiten haben ihren Ursprung zumeist im Testteam. Bei der verbessernden (oder auch optimierenden) Wartung geht es vor allem darum, die Anwendbarkeit der TAS effizienter zu gestalten. Es geht also darum, die Testautomatisierung noch leistungsfähiger, benutzerfreundlicher, robuster oder zuverlässiger zu machen. Verbessernde Wartungsarbeiten beziehen sich daher überwiegend auf die nicht funktionalen Eigenschaften einer TAS. So hat beispielsweise die Gebrauchstauglichkeit einer TAS einen hohen Einfluss auf deren Investitionsrendite. Da Tester zumeist täglich mit der TAS interagieren, sollte die Benutzung der TAS möglichst an den Bedarf der Tester optimiert werden.

Üblicherweise werden Optimierungspotenziale während des Einsatzes einer Testautomatisierung in den Projekten durch die Tester bzw. Testautomatisierungsentwickler identifiziert, hoffentlich dokumentiert und schlussendlich in einer Lessons-Learned-Sitzung oder Retrospektive diskutiert, priorisiert und für die Umsetzung terminiert.

Auch wenn die verbessernde Wartung sich im Lehrplan exklusiv auf nicht funktionale Eigenschaften bezieht, so sei an dieser Stelle erwähnt, dass Optimierungspotenziale sich natürlich auch auf funktionale Eigenschaften einer TAS beziehen können. Wird beispielsweise die Funktionalität einer Komponente der TAS verbessert, ohne dass diese Verbesserung durch Änderungen an dem SUT oder einem Fehlerzustand in der entsprechenden Komponente bedingt ist, dann ist dies eine verbessernde Wartungsaktivität, die rein funktionaler Natur ist. Dies sei jedoch nur der Vollständigkeit halber erwähnt. In der Praxis ist es tatsächlich so, dass der überwiegende Anteil der verbessernden Wartungsaktivitäten sich auf nicht funktionale Eigenschaften bezieht.

Präventive Wartung

Mit der vorbeugenden oder präventiven Wartung werden Änderungen bezeichnet, die ihren Auslöser darin haben, die TAS für zukünftige Schnittstellen, Plattformen oder Testarten vorzubereiten. Auch die Unterstützung für den zukünftigen Test technisch unterschiedlicher Versionen des SUT oder für ein komplett anderes SUT kann Auslöser für die präventive Wartung einer TAS sein.

Der Auslöser für präventive Wartungsarbeiten muss aber nicht zwingend mit Änderungen des SUT zusammenhängen. Die Unterstützung eines neuen Betriebssystems (oder einer neuen Betriebssystemversion), mit dem das TAS kompatibel sein muss, ist auch ein Grund für präventive Wartungsarbeiten. Je nach Kontext und Motivation der TAS-Entwicklung kommen präventiven Wartungsarbeiten unterschiedliche Bedeutungen zu. Hersteller einer kommerziellen TAS (bzw. von Werkzeugen, die das automatisierte dynamische Testen unterstützen) entwickeln eine TAS zumeist ohne Bezug zu einem konkreten SUT, sondern zielen darauf ab, entweder eine bestimmte Testart, Schnittstellentechnologie oder einen Testautomatisierungsansatz zu unterstützen. Präventive Wartungsarbeiten sind hier eher als Weiterentwicklungen zu verstehen, um den Funktionsumfang ihres Produkts zu erweitern. Dort geht es primär um das Ziel, in möglichst vielen verschiedenen Szenarien einsetzbar zu sein. Die Migration einer kommerziellen TAS auf ein neues bzw. weiteres Betriebssystem, die Unterstützung verschiedener Schnittstellentechnologien oder moderner Frameworks erhöhen die Wahrscheinlichkeit, dass das Produkt von vielen Kunden erworben und eingesetzt wird.

Eine TAS-Eigenentwicklung hat zumeist einen sehr engen Bezug zum SUT, für das sie entworfen wurde. Folglich sind die präventiven Wartungsarbeiten hier überwiegend an den Weiterentwicklungsplänen des SUT (oder auch mehrerer SUTs) ausgerichtet. Marktspezifische Vorteile wie die Unterstützung verschiedener Technologien sind hier nicht relevant, sondern nur in dem Maße, in dem diese Technologien beim SUT Einsatz finden.

Aus der Praxis:
Adaptive versus präventive Wartung

Mitunter ist es schwierig, zwischen adaptiver und präventiver Wartung zu differenzieren. Wenn beispielsweise feststeht, dass eine Desktop-Applikation im kommenden Jahr für mobile und/oder Webplattformen geöffnet werden soll und der Testautomatisierungsmanager daraufhin veranlasst, die Unterstützung für diese neuen Schnittstellentechnologien durch die TAS zu garantieren, gehören diese Arbeiten eigentlich zur präventiven Wartung, da die Änderung nicht unmittelbar durch Änderungen im SUT motiviert sind. Allerdings wird die Erweiterung der TAS nur deswegen veranlasst, da absehbar ist, dass das SUT diese neuen Technologien zeitnah unterstützen muss. Damit liegen diese Arbeiten wiederum sehr dicht bei den adaptiven Wartungsaktivitäten, denn ohne diese Anpassung des SUT gäbe es keinen Bedarf, die TAS zu ändern. Durch Hinzunahme eines Zeitbezugs lassen sich adaptive und präventive Wartungsaktivitäten jedoch ausreichend gut voneinander abgrenzen. Bei der adaptiven Wartung liegen zunächst Änderungen am SUT vor, die sich nachfolgend auf die TAS auswirken. Bei der präventiven Wartung wird zunächst die TAS modifiziert, um möglichen Änderungen an dem SUT in der Zukunft gerecht zu werden.

4.3.2 Überlegungen zur Dokumentation der automatisierten Testmittel

Die Dokumentation von Entwicklungsartefakten ist in den meisten Projekten ein zweischneidiges Schwert. Unbestritten ist, dass eine gute Dokumentation von Prozessen samt den dazugehörigen Aktivitäten, Architekturen, Abhängigkeiten von Fremdkomponenten, Artefakten und vielem mehr zum Verständnis und zu einem effizienten Betrieb der TAS beiträgt. Zudem konserviert eine gute Dokumentation wichtiges Wissen und macht es langfristig abrufbar. Neue Teammitglieder bekommen die Möglichkeit, sich mit bestehenden Prozessen oder Einschränkungen (bspw. Namenskonventionen, Rechtevergabe im Konfigurationsmanagement) vertraut zu machen und so schneller effektiv etwas beitragen zu können.

Fehlende Dokumentation besser als obsolete Dokumentation

Während das Erstellen einer begleitenden Dokumentation für codebasierte Artefakte von den entsprechenden Werkzeugen, insbesondere von Entwicklungsumgebungen, bereits halbautomatisch unterstützt wird, liegt bei anderen bereits oben erwähnten Artefakten, wie Architekturen, Fremdkomponenten, Prozessen, zumeist eine rein manuelle Dokumentation vor. Die Dokumentation von Entwürfen, Komponenten, Integrationen, Abhängigkeiten und Verteilungsverfahren erfolgt zumeist nicht werkzeugunterstützt, sodass auch hier manuelle Aktivitäten erforderlich sind, die gleichfalls übersehen werden können.

Allerdings gehen mit der Dokumentation zwei grundlegende und nicht aus der Welt zu schaffende Herausforderungen einher: Jemand muss sie schreiben und jemand muss sie pflegen. Die Dokumentationspflege, die faktisch jede Wartungsaktivität begleitet, wird »aus Zeitgründen« gerne vergessen oder verschoben. Eine veraltete, obsolete Dokumentation ist kritisch, da sie gewissermaßen einem falsch negativen Ergebnis entspricht, dem man zunächst erst einmal vertraut. Im besten Fall sind nur einige wenige Details der Dokumentation veraltet, sodass der Leser die notwendigen Korrekturen selbstständig vornehmen kann, um zum gewünschten Ziel zu gelangen. Im schlimmsten Fall jedoch ist es dem Leser nicht möglich, mit der Dokumentation brauchbare Resultate zu erzielen. Es ist daher unbedingt darauf zu achten, dass die Dokumentation einer Testautomatisierung stets aktuell gehalten wird.

Ziel: angemessene Dokumentation

Anmerkung der Autoren: Während die Inhalte der Dokumentation sich aus dem zu dokumentierendem Artefakt oder Prozess ergeben, gibt es für den Umfang einer guten Dokumentation keine goldene Regel. In dokumentenzentrierten und prozessorientierten Vorgehensmodellen wird in der Regel viel dokumentiert. Mit dem Vormarsch der agilen Vorgehensweisen hielt auch der Trend Einzug, eher weniger zu dokumentieren. Wenn auch nicht explizit in den zwölf Prinzipien des Agilen Manifests [URL: AGILE] erwähnt, so hat sich inzwischen der Begriff einer *angemessenen* Dokumentation etabliert, abgeleitet aus dem zehnten Prinzip des Agilen Manifests: »Einfachheit – die Kunst, die Menge nicht getaner Arbeit zu maximieren – ist essenziell.«

Was bedeutet eigentlich angemessen?

Da der Begriff *angemessen* relativ ist, muss von Fall zu Fall diese Angemessenheit bestimmt werden. So heißt es im Foundation-Lehrplan zum Agile Tester [ISTQB 17] diesbezüglich: »Das Team muss während der Releaseplanung eine Entscheidung darüber treffen, welche Arbeitsergebnisse notwendig sind und bis zu welchem Grad eine Dokumentation der Arbeitsergebnisse erforderlich ist.« Um den Begriff dennoch mit Leben zu füllen, kann man sagen, dass eine Dokumentation *angemessen* ist, wenn sie präzise, konsistent und vollständig die Informationen umfasst, die ein Leser benötigt, um die inhärente Semantik des dokumentierten Artefakts nachzuvollziehen oder den dokumentierten Prozess durchzuführen.

Eine gute Praktik ist es, die Erstellung und notwendige Anpassungen der Dokumentation als integralen Bestandteil der jeweiligen Aktivität im Entwicklungs- oder Testprozess zu betrachten. Eine Aufgabe gilt erst dann als erledigt, wenn die zugehörige Dokumentation erstellt oder wieder auf dem neuesten Stand ist – und zwar in angemessener Art und Weise.

4.3.3 Der Umfang von Wartungsaktivitäten

Für die Planung von Wartungsaktivitäten ist neben ihren Auslösern und Motivationen vor allem der kontextspezifische Umfang maßgeblich. Der Umfang der Wartungsarbeiten lässt sich durch drei wesentliche Faktoren einschätzen:

- Größe und Komplexität der TAS
- Größe der Änderung
- Risiko der Änderung

Größe und Komplexität der TAS

Die Größe und Komplexität der TAS und der damit verbundenen automatisierten Testmittel sowie der Testumgebung wirken sich natürlich direkt auf den Umfang der Wartungsaktivitäten und insbesondere auf die nachfolgenden Verifikationsaktivitäten aus. Generell ist zu erwarten, dass eine umfangreiche TAS oder eine komplexe Testumgebung eher dazu neigen, unerwünschte Seiteneffekte durch wartungsbedingte Änderungen zu zeigen. Bei der Aufwandsschätzung, um den wahrscheinlichen Wartungsaufwand zu bestimmen, muss dieser Faktor selbstredend miteinbezogen werden.

Größe der Änderung

Die Änderungen an der TAS, der Testumgebung oder den automatisierten Testmitteln variieren von einfachen Fehlerkorrekturen über Aktualisierungen oder Austausch ganzer Komponenten bis hin zur Umstellung auf einen neuen Testautomatisierungsansatz oder der Migration auf eine neue Zielplattform. Wird beispielsweise von der strukturierten Skripterstellung auf einen höheren Ansatz (bspw. schlüsselwortgetriebenes Testen) umgestellt, so ist zu erwarten, dass eine Vielzahl von automatisierten Testmitteln, mindestens jedoch die implementierten Testfälle, auf den neuen Ansatz zu migrieren sind. Dies kann unter Umständen einen erheblichen Aufwand bedeuten.

Größere Änderungen, von denen zu erwarten ist, dass sie sich auf eine Vielzahl von automatisierten Testmitteln auswirken, sollten schrittweise vorgenommen werden. Nach jedem Schritt sollte im Anschluss die Funktionsfähigkeit der TAS bzw. der automatisierten Testmittel verifiziert werden, sodass bei auftretenden Problemen, die Ursache schnell und präzise bestimmt werden kann.

Risiko der Änderung

Einhergehend mit der Größe der Änderungen, aber nicht zwingend gleichbedeutend damit, ist die Kritikalität einer Änderung. Diese bemisst sich durch die Höhe des Risikos, dass nach Umsetzung der Änderungen an der TAS, der Testumgebung oder den automatisierten Testmitteln die Funktionsfähigkeit nicht mehr gegeben ist. Je kritischer eine Änderung ist, umso sorgfältiger sollte die Umsetzung geplant werden und umso höher ist der zu erwartende Wartungsaufwand. Größe und

Risiko stehen oft in einer engen Beziehung zueinander, sind aber gänzlich orthogonale Faktoren. Eine relative kleine Änderung an der TAS kann mit einem großen Risiko verbunden sein und umgekehrt.

Das Risiko einer Änderung bzw. das Risiko, dass die TAS durch die Änderung nicht mehr funktionsfähig ist, variiert auch mit der Wartbarkeit der TAS an sich. Je schlechter die Wartbarkeitsmerkmale einer TAS sind, umso größer ist die Wahrscheinlichkeit, dass Modifikationen zum einen deutlich aufwendiger umzusetzen sind, zum anderen auch eher zu unerwünschten Seiteneffekten führen. Ähnliches gilt für die Testbarkeit einer TAS, der automatisierten Testmittel oder der Testumgebung. Eine schlechte Testbarkeit führt dabei sowohl zu einem größeren Aufwand, um die Korrektheit einer Änderung zu verifizieren, als auch zu einem höheren Restrisiko, da einige Fehlerzustände aufgrund der schlechten Testbarkeit vermutlich unentdeckt bleiben.

Aus der Praxis:
Wartungsaufwand und -prozesse sind abhängig vom Kontext

Das wohl am ehesten noch akzeptierbare und bekannteste Beispiel der verschleißbedingten Wartung ist die Inspektion bzw. der Austausch der Verschleißteile beim Auto. Die Wartungsaktivitäten in einer Werkstatt können schon mal einen halben oder ganzen Tag oder mehr in Anspruch nehmen. In anderen Bereichen, in denen Fahrzeuge mit höchster Effizienz funktionieren müssen, haben Fahrzeugingenieure den Wartungsprozess auf wenige Sekunden reduziert: in der Formel 1. Dieses einfache, aber illustrative Beispiel bestätigt in gewisser Weise, dass der jeweilige Kontext die Anforderungen an die Wartungsaktivitäten beeinflusst. Diese Erkenntnis haben wir bereits bei der Planung und Entwicklung einer TAA und TAS kennengelernt – und bereits im Foundation Level lautet eines der sieben Prinzipien des Testens, dass Testen stets kontextabhängig ist [Spillner & Linz 19].

Bewährte Wartungspraktiken einsetzen

Ähnlich wie es sich mit dem Wartungstest eines Softwaresystems verhält, so werden Wartungsaktivitäten an einer sich im Produktivbetrieb befindenden TAS durchgeführt. Da Wartungsaktivitäten stets von anschließenden Verteilungsaktivitäten begleiten werden und diese wiederum verschiedene Herausforderungen und Risiken mit sich bringen (vgl. Abschnitt 4.2), sollten wartungsbedingte Änderungen stets durch Qualitätssicherungsverfahren freigegeben werden. Bereits im Vorfeld dieser Änderungen sollten mittels einer Auswirkungsanalyse die Bereiche der TAS und der automatisierten Testmittel identifiziert werden, die von der Änderung betroffen sind, und ermittelt werden, wie sich diese Änderungen auswirken können. Dies gilt transitiv auch für die Testmittel, mit denen die TAS qualitätsgesichert wird.

Zu den weiteren bewährten Wartungspraktiken zählen u.a.:

- Die Verteilungsverfahren und die Nutzung der TAS müssen klar dokumentiert sein, siehe Abschnitt 4.1 und 4.2.
- Die Abhängigkeiten von Dritten müssen dokumentiert werden – zusammen mit Nachteilen und bekannten Problemen: Dies gilt sowohl für technische Abhängigkeiten – wenn beispielsweise Fremdkomponenten oder -bibliotheken verwendet werden – als auch für organisatorische oder prozessbedingte Abhängigkeiten, wenn beispielsweise die Wartungsverteilung einer TAS einer Genehmigung bedarf.
- Die TAS muss in einer Umgebung ausgeführt werden, die austauschbar ist oder austauschbare Komponenten hat.
- Wird ein TAF eingesetzt, so müssen die Testskripte von diesem entkoppelt werden: Der Einsatz eines TAF kann die Entwicklung neuer automatisierter Tests erheblich beschleunigen. Allerdings sollte darauf geachtet werden, dass das Testskript nicht mit dem Code des TAF verwoben wird, da so Abhängigkeiten entstehen, die bei einem möglichen Wechsel des TAF nicht mehr aufzulösen sind. Gleichzeitig ist es durchaus denkbar und aus Rentabilitätssicht absolut sinnvoll, ein TAF nicht nur in einem Projekt, sondern in mehreren Projekten einzusetzen. Dies ist ebenfalls nur dann möglich, wenn das TAF und die Testskripte konsequent entkoppelt sind.
- Die TAS muss isoliert von ihrer Entwicklungsumgebung ausgeführt werden, damit Änderungen an der TAS keine Beeinträchtigung der Testumgebung zur Folge haben.
- Die TAS muss zusammen mit Komponenten der Testumgebung, den Testsuiten und Testmitteln unter Konfigurationsmanagement stehen: Das gemeinsame Verwalten aller relevanten Bestandteile einer Testautomatisierung ist eine essenziell wichtige Wartungspraktik. So ermöglicht ein gutes und verlässliches Konfigurationsmanagement die Wiederherstellung der gesamten Testautomatisierung quasi »per Knopfdruck« auf neuen Testrechnern bzw. Zielumgebungen. Dies kann sowohl für neue Mitarbeiter hilfreich und zeitsparend sein als auch für den Wartungstest eines sich im Betrieb befindenden SUT. Letzteres gilt insbesondere für langlaufende SUT, von denen mehrere Versionen zeitgleich im Feld verwendet werden und für die es weiterhin Wartungsunterstützung geben soll. Dann kann es durchaus vorkommen, dass ein Kunde, der noch eine ältere Version des SUT verwendet, auf einen Fehlerzustand hinweist, den es zwingend zu korrigieren gilt. Durch konsequentes Konfigurationsmanagement ist es der Wartungsabteilung möglich, die für die jeweilige Version gültige Testautomatisierung wiederherzustellen.

4.3.4 Wartung von Fremdkomponenten

In nahezu jeder TAS sind Komponenten oder Bibliotheken »verbaut«, die das TAS-Entwicklungsteam nicht selbst entwickelt hat. Dies können sowohl kommerzielle Komponenten sein (bspw. ein modellbasiertes Testentwurfswerkzeug wie Conformiq [URL: Conformiq] oder die MBTsuite [URL: MBTsuite]) als auch Open-Source-Komponenten (bspw. das schlüsselwortgetriebene Testausführungswerkzeug Robot [URL: Robot]). Auch einzelne Bibliotheken, etwa für einen komfortablen Zugriff auf XML- oder JSON-Datenstrukturen, oder TAF-Implementierungen sind oftmals Bestandteil einer TAS.

Dokumentation von Fremdkomponenten

Um einen genauen Überblick über die Zusammensetzung der TAS zu behalten, empfiehlt es sich dringendst, alle eingesetzten Fremdkomponenten zu dokumentieren und im Konfigurationsmanagement einzubeziehen. Ansprechpartner, Lizenzmodell, Details der Wartungsverträge, all das sind wertvolle und wichtige Informationen für die effiziente Wartung von Fremdkomponenten. Besteht beispielsweise Bedarf, Fehlerzustände in einer Fremdkomponente zu korrigieren oder funktionale Erweiterungen vorzunehmen, muss es einen entsprechenden Prozess dafür geben. Je nach Lizenz der Fremdkomponente fällt dieser wahrscheinlich anders aus. Während bei kommerziellen Produkten üblicherweise der Hersteller für Fehlerbehebungen und Erweiterungen zuständig ist, erlauben Open-Source-Lizenzen üblicherweise die Modifikation der Codebasis durch Dritte. Allerdings unterscheiden sich die Open-Source-Lizenzen teils drastisch. Virale Lizenzen wie GPL erfordern beispielsweise, dass jede Änderung bzw. Anpassung des Open-Source-Codes im kommerziellen Umfeld wiederum quelloffen bereitgestellt werden muss, zusammen mit etwaigem eigens implementiertem Code. Eine klare Dokumentation der Lizenz ist somit erforderlich, um rechtliche Konsequenzen einerseits und den Umfang der erlaubten Änderungen des Quellcodes andererseits zu bestimmen.

Bei kommerziellen Produkten gilt es, die Details des jeweiligen Wartungsvertrags zu dokumentieren. Wartungsverträge sind teils mit hohen Kosten verbunden, umso wichtiger ist es, zu wissen, welche Rechte bzw. Optionen diese Verträge bieten. Werden Fehlermeldungen oder Erweiterungsanfragen per Mail verschickt oder gibt es ein Ticketsystem? Ansprechpartner und Änderungsprozesse beim Hersteller müssen bekannt sein, um schnell und zielgerichtet agieren zu können.

Aktualisierung von Fremdkomponenten

Eine stets wiederkehrende Aktivität bei der Verwaltung und Wartung von Fremdkomponenten und -bibliotheken ist die Aktualisierung auf neue Versionen sowie das Einspielen von Updates und Upgrades. In der heutigen Zeit werden korrektive Patches und vor allem IT-Sicherheitsupdates regelmäßig über das Internet bereitgestellt. Die Installation der neuesten Version einer Fremdkomponente garantiert stets, aktuell im Hinblick auf Funktionalität, Performanz und IT-Sicherheit zu sein. Es ist eine präventive Maßnahme, deren Aufwand sich langfristig bezahlt macht.

Von besonderer Bedeutung sind die Release und Change Notes eines jeden Updates, da diese sich ggf. auf die Funktionalität der TAS auswirken. Daher sind die Auswirkungen der mit der Aktualisierung verbundenen Änderungen sorgsam zu prüfen. Im Anschluss sollte in jedem Fall ein Smoke- oder Regressionstests gestartet werden, um die Betriebsfähigkeit der TAS zu bestätigen.

4.3.5 Wartung von Schulungsmaterial

Schulungsmaterial wird in der einen oder anderen Form fast immer benötigt. Handelt es sich bei der TAS um eine Eigenentwicklung, die nur innerhalb eines recht kleinen, stabilen Teams verwendet wird, genügt oftmals die angemessene (natürlich! – was denn sonst?!) Dokumentation der TAS. Je mehr Personen jedoch die TAS verwenden, umso größer wird der Bedarf an Schulungsmaterial, um den Einstieg in die TAS zu erleichtern. Handelt es sich bei der TAS um ein kommerzielles Produkt, für das auch noch kommerzielle Schulungen angeboten werden, ist es offensichtlich, dass Schulungsmaterial ein integraler Bestandteil der TAS-Entwicklung ist.

Dokumentation als Basis

Für die Erstellung des Schulungsmaterials kann die Dokumentation der TAS als hilfreiches Ausgangsmaterial herangezogen werden. Allerdings umfasst Schulungsmaterial mehr als die reine Dokumentation der Artefakte und Prozesse. Lernbeispiele, praktische Übungen, Best Practices sowie Tipps und Tricks sind wichtige Bestandteile von Schulungsmaterialien, die sich vermutlich in der Dokumentation nicht finden lassen. Folgende Informationen, die üblicherweise ebenfalls zu den Schulungsmaterialien zählen, können aus einer angemessenen Dokumentation hingegen gut extrahiert und für das Schulungsmaterial wiederverwendet werden:

- Funktionale Spezifikationen der TAS
- Entwurf und Architektur der TAS
- Verteilung und Wartung der TAS
- Nutzung der TAS (Benutzerhandbuch)

Wartung des Schulmaterials

Die Schulungsmaterialien müssen sorgfältig ausgearbeitet und bei jeder Änderung der TAS auf Aktualisierung geprüft werden. Sie unterliegen gewissermaßen den gleichen Anforderungen hinsichtlich Aktualität, wie die Dokumentation der TAS selbst. Nicht aktuelle Schulungsmaterialien sind wenig hilfreich, in einem kommerziellen Umfeld gar kritisch. Der Aufwand für die Wartung des Schulungsmaterials muss erfasst, terminiert und budgetiert werden. Üblicherweise erfolgt die Aktualisierung der Schulungsmaterialien an einem unkritischen Zeitpunkt, beispielsweise am Ende eines Sprints.

Je nach Umfang des Schulungsmaterials und Einsatzzweck bzw. Verbreitung der TAS kann es explizite Trainerrollen für die Durchführung der Schulungen geben. Diese sind dann oftmals auch unmittelbar für die Wartung und Aktualisierung der Unterlagen verantwortlich. Bei Eigenentwicklungen übernehmen zumeist Personen die Trainerrolle, die entweder an der Entwicklung der TAS beteiligt waren oder bereits einen großen Erfahrungsschatz hinsichtlich der Benutzung der TAS besitzen.

4.3.6 Verbesserung der Wartbarkeit

Der Wartbarkeit einer TAS und der dazugehörigen automatisierten Testmittel kommt eine Schlüsselrolle zu, wenn es darum geht, eine Testautomatisierung nachhaltig und verlässlich in einem Unternehmen, einer Abteilung oder einem Projekt zu etablieren und zu betreiben. Wir erinnern uns: Jede Änderung an dem SUT wirkt sich sofort auf die TAS oder die automatisierten Testmittel aus! Um nach den Investitionskosten der TAS, die mit der Anschaffung und Inbetriebnahme einhergegangen sind, auch deren Betriebskosten auf einem akzeptablen Niveau zu halten, ist es unerlässlich sich von Beginn an über eine gute Wartbarkeit Gedanken zu machen. Für diese Überlegungen können die Wartbarkeitsmerkmale des ISO-25010-Standards herangezogen werden – ähnlich wie bei einem *gewöhnlichen* Entwicklungsprojekt.

Bei einem Testautomatisierungsprojekt gibt es neben dem Code der TAS oder einzelner Komponenten noch die automatisierten Testmittel, die stets in Zusammenhang mit der TAS verwendet werden. Dazu zählen insbesondere die automatisierten Testfälle, potenzielle Schlüsselwörter samt Implementierung, in Testbibliotheken zusammengefasste Testschritte sowie Testdaten. Alle diese Artefakte müssen gewartet werden und sind daher auch Gegenstand für Überlegungen zur Wartungsverbesserung.

Namenskonventionen und Standards verbessern Analysierbarkeit.

Unter Analysierbarkeit versteht man den Aufwand, der betrieben werden muss, um bei beabsichtigten Änderungen die Auswirkungen auf eine Komponente oder ein System zu bewerten, sie auf Defizite oder Ursachen von Fehlerwirkungen hin zu diagnostizieren oder zu ändernde Teile zu identifizieren. Gute Analysierbarkeit bedingt auch immer gute Lesbarkeit. Lesbarkeit ist nicht nur für Quellcode wichtig, sondern insbesondere auch für die automatisierten Testfälle. Durch den Einsatz von

Namenskonventionen und somit einheitlichen Benennungen lässt sich die Lesbarkeit und dadurch die Analysierbarkeit und schlussendlich die Modifizierbarkeit mit einfachsten Mitteln enorm verbessern.

Namenskonventionen können sich auf Variablen und Dateien, Testszenarien, Schlüsselwörter und Schlüsselwortparameter beziehen. Weitere Konventionen betreffen Voraussetzungen und Anschlussmaßnahmen der Testausführung, den Inhalt der Testdaten, die Komponenten der Testumgebung, den Status der Testausführung sowie Ausführungsprotokolle und -berichte. Während die meisten integrierten Entwicklungsumgebungen mit frei definierbaren Quellcodeschablonen aufwarten und eine ganze Reihe von möglichen Programmierrichtlinien, Namenskonventionen und hilfreichen statischen Analysen (bspw. Metriken, um die Komplexität von Quellcode zu berechnen) zur freien Verfügung stehen, ist dies für die meisten automatisierten Testmittel nicht der Fall. Nach welchen Regeln bezeichnet man beispielsweise Schlüsselwörter, wie stellt man einen schnellen Bezug zwischen Schlüsselwörtern und ihren Implementierungen her, wie lassen sich Testfälle am ehesten benennen? All diese Fragen müssen für eine gute Analysierbarkeit beantwortet werden.

Sind solche Namenskonventionen und Richtlinien für ein Projekt, eine Abteilung oder ein Unternehmen definiert und angemessen dokumentiert, leisten sie einen wertvollen Beitrag zur Wartbarkeit. Auswirkungsanalysen können effizienter durchgeführt werden, Modifikationen können zielführender vorgenommen werden. Namenskonventionen und Codierungsregeln lassen sich beispielsweise auch verhältnismäßig einfach mittels Reviews oder statischer Analysatoren überprüfen, sodass Verletzungen mit recht geringem Ressourceneinsatz identifizierbar sind. Ein angenehmer Nebeneffekt von Namenskonventionen ist, dass neue Mitarbeiter sich schneller in die Testautomatisierung einarbeiten können. Das gilt sowohl für die Einarbeitung in die Entwicklung bzw. Weiterentwicklung der TAS als auch für die Implementierung bzw. Anpassung von automatisierten Testmitteln. Damit diese Vorteile vollumfänglich wirksam werden, müssen Namenskonventionen und andere Konventionen bereits bei Beginn eines Testautomatisierungsprojekts vereinbart und dokumentiert werden.

Modularisierung erhöht Wiederverwendbarkeit.

Die Struktur der gTAA ist bereits daraufhin ausgerichtet, dass eine TAS modular implementiert wird. Die architektonischen Schichten trennen beispielsweise die Testdefinitionen von den Werkzeugen der Testausführungsschicht. Dadurch lassen sich bestimmte Bestandteile einer TAS (theoretisch) unabhängig voneinander austauschen.

4.4 Exkurs: Einsatzgebiet nach Systemarten

Ergänzendes Thema zum Lehrplan

Wo überall kann Testautomatisierung angewandt werden? Ist diese in jeder Situation tatsächlich nutzenstiftend und sinnvoll? Gibt es nicht doch Ausgangsbedingungen, die dem Ansatz des automatisierten Softwaretests entgegenwirken? In diesem Unterkapitel wird diesen Fragen nachgegangen und sie werden differenziert nach der Art der zu testenden Zielsysteme, den unterschiedlichen Teststufen und diversen Projektszenarien beantwortet.

Die Inhalte dieses Unterkapitels sind nicht Bestandteil des Lehrplans, folglich auch nicht prüfungsrelevant. Sie liefern dennoch wichtige, zusätzliche Informationen für die tägliche Arbeit eines Testautomatisierers.

4.4.1 Desktop-Applikationen

Ein Fall, der in der Softwareindustrie immer seltener auftritt, aber immer noch einen großen Teil der bestehenden Softwaresysteme, speziell im Bereich kleinerer Applikationen, darstellt, sind Stand-Alone-Desktop-Applikationen. Hiermit sind Applikationen gemeint, die in sich geschlossen sind und keine wesentlichen Schnittstellen zu anderen Systemen als dem Betriebssystem aufweisen.

In diesen Fällen ist häufig zusätzlich zu Entwicklertests auf Komponentenebene ein automatisierter Test über die Benutzerschnittstelle sinnvoll. Hierfür können Tools verwendet werden, die die Technologie der Applikation bzw. deren Benutzerschnittstelle unterstützen. Zusätzlich kann es notwendig sein, über das Filesystem (und eventuell von der Applikation verwendete Formate) auf Testdaten zuzugreifen oder diese zu erstellen.

Hilfsfunktionen in der getesteten Applikation

Des Weiteren kann es notwendig oder hilfreich sein, in die Applikation für Testzwecke Hilfsfunktionalitäten einzubauen, die etwa bei der Testvorbereitung oder der Überprüfung der Ergebnisse Unterstützung bieten.

Bei dieser Art des Softwaresystems ist die Automatisierung wesentlich vereinfacht, da die Abhängigkeiten zu anderen Softwaresystemen begrenzt sind – somit kann mit hoher Wahrscheinlichkeit auch ein eingeschränktes Set an Schnittstellen ausreichend sein, um einen funktionalen Test zu automatisieren.

Dass dieser Systemtyp inhärent auf nur einen gleichzeitigen Benutzer ausgelegt ist, vermeidet ebenfalls eine Reihe von Problemen in der Automatisierung – somit kann z.B. auf Tests mit mehreren Benutzern gleichzeitig verzichtet werden. Auf einen Test von mehreren parallelen Instanzen (also z.B. mehreren gleichzeitig gestarteten Desktop-Clients) sollte allerdings nicht verzichtet werden, da dies in vielen Fällen Mängel und Konflikte in der Verwendung von geteilten Elementen aufdecken kann.

4.4.2 Client-Server-Systeme

Einen ebenfalls häufigen Typ eines Softwaresystems stellen klassische Client-Server-Systeme dar. Hier werden Daten zentral auf einem Server gehalten, der ebenfalls für wesentliche Teile der Funktionalität des Systems verantwortlich sein kann.

Um dies zu differenzieren, kann zwischen »Fat Client« und »Thin Client« unterschieden werden: Wie der Name bereits andeutet, enthält ein »Fat Client« wesentlich mehr Teile der Funktionalität, während ein »Thin Client« eher als Darstellungs- und Eingabemaske gesehen wird und die Funktionalität größtenteils auf dem Server verbleibt.

Eine wichtige Entscheidung für den automatischen Test solcher Systeme ist, ob die Benutzerschnittstelle mitbetrachtet werden soll oder ob hierfür ein manueller Test effizienter ist. Speziell im Fall von Thin Clients kann es ausreichend sein, die Automatisierung direkt über die Client-Schnittstellen arbeiten zu lassen und somit auf automatisierte GUI-Tests zu verzichten. Einer der Vorteile eines solchen Vorgehens ist die im Allgemeinen stark erhöhte Durchführungsgeschwindigkeit der automatisierten Testfälle. Im Falle von Fat Clients ist ein derartiges Vorgehen üblicherweise nicht angebracht, da ein großer Teil der Funktionalität im Client liegt und damit nicht getestet werden würde.

Parallele Verwendung durch mehrere User

Ein wichtiger Aspekt bei Client-Server-Systemen ist, dass in den meisten Fällen mehrere User mit dem System parallel arbeiten. Für einen automatisierten Test gibt es mehrere mögliche Szenarien:

- Mehrere Benutzer über denselben Testrechner
- Mehrere Benutzer über unterschiedliche physische Rechner
- Mehrere Benutzer über unterschiedliche virtualisierte Rechner

Im ersten Fall ist die Abarbeitung der automatisierten Testfälle auf einem physischen Rechner zu parallelisieren. Die meisten Testwerkzeuge bieten hierfür jedoch keine explizite Unterstützung, da Automatisierung über die GUI eine gewisse Exklusivität voraussetzt. Die Erstellung einer eigens dafür benötigten Funktionalität kann sehr aufwendig werden.

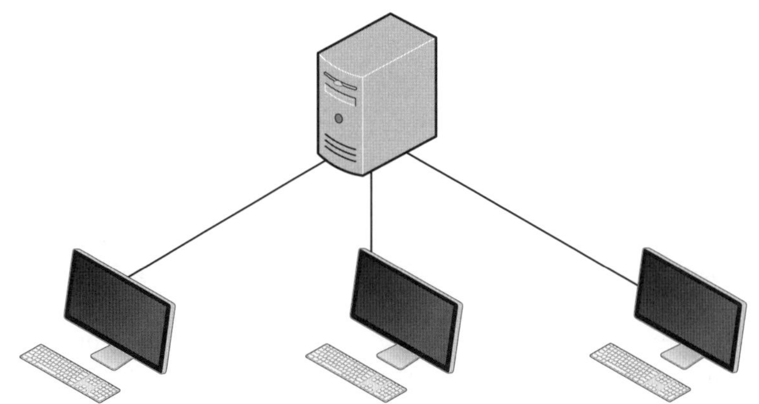

Abb. 4–5
Illustration einer Client-Server-Umgebung

Die zweite Möglichkeit enthält die Schwierigkeit der Kontrollierbarkeit der Testumgebung. Mehrere physische Rechner für den Zweck der Automatisierung zu konfigurieren und zu warten bedeutet einen nicht unerheblichen Aufwand, selbst bei identischer Bauart.

Virtualisierung

Die am meisten genutzte Möglichkeit ist der Test über mehrere virtualisierte Rechner. Diese Methode hat den Vorteil, einfach eine definierte Konfiguration eines Rechners auf mehrere Instanzen multiplizieren zu können.

Die Erfahrung zeigt, dass viele Testteams, die erstmals eine virtualisierte Umgebung nutzen, die dafür notwendigen Administrationstätigkeiten und den damit verbundenen Aufwand stark unterschätzen. Ein effektives Konfigurationsmanagement für die virtualisierten Testrechner ist erfolgskritisch.

Bei der Erstellung einer virtualisierten Umgebung für eine parallelisierte automatische Testdurchführung ist zu beachten, dass die Anzahl der virtualisierten Rechner rasch anwachsen kann. Des Weiteren müssen die Automatisierungsumgebung samt aller Abhängigkeiten sowie alle für den Zugriff auf das zu testende System notwendigen Komponenten installiert werden.

Und nicht nur das: Auch Aktualisierungen dieser Softwarekomponenten sowie des Betriebssystems sind in der Regel häufig notwendig. Unter Umständen soll die virtualisierte Umgebung zusätzlich auch für den Test unterschiedlicher Konfigurationen und Betriebssysteme genutzt werden. Daher ist ein entsprechender Prozess, im Regelfall mit automatisierten Lösungen für die Herstellung einer passenden Konfiguration, absolut notwendig.

4.4.3 Webapplikationen

Einen sehr häufig anzutreffenden und gut dokumentierten Spezialfall von Client-Server-Applikationen stellen Webapplikationen dar. Hier gibt es im Allgemeinen keinen spezifischen Client für eine Applikation, sondern einen generischen – den Browser. Durch die starke Standardisierung der übermittelten Daten (HTTP und HTML) können hier spezifische Methoden angewandt werden, die auf diese Protokolle abzielen und sich deren Verwendung zunutze machen (z.B. Capture & Replay auf Protokollebene). Viele Werkzeuge unterstützen Webapplikationen explizit. Auch die Parallelisierung von Testdurchführungen ist in Webapplikationen einfacher umzusetzen, da einige Werkzeuge nicht über die physische GUI, sondern über JavaScript auf die Oberfläche der Applikationen zugreifen oder überhaupt auf der Ebene der darunter liegenden Protokolle und Formate (HTTP und HTML/Text, eventuell mit In-Memory-Browser für JavaScript-Funktionalität) ihre Tests abarbeiten können, was die Testdurchführungszeit im Normalfall wesentlich beschleunigt.

Eine Festlegung, die eine Toolentscheidung deutlich vereinfacht, ist die Beantwortung der Frage, ob automatisierte Tests auf unterschiedlichen Browsern und Browserversionen durchgeführt werden sollen. Dies hängt speziell von den Funktionalitäten ab, die innerhalb des Browsers zur Verfügung gestellt werden, also von JavaScript, Ajax und ähnlichen Techniken. Die grafische bzw. visuelle Darstellung an sich automatisiert zu testen ist in vielen Fällen nicht effektiv machbar, also sind automatisierte Browsertests hauptsächlich in Fällen sinnvoll, in denen die Funktionalität auf diesem Weg getestet werden kann.

Teilautomatisierte Tests

Ein weiteres Szenario, in dem automatisierte Testabläufe in mehreren Browsern bereitgestellt werden können, sind teilautomatisierte Tests. Beispielsweise können automatisierte funktionale Tests durchlaufen und im Zuge der Durchführung Screenshots erfasst werden, damit nach dem Durchlauf ein Tester diese Screenshots manuell durchsehen und auf korrekte Darstellung überprüfen kann. Diese Methode kann eine gute Balance zwischen manuellem Testaufwand und Aufwand für die Automatisierung darstellen, da die maschinelle Überprüfung der korrekten Darstellung von Webpages mit dynamischem Inhalt zumindest zum aktuellen Zeitpunkt noch nicht stabil gewährleistet werden kann.

4.4.4 Mobile Applikationen

Generell kann man die Automatisierung mobiler Applikationen konzeptionell mit dem Test von Client-Server-Systemen vergleichen, mit dem Unterschied, dass statt Desktop-Clients mobile Endgeräte die Kommunikation mit dem Server übernehmen.

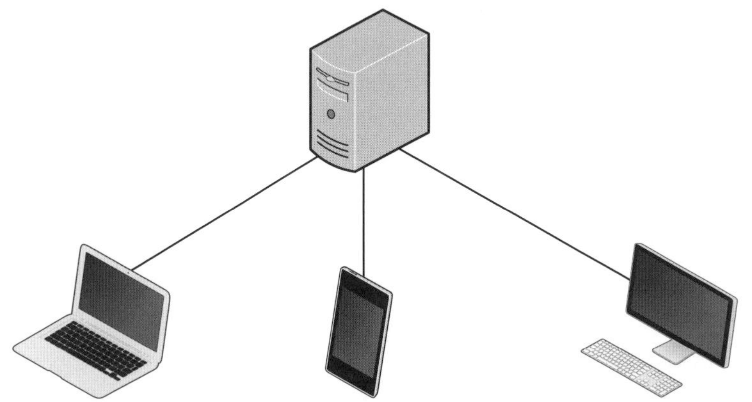

Abb. 4–6 *Illustration einer Client-Server-Umgebung mit mobilen Endgeräten*

So gesehen stellt sich die Frage, warum die Automatisierung der Tests von mobilen Applikationen überhaupt gesondert betrachtet werden sollte. Abgesehen von der konzeptionellen Ähnlichkeit dieser Einsatzgebiete zeigt sich jedoch, dass bei mobilen Applikationen einige spezielle Herausforderungen auftreten können, die eine gesonderte Betrachtung rechtfertigen.

Herausforderungen bei der Automatisierung mobiler Applikationen

Wie bereits zu Beginn erwähnt, stellt der automatisierte Test mobiler Applikationen ein Qualitätssicherungsteam vor spezielle Schwierigkeiten, die in diesem Abschnitt kurz aufgezählt und beschrieben werden sollen. An dieser Stelle sei angemerkt, dass viele der Punkte nicht nur auf die Testautomatisierung zutreffen, sondern ähnlich auch für den manuellen Test von mobilen Applikationen gelten und dementsprechend berücksichtigt werden müssen.

Auswahl der Testplattformen

Aktuell besteht die Gerätelandschaft aus einer Vielzahl von potenziell relevanten Endgeräten für Testautomatisierungsprojekte und ein großes Problem stellt daher die sinnvolle Auswahl einer Teilmenge von Geräten für die Testdurchführung dar. Dabei ist für Testautomatisierungsprojekte primär die starke Fragmentierung der Gerätehersteller sowie der Betriebssysteme problematisch, wohingegen unterschiedliche Versionen von Geräten oder Betriebssystemen relativ einfach handhabbar sind. Der Grund dafür ist, dass im zweiten Fall lediglich die Testdurchführung auf einem anderen Gerät stattfindet, die automatisierten Testskripte hingegen nicht angepasst werden müssen. Soll ein Testfall allerdings auf einem anderen Betriebssystem ausgeführt werden, so muss in den meisten Fällen ein neues Automatisierungsskript erstellt werden.

Folgende Fragen sollten bei der Auswahl von relevanten Testplattformen unter anderem berücksichtigt werden:

- Wer ist die Zielgruppe der Applikation (z.B. lediglich interne Nutzer, internationaler Nutzerkreis, auf Regionen beschränkt)?
- Welches sind die relevantesten Betriebssysteme in der Zielgruppe?
- Welches sind die relevantesten Gerätehersteller in der Zielgruppe?
- Wie erhalte ich Nutzungsdaten von dieser Zielgruppe (z.B. Nutzungsstatistiken von bestehenden Applikationen, länder-/regionenspezifische Statistiken)?
- In welchen Netzwerken muss die Applikation funktionieren (z.B. 3G, 4G, HSDPA, nur WLAN)?
- Welcher Überdeckungsgrad soll angestrebt werden (z.B. 80 % der von der Zielgruppe genutzten Betriebssystemversionen)?

- Welche Neuerungen/Änderungen wurden bei einer neuen Betriebssystemversion eingeführt und welche Auswirkungen könnten diese auf die zu testende Applikation haben (z.B. native Twitter-API bei iOS5)?
- Welche Schlüsse lassen sich aus der Analyse der Fehlerstatistiken ziehen (z.B. treten auf gewissen Plattformen gehäuft Fehler auf? Treten auf einer bestimmten Plattform kaum Fehler auf?)?
- Welche speziellen Hardwareanforderungen hat die zu testende Applikation (z.B. welche Sensoren werden benötigt, minimaler Arbeitsspeicher)?

Besonderheiten/spezielle Probleme bei der GUI-Testautomatisierung von mobilen Applikationen

Derzeit befindet sich die Automatisierung von mobilen Applikationen noch in einem frühen Reifestadium. Das lässt sich daran erkennen, dass für die Identifizierung von GUI-Objekten viele Hersteller immer noch auf Methoden der Bilderkennung setzen. Das führt dazu, dass auch kleine Änderungen am Look & Feel einer Applikation die Stabilität der Testautomatisierung stark negativ beeinflussen. Die Erfahrung bei der Testautomatisierung auf Desktop-PCs hat gezeigt, dass eine nachhaltige Testautomatisierung mit dieser oder ähnlichen Methoden nur schwer erreicht werden kann.

Die Alternative dazu ist die native Identifikation von GUI-Elementen, die es aktuell aber oft noch erforderlich macht, dass die zu testende mobile Applikation instrumentalisiert und damit verändert wird. Dadurch ist es nicht möglich, dass die getestete Applikation direkt veröffentlicht werden kann, und es besteht das Risiko, dass Unterschiede in diesen beiden Varianten auftreten.

Aber auch im Bereich der Objektinteraktion stellt die Automatisierung von mobilen Applikationen besondere Anforderungen. Zum Beispiel gilt heutzutage die Unterstützung von Gesten (z.B. »Flick«, »Tap«, »Pinch«, »Spread«, ...) als unabdingbar, um eine hohe Usability für die Endbenutzer erreichen zu können, und sie werden daher in vielen Applikationen für vielfältige Benutzerinteraktionen eingesetzt (ein »Pinch« und »Spread« wird beispielsweise fast universell als Zoomoperation interpretiert). Wie gut diese Interaktionsvariante von Testautomatisierungswerkzeugen jedoch unterstützt wird, variiert sehr stark von Hersteller zu Hersteller.

Umgang mit Interrupts

Ähnlich wie die zuvor erwähnten Gesten stellen auch Interrupts (z.B. eingehende Anrufe, SMS, Push-Notifications) die Werkzeughersteller sowie die Testautomatisierer vor große Herausforderungen. Werden für die Testdurchführung Emulatoren oder Simulatoren eingesetzt, so lassen sich die Unterbrechungen relativ einfach simulieren. Auf physischen Endgeräten ist dies jedoch nur schwer möglich.

Unterschiedliche Hardware der Endgeräte

Gerade bei mobilen Endgeräten findet sich eine Vielzahl von Geräten mit unterschiedlichster Hardware wieder, mit Unterschieden in diversen Komponenten. Je nach Applikation können diese Variationen für den Test relevant sein oder auch nicht. Für die Automatisierung bedeutet das, dass generell eine große Anzahl von Endgeräten unterstützt werden sollte und dass die Testdurchführung auf nur einer Hardwarevariante nicht besonders effektiv ist. Damit die Automatisierung tatsächlich einen Mehrwert für das Projekt darstellt, sollten die gleichen Testfälle auf vielen Geräten durchgeführt werden können. Daraus folgt allerdings, dass entweder Investitionen in die Anschaffung von physischen Endgeräten getätigt werden müssen oder dass Emulatoren und Simulatoren für die Testdurchführung genutzt werden.

Auch die Diversität in Bildschirmgröße, Auflösung und Punktdichte findet man in dieser Form nur bei mobilen Geräten. Diese Faktoren sind bei der Automatisierung von Desktop-Applikationen weniger relevant.

Netzwerkperformanz und unterschiedliche Typen von Netzwerkanbindungen

Da mobile Applikationen oft mit unterschiedlichen und ständig wechselnden Netzwerkanbindungen funktionieren müssen, stellt sich die Frage, wie dieser Aspekt in der Testautomatisierung berücksichtigt werden kann. In der Praxis werden diese Tests entweder manuell in Feldtests oder in einer Testumgebung mit simulierten Netzwerkverbindungen (WAN-Emulatoren) durchgeführt.

Lösungsansätze

In den folgenden Abschnitten sollen nun einige mögliche Lösungsansätze und Methoden für die Testautomatisierung einer mobilen Applikation beschrieben werden, die bei der Lösung der zuvor erwähnten Herausforderungen unterstützen können. Dabei gelten die folgenden Überlegungen primär für formularbasierte Applikationen, bei denen ein Großteil der Businesslogik nicht am Endgerät, sondern auf einer anderen Schicht implementiert ist. Für reine Medienapplikationen (z.B. Spiele) sind diese Ansätze nicht geeignet, da diese oft nicht formularbasiert und mit eindeutigen Eingabe/Reaktions-Patterns getestet werden können.

Multi-Layer-Test

Einer der wichtigsten Ansätze bei der Automatisierung von mobilen Applikationen ist der Multi-Layer-Test. Die Grundannahme dabei ist, dass aufgrund der Vielfalt an Zielplattformen ein Großteil der funktionalen und nicht funktionalen Anforderungen nicht auf dem Endgerät selbst, sondern auf einer technischen Schicht getestet wird. Da diese technischen Schichten geräteneutral definiert und implementiert werden, kann man davon ausgehen, dass eine auf diesen Ebenen verifizierte Anforderung auch am Endgerät funktioniert. Beispiele dafür sind Tests der Service- oder Business-Layers.

Zusätzlich spielen bei diesem Ansatz auch Entwicklertests (Unit Tests, Komponententests) eine wichtige Rolle. Durch diese Tests sollten bereits viele der Grundfunktionalitäten, wie zum Beispiel Berechnungen, Businessregeln und Ähnliches, ausführlich verifiziert werden.

Auch kann in einigen Fällen davon der Glücksfall eintreten, dass der Test von grundlegenden Funktionalitäten bereits an anderer Stelle abgedeckt ist (z.B. bei der serverseitigen Funktionalität eines bereits eingehend getesteten E-Banking-Systems, das nun auch via Mobile-Client-App zur Verfügung gestellt wird).

Dabei darf jedoch nicht vergessen werden, dass auch bei diesem Ansatz Tests auf dem tatsächlichen Endgerät notwendig sind. Allerdings kann deren Anzahl drastisch reduziert und gleichzeitig die Menge an Zielplattformen vergrößert werden. Die notwendige Testtiefe wird daher nicht durch umfangreiche Tests über die Benutzerschnittstelle gewährleistet, sondern durch die auf einer anderen Schicht durchgeführten Tests.

Insgesamt erreicht man dadurch also eine effizientere Testautomatisierung, ohne jedoch das Risiko von unerkannten Fehlerzuständen aufgrund einer zu geringen Testtiefe zu erhöhen.

Des Weiteren bietet die Automatisierung auf Nicht-UI-Ebene noch weitere Vorteile:

- Die Komplexität der Automatisierung von Integrationstests (z.B. von SOAP/REST-konformen Webservices) ist geringer als die Automatisierung von UI-Tests.
- Durch die geringere Komplexität und bessere Automatisierbarkeit sinken auch die Kosten für die Durchführung eines Testfalls.
- Die Durchführungsgeschwindigkeit und Stabilität sind höher (z.B. weil Vorbedingungen schneller hergestellt werden können).
- Aufgrund der hohen Durchführungsgeschwindigkeit und geringen Kosten pro Durchführung können pro Release umfangreiche Regressionstests durchgeführt werden.
- Die Fehleranalyse ist in den meisten Fällen deutlich einfacher und kostengünstiger durchzuführen.

Einsatz von Simulatoren und Emulatoren

Auch wenn mit diesem Ansatz nur ein geringer Anteil von funktionalen Anforderungen auf einem physikalischen Endgerät getestet werden müssen, kann dieser Teilbereich trotzdem sehr zeit- und kostenintensiv werden. Ein vielversprechender Weg, um diese Probleme zu vermeiden, stellt der Einsatz von Emulatoren und Simulatoren als Ersatz für reale Endgeräte dar. Die primären Ziele sind dabei sowohl die Reduktion von Kosten als auch das Sicherstellen einer flexiblen Geräteauswahl mit der Möglichkeit, neue Geräte rasch und ohne großen Aufwand bei der Testdurchführung berücksichtigen zu können.

Risikobasierte Auswahl der Zielplattformen

Abschließend fehlt bei all diesen Ansätzen noch ein zentraler Aspekt: die Auswahl von relevanten Zielplattformen für die Testdurchführung.

Denn auch die automatisierte Durchführung stößt bei der zurzeit am Markt verfügbaren Menge an potenziellen Zielplattformen an ihre Grenzen. Wie eine aktuelle Nutzeranalyse, durchgeführt von Entwicklern der OpenSignal-App, zeigt, fanden sich bei 682.000 Benutzern der Applikation 24.093 unterschiedliche Android-Geräte. In einer inhaltlich gleichen Analyse aus dem Jahr 2012 betrug diese Zahl noch lediglich 3.997 Geräte. Diese Gerätevielfalt und vor allem deren Verteilung und Häufigkeit wird in Abbildung 4–7 gezeigt.

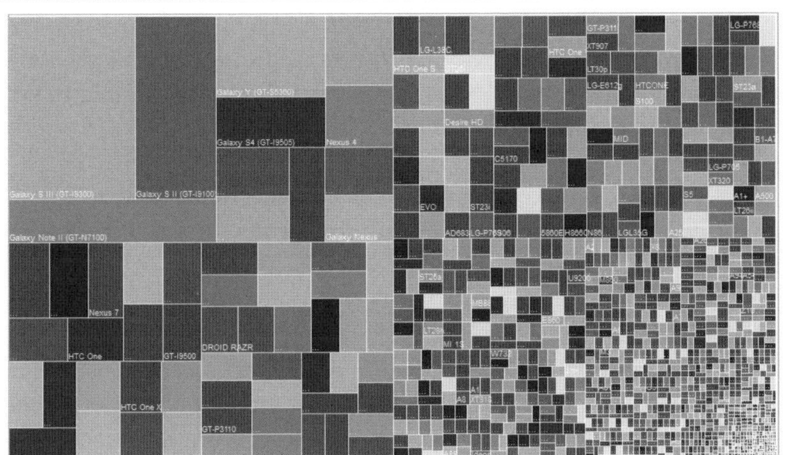

Abb. 4–7
Verteilung und Häufigkeit von Android-Geräten, erhoben anhand von Statistiken der OpenSignal-Applikation [URL: OpenSignal]

Um in diesem Umfeld zielführend Testautomatisierung durchführen zu können, ist es daher notwendig, eine Möglichkeit zu finden, um diese Vielzahl zu reduzieren. Dies sollte geschehen, ohne dabei ein allzu großes Risiko eingehen zu müssen, konfigurationsspezifische Probleme nicht zu erkennen. Es ist daher empfehlenswert, wenn bei der Umsetzung einer Automatisierungslösung bereits frühzeitig Kriterien für die Auswahl definiert werden. Je nach Projekt und Zielgruppe unterscheiden sich diese Kriterien drastisch. Interne Applikationen haben beispielsweise oft den Vorteil, nur auf einer sehr begrenzten Anzahl an Geräten und Betriebssystemen funktionieren zu müssen. Anders sieht das hingegen bei Applikationen für Endkunden bzw. Businesskunden aus. Hier können Nutzungsstatistiken von bestehenden Applikationen oder länder- bzw. regionenspezifische Statistiken die Entscheidung unterstützen.

Einsatz von Cloud-Services

Die Idee beim Einsatz von Cloud-Services für das Testen mobiler Applikationen ist, dass die Nutzung von verschiedenen mobilen Endgeräten strukturierter und einfacher durchgeführt werden kann. So muss nicht für jeden Test das passende Gerät organisiert werden, sondern es wird ein Cloud-Service angesprochen, der den Test auf dem gewünschten Gerät, Emulator oder Simulator ablaufen lässt und die Testergebnisse an den Tester zurückliefert.

Zusätzlich kann meist eine parallele Testdurchführung auf mehreren Geräten gleichzeitig stattfinden, ohne zuvor die Endgeräte physisch am Teststandort oder die Emulatoren bzw. Simulatoren über den Computer vorzubereiten. Dies erhöht die Effizienz des Testens und entlastet den Tester durch Verringerung der organisatorischen Tätigkeiten.

Durch eine Cloud-Lösung mit echten Testgeräten ist auch das Gerätemanagement einfacher, da das Inventar über den Service stets abrufbar ist und der aktuelle Status jederzeit überprüft werden kann. Auch die Problematik, dass Geräte verlegt oder für längere Zeit ungenutzt bei einem Tester liegen gelassen werden, wird minimiert.

Wird eine Cloud-Lösung mit Emulatoren und Simulatoren gewählt, so entfällt die Anschaffung der Testgeräte für die Cloud. Die Anbieter einer solchen Lösung stellen den gesicherten Zugang zu den virtuellen Testgeräten zur Verfügung, den die Tester dann für die Testdurchführung nutzen können.

Die Wahl des passenden Cloud-Service kann durch verschiedene Aspekte geprägt sein. So müssen die Leistungen der Anbieter evaluiert und die daraus resultierenden Vorteile abgewogen werden.

4.4.5 Webservices

Zusätzlich zu Webapplikationen sind auch Applikationen mit Webservice-Integration immer häufiger anzutreffen. Gerade auch im Bereich der sogenannten »Systems of Systems« (Systeme, die durch die Integration von mehreren in sich eigenständigen Teilsystemen entstehen) sind Webservices eine weitverbreitete Methode zur Kommunikation zwischen Systemen.

Ein Webservice ist ein unabhängiger, logisch abgeschlossener Softwarebaustein, der neben seiner Implementierung über eine öffentliche Schnittstelle verfügt, die über das Internet nutzbar ist. Die Implementierung kann in jeder Sprache und auf jeder Plattform erfolgen, wodurch Webservices große Bedeutung für die Interoperabilität haben.

Webservices spielen eine Hauptrolle in der serviceorientierten Architektur (SOA), die drei Rollen und Interaktionen definiert:

- Service-Provider – veröffentlichen
- Service-Requester – auffinden
- Service-Broker – binden

Der Service-Provider implementiert einen Webservice und veröffentlicht seine Schnittstelle. Über den Service-Requester können Webservices gesucht werden und der Service-Broker hält u.a. Informationen über den Leistungsumfang der Webservices und deren Nutzung bereit.

Eine Stärke von Webservices ist das Einhalten von Standards, deren wichtigste die folgenden sind:

- SOAP (Simple Object Access Protocol) – für den Austausch von XML-basierten Nachrichten
- WSDL (Web Service Description Language) – für die XML-basierte Beschreibung der öffentlichen Schnittstelle
- UDDI (Universal Description, Discovery and Integration) – für das Veröffentlichen und Auffinden von Webservices

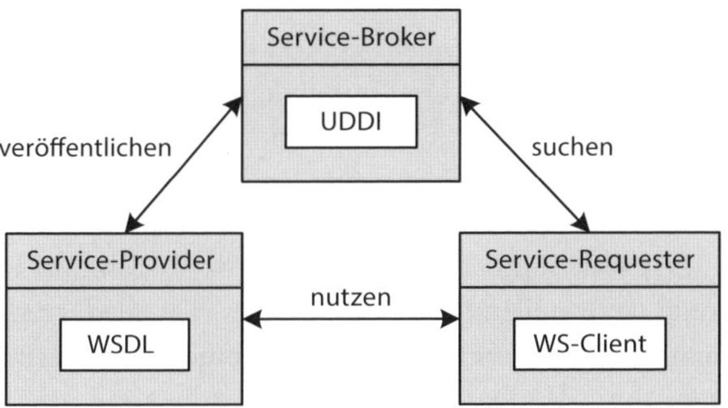

Abb. 4–8
Magisches SOA-Dreieck [Dostal et al. 07]

Aber auch flexiblere, weniger stark standardisierte Formen von Webservices wie z.B. REST sind in bestimmten Einsatzgebieten verbreitet.

Auch hier spielen XML, aber auch JSON und HTTP eine wesentliche Rolle. Eine Applikation schickt einen HTTP-Request an eine andere Applikation, die einen Webservice bereitstellt, und erhält eine Antwort in Form einer HTTP-Response. Wie Request und Response aussehen können, ist üblicherweise formal spezifiziert: in Form von WSDL- (typischerweise in Kombination mit SOAP-Applikationen) oder WADL-Spezifikationen (typischerweise mit REST-Applikationen), die ebenfalls bereitgestellt werden.

Webservices sind durch ihre gute Toolunterstützung (sowohl bei der Implementierung als auch beim Test) gut automatisiert testbar. Auch als Schnittstelle für z.B. Testdatenvorbereitung sind sie oft effizienter verwendbar als eine Benutzerschnittstelle.

Einige vereinfachende Aspekte gegenüber Webapplikationen auf HTML-Basis sind:

- Schnellere Testdurchführung, da kein Browser und Rendering benötigt wird
- Keine zusätzliche Ebene an Funktionalität (wie z.B. JavaScript), die berücksichtigt werden muss
- Keine inhärente Darstellungs- oder System/Browser-Kompatibilitäts-Problematik

4.4.6 Data Warehouse

Ein Beispiel komplexer Systeme mit vielen Schnittstellen, Daten und oft wenig intuitiver Struktur sind Data Warehouses. Datenbanken und die darunter liegenden Systeme und Standardprodukte selbst unterscheiden sich prinzipiell im Test nicht wesentlich von anderen Applikationen – sie haben konkrete Anforderungen und Use Cases. Im Gegensatz dazu stellen Data Warehouses zentrale Datensammlungen aus mehreren Systemen eines Unternehmens dar, deren Struktur und Aufbereitung der Daten eine umfassende Analyse erlaubt, um Management- und Businessentscheidungen zu unterstützen.

Grundsätze von DWH

Ein Data Warehouse (DWH) erfüllt im Wesentlichen zwei Grundsätze:

- **Integration von Daten**
  In einem DWH sind Daten aus verteilten und unterschiedlich strukturierten Quellen zu einem gemeinsamen, konsistenten Datenbestand (Datenbank) zusammengefasst. Somit wird eine globale Sicht auf die ursprünglich heterogenen und verteilten Datenbestände erreicht, die es ermöglicht, Datenanalysen und übergreifende Auswertungen durchzuführen.
- **Separation von Daten**
  Dieser Aspekt betrifft die Trennung von Daten des operativen Bereichs von jenen Daten, die im DWH z.B. für Geschäftsanalysen verwendet werden.

Den Betrieb eines DWH, beginnend bei der Datenbeschaffung über die Speicherung der Daten in der DWH-Datenbank bis zur Verwaltung von Datenbeständen für nachfolgende Datenanalysen und -auswertungen, nennt man »Data Warehousing«.

Hier gibt es abseits der organisatorischen Problematik und der Infrastruktur (große Datenmengen, rechtlich sensitive Daten etc.) einige andere Aspekte, die den manuellen Test beinahe unmöglich machen:

- Viele technische Schnittstellen mit vielen Ursprungssystemen für Daten
- Keine grafische Oberfläche
- Aufwendige Kernfunktionalitäten wie z.B. Historisierung von Daten oder Konsistenzprüfungen
- Import, Export und Semantik der Daten sind komplex und in vielen Fällen dem Testteam nicht im Detail bekannt

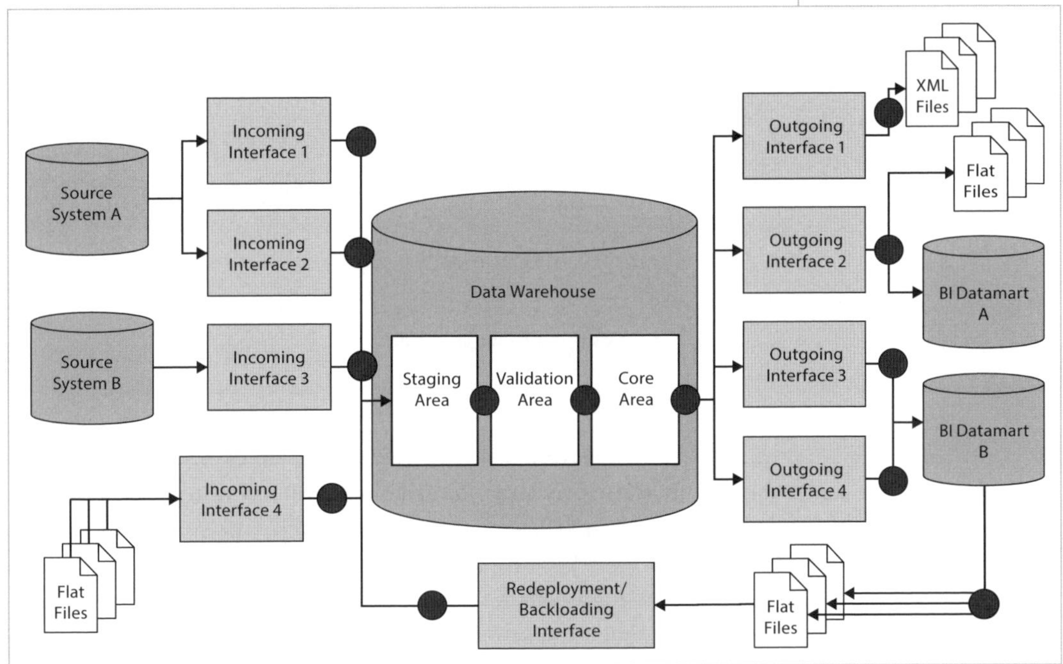

Abb. 4–9
Ansatzpunkte für den Test eines Data Warehouse

Für einen umfassenden Test ist in den meisten Fällen eine Kombination von automatisierten Ansätzen notwendig. Für den Kernbereich des Data Warehouse, also die zentrale Datenhaltung und eigentliche Data-Warehouse-Funktionalität, wie z.B. Historisierung, Referenzen oder andere Kernfunktionalitäten, gibt es üblicherweise Konsistenzregeln bzw. Regeln, denen die Daten im Kernsystem genügen müssen. Hier kann ein automatisiertes System überprüfen, ob diese Regeln tatsächlich eingehalten werden, also ob z.B. in der Datenhistorie immer der aktuelle Datensatz die Markierung für den derzeit gültigen Datensatz besitzt.

Interfaces

Eine weitere wichtige Rolle spielen die Input- und Output-Interfaces von Data Warehouses. In vielen Fällen sind hier zahlreiche Systeme über ETL-Schnittstellen (Extract/Transform/Load) an das Data Warehouse angebunden. Da sich auch diese Systeme immer wieder verändern können, befindet sich diese Interface-Landschaft in vielen Fällen in ständiger Veränderung und somit ist ein automatisierter, leicht wartbarer Regressionstest wichtig. Für den Test der Input- und Output-Interfaces eines Data-Warehouse-Systems gibt es mehrere Ansätze, die hier über ein abstraktes Beispiel illustriert werden:

Plausibilitätschecks

Es werden m gültige und n ungültige Datensätze importiert. Im Zielsystem müssen nun m Datensätze akzeptiert sein und n Datensätze als »rejected« im Log erscheinen.

- Vorteile
  Test ist einfach und überall einsetzbar.
- Nachteil
  Inhalte werden nicht betrachtet.

Nachimplementierung

Nachimplementierung (oder auch »Back-to-Back Testing«) bezeichnet die Implementierung der Funktionalität oder eines Teils der Funktionalität eines Systems zu Testzwecken, um die Ergebnisse der Implementierung bei Eingabe der gleichen Datenmenge (die oft aus Produktivumgebungen bezogen wird) vergleichen zu können und dadurch Fehler aufzudecken. Die Import- und Transformationsregeln werden in einem Automatisierungsframework nachimplementiert und die Ergebnisse des zu testenden Interface (nach z.B. einem Testlauf mit anonymisierten Echtdaten) werden mit den Ergebnissen des Automatisierungsframeworks verglichen.

- Vorteile
  Kein Wissen über Ursprungssysteme notwendig, inhaltlicher Test mit Echtdaten ist möglich.
- Nachteile
  Keine Garantie über Testüberdeckung, Nachimplementierung der Funktionalität des zu testenden Systems ist aufwendig

Definierte Eingabe-Ausgabe-Paare

Eine bekannte und nach Testentwurfsmethoden aus den Import- und Transformationsregeln abgeleitete Menge an Testdatensätzen wird importiert und das Ergebnis mit bekannten, ebenfalls abgeleiteten Ergebnisdaten verglichen.

- Vorteile
  Garantie über Testüberdeckung ist möglich, einfach zu implementieren.
- Nachteil
  Ziel- und/oder Ursprungssysteme müssen bekannte Datenformate haben.

4.4.7 Dynamische GUIs: Formularlösungen

Die meisten Applikationen haben ein bekanntes, konstantes Interface. So hat die den meisten Systemen beigelegte Taschenrechner-Applikation beispielsweise eine bestimmte Anzahl an Tasten und Eingabefeldern – manchmal gibt es noch einen Wissenschaftsmodus, der einige Tasten und Felder hinzufügen kann, aber im Allgemeinen ist die GUI bekannt. Dies gilt nicht für alle Applikationen – repräsentativ für eine Klasse von Applikationen mit dynamisch veränderlichen GUIs werden im Folgenden sogenannte »Formularlösungen« betrachtet.

Formularlösungen zeichnen sich dadurch aus, dass eine Menge an Formularen von einem Formulardesigner erzeugt wird, die dann einer größeren Benutzergruppe zur Verfügung gestellt werden. Soll so ein System getestet werden, wird es notwendig sein, beide Seiten der Nutzung zu beleuchten. Ein typisches Szenario ist es also, ein Formular im Formulardesigner-Interface zu erstellen und dies dann von der Benutzerseite aus zu überprüfen.

ZUSTIMMUNGSERKLÄRUNG 1 **ANTRAGSTELLERIN** 2 ANTRAGSDATEN 3 BEILAGEN 4 GEBÜHREN 5 KONTROLLE 6

AntragstellerIn

Familienname *

Vorname *

Akademischer Grad

Akademischer Grad (nachgestellt)

Geburtsdatum (TT.MM.JJJJ) *

Abb. 4–10
Die für den Testfall benötigten GUI-Elemente können je nach Testdaten unterschiedlich sein – das Paradebeispiel hierfür sind Formularlösungen.

Wie bereits dargestellt, unterstützen die meisten kommerziellen Werkzeuge eine Methode der Abstraktion von GUIs von ihren physischen Erkennungsmerkmalen – im dargestellten Beispiel »GUI-Maps« genannt. Die Methode verwendet konstante Werte oder Wildcards bzw. Regular Expressions zur Identifikation von GUI-Elementen am Bildschirm.

Dies ist bei Formularlösungen nicht immer möglich: Das GUI aufseiten des Formulardesigners ist üblicherweise konstant. Die Objekte, die der Benutzer in einem Formular zur Verfügung hat, sind allerdings nicht konstant, sondern abhängig davon, was der Formulardesigner zuvor konfiguriert hat. Selbst bei konstanten Eingaben des Formulardesigners werden die Eingabefelder zur Laufzeit generiert und können unter Umständen bei jedem Lauf unterschiedliche Eigenschaften haben. Selbst wenn sie bei jedem Lauf gleich sein sollten: Es wird eine große Anzahl an Formularen notwendig sein, um so ein System durchgängig zu testen – jedes dieser Formulare manuell aufzuzeichnen ist oft unmöglich.

Dynamische Erkennungskriterien

Daher kann es notwendig sein, die Erkennungskriterien erst zur Laufzeit zu definieren. Ein beispielhafter Testfall könnte so aussehen:

FieldName	Type	Length
Vorname	String	20
Nachname	String	40
Geburtsdatum	Date	

Bei der Durchführung dieses Testfalls wird ein Formular angelegt, das die Felder »Vorname«, »Nachname« und »Geburtsdatum« mit den entsprechenden Datentypen enthält. Danach wird das Formular geöffnet und mit (den Datentypen entsprechenden) vordefinierten Testdaten befüllt.

Um diesen Testfall nicht manuell ausführen zu müssen, gibt es mehrere Möglichkeiten. Eine Variante ist, manuell eine GUI-Map für dieses Formular zu erstellen. Dies birgt aber die Problematik, dass bei Änderungen nun sowohl die Testdaten bzw. der Testfall als auch die dazugehörige GUI-Map zu adaptieren sind. Für jeden Testfall dieser Art sind die GUI-Elemente einzeln zu erfassen und zu warten. Somit ist es effizienter, die Erkennungsmerkmale erst zur Laufzeit zu ermitteln oder sie nach definierten und der Applikation entsprechenden Regeln zu erstellen.

Dies ist in vielen GUI-Automatisierungswerkzeugen möglich. In einigen ist dies bereits in der Oberfläche für GUI-Maps abgebildet (also können Erkennungsmerkmale mit Daten befüllt werden), in anderen ist es nur über Scripting möglich. Einige Automatisierungswerkzeuge unterstützen eine solche Verwendungsweise nicht.

4.4.8 Cloud Based Systems

Für »Cloud Computing« gibt es keine eindeutige Definition, aber viele pragmatische Ansätze, die zugrunde liegenden Konzepte und Eigenschaften zu beschreiben.

Die wichtigste Eigenschaft von Cloud Computing ist, dass Anwendungen, Werkzeuge, Entwicklungsumgebungen, Managementtools, Speicherkapazität, Netzwerke, Server etc. vom Anwender nicht mehr selbst bereitgestellt oder betrieben, sondern von einem oder mehreren Anbietern »gemietet« werden, die die IT-Infrastruktur über ein Netzwerk als Cloud-Services öffentlich anbieten. Das hat für den Nutzer den Vorteil, dass Anschaffungs- und Wartungskosten für

IT-Infrastruktur entfallen. Es werden nur die tatsächlich konsumierten Services für die Dauer der Nutzung bezahlt. Standardisierte und hoch skalierbare Services ermöglichen es vielen Unternehmen, nun Dienstleistungen in Anspruch zu nehmen, die früher kaum zu bezahlen waren.

Ein Problem, mit dem sich der Anwender von Cloud-Services auseinandersetzen muss, ist die Datensicherheit. Es liegt in seiner Verantwortung, welche Daten er in welchem Umfang außerhalb seines Unternehmens geben möchte.

Die übliche Darstellung der Cloud-Computing-Architektur besteht aus drei Schichten:

- Infrastruktur – Infrastructure as a Service (IaaS)
  Server, Archivierungs- und Backup-Systeme werden den Nutzern als virtuelle Services über das Internet zur Verfügung gestellt.
- Plattform – Platform as a Service (PaaS)
  Diese Form dient der Entwicklung und Bereitstellung von eigenen Anwendungen, um sie in die Cloud zu integrieren und zu betreiben.
- Software – Software as a Service (SaaS)
  Softwareapplikationen können als standardisierte Services über das Internet bezogen werden.

Arten von Clouds

Man unterscheidet folgende Arten von Clouds:

- Private Cloud
  Sowohl Anbieter als auch Nutzer befinden sich im selben Unternehmen, wodurch beispielsweise die Probleme der Datensicherheit wegfallen.
- Public Cloud
  Kann von beliebigen Anwendern genutzt werden und ist nicht auf interne Anwendungen eines Unternehmens beschränkt; bei Public Clouds spielt der Aspekt der Datensicherheit eine wichtige Rolle.
- Hybrid Cloud
  Kombiniert Private Clouds und Public Clouds.

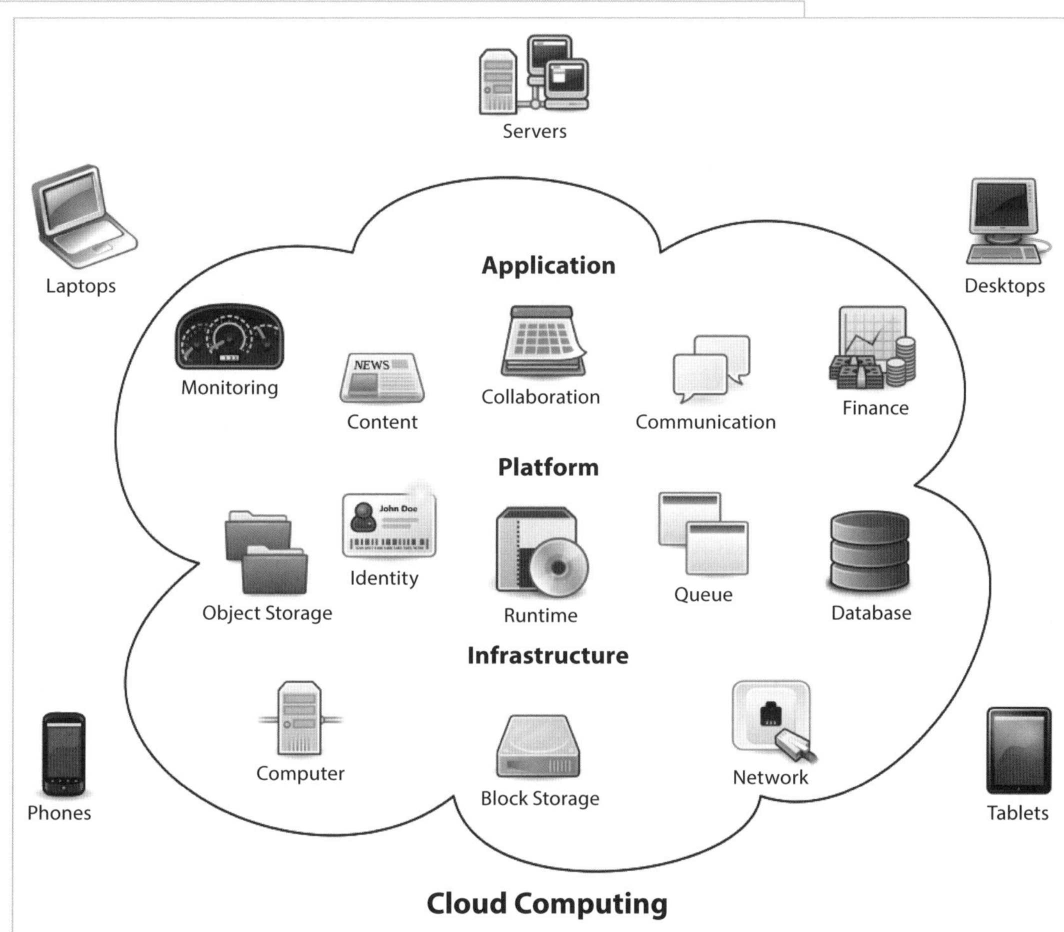

Abb. 4–11
Beispiel für eine Systemstruktur unter Einsatz von Cloud-Technologien (Quelle: Wikipedia)

Die Auslagerung der Betriebsumgebungen und die Nutzung von externen Services für Funktionalitäten haben auch auf den Test einen wesentlichen Einfluss. Gerade in solchen mehrschichtigen Szenarien, in denen Verantwortlichkeiten nicht bei einer einzelnen Partei liegen und funktionalitätsrelevante Teile unabhängig voneinander entwickelt und betrieben werden, ist eine kontinuierliche Überprüfung der Funktionalität der Systeme im Sinne eines häufig durchgeführten Regressionstests notwendig.

Klarer Scope für Test und Automatisierung

Wichtig ist hierfür, den Scope für Test und Testautomatisierung klar abzustecken und zu klären. Tests, die ein Cloud-Infrastruktur-Provider durchführen muss, sind in der Regel grundsätzlich anders fokussiert als Tests, die ein Plattform- oder Softwareentwickler oder gar der Kunde selbst durchführt. Aus Applikationsentwickler- oder Kundensicht ist die Cloud-Infrastruktur und/oder Plattform in vielen Fällen eine Blackbox und nicht explizites Testziel. Das zu testende System kann beispielsweise eine Webapplikation sein und auch als solche getestet werden.

Für Plattform- und Infrastruktur-Provider bietet sich jedoch ein Bild, das mehr auf die technischen Bereiche von Betriebs- und Interoperabilitätstests setzt.

4.4.9 Künstliche Intelligenz und Machine Learning

In traditionellen Entwicklungsformen haben Entwickler und Anforderer/Anwender in der Regel einen gemeinsamen Kontext der Anwendung. Auf Basis des angeforderten Verhaltens definiert der Entwickler Regeln in Form von ausführbarem, meist streng deterministischem Code. Daher drehen sich traditionelle Teststrategien hauptsächlich um die folgenden zwei Risiken:

- Lücken im gemeinsamen Verständnis in Form von fehlenden, unvollständigen und falsch interpretierten Anforderungen
- Die fehlerhafte Umsetzung der Regeln (Unterlassungsfehler, Umsetzungsfehler, widersprüchlichen Regeln usw.)

Im Gegensatz zu traditionell manuell implementierten Systemen basiert die implementierte Funktionalität von Systemen, die mit Machine Learning umgesetzt sind, nicht notwendigerweise auf einem menschlichen exakten Verständnis der dahinterliegenden Algorithmen und ihres Kontexts oder gar textueller Anforderungen. Es wird beispielsweise im »Supervised Learning« eine ausreichend große Datenbasis an Eingabe- und erwarteten Ausgabewerten herangezogen, die für das Training z.B. eines neuronalen Netzes verwendet wird. Das erlernte Muster erfordert also kaum Verständnis oder Kontext der dahinterliegenden eigentlichen Logik. Das erlernte Muster wird dann mit einem weiteren Datenbestand aus Eingabewerten und Sollergebnissen validiert. Diese Form eines Tests ist also bereits in vielen Fällen ein grundlegender Bestandteil der Methode.

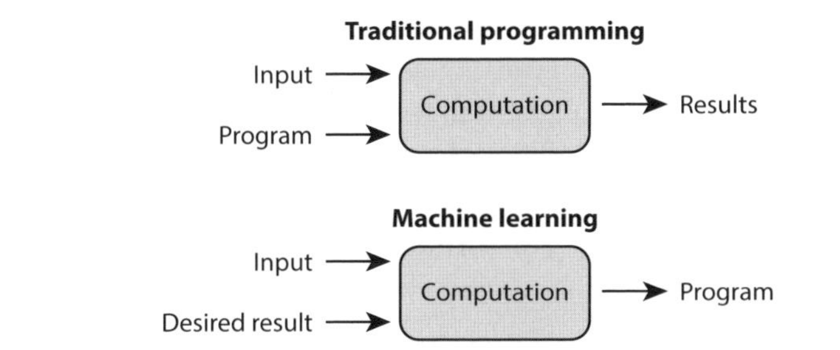

Abb. 4–12
AI/ML-Applikationen unterscheiden sich tiefgehend in ihrer Herangehensweise von traditionell entwickelten Softwaresystemen [URL: ML].

Allerdings ist auch diese Form des Tests weitgehend frei von der eigentlichen Intention des Anforderers/Nutzers und dessen Kontext. Es verbleiben also einige Risiken:

- Alles andere als präzise, vollständige, konsistente und valide Daten können zu falschem Verhalten führen.
- Falsch gewählte Daten können zu stark verzerrtem Verhalten der darauf trainierten KI-Systeme führen.
- Die Verarbeitung ungefilterter, unorganisierter und unsauberer Daten mit einer beliebigen KI- oder Analyseanwendung führt zu ungenauen oder falschen Ergebnissen.
- Der Eingaberaum ist häufig nicht exakt abgrenzbar, wie z.B. bei der Verarbeitung von natürlichsprachlichem Input (z.B. Chatbots).

Daher ist ein Test in einem realen Anwendungskontext notwendig. Dieser hat aber nun die Schwierigkeit, dass es aufgrund der Natur dieser Methode häufig kein reales Testorakel gibt, sondern die tatsächlichen Ergebnisse gegenüber der Erwartungshaltung des Testers geprüft werden. Dies gilt auch für die Eingabeparameter: Methoden, wie z.B. die Äquivalenzklassenanalyse sind nicht einfach anwendbar, da es keine formale Spezifikation für deren Herleitung gibt.

Hinzu kommt, dass sich das Verhalten z.B. bei kontinuierlich lernenden Systemen oder im Rahmen von neuen Versionen oder Datenbeständen unerwartet drastisch verändern kann.

Einige Aufgaben gilt es im Zuge der Tests von solchen Systemen zu bewerten:

- Bevor der Test durchgeführt wird, sollten der Kernalgorithmus des KI-Modells und seine Grundlage für die Erstellung einer Vorhersage analysiert und verstanden werden. Im Fokus stehen Merkmale, die sich auf das KI-Modell und dessen Geschäftsregeln auswirken.

- Testszenarien sollten Voreingenommenheit aufdecken. Voreingenommenheit kann die Funktionalität der Anwendung negativ beeinflussen. Dies ist möglich, indem ein separater Satz von Testdaten ausgewählt wird, der nicht zum Training des Modells verwendet wurde.
- Für klar definierte, kritische Szenarien sollten explizite Tests vorhanden sein.
- Ergebnisse sollten eingehend analysiert werden, insbesondere jene, bei denen das Modell derzeit falsch antwortet. Gibt es Muster oder Gemeinsamkeiten in den Ergebnissen? Diese Informationen helfen, die für die Tests verwendeten Testdaten weiter zu verfeinern und weitere Probleme zu erkennen.
- Sicherheitstests sollten ein integrierter Bestandteil der KI-Modellprüfung sein. Unsachgemäßes Testen kann dazu führen, dass das KI-Modell (wie z.B. Chatbots) manipuliert wird, um vertrauliche Geschäftsinformationen preiszugeben

Darüber hinaus gibt es bestimmte, teilweise auch spezifische Formen von Tests für diesen Bereich:

Cross-Validation Test

Cross-Validation Tests basieren auf dem Prinzip, dass Testdatensatz und Trainingsdatensatz unterschiedlich sein sollten. Dies ist essenzieller Bestandteil von vielen Machine-Learning-Algorithmen.

Hypothesis Testing

Bei der Prüfung von Hypothesen gehen wir von einem Strohmann-Argument aus (als ein Scheinargument, das aufgestellt wurde, um widerlegt zu werden) und führen Tests durch, um zu versuchen, das Gegenteil zu beweisen.

Metamorphic Testing

Beim metamorphen Testen wird eine Beziehung zwischen Ein- und Ausgängen hergestellt, mit deren Hilfe validiert werden kann, ob das Ergebnis akzeptabel ist oder nicht. Software wird auf diese Beziehungen geprüft, die als metamorphe Beziehung bezeichnet werden. Wenn hier die geforderten Querbeziehungen nicht korrekt ausgeprägt sind, verursacht dies unerwünschtes Verhalten.

Adversarial Testing

Spezifische Szenarien sollen dazu führen, ein erlerntes Modell zu Fehlern zu verleiten. Sie wirken vergleichsweise wie eine optische Täuschung auf erlerntes Verhalten. Bei diesen Tests werden gezielt Beispiele geschaffen, die das Modell explizit darauf trainieren, sich nicht von dieser Art von Datensatz täuschen zu lassen.

Sensitivity Testing

Bei Sensitivitätstests wird beurteilt, wie »empfindlich« das Modell auf Schwankungen der Parameter und Daten, auf denen es aufgebaut ist, reagiert.

Evolution Testing

Hier wird gezielt geprüft, ob ein System im Laufe der Zeit lernt und sich entsprechend weiterentwickelt.

Intuitive Testfallermittlung und exploratives Testen

Diese Testverfahren eignen sich am besten zum Testen von KI-Anwendungen, da es viele unbekannte Einflussfaktoren geben kann. Hier werden die Erfahrung und das erlernte Wissen des Testers dem erlernten Verhalten des Systems gegenübergestellt.

Die meisten dieser Testverfahren sind gut automatisiert umsetzbar, weil sie trotz der nicht deterministischen Aspekte der Technologie spezifische Muster nach statischen Regeln abprüfen. Sie validieren also, neben dem im Trainingsalgorithmus inhärenten Test, die Praxistauglichkeit des entwickelten Systems.

Nutzung von KI und ML für Test und Testautomatisierung

Ein weiterer Aspekt von KI- und ML-Technologien ist der Einsatz dieser Techniken im Testen und bei der Testautomatisierung von Applikationen. Einige Beispiele für Möglichkeiten und Nutzung:

- Tagesaktuelle Risikobewertung und Ableitung einer spezifischen geeigneten Testsuite
- Automatische Analyse und Kategorisierung von fehlgeschlagenen Testfallergebnissen nach ihrer vermuteten Fehlerursache
- Selbstheilende Testautomatisierung bei Änderungen des SUT
- Ableiten eines Modells des SUT als Basis für den modellbasierten Testentwurf

- Analyse von großen Mengen an Testdurchführungsprotokollen, um daraus ein Modell der Testüberdeckung bzw. ein implizites Modell der Funktionalität zu erstellen, zum Abgleich auf deren Überdeckung und zur Erkennung von Schwachstellen
- Generierung von großen Mengen an realistischen, synthetischen Testdaten

An diesen und noch darüber hinausgehenden Themen wird (auch von den Autoren) aktiv geforscht, und zu einzelnen Bereichen sind bereits anwendbare Lösungen am Markt verfügbar.

Aus der Praxis:
Automatische Analyse von Testergebnissen

In agilen Teams, die über einen längeren Zeitraum aktiv sind, ergibt sich oft der Aufbau umfassender Testsuiten mit vielen Hunderten Testfällen. Ein »roter Testfall« bedeutet in der Regel viel manuelle Arbeit und Nachforschungsarbeit. Angenommen, es existieren 3000 Testfälle und der nächtliche Durchlauf ist mit einer Ausfallrate von 10% fehlgeschlagen. Der TAE vertieft sich in die Ergebnisse und verbringt einen halben Arbeitstag mit der Analyse von Elementen für 300 Testfälle. Das erzeugt Frust und es vergeht mitunter viel Zeit, bis ein endgültiges Ergebnis vorliegt. Das macht die Analyse von fehlgeschlagenen Durchläufen zu einem Engpass für das Wachstum der Automatisierung und für die Testüberdeckung.

Die Situation, die das Forschungsprojekt »Intelligent Test Automation« anstrebt, ist eine andere:

Wenn 10% der Tests fehlschlagen, also 300 Stück, soll anstelle von 300 Berichten eine sehr überschaubare Anzahl von Clustern mit vermuteten Ursachen vorliegen, oder, wenn nicht anders möglich, 30 einzelne fehlgeschlagene »sonstige« Testfälle. Daher müssen nur mehr 30 Testfälle im Detail betrachtet werden, es sind rasch die Hauptprobleme erkennbar, die sofort identifiziert werden können.

Im genannten Forschungsprojekt werden zwei Ansätze evaluiert:

- Das laufende Erlernen der Klassifikation nach der jeweiligen Fehlerursache auf Basis von manuellen Analysen durch TAE
- Die automatische Klassifikation in Gruppen von fehlgeschlagenen Testfällen nach Ähnlichkeiten in deren Durchführungsprotokollen

Beide Methoden erscheinen zum aktuellen Zeitpunkt vielversprechend. Ein erfolgreicher Abschluss dieses Projekts und das daraus umgesetzte System würden helfen, den Automatisierungsgrad des allgemeinen Regressionstestprozesses zu heben, und damit dessen Effizienz zu verbessern.

5 Berichte und Metriken

Ein essenzieller Aspekt bei der Einführung und dem Betrieb einer TAS ist die objektive Messung ihres Erfolgs, ihrer Qualität oder auch des generierten Mehrwerts. Dabei ist allerdings zu berücksichtigen, dass diese Messungen erst dann sinnvoll als Basis für eine Entscheidungsfindung herangezogen werden können, wenn sie auf nachvollziehbare und transparente Weise in Berichten veröffentlicht und konsistent von unterschiedlichen Parteien berücksichtigt werden.

In diesem Kapitel werden sowohl die Grundkonzepte von Metriken und Validität (siehe Abschnitt 5.1) als auch konkrete Beispiele für interne und externe TAS-Metriken vorgestellt (siehe Abschnitt 5.2). Außerdem wird gezeigt, wie diese in einer TAS realisiert werden können (siehe Abschnitt 5.3), und deren Veröffentlichungen und Visualisierung in Berichten behandelt (siehe Abschnitt 5.4).

5.1 Exkurs: Metriken und Validität

Grundsätzlich kann jegliche Messung (also die Zuweisung eines Zahlenwerts anhand konsistenter Regeln) eines Attributs als Metrik verstanden werden [IEEE 1061]. Dabei ist es vorerst irrelevant, auf welche Art diese Zuweisung erfolgt und ob dadurch eine valide Repräsentation des Attributs erreicht wird. In einem nachgelagerten Schritt muss bei einem Einsatz einer Metrik allerdings evaluiert werden, wie angemessen diese ist, um eine bestimmte Fragestellung zu klären.

Angemessenheit von Metriken bewerten

Für die Bearbeitung dieser Fragestellungen gibt es unterschiedliche Frameworks wie beispielsweise das durch Cem Kaner [Kaner & Bond 04] vorgestellte. Die Angemessenheit einer Metrik lässt sich für unsere Zwecke allerdings grob wie folgt zu zwei grundlegenden

Aspekten zusammenfassen: Validität und Skalenniveau der gemessenen Merkmale. Neben der Validität einer Messung müssen formal betrachtet auch die Kriterien der Objektivität und der Reliabilität berücksichtigt werden, um eine Aussage darüber treffen zu können, ob ein Verfahren verlässliche Schlüsse auf ein zugrunde liegendes Merkmal zulässt oder nicht. Zusammenfassend sind somit folgende Aspekte bei jeder Metrik zu betrachten:

- **Validität** – in sämtlichen Formen wie Inhaltsvalidität, Konstruktvalidität und besonders interne und externe Validität, um eine Aussage darüber treffen zu können, ob gemessene Werte überhaupt dem betrachteten Merkmal entsprechen und welche Aussagen, Verallgemeinerungen oder Vorhersagen verlässlich getroffen werden können.
- **Objektivität** – und somit der Grad, in dem Ergebnisse unabhängig von den Messbedingungen gemacht werden können.
- **Reliabilität** – das bedeutet, wie zuverlässig und reproduzierbar eine Messung erfolgt und damit die Genauigkeit beeinflusst.
- **Skalenniveau und gültige Operationen** – da jedes Merkmal entsprechend den eingesetzten Messverfahren und -vorschriften unterschiedlichen Skalenniveaus zugeordnet wird, ist dadurch auch beschränkt, welche Operationen und Transformationen möglich und mathematisch sinnvoll sind. So kann für Nominalskalen nur eine Aussage über die Häufigkeit, nicht aber über eine Rangfolge oder einen Abstand gemacht werden (im Vergleich zu Ordinal- oder Kardinalskalen).

5.2 Beispiele für Metriken

In dem in Abschnitt 5.1 angegebenen Rahmen sollen nun einige Beispiele für TAS-Metriken beschrieben werden, die für die Fortschrittsverfolgung der Ziele der TAS-Einführung und für die Überwachung der durch Änderungen an der TAS induzierten Auswirkungen (z.B. Effizienzsteigerung in der SUT-Entwicklung) eingesetzt werden können.

Externe und interne TAS-Metriken

Abhängig von ihrem Einsatzzweck lassen sich TAS-Metriken in externe und interne Metriken unterteilen. Eine externe TAS-Metrik versucht die Auswirkung einer TAS auf andere Prozesse oder Aktivitäten zu messen, wohingegen eine interne TAS-Metrik Merkmale der TAS selbst misst, um zum Beispiel eine Aussage über deren Stabilität treffen zu können.

Folgende TAS-Metriken können in der Regel ermittelt und anhand ihres Einsatzzwecks in externe bzw. interne Metriken gegliedert werden:

- **Nutzwert der Automatisierung** – eine externe Metrik, die zum Beispiel als Basis für eine ROI-Betrachtung von Automatisierungslösungen herangezogen werden kann.
- **Aufwand für die Erstellung automatisierter Tests** – eine externe Metrik, die sich einerseits für die Projektplanung einsetzen lässt, andererseits auch wertvolle Informationen über Optimierungen der TAS liefern kann.
- **Aufwand für die Analyse der bei automatisierten Tests ermittelten Abweichungen** – eine externe Metrik, die Einblicke in die Effizienz der Fehlerursachensuche gewährt und Optimierungsmaßnahmen bzw. Schwachpunkte in diesem Prozess aufzeigen kann.
- **Aufwand für die Wartung automatisierter Tests** – eine externe Metrik, die sowohl Schwachstellen in der TAS (z.B. unzureichende Abstraktionen in der Testfallbeschreibung) als auch in der Synchronisierung zwischen SUT und TAS (z.B. Änderungen am Benutzerinterface werden nicht kommuniziert) aufzeigen kann.
- **Verhältnis von fehlgeschlagenen Tests zu Fehlern im SUT** – eine externe Metrik, um eine Aussage über die Effizienz der Fehlerfindung von automatisierten Tests treffen zu können. Decken viele Tests häufig gleiche Fehlerzustände auf, ist das potenzielle Ressourcenverschwendung.
- **Ausführungszeit automatisierter Tests** – eine externe Metrik, um festzustellen, ob eine gewisse Menge an Testfällen in einem vorgegebenen Zeitfenster durchgeführt werden können (z.B. Regressionstests in einem 2h-Nightly), aber auch um Entwicklungen (Verbesserungen und Verschlechterungen) aufzudecken.
- **Anzahl der automatisierten Testfälle** – eine externe Metrik, die isoliert und singulär betrachtet wenig Erkenntnisgewinn liefert. Als Trend und im Kontext von anderen Metriken (z.B. Überdeckungsgrad) allerdings Rückschlüsse auf den Projektfortschritt zulässt.
- **Anzahl der positiven und negativen Ergebnisse** – eine externe Metrik, die einen raschen Überblick über den Zustand von SUT und TAS erlaubt. Um tatsächlich als Entscheidungsgrundlage dienen zu können, muss jedoch auch immer die Ursache der Fehlschläge analysiert und berücksichtigt werden.
- **Anzahl der falsch negativen und falsch positiven Ergebnisse** – eine externe Metrik, die Rückschlüsse auf vermeidbaren Mehraufwand erlaubt, aber auch Hinweise auf Schwachstellen in der TAS selbst bzw. oft auch in der Synchronisierung zwischen TAS und SUT gibt.

- **Überdeckungsgrad** – eine externe Metrik, die sowohl die Codeüberdeckung als auch die Anforderungsüberdeckung messen kann. Objektiv betrachtet und erfasst ermöglicht diese Rückschlüsse auf den Projektfortschritt, aber auch auf nicht hinreichend getestete Testobjekte.
- **Skriptmetriken** – eine Menge von internen Metriken, mit denen die Entwicklung von Automatisierungsskripten überwacht werden kann. Dadurch kann die Einhaltung von Konventionen (z.B. Style Guides) sichergestellt und Rückschlüsse auf die Qualität des Quellcodes ermöglicht werden (z.B. Lines of Code, Komplexität von Methoden, Kohärenz und Kohäsion von Artefakten).
- **Fehlerdichte des Automatisierungscodes** – eine interne Metrik, die vor allem dann relevant ist, wenn durch Fehler in der TAS ein hoher Mehraufwand entsteht.
- **Geschwindigkeit und Effizienz der TAS-Komponenten** – eine primär interne Metrik, die besonders dann erfasst werden sollte, wenn Optimierungsmaßnahmen geplant oder umgesetzt werden sollen. Dadurch wird erst eine objektive Bewertung des Erfolgs der gesetzten Maßnahmen ermöglicht.

Eine strikte Trennung in diese Kategorien ist allerdings nicht immer möglich und sinnvoll, da teilweise die gleiche Metrik in unterschiedlichen Kontexten abhängig von der Fragestellung unterschiedlich interpretiert werden kann. Dieser Interpretationsspielraum stellt allerdings auch ein gewisses Risiko dar, da auch ungültige Ableitungen getroffen werden können. So kann die Intention einer Metrik, unter deren Gesichtspunkt sie auch validiert wurde, von der tatsächlichen Nutzung abweichen. Daher sollen nun nicht nur einige Beispiele für interne und externe TAS-Metriken erläutert werden, sondern auch jeweils aufgezeigt werden, welchen Interpretationsspielraum diese zulassen und worauf daher in der Praxis besonders Rücksicht genommen werden sollte.

Nutzwert der TAS

Bei der Konzeption der Testautomatisierung spielen Kosten und Nutzen eine essenzielle Rolle – sie sind aber schwer zu bewerten. Denn in vielen Unternehmen fehlt die grundlegende Zahlenbasis, auf der Kosten und Nutzen gegenübergestellt werden. So bleibt im Vorhinein meist eine Annäherung mit Bauchgefühl. Umso wichtiger ist es dann, im Zuge der Fortschrittsüberwachung und der Statuserhebung laufend ein kritisches Auge auf die Testautomatisierung zu haben und zu messen, ob die Automatisierung gegenüber den manuellen Tests Nutzen bringt – sei es bei den Kosten, beim Testumfang oder bei der Qualität.

Kosten der Testautomatisierung

Die Kosten der Testautomatisierung belaufen sich nicht nur auf die Initialkosten eventuell eingekaufter Werkzeuge: Hinzu kommen oft auch laufende Wartungs- bzw. Supportverträge, Schulungen der Mitarbeiter, Infrastruktur für die Testumgebung und auch laufende personelle Kosten.

Im Gegensatz zu den relativ gut darstell- und messbaren Kosten ist die Messung des Nutzens eine große Herausforderung. Das liegt auch daran, dass die Frage nach dem Nutzen immer abhängig von den Zielen einer TAS zu betrachten ist und häufig unterschiedliche Benutzergruppen unterschiedliche, teilweise in Konflikt zueinanderstehende Ziele verfolgen. Im Allgemeinen lassen sich die Ziele folgendermaßen unterteilen:

- Reduzierter Aufwand/Kosten/Zeit für die Testdurchführung
- Erhöhte Testüberdeckung (bezogen auf Breite und Tiefe der Testüberdeckung; auch auf Bereiche, die manuell eventuell gar nicht testbar wären)
- Erhöhung der Ausführungshäufigkeit
- Verbesserte Wiederholbarkeit
- Freistellung von Kapazitäten für andere Aktivitäten (z.B. exploratives Testen anstatt repetitive manuelle Regressionstests und dadurch potenziell effizientere Fehlerfindung)

Wie man an dieser Aufzählung erkennen kann, lassen sich diesen Zielen nur schwer Kosten gegenüberstellen, da sich deren äquivalenter finanzieller Mehrwert nur schwer beziffern lässt. Des Weiteren muss berücksichtigt werden, dass zwischen der Implementierung einer TAS und dem Sichtbarwerden von Verbesserungen bzw. der Zielerreichung längere Zeiträume liegen können. Abhängig von organisatorischen und kulturellen Einflüssen kann es mehrere Monate oder Quartale benötigen, bis eine tatsächliche, merkliche Annäherung an die definierten Ziele stattfindet. Diese Tatsache sollte einerseits nicht dazu verleiten, frühzeitig eine TAS-Implementierung abzubrechen, andererseits sollte sie auch nicht ignoriert werden. Sie sollte vielmehr dazu führen, dass kontinuierlich kritisch hinterfragt und transparent diskutiert wird, welcher Mehrwert in welchem Zeitraum generiert werden kann und ob möglicherweise Anpassungen an TAA-Entwurf oder TAS notwendig oder möglich sind, um dieses Ziel früher erreichen zu können.

Kennziffern für den Nutzwert der TAS können z.B. sein:

- Anzahl der Stunden, die für manuelle Tests gespart wurden
- Verkürzung der Zeit für die Durchführung von Regressionstests
- Anzahl der erzielten zusätzlichen Testausführungszyklen
- Anzahl zusätzlich ausgeführter Tests in Prozent
- Anteil der automatisierten Testfälle in Relation zur Gesamtanzahl der Testfälle
- Erhöhung des Überdeckungsgrades (Anforderungen, Funktionsumfang, strukturell)
- Anzahl der dank der TAS vorzeitig gefundenen Fehler
- Anzahl der Fehler, die dank der TAS gefunden wurden und durch manuelles Testen nicht gefunden worden wären (z.B. Zuverlässigkeitsfehler)

Aufwand für die Erstellung automatisierter Tests

Es wurde bereits im Zuge der vorherigen Metrik erwähnt, wie wichtig die Gegenüberstellung der Gesamtkosten und des Nutzwerts der TAS ist. Ein großer Teil dieser Kosten, vor allem in den frühen Phasen einer TAS, wird durch die Erstellung der automatisierten Tests verursacht. Dabei spielen viele Faktoren eine Rolle, die den Aufwand erhöhen oder verringern können:

- **Umfang der zu automatisierenden Tests** – lange, fachliche oder technologisch komplexe Tests verursachen mehr Aufwand als triviale Tests.
- **Stabilität und Testbarkeit des SUT** – durch instabile oder schlecht testbare SUT-Schnittstellen ist mehr Aufwand nötig, um stabile, verlässliche Tests zu implementieren.
- **Reife der TAS und Erfahrung des TAE mit der TAS** – oftmals fehlen bei neu etablierten TAS noch wichtige Komponenten oder Funktionalitäten, die ein effizientes Arbeiten damit ermöglichen.
- **Welche Ansätze zur Automatisierung von Testfällen werden durch die TAS unterstützt** – der Mitschnitt von Testfällen kann kurzfristig deutlich weniger Aufwand verursachen als ein schlüsselwortgetriebener Ansatz.

Darstellung des Aufwands

Der Aufwand lässt sich z.B. durch die Berechnung der Entwicklungskosten für die Testautomatisierung (anhand der durchschnittlichen Entwicklungszeit) oder durch Abbildung der Entwicklungskosten als Faktor des Aufwands für die manuelle Ausführung des Tests ermitteln. Die Automatisierung eines Testfalls kann z.B. den doppelten manuellen Testaufwand erfordern.

Für die Praxis ist es wichtig, dass dieser Aufwand nicht nur herangezogen wird, um zu bewerten, wann, welche und wie viele Testfälle automatisiert werden sollen, sondern auch, um als Basis für eine kontinuierliche Verbesserung der TAS zu dienen. So können beispielsweise hohe Aufwände aufgrund eines schwer oder instabil testbaren SUT durch teilweise geringfügige Änderungen im SUT (z.B. eindeutige IDs als Identifikation von UI-Elementen) drastisch reduziert werden. Ein anderes Beispiel kann das Fehlen von wichtigen TAS-Komponenten sein (z.B. wiederverwendbare Schlüsselwörter für wiederkehrende Testschritte), das zu vermeidbar hohen Aufwänden in der Automatisierung von einzelnen Testfällen führt.

Anzahl von falsch negativen und falsch positiven Ergebnissen

Eine für den langfristigen Erfolg einer TAS unbedingt zu berücksichtigende Metrik ist die Anzahl von falsch negativen und falsch positiven Testergebnissen. Als falsch positiv wird ein Testergebnis bezeichnet, das anzeigt, dass ein Problem besteht (der automatisierte Test schlägt also fehl), obwohl sich bei einer manuellen Analyse herausstellt, dass kein Problem oder Fehler im SUT vorliegt. Das kann zum Beispiel durch ein instabiles SUT, einen Fehler in der TAS (Testfall, Testdaten) oder ein Problem in der Testinfrastruktur verursacht werden. Problematisch ist dabei, dass bei einer hohen Anzahl von falsch positiven Tests einerseits das Vertrauen in die Validität der TAS sinkt und andererseits viel Mehraufwand für die Analyse der eigentlichen Fehlerursache entsteht. Demgegenüber stellen auch falsch negative Testergebnisse, Tests, die also nicht fehlschlagen, obwohl eine zugrunde liegende Fehlerwirkung im SUT vorliegt, ein Risiko dar. Dadurch werden möglicherweise schwerwiegende Fehler nicht erkannt und erst durch den Endbenutzer des SUT entdeckt. Das wiederum führt zu Mehraufwänden für die Fehlerkorrektur in einer späten Phase und auch wiederum zu einem Vertrauensverlust in die Fähigkeit der TAS, Fehler aufdecken zu können.

Testüberdeckung (Codeüberdeckung, Anforderungsüberdeckung)

Generell gibt die Testüberdeckung an, zu welchem Grad eine gewisse Testbasis durch automatisierte Tests abgedeckt ist. Diese Testbasis kann unter anderem der Quellcode (dann spricht man von Codeüberdeckung), aber auch die Anforderungen (dann spricht man auch von Anforderungsüberdeckung) sein. Grundsätzlich ist die Idee dabei, dass durch eine hohe Testüberdeckung das Risiko von falsch negativen Testergebnissen (Fehlerwirkungen, die also nicht durch die TAS erkannt werden) reduziert wird.

Risiken bei der Messung der Testüberdeckung

Dabei müssen allerdings einige Einschränkungen und Risiken berücksichtigt werden:

- Wird eine hohe Überdeckung vom Team als Selbstzweck betrachtet oder lediglich als Vorgabe, die es zu erreichen gilt, dann kann dies zu bewussten oder unbewussten Manipulationen führen. Beispielsweise können viele Tests umgesetzt werden, die aber aufgrund fehlender, falscher oder zu wenig genauer Prüfpunkte wenig zu einer Risikominimierung beitragen.
- Ein Trend der Testüberdeckung ist in vielen Fällen hilfreicher als die Betrachtung von Einzelwerten. So kann ein Team zielgerichtet Bereiche identifizieren, in denen eine höhere Testüberdeckung sinnvoll ist, ohne dogmatisch, globalen Vorgaben folgen zu müssen.
- Oftmals ist ein Überdeckungsgrad schwierig verlässlich zu quantifizieren. Gerade im Bereich der Anforderungsüberdeckung stellen sich zum Beispiel Fragen wie: Sind sämtliche Anforderungen bekannt, einheitlich dokumentiert und miteinander vergleichbar? Sind die Anforderungen gleich wichtig oder bergen sie das gleiche potenzielle Risiko?

Ist man sich dieser Tatsachen allerdings bewusst, ist die Testüberdeckung eine wichtige Metrik, die für das Team eine wertvolle Grundlage für viele Entscheidungsprozesse darstellt.

5.3 Konkrete Implementierung und Realisierbarkeit in einer TAS

Um Metriken messen und auf deren Basis Berichte veröffentlichen zu können, ist eine möglichst allumfassende Protokollierung im SUT und der TAS eine wichtige Basis. Auf Grundlage dieser Informationen können Metriken abgeleitet oder direkt gemessen oder Berichte aggregiert werden, aber sie dienen auch als notwendige Grundlage für die spätere Analyse von Fehlschlägen, um entscheiden zu können, ob tatsächlich ein Fehler im SUT vorliegt oder nicht. Außerdem können diese Daten verwendet werden, um die Integration mit anderen Systemen oder Werkzeugen zu ermöglichen.

5.3.1 Exkurs: TAS und SUT als Quellen für Protokolle

Ganz allgemein gibt es zwei Quellen für Protokolle, einerseits das oder die SUTs und andererseits die TAS. Dabei werden im Folgenden sämtliche Informationen, die während der Testdurchführung durch die TAS oder das SUT erzeugt und auf möglicherweise unterschiedliche Art generiert werden (Ausgabe in Dateien, Datenbanken, Konsole), unabhängig von einer etwaigen Nutzung als »Protokolle« bezeichnet. Wichtig ist, dass diese Protokolle in der Praxis durch verschiedene Stakeholder für jeweils andere Zwecke genutzt werden. Ein TAE muss auf Basis dieser Informationen zum Beispiel in der Lage sein, potenzielle Probleme in der TAS analysieren zu können. Außerdem können Informationen aus diesen Protokollen auch für die Bewertung der Stabilität von Testumgebungen oder zur Identifikation möglicher Performanzprobleme in der Infrastruktur herangezogen werden.

Wie in Abbildung 5–1 erkennbar, liefert eine TAS Informationen darüber, welche Testfälle, Testschritte mit welchen Testdaten ausgeführt wurden, wie mit dem SUT interagiert wurde und wie sich das SUT aus Perspektive der TAS entsprechend den Interaktionen verhalten hat. Diese Informationen werden primär textuell, aber auch in Form von Screenshots oder Videos repräsentiert.

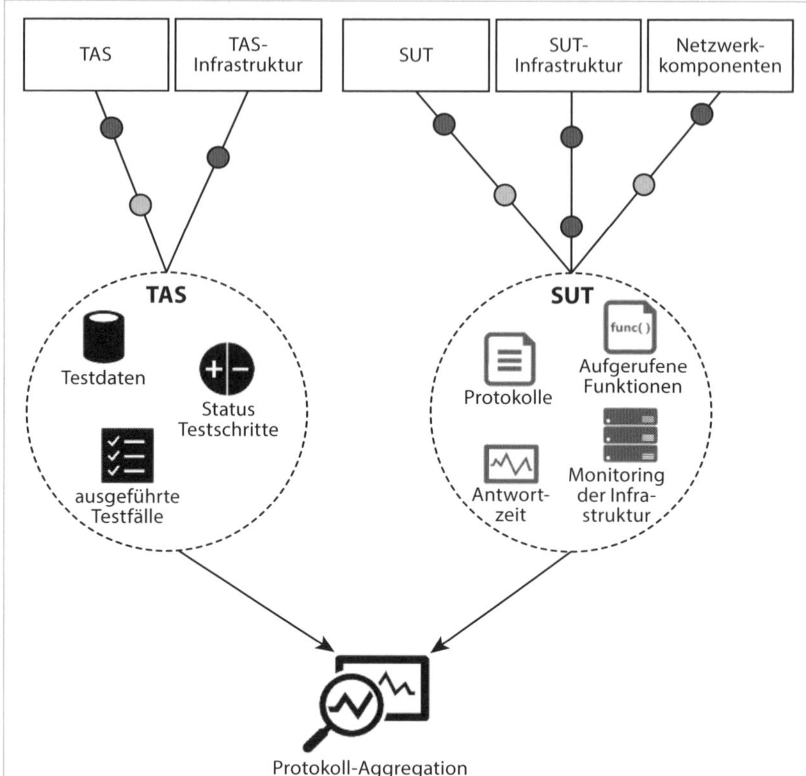

Abb. 5–1 *Unterschiedliche, potenziell relevante Quellen von Protokollen*

Korrelierte TAS- und SUT-Protokolle sind zur effizienten Fehleranalyse essenziell.

Gerade für die Analyse des eigentlichen Fehlerzustands ist es notwendig, neben den TAS-Protokollen dazu korrelierte SUT-Protokolle betrachten zu können. Abhängig von der verfolgten SUT-Architektur können unterschiedliche Protokolle erstellt werden. In einer Mehrschichtenarchitektur sind zum Beispiel jeweils die Schnittstellen zwischen den Schichten und welche Daten transportiert werden, besonders relevant (Benutzerschnittstelle <–> Geschäftslogik <–> Datenhaltung). Bei Webservices hingegen ist auch wichtig, welche Informationen ein Request hatte und wie dieser verarbeitet wurde (Routing, Authentifizierung, Proxies).

Einige konkrete Beispiele für zu protokollierende Informationen sind:

- Start- und Endzeit von durchgeführten Testfällen
- Status der Testfallausführung
- Details zu durchgeführten Testschritten (welche Aktionen wurden wann durchgeführt)
- Dynamische Informationen über den Zustand des SUT (z.B. Speicherverbrauch)

- Screenshots der Benutzerschnittstelle (im Fehlerfall, aber auch als Protokoll der Testschritte)
- Konfigurationsdaten des SUT (z.B. getestete Version, Konfiguration des SUT, Konfiguration der Infrastruktur)

5.3.2 Exkurs: Zentralisierte Verwaltung und Auswertung von Protokollen

Betrachtet man die Vielzahl von Quellen und die Notwendigkeit der allumfassenden Protokollierung sämtlicher Schritte in TAS und SUT, dann wird schnell ersichtlich, dass dadurch eine beträchtliche Datenflut entstehen kann. Dies verstärkt das Risiko, dass wichtige Ereignisse nicht oder nur nach aufwendiger Analyse und Filterung der Protokolle sichtbar werden. Zusätzlich wird die manuelle Korrelation unterschiedlicher Quellen immer aufwendiger und ist in einem durchschnittlich komplexen SUT oftmals gar nicht mehr möglich.

Zentrale Verwaltung für TAS- und SUT-Protokolle

Um diesem Problem zu begegnen, hat sich die Etablierung eines zentralen Verwaltungssystems für Protokolle aus TAS und SUT als nützlich erwiesen. Dadurch können Informationen aus unterschiedlichsten Quellen in eine einheitliche Datenbasis überführt und dort für beliebige Anwendungsfälle aggregiert, gefiltert oder visualisiert werden. Häufig werden dafür Systeme wie Elastic/ELK Stack [URL: ELK], Splunk [URL: Splunk] oder Datadog [URL: Datadog] genutzt.

5.3.3 Implementierung der Protokollierung in einer TAS

Um die notwendigen Informationen während einer Testdurchführung zu protokollieren, können je nach Werkzeug und Technologie unterschiedliche Ansätze genutzt werden. Dazu gehören:

- Das laufende, aktive Protokollieren mit gängigen Logging-Frameworks wie log4j [URL: log4j], NLog [URL: NLog] oder Ähnlichen
- Die Nutzung von werkzeugspezifischen Berichten, die nach einer Testdurchführung generiert werden, wie zum Beispiel einem JUnit-XML- [URL: JUnit] oder einem Ranorex .rxlog-Testbericht [URL: Ranorex2].
- Das Analysieren von Artefakten, die nicht primär für die Protokollierung vorgesehen waren – damit sind z.B. Konsolenausgaben von Werkzeugen gemeint oder auch das Protokollieren von Konfigurations- oder dynamischen Testdaten.

5.4 Erstellung von Berichten zur Testautomatisierung

Damit unterschiedliche Zielgruppen der TAS einen Nutzen aus der automatisierten Durchführung von Tests ziehen können, benötigen sie unterschiedliche Informationen, die in diversen Formaten über eine Vielzahl von Kanälen veröffentlicht werden. Im folgenden Unterkapitel soll nun veranschaulicht werden, wie dies durch Berichte möglich gemacht werden kann und welche etwaigen Risiken und Herausforderungen berücksichtigt werden sollten. Dabei ist die Basis für aussagekräftige und nachvollziehbare Berichte eine qualitativ hochwertige, gut strukturierte Protokollierung, aus deren Informationen Berichte aggregiert und visualisiert werden können.

5.4.1 Qualitätskriterien für Berichte

Damit ein Bericht von unterschiedlichen Parteien auch sinnvoll genutzt werden kann, muss er einigen Qualitätsanforderungen entsprechen. Ist das nicht der Fall, dann besteht das Risiko, dass aufgrund falscher und ungenauer Informationen, falsche Entscheidungen getroffen werden oder dass die Aussagekraft oder die Validität der TAS infrage gestellt wird. Um dies zu verhindern, sollten bei der Konzeption und Umsetzung des Berichtswesens in einer TAS die folgenden Qualitätskriterien und Faktoren berücksichtigt werden:

- Der Inhalt von Berichten muss eine valide Abbildung (Vereinfachungen sind natürlich legitim) der Realität darstellen.
- Ein Bericht muss unter Berücksichtigung der Zielgruppe erstellt werden.
- Das Format und der Veröffentlichungskanal eines Berichts müssen zu der geplanten Verwendung kompatibel sein.
- Aus einem Bericht soll hervorgehen, welche validen Interpretationen getroffen werden können und welche Schlüsse ungültig sind.

Aus der Praxis:
Der Inhalt von Berichten muss eine valide Abbildung der Realität darstellen

Als oberflächlich trivial stellt sich die Forderung nach inhaltlich korrekten Informationen in einem Bericht dar. Jedoch zeigt die Praxis, dass gerade bei komplexen, lange im Betrieb befindlichen TAS teilweise ungenaue oder falsche Berichte veröffentlicht werden. Die Ursache dafür kann in technischen Fehlern der für die Berichterstellung zuständigen Komponente (z.B. werden übersprungene Tests fälschlicherweise als fehlgeschlagen gezählt oder Screenshots werden mit einem falschen Testfall assoziiert) oder auch in einem konzeptionellen Problem des TAA-Entwurfs liegen (z.B. wenn ein Testfall während der Testvorbereitung fehlschlägt, dieser Test jedoch als fehlgeschlagen kategorisiert wird, obwohl über das eigentliche Testziel keine Aussage getroffen werden kann).

Qualitätssicherung von Berichten

Daher muss auch die Erstellung der Berichte wie jedes andere Artefakt einer geeigneten, kontinuierlichen Qualitätssicherung unterzogen werden und eventuell vorhandene Fehler oder Ungenauigkeiten in Berichten offen kommuniziert werden.

Ein Bericht muss unter Berücksichtigung der Zielgruppe erstellt werden

Wesentlich für die Akzeptanz und Verständlichkeit von Berichten ist, dass sie unter Berücksichtigung der Zielgruppe erstellt und veröffentlicht werden. Dabei ist primär zu berücksichtigen, welche Ziele die unterschiedlichen Personengruppen verfolgen und welche Informationen dafür über Berichte kommuniziert werden sollen. Im Bereich des Testmanagements soll auf Basis eines Testausführungsberichts zum Beispiel eine Entscheidung darüber getroffen werden, ob und in welchem Umfang mit dem manuellen Abnahmetest gestartet werden kann bzw. in welchen Bereichen fokussierte explorative Testsessions notwendig sind, um versteckte Risiken aufdecken zu können. Dafür werden aktuelle Informationen über aggregierte Ausführungsergebnisse und die Testüberdeckung benötigt, sekundär sind detaillierte Auflistungen von durchgeführten Testfällen, der genutzten konkreten Testdaten, der einzelnen Testschritte oder der für den Test verantwortlichen Person. Im Gegensatz dazu benötigt das Produkt- oder Projektmanagement eher eine Aussage darüber, welche Anforderungen oder Funktionalitäten des SUT korrekt funktionieren, um eine Aussage über den Projektfortschritt treffen zu können.

→

Welche Zielgruppen relevant sind und welche besonderen Anforderungen diese an einen Bericht stellen, ist abhängig von der Organisation, in der eine TAS eingeordnet ist. Es hat sich in der Praxis auch gezeigt, dass selbst gleiche oder ähnliche Rollen in unterschiedlichen Unternehmen teilweise sehr verschiedene Bedürfnisse haben und eine generelle Aussage daher nicht möglich ist. Umso wichtiger ist es daher, sich während der TAS-Entwicklung bewusst mit dieser Fragestellung auseinanderzusetzen und aktiv die relevanten Zielgruppen in die Berichterstellung zu involvieren.

Das Format und der Veröffentlichungskanal eines Berichts müssen zu der geplanten Verwendung kompatibel sein

Neben den Inhalten und der Zielgruppen eines Berichts spielt auch das Format und der Veröffentlichungskanal eine wesentliche Rolle. Sind diese Faktoren nicht mit der geplanten Verwendung kompatibel, kann das zu Mehraufwand für die (eventuell sogar manuelle) Transformation in ein anderes Format führen. Die geplante Verwendung kann aufgrund ihrer stark unterschiedlichen Anforderungen in eine technische/maschinelle und eine manuelle Nutzung unterteilt werden.

Für eine maschinelle Weiterverarbeitung bieten sich Formate wie XML oder JSON an.

Bei technischen/maschinellen Verwendungen ist der Empfänger ein System, ein Werkzeug oder eine technische Schnittstelle. Daher sollte sowohl das Format als auch der Veröffentlichungskanal dementsprechend gestaltet sein. Für diese Situationen bieten sich maschinell lesbare Formate wie XML oder JSON an, die über Schnittstellen, Feeds oder Datenbanken veröffentlicht werden.

Im Gegensatz dazu spielt die visuelle Repräsentation bei manueller Nutzung eine viel größerer Rolle, da der Empfänger eine Person oder eine Gruppe von Personen ist. In dieser Situation sind Graphen, Trends, Diagramme oder visuelle Repräsentationen von Ausführungsergebnissen empfehlenswert, die zum Beispiel über zentrale Dashboards zugänglich gemacht werden können. Eine mögliche Art der Darstellung ist in Abbildung 5–2 beispielhaft dargestellt.

→

Abb. 5–2
Mögliche visuelle Darstellung eines Ausführungsberichts

Dabei muss gerade in diesem Bereich der Informationsvisualisierung berücksichtigt werden, dass eine (eventuell unvorteilhaft) gewählte Visualisierung auch zu falscher Interpretation von Sachverhalten führen kann. Es ist daher angebracht, neben der rein visuellen Darstellung auch eine Erklärung über die Grundlage des Berichts und valide Ableitungen daraus mitzuliefern bzw. diese Themen kontinuierlich mit den Empfängergruppen zu diskutieren.

Aus einem Bericht soll hervorgehen, welche validen Interpretationen getroffen werden können und welche Schlüsse ungültig sind

Wie bereits im vorherigen Kriterium erwähnt, ist bei visuellen Darstellungen die Gefahr einer Fehlinterpretation groß, vor allem bei stark aggregierten und abstrahierten Darstellungen. So wäre zum Beispiel im Falle einer 0 % Fehlerrate des automatisierten Regressionstests die Ableitung, dass keine Fehler im Lieferobjekt vorhanden sind, fatal. Allein auf Basis der fehlgeschlagenen Tests kann zum Beispiel keine Aussage zu folgenden Fragestellungen getroffen werden:

- Welche Tests wurden deaktiviert oder in der Ausführung übersprungen?
- Welche Testüberdeckung ist durch die ausgeführten Tests gegeben und welches Restrisiko bleibt bestehen?
- Wie verlässlich sind die Ergebnisse und mit welcher falsch negativen Rate muss gerechnet werden?
- Korreliert dieses Ergebnis mit anderen Erkenntnissen aus z. B. der manuellen Testausführung oder sind hier Diskrepanzen erkennbar?

Daher muss sämtlichen beteiligten Personengruppen jederzeit klar sein, welche Interpretationen und Ableitungen aus einem Bericht valide sind und in welchen Situationen mehr Informationen bzw. eine genauere Analyse notwendig sind. Dazu gehört auch, dass transparent und nachvollziehbar erkennbar sein muss, auf welcher Informationsbasis ein Bericht erstellt wurde und wie verlässlich diese Informationen sind.

6 Überführung des manuellen Testens in eine automatisierte Umgebung

Nachdem in den vorangegangenen Kapiteln insbesondere technische Faktoren und Aspekte für die Erstellung und Wartung von Testautomatisierungsarchitekturen und -lösungen sowie die Erhebung von Kennziffern für die Bewertung der Wirtschaftlichkeit besprochen wurden, widmet sich das folgende Kapitel explizit der Fragestellung, wie die Umstellung auf Automatisierung unterstützt werden kann. Denn wer seinen Status und die Richtung kennt, in die er sich bewegt, hat eine deutlich höhere Chance, an sein Ziel zu gelangen als jemand, der auf gut Glück im Blindflug unterwegs ist.

6.1 Kriterien für die Automatisierung

Entschließt man sich nun, die Umstellung von manuellem auf automatisiertes Testen vorzunehmen, gilt es, einige Fragen zu beantworten und Faktoren und Kriterien für oder gegen eine Umstellung eines manuellen Tests zu sammeln, damit die Automatisierung den größtmöglichen Nutzwert erzielt.

Üblicherweise starten Testprojekte mit manuellen Tests. Diese stellen oftmals weitaus weniger (vor allem technische) Anforderungen an die Umsetzbarkeit einer Testdurchführung als automatisierte Tests. Man stelle sich den Test einer Webapplikation vor: Alles, was man für die manuelle Durchführung eines Tests einer solchen Webapplikation benötigt, ist ein Webbrowser. Mit dieser minimalen Werkzeuganforderung ist ein Tester in der Lage, einen Test über die grafische Benutzungsschnittstelle der Webapplikation durchzuführen. Tatsächlich ist es nicht unüblich, dass selbst große Webportale (bspw. aus dem Bankenbereich) auf diese einfache, aber effektive Weise getestet werden. Möchte man einen solchen Test automatisieren, so wird je nach Testautomatisierungsansatz mit einem Mal ein ziemlich umfangreicher Werkzeugkoffer benötigt, um Benutzerinteraktionen aufzuzeichnen, anzupassen, Testdaten effizient in die automatisierten Testfälle einzubinden, das SUT in den gewünschten Anfangszustand zu versetzen, bei einem fehlgeschlagenen Test das SUT wieder in einen konsistenten Ausgangszustand zurückzusetzen usw. Zudem muss eine Testumgebung etabliert werden, die die Automatisierung von Tests unterstützt. Man spricht dann von einer automatisierten Testumgebung oder Testautomatisierungsumgebung.

Aus der Praxis:
Automatisierte Testumgebung oder Testautomatisierungsumgebung?

Testumgebung ist im ISTQB®-Glossar wie folgt definiert:

Eine Umgebung, die benötigt wird, um Tests auszuführen.
Sie umfasst Hardware, Instrumentierung, Simulatoren, Softwarewerkzeuge
und andere unterstützende Hilfsmittel.

Der Begriff »automatisierte Testumgebung« findet sich sowohl im englischen Lehrplan (automated test environment) als auch im deutschen Lehrplan. Die Autoren sind mit diesem Begriff nicht glücklich. Zum einen fehlt eine offizielle Definition des ISTQB®, was genau eine automatisierte Testumgebung ausmacht – also, wo der Unterschied zur normalen Testumgebung wie oben definiert liegt? Zum anderen ist es ja nicht die Testumgebung, die automatisiert wird, sondern die Testausführung oder der Testentwurf. Ein automatisierter Test benötigt in jedem Fall eine Testumgebung, die die Automatisierung unterstützt oder ermöglicht. Die Autoren würden daher eher zum Begriff *(Test-) Automatisierungsumgebung* tendieren. Dieser Begriff ist jedoch nicht im Lehrplan hinterlegt. Aus Sicht der Autoren ist die vorliegende Definition des Begriffs Testumgebung jedoch ausreichend, um auch im Kontext einer Testautomatisierung verwendet zu werden.

Die Einführung einer Testautomatisierung ist mit Investitionskosten und vor allem mit einem (oftmals nicht unerheblichen) Zeitaufwand verbunden. Viele Projekt- oder Testmanager scheuen diesen anfänglichen Aufwand im Hinblick auf einen meist eng getakteten Zeitplan. Für Testautomatisierung habe man oftmals einfach »jetzt nicht die Zeit«.

Aus der Praxis:
Testautomatisierung macht man nebenbei – oder etwa nicht?

»Die Testautomatisierung machen wir nebenher«, ist eine oft gehörte Aussage von Entscheidungsträgern, wenn man zu Projektbeginn empfiehlt, bereits frühzeitig in die Testautomatisierung zu investieren. Diese Aussage an sich ist bereits verkehrt. In vielen anderen industriellen Branchen ist man längst darin übereingekommen, dass eine nachhaltige und ökonomische Automatisierungslösung nur über notwendige Investitionen zeitlicher und monetärer Art erreicht werden kann. Im Kohlebergbau beispielsweise liegen die Kosten für Anschaffung, Inbetriebnahme und Betrieb eines Schaufelradbaggers (bspw. der Bagger 288) im dreistelligen Millionenbereich. Wenn der Bagger aber erst einmal eingerichtet ist, dann fördert er täglich so viel Material wie ca. 40.000 Bergarbeiter. Ein anderes Beispiel kommt aus dem Automotive-Bereich: Der Aufbau und die Inbetriebnahme von Fertigungsstraßen kann gut und gerne bis zu neun Monate beanspruchen, bevor tatsächlich automatisiert geschweißt, geklebt, gefalzt und montiert, sprich, gefertigt werden kann. Beim Softwaretest herrscht hingegen vielfach die Annahme, dass Testautomatisierung im Wesentlichen das Skripten von Testfällen ist. Das könne doch neben der täglichen Arbeit gemacht werden, quasi aus dem Handgelenk geschüttelt werden. Vielleicht hängt das auch mit dem immateriellen Charakter von Software an sich zusammen. Tatsächlich ist Testautomatisierung Softwareentwicklung in der »Domäne des Testens« und eine potenziell äußerst wertvolle Investition.

Manueller Test nicht immer möglich

Natürlich gibt es auch Situationen, in denen manuelles Testen nicht oder nur sehr schwierig möglich ist. Man stelle sich beispielsweise den Test eines eingebetteten Steuerungssystems vor. Zulieferer oder Systemintegratoren, die in einem solchem Umfeld arbeiten, können meist gar nicht anders als von Beginn an konsequent eine effektive Testautomatisierung aufzubauen. In einem solchen Kontext werden die zu testenden Softwaresysteme zumeist in sogenannten In-the-Loop-Umgebungen eingebunden – gängige Ausprägungen solcher Umgebungen sind Software in the Loop (SiL) oder Hardware in the Loop (HiL). Die Tatsache, dass solch komplexe Testumgebungen für den Test eines Systems notwendig sind, bedeutet nicht, dass solche Umgebungen kostengünstig oder trivial aufzusetzen sind. Es ist nicht unüblich, dass solche Testumgebungen (dies trifft im besonderen Maße für HiL-Umgebungen zu) über mehrere Monate hinweg eingerichtet, optimiert und korrigiert werden müssen, ehe die Testautomatisierung zuverlässig läuft. Den Zulieferern bleibt schlichtweg keine andere Möglichkeit, um ihre Produkte vor Auslieferung an den (oftmals sehr großen) Auftraggeber (den man ungerne verärgert) mit entsprechend benötigtem Mitteleinsatz zu testen.

Frühzeitige Automatisierung »hinter« der GUI

Wie in Kapitel 1 besprochen, ermöglicht eine Testautomatisierung die Durchführung von Tests, ohne dabei auf eine grafische Benutzungsoberfläche zurückgreifen zu müssen. Diese Tests kommunizieren gewissermaßen »hinter« der grafischen Benutzungsoberfläche auf Integrationsebene direkt mit und in der Sprache des SUT. In diesem Fall spricht man von API- oder Protokolltests. Oftmals ist die grafische Benutzungsoberfläche erst spät im Entwicklungslebenszyklus verfügbar oder, wenn nicht gar schlimmer, bis kurz vor dem Release intensiven Änderungen unterlegen. Die Volatilität von grafischen Benutzungsoberflächen stellt in der Tat eine große Herausforderung an die Wartbarkeit von automatisierten GUI-Tests dar.

Aus der Praxis:
Späte Änderung am GUI-Design

In einem Beratungsprojekt bei einem IT-Unternehmen, das für einen namhaften deutschen Automobilhersteller die Systemintegration des Infotainmentsystems vorgenommen hat, erzählte ein Projektmanager, dass kurz vor dem Release des Infotainmentsystems die Frau eines ranghohen Managers des Automobilherstellers mit einem Testwagen, bei dem das Infotainmentsystem bereits integriert war, eine Probefahrt unternommen hätte und sich im Anschluss bei ihrem Mann über die nicht intuitive und irreführende Navigation des Infotainmentsystems beklagt hätte. Als Folge dessen wurde das grafische Design und der Kontrollfluss zwischen den einzelnen Funktionen des Infotainmentsystems komplett überarbeitet. Glücklicherweise basierten die meisten der automatisierten Tests des Unternehmens nicht auf der grafischen Benutzungsoberfläche des Infotainmentsystems, wodurch sich die Anpassungen der Tests in überschaubaren Grenzen hielten.

Automatisierte Tests, die hinter die grafische Benutzungsoberfläche gehen, übermitteln Sequenzen von Anweisungen und Nachrichten in einer Art und Weise, als ob ein Benutzer über die grafische Benutzungsoberfläche mit dem SUT interagiert hätte. Natürlich ließen sich solche Anweisungen auch in einigen Fällen mit spezifischen Werkzeugen (bspw. soapUI [URL: soapUI]) manuell codieren und an das System übermitteln, effizient ist diese Vorgehensweise jedoch nicht. Der große Vorteil einer Testautomatisierung hinter der grafischen Benutzungsoberfläche ist, dass derartig automatisierte Tests gemeinhin deutlich früher als (manuelle oder auch automatisierte) GUI-Tests ausgeführt werden können und somit dem Prinzip des frühzeitigen Testens entsprechen. Fehlerwirkungen und damit verbundene Fehlerzustände können früher gefunden und korrigiert werden.

Hinzu kommt, dass Tests, die über die API oder über Dienste- bzw. Protokollschnittstellen ausgeführt werden, häufig aufgrund der formalen Schnittstellenspezifikation deutlich effizienter entworfen werden können. Aus den formalen Schnittstellenspezifikationen lassen sich im Idealfall bereits frühzeitig (semi-)formale Modelle des SUT ableiten, aus denen dann wiederum die Tests abgeleitet werden können. Darüber hinaus sind sie oft durch ihren synchronen Charakter stabiler in ihrer Durchführung, weisen weniger Schwankungen auf, sind weniger *flaky*[1]. Durch das Wegfallen der GUI und der dazwischenliegenden Elemente (z.B. im Fall einer Webapplikation die Betriebssystemoberfläche, der Browser, das Automatisierungswerkzeug) sind diese Tests auch meist um ein Vielfaches schneller als automatisierte GUI-Tests.

Nicht funktionale Eigenschaften erfordern oft eine Automatisierung.

Viele nicht funktionale Eigenschaften eines SUT wie etwa Performanz (bspw. ausgeprägt als Last-, Stress- oder Lastspitzentests), IT-Sicherheit (bspw. ausgeprägt als Denial-of-Service-Angriff, Penetrationstest oder Fuzzing [Schneider et al. 13]) oder Zuverlässigkeit (bspw. Testen auf Fehlertoleranz) lassen sich zudem oftmals nur mittels automatisierter Tests überprüfen. Dies hat mehrere Gründe, die je nach Qualitätsmerkmal variieren. Beim Performanztest wird üblicherweise eine Vielzahl interagierender Benutzer benötigt, die parallel mit dem SUT kommunizieren. Gleiches gilt beispielsweise auch für den Denial-of-Service-IT-Sicherheitsangriff. Die Natur dieser Tests macht es unabdingbar, dass eine große Anzahl von virtuellen Benutzern (im Falle von Performanztests) oder Anfragen bzw. Transaktionen (im Falle von Denial-of-Service-Angriffen) parallelisiert werden. Ein solches Unterfangen ist mit »physischem« Personal schlichtweg nicht realisierbar.

Bei einem Test auf Softwarereife werden üblicherweise ausgewählte funktionale Tests immer und immer wieder gegen das SUT ausgeführt. Die Softwarereife kann nur über langlaufende Tests bestimmt bzw. gemessen werden. Parallel dazu werden Performanzmessungen erhoben, um zu sehen, ob das System bei langlaufendem Betrieb in Schwierigkeiten gerät. Ziel ist es dabei, zu belegen, dass das System auch bei Dauerbetrieb in der Lage ist, die geforderten Abnahmekriterien oder SLAs zu erfüllen. Bei sicherheitskritischen Systemen erfolgt im Anschluss an solch Zuverlässigkeitstests bei Bedarf noch eine Hochrechnung des vermutlichen Restrisikos auf Basis der Ergebnisse dieser langlaufenden Zuverlässigkeitstests mit einem Zuverlässigkeitswachstumsmodell (engl. Reliability Growth Model), mit dem weitere Ausfälle oder Fehlerwirkungen zu erwarten sind. Auch für diese Tests ist ein Personaleinsatz wirtschaftlich nicht machbar.

1. Als *Flaky Tests* werden unzuverlässig laufende automatisierte Tests bezeichnet, die bei wiederholter Ausführung zu unterschiedlichen Testergebnissen kommen. Dies ist natürlich ein unerwünschter Zustand bei einem automatisierten Test.

Wenn es um Fehlertoleranz (als Untermerkmal des ISO-25010-Qualitätsmerkmals Zuverlässigkeit) geht, so werden mitunter Fehlereinfügungswerkzeuge [ISTQB 19a] benötigt, um Fehlerzustände von außen in das SUT einzuschleusen. Bei der Fehlertoleranz geht es darum, dass das SUT möglichst robust bzw. tolerant auf Fehlerwirkungen der umliegenden Systeme reagiert, mit denen das SUT interagiert. Der Fehlerzustand liegt also außerhalb des SUT, kann sich aber negativ auf das SUT auswirken. Die Schwierigkeit bei Fehlertoleranztests ist jedoch, dass man diese externen Fehler irgendwie erzeugen und ins SUT einschleusen muss, und das mit vertretbarem Aufwand. So wäre es beispielsweise beim Versuch, Daten auf einen defekten Datenspeicher zu schreiben, um zu sehen, wie das SUT mit diesem Fehler umgehen kann, sehr ineffizient, darauf zu warten, dass der Datenspeicher tatsächlich beschädigt wird. Mit einem Fehlereinfügungswerkzeug ist der Tester in der Lage, diesen spezifischen Fehler zu simulieren.

6.1.1 Eignungskriterien für die Umstellung auf automatisierte Tests

Aus welchen Gründen auch immer die Einführung einer Testautomatisierung und damit die Umstellung der manuellen auf automatisierte Tests durch die Entscheidungsträger beschlossen wurde, gilt es vorerst, eine Reihe von Fragen zu beantworten und kontextspezifische Faktoren zu berücksichtigen, um den Umstellungsprozess so effizient wie möglich zu gestalten. So müssen bestehende manuelle Tests auf ihre Eignung für die Automatisierung analysiert und bewertet werden. Gibt es ggf. über verschiedene Testfälle hinweg wiederkehrende Ablaufsequenzen, die sich für eine bessere Wartbarkeit als Subroutine oder als Schlüsselwort zusammenfassen lassen? Lässt sich ein Testfall unmittelbar und ohne Änderung seiner Struktur in einen automatisierten Test überführen? Können gemeinsame Testdaten extrahiert und wiederverwendet werden? Nicht selten ist das Ergebnis einer solchen Analyse, dass bestehende manuelle Tests zusammengeführt oder in mehrere automatisierte Tests aufgeteilt werden.

Nicht alle Tests müssen zwingend automatisiert werden.

Generell ist bei einer Umstellung auf Automatisierung zu beachten, dass nicht alle Tests zwingend automatisiert werden müssen oder sich mit vertretbarem Aufwand automatisieren lassen. Eine empfohlene Vorgehensweise ist es beispielsweise, Tests für neue oder geänderte Funktionalität[2] zunächst manuell durchzuführen, die neue User Story oder das Feature in einem manuellen Test zu erleben und erst nach Validie-

2. Unter dem Sammelbegriff *neue oder geänderte Funktionalität* werden Anforderungen, User Stories, Features oder sonstige Merkmale des SUT funktionaler und nicht funktionaler Art zusammengefasst.

rung dieser neuen oder geänderten Funktionalität auf Automatisierung umzustellen. Wie eingangs erwähnt lassen sich manuelle Tests oftmals schneller umsetzen als automatisierte Tests. Im Idealfall ist die Automatisierung kritischer Regressionstests in der »Definition of Done« bzw. den Endekriterien der Testaktivitäten verankert, sodass mit Abschluss einer Iteration oder eines Testzyklus automatisierte Regressionstests die größten Risiken abdecken.

Sollte es dennoch einmal vorkommen, dass die Zeit nicht ausreicht, um die Automatisierung aller eigentlich zu automatisierenden Tests zu garantieren, muss ein Kompromiss getroffen werden. In einigen Situationen ist es vielleicht wichtiger, dem Kunden (oder dem Product Owner) gegenüber zu belegen, dass die neue Funktionalität wie spezifiziert (auch im zeitlichen Rahmen) implementiert und auch (manuell) getestet wurde. Allerdings sollte den Testern von vornherein bewusst sein, dass in diesem Fall die vorhergehende Iteration eigentlich nicht abgeschlossen ist, und die noch zu automatisierenden Tests schnellstmöglich Bestandteil einer automatisierten Regressionstestsuite werden sollten. Abbildung 6–1 veranschaulicht schematisch einen vereinfachten (und idealisierten) Lebenszyklus eines Tests.

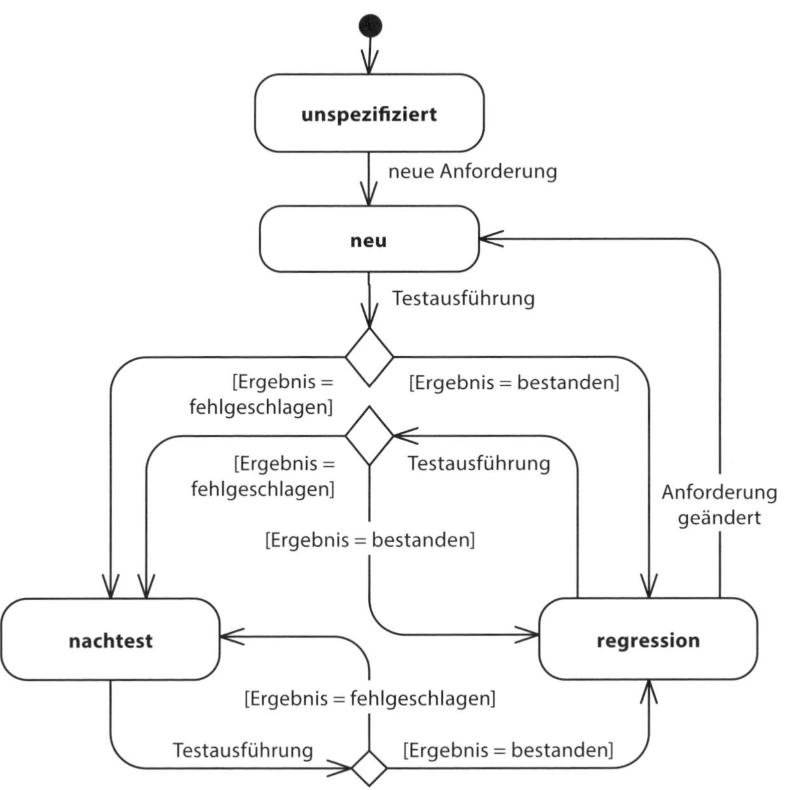

Abb. 6–1
Schematischer Lebenszyklus eines Tests

Exkurs: Lebenszyklus eines Tests

Tests, die für neue Funktionalität, User Stories oder Anforderungen entworfen werden, bezeichnet man als *neu*. Der Status *neu* beinhaltet in diesem Fall auch den Test geänderter Funktionalität, denn jede fachliche Änderung führt dazu, dass der dazugehörige Regressionstest an Daseinsberechtigung verliert und überarbeitet oder im ungünstigsten Fall komplett entfernt und von Grund auf neu spezifiziert werden muss. Wenn ein Test auf neue oder geänderte Funktionalität durchgeführt wurde, gibt es im Wesentlichen nur zwei mögliche Testergebnisse: bestanden (pass) oder fehlgeschlagen (fail). Diese beiden Testergebnisse sind die elementarsten Testergebnisse, die von eigentlich jedem Testwerkzeug bzw. jeder Testsprache unterstützt werden. Je nach Einsatzgebiet oder Sprachmächtigkeit sind weitere Testergebnisse möglich. Die von der European Telecommunications Standardisation Institute (ETSI) standardisierte Testsprache Testing and Test Control Notation (TTCN-3) [URL: TTCN-3] kennt beispielsweise noch die Testergebnisse none, inconclusive und error. Die Testmodellierungsnotation UML Testing Profile [URL: UTP] erlaubt sowohl die Definition eigener Testergebnisse als auch die Spezifikation der Regeln, wie die einzelnen Testergebnisse berechnet werden sollen [Wendland et al. 19].

Bestehen eines neuen Tests

Wird ein Test bestanden, hat er seinen Zweck erfüllt und sollte danach Bestandteil einer (hoffentlich automatisierten) Regressionstestsuite werden und in den Status *regression* wechseln. Als änderungsbezogene Tests bringen Regressionstests dem Testteam keine neue Erkenntnis hinsichtlich Überdeckung des Systems oder neuer Fehler (siehe Grundsatz »Pesticide Paradox« im Foundation-Level-Lehrplan [ISTQB 18]), sie dienen einzig und allein dem Zweck, abzusichern, dass keine neuen Fehlerzustände in bereits validierte Funktionalität eingebracht werden.

Fehlschlag eines Regressionstests

Schlägt ein Regressionstest fehl, ohne dass eine Änderung der mit dem Regressionstest in Verbindung stehenden Funktionalität vorlag, ist es die Aufgabe der Beteiligten, herauszufinden, warum der Regressionstest fehlschlug, da er doch zu einem früheren Zeitpunkt einmal (zumeist mehrmals) problemlos bestanden wurde. Gründe für das Fehlschlagen von Regressionstests gibt es viele: Änderungen an der Funktionalität wurden nicht an die Tester kommuniziert; die Änderung anderer Funktionalität hat Seiteneffekte eingeführt, die auf eigentlich unveränderte Funktionalität einwirkt; die Änderung an bestehender Funktionalität (bspw. eine Fehlerkorrektur) legt einen vorhandenen, aber bislang maskierten Fehlerzustand in eigentlich unveränderter Funktionalität frei; die Testumgebung, in der der Regressionstest durchgeführt wird, läuft nicht stabil (Flaky Tests). Weitere Informationen und Empfehlungen zur Behandlung von unzuverlässig laufenden Tests finden Sie in Kapitel 7.

Ganz gleich welche Gründe zum Fehlschlagen eines Regressionstests führten: Die Beteiligten müssen deren Ursache identifizieren und analysieren. In einer idealen Welt des Softwaretests wird ein solcher Regressionstest zunächst aus der Regressionstestsuite herausgenommen. Nach Analyse der Ursache kann es nun erforderlich sein, den Regressionstest an die geänderten Bedingungen anzupassen. In diesem Fall wechselt sein Status auf *neu*. Wird jedoch entschieden, dass der Regressionstest korrekt ist und der Fehlerzustand im SUT behoben werden muss, dann wechselt ein solcher Regressionstest in den Status *nachtest* und wird ein Fehlernachtest. Erst nachdem der Fehlernachtest des ursprünglichen Regressionstests erfolgreich durchgeführt wurde, wechselt der Status des Tests wieder zu *regression*.

Fehlschlag neuer Tests

Sollte ein Test auf neue Funktionalität initial fehlschlagen, so findet in aller Regel eine ausführliche Analyse der Abweichung, Bewertung der Abweichung und ggf. die Berichterstattung über die Abweichung mittels eines ausführlichen Fehlerberichts statt. Ist das Ergebnis der Analyse, dass der Test an sich fehlerhaft war, so ist der Testfall zu korrigieren und verbleibt in seinem Status *neu*. Ist das Fehlschlagen des Tests jedoch auf einen Fehlerzustand im SUT zurückzuführen, so wechselt der Test in den Status *nachtest* und wird zu einem Fehlernachtest. Bei dem Fehlernachtest handelt es sich ebenfalls um einen änderungsbezogenen Test. Wird ein Fehlernachtest bei erneuter Ausführung bestanden, sollte dieser wiederum Teil einer (automatisierten) Regressionstestsuite werden (Status *regression*), und zwar ganz egal, ob es sich ursprünglich um einen Regressionstest oder einen Test auf neue oder geänderte Funktionalität handelte. Wie Tests für neue oder geänderte Funktionalität, Regressionstests und Fehlernachtests innerhalb des Testprozesses behandelt werden, sollte in der Testautomatisierungsstrategie hinterlegt sein.

Schrittweise Umstellung auf Automatisierung

Eine Ad-hoc-Umstellung aller manuellen Tests in einer Hauruck-Aktion ist wenig Erfolg versprechend. Wie in Kapitel 4 beschrieben, empfiehlt es sich, eine Testautomatisierungslösung schrittweise auszurollen, um Erfahrungen zu sammeln, Einschränkungen und neue Möglichkeiten zu dokumentieren und innerhalb des Teams zu kommunizieren. Ähnlich verhält es sich bei der Umstellung von manuellen auf automatisierte Tests.

Es ist zu erwarten, dass die Tester bei der Erstumstellung wichtige Erfahrungen und Erkenntnisse über die Arbeiten mit der Testautomatisierungslösung sammeln, die sie innerhalb des Teams kommunizieren (z.B. im Rahmen einer Retrospektive oder *Lessons-Learned*-Sitzung). Es empfiehlt sich auch, Richtlinien, Empfehlungen oder bewährte Praktiken über die Benutzung anzufertigen und innerhalb des Teams zu verbreiten. Oftmals liegen zudem so viele manuelle Tests vor, dass gar nicht alle Tests zeitgleich berücksichtigt werden können. Es wird daher zunächst einmal ermittelt, welche Tests durch die Automatisierung in der aktuellen projektspezifischen Situation den höchsten Nutzwert für das Projekt erzielen. Die Umstellung auf Automatisierung erfolgt im Allgemeinen daher in zwei Schritten:

1. Erstumstellung manueller Tests mit dem höchsten Nutzwert
2. Folge-Umstellung weiterer manueller Tests

Diese Vorgehensweise folgt dem üblichen Divide-and-Conquer-Prinzip und führt auch bei der Umstellung auf Automatisierung dazu, dass jede weitere Umstellungsrunde höchstwahrscheinlich einfacher, schneller und nachhaltiger erfolgt.

Die Bewertung des höchsten Nutzwerts insbesondere für die Erstumstellung von manuellen Tests orientiert sich anhand einiger Kriterien, die im Nachfolgenden detaillierter erläutert werden:

- Technische Planung zur Unterstützung der ROI-Analyse
- Verwendungshäufigkeit
- Komplexität der Automatisierung
- Werkzeugunterstützung
- Reifegrad des Testprozesses
- Eignung der Automatisierung für die Phase des Softwareproduktlebenszyklus
- Nachhaltigkeit der automatisierten Umgebung
- Steuerbarkeit und Beobachtbarkeit des SUT

Technische Planung zur Unterstützung der ROI-Analyse

Generell geht die Umstellung auf Automatisierung mit einem zeitlichen und finanziellen Aufwand einher. Bevor diese Investitionskosten bereitgestellt und die zeitintensiven Arbeiten aufgenommen werden, muss sichergestellt werden, dass das Ziel der Testautomatisierung mit einer positiven Investitionsrendite (engl. *Return on Investment*, kurz *ROI*) erreicht werden kann. Eine Umstellung auf Automatisierung, die im Endeffekt mehr Kosten verursacht als die Beibehaltung manueller Tests, ist nicht erstrebenswert und wenig zielführend. Der Vollständigkeit halber sei erwähnt, dass aus politischen, regulatorischen oder gesetzlichen Gründen auch in so einer Situation eine Testautomatisierung gefordert werden kann.

Positiver ROI als Grundvoraussetzung

Ergibt die ROI-Analyse, dass es sich lohnt, auf Automatisierung umzustellen, muss ein strukturierter und zielführender Maßnahmenkatalog zur Umsetzung dieses Vorhabens aufgestellt werden. Idealerweise wird bei der Umsetzung unmittelbar auf die Erhebung von Kennziffern und Zahlen geachtet, wie auch später im eigentlichen Betrieb, um den Nutzwert der Testautomatisierung zu quantifizieren. Einige Metriken, die zur Bewertung der Effizienz einer Testautomatisierung herangezogen werden können, wurden bereits in Kapitel 5 vorgestellt.

Verwendungshäufigkeit

Regressions- und Smoke-Tests per Definition prädestiniert

Automatisierung per se zielt unter anderem darauf ab, sich wiederholende Aktivitäten, Aufgaben und Arbeitsschritte schneller, mit höherem Durchsatz und in gleichbleibend hoher Qualität durchzuführen. Für die Automatisierung von Softwaretests gilt daher die Faustregel, dass ein Testfall sich insbesondere dann für die Umstellung auf Automatisierung eignet, wenn er das Potenzial besitzt, besonders häufig ausgeführt zu werden. Tests, die im Zuge eines Major- oder Minor-Release regelmäßig durchgeführt werden, sind daher besonders geeignete Kandidaten für eine Umstellung auf Automatisierung. Dies trifft in besonderem Maße für Regressions- und Smoke-Tests zu. Natürlich wirkt sich die Anzahl und Dichte der geplanten Releases und der damit im Zusammenhang stehenden Testzyklen auf die Verwendungshäufigkeit von Regressions- oder Smoke-Tests aus. In einem agilen Kontext stehen üblicherweise viele und häufige Releasezyklen an, in denen sowohl neue Funktionalität erstmals validiert als auch bestehende und bekannte Altfunktionalität auf Regression geprüft werden muss. Das DevOps-Prinzip (vgl. Abschnitt 1.5.2, Unterpunkt DevOps) ist nur durch Testautomatisierung umsetzbar.

Automatisierte Regressions- und Smoke-Tests bieten daher eine gute Investitionsrendite und mindern effektiv das Regressionsrisiko für die bestehende Funktionalität bzw. Codebasis. Tests, die nur selten bzw. nicht in jedem Release- und Testzyklus durchgeführt werden, sind daher im Umkehrschluss weniger für eine Automatisierung geeignet. In diesen Fällen kann es sein, dass die Wartung eines selten ausgeführten, aber dennoch automatisierten Tests mit vergleichsweise hohen Kosten verbunden ist, da sich das SUT seit der letzten Ausführung stark weiterentwickelt hat. Man stelle sich einen automatisierten GUI-Test vor, der nur einmal pro Jahr durchgeführt wird. Die Wahrscheinlichkeit von Änderungen an der grafischen Benutzungsoberfläche innerhalb dieses Zeitraums ist relativ hoch. Während ein entsprechend manueller Test vergleichsweise einfach auf eine neue grafische Benutzungsoberfläche »angepasst« werden kann, erfordert die Anpassung eines automatisierten Tests meist einen höheren Aufwand, da technische Spezifika ermittelt und aktualisiert werden müssen. Dieser Aufwand steht dann vermutlich nicht mehr im Verhältnis zu dem geleisteten Mehrwert, sprich, der Nutzwert des automatisierten Tests sinkt.

Aus der Praxis:
Mehrwert versus Komplexität

In einem Projekt mit einem Kunden sollte von manuellem auf automatisiertes Testen einer Desktop-Applikation zur Verwaltung und Konfiguration von verschlüsselten Kommunikationsnetzen umgestellt werden. Erfreulicherweise lagen bei dem Kunden mehr oder weniger aktuelle und konkrete Spezifikationen der manuellen Testfälle vor. Eine Funktionsgruppe der Applikation beschäftigte sich mit der Benutzerverwaltung, in der neben den klassischen Benutzerverwaltungsaktionen (Anlegen, Verändern, Löschen) unter anderem auch eine recht feingliedrige Rechtevergabe für jede standardmäßige und proprietäre Benutzerrolle in Form von Checkboxen konfiguriert werden konnte. Die Aktivierung bzw. Deaktivierung verschiedener Rechte wirkte sich dabei überwiegend auf die Darstellung der grafischen Benutzungsoberfläche aus. In einem Gespräch verriet der Kunde, dass diese Rechtevergabe eigentlich nur für einen einzigen Großkunden eingeführt wurde, seit seiner Einführung für diesen Kunden stabil und zuverlässig arbeite und daher nur selten Gegenstand des manuellen Regressionstests sei. Wir entschieden daher, dass dieser Test von der Umstellung auf Automatisierung auszuschließen ist und weiterhin, bei Bedarf, manuell durchgeführt werden sollte, obgleich die zu testende Funktionalität aufgrund ihrer hohen Kombinatorik eigentlich prädestiniert für eine Umstellung auf Automatisierung war.

Interessanterweise beeinflusst eine Umstellung auf Automatisierung auch die zukünftige Verwendungshäufigkeit eines Tests maßgeblich. Werden manuelle Tests aufgrund anderer Faktoren (bspw. Komplexität, Fehleranfälligkeit bei der Ausführung) von den Testern ungerne ausgeführt, kann die Umstellung auf Automatisierung eines solchen Tests zur Folge haben, dass er zukünftig deutlich häufiger ausgeführt wird und dadurch einen höheren Nutzwert für das Gesamtprojekt erbringt als zuvor.

Komplexität der Automatisierung

Die alleinige Aussage, dass ein Test aufgrund geringer Ausführungshäufigkeit kein geeigneter Kandidat für eine Automatisierung ist, ist nicht zu Ende gedacht. Vielleicht ist die seltene Ausführung eines manuellen Tests eher fachlicher Komplexität, repetitiver oder langweiliger Aufgaben verbunden mit einem hohen zeitlichen Aufwand und einem großen Fehlerpotenzial geschuldet. Man stelle sich nur den manuellen Vergleich komplexer und großer Datenmengen (bspw. komplexe und hochkonditionale Vertragsdatenberechnung) vor. Obgleich die fachliche Notwendigkeit eine häufige Ausführung dieses Tests verlangte, bergen solche Tests das Potenzial, manuell weitaus seltener als benötigt ausgeführt zu werden. Eine Umstellung auf Automatisierung schafft hier einen enormen Vorteil, selbst wenn die Umstellungsarbeiten, insbesondere die Bereitstellung eines automatisierten Testorakels, durchaus nicht trivial und ebenfalls zeitaufwendig sein können.

Ein weiterer Aspekt, bei dem eine Umstellung auf Automatisierung hilfreich sein kann, ist die Beherrschung technischer Komplexität, beispielsweise bei der Konfiguration, der Inbetriebnahme und Rücksetzung technisch komplexer Testumgebungen. Wird ein SUT auf vielen Zielplattformen bereitgestellt, fehlt dem Testteam häufig einfach die Zeit, alle Tests auf allen Zielplattformen in vielen verschiedenen Konfigurationen manuell auszuführen. Die Automatisierung kann in einer solchen Situation einen enormen Effizienzgewinn und eine effektive Risikominderung erzielen, indem die verschiedenen Testumgebungen und Zielplattformen automatisch eingerichtet, in Betrieb genommen und heruntergefahren werden. Virtualisierungs- und Containertechnologien (wie bspw. Docker [URL: Docker]), aber auch Simulatoren und Emulatoren für mobile Geräte bieten diesbezüglich neue Möglichkeiten, um verschiedenste Zielplattformen und Testumgebungen aufzubauen und für die Testautomatisierung zugänglich zu machen.

Trotz neuester Technologien und Entwicklungen gibt es immer wieder Schwierigkeiten, Tests effizient oder überhaupt zu automatisieren. Einige Faktoren, die die Automatisierung erheblich beeinflussen, sind:

- **Kompatibilität und proprietäre Schnittstellen**
  Ist das SUT oder ein Teil davon nicht mit verfügbaren Testautomatisierungslösungen kompatibel, wird die Umstellung auf Automatisierung zwangsläufig erschwert. Unterstützt ein GUI-Testwerkzeug ein UI-Element nicht, so lässt sich dieses UI-Element während der Testausführung weder beobachten noch steuern. Ist für die Kommunikation mit dem SUT ein bestimmtes Kommunikationsprotokoll vorgesehen, so muss das eingesetzte Testausführungswerkzeug dieses auch unterstützen.

- **Programmierfähigkeiten**
  Testautomatisierung erfordert in den meisten Fällen die Fähigkeit, Programmcode zu schreiben, um beispielsweise API-Aufrufe umzusetzen. Einige Automatisierungsansätze wie das schlüsselwortbasierte Testen (vgl. Kap. 3) zielen darauf ab, zwischen der Fachlogik eines Tests und seiner Implementierung zu unterscheiden, um die Notwendigkeit von Programmierkenntnissen für den fachlichen Entwurf automatisierter Tests zu verringern.
- **Vielfalt von Systemen**
  Trotz neuester Technologien ist die Portierung von Tests auf unterschiedliche Zielplattformen und Testumgebungen noch immer herausfordernd für Testteams.
- **Benutzbarkeitstests**
  Während automatisierte funktionale GUI-Tests, die die Ende-zu-Ende-Funktionalität validieren, durchaus nicht unüblich sind und in den meisten Fällen sogar die ersten automatisierten Tests repräsentieren, gestaltet sich der automatisierte Test von Teilmerkmalen der Gebrauchstauglichkeit (wie Erlernbarkeit, erkennbare Angemessenheit oder Ästhetik der Benutzungsschnittstelle) nach ISO 25010 überaus schwierig.
- **Testen der Automatisierungsskripte**
  Ein automatisierter Test ist ein Stück Programmcode (das Testskript), das mit einem anderen Programm (dem SUT) nach einem vorgegebenen Muster interagiert und dessen Verhalten hinsichtlich erwarteter Reaktionen überprüft. Als solches ist das Testskript nicht immer, aber meistens ein von Menschen erstelltes Arbeitsergebnis, dem Code eines SUT sehr ähnlich. So wie Fehlhandlungen bei der Implementierung des SUT zu Fehlerzuständen in der Codebasis führen, gibt es natürlich keine Garantie, dass die implementierten Testskripte fehlerfrei implementiert wurden. Daher müssen die Testskripte ebenfalls einer Qualitätssicherung unterzogen werden. Je nach Komplexität des Testskripts oder der zu testenden Aspekte kann die Qualitätssicherung von automatisierten Tests durchaus sehr zeitaufwendig werden. Weitere Informationen und Möglichkeiten zur Verifizierung von automatisierten Tests und Testsuiten finden Sie in Kapitel 7.

Werkzeugunterstützung

Automatisierung = Einsatz von Werkzeugen

Werkzeugunterstützung ist der wesentlichste Punkt bei der Automatisierung. Testautomatisierung ist per Definition an die Verwendung von Werkzeugen gekoppelt. Auch wenn einige Werkzeuganbieter mit umfangreichen Komplettlösungen werben, so gibt es in der Regel nicht das *eine* Werkzeug, das alle notwendigen Erfordernisse für die Testautomatisierung anbietet. Üblicherweise, und insbesondere in großen Projekten, werden eine Reihe von Werkzeugen eingesetzt, die zueinander durchaus heterogen bezüglich Kompatibilität, Integrität, Lizenzmodell, Testautomatisierungsansatz oder der unterstützten Zielplattform sind.

Das Thema Werkzeugunterstützung ist nicht zu unterschätzen (vgl. Abschnitt 2.2), da durch die Wahl eines nicht geeigneten oder nicht kompatiblen Werkzeugs der Erfolg der Testautomatisierung stark gefährdet ist. Ein TAE muss die verschiedenen Werkzeuge kennen, die für die verschiedenen Schnittstellen, Architekturen und Zielplattformen des SUT verfügbar sind. Selbst wenn sich eine große Anzahl an Tests für ein SUT automatisieren lässt, ist es möglich, dass gerade die erfolgskritischen bzw. wichtigsten Tests sich gar nicht oder aufgrund mangelnder Kompatibilität nicht adäquat automatisieren lassen.

Ein weiterer wichtiger Aspekt, der bei der Werkzeugunterstützung betrachtet werden muss, ist die Möglichkeit, professionellen Support für das Werkzeug zu erhalten. Die Art der verfügbaren Unterstützung ist oft eng mit dem Lizenzmodell des Werkzeugs verbunden. Selbst entwickelte Werkzeuge werden üblicherweise durch das eigene Entwicklungsteam unterstützt. Open-Source-Werkzeuge verfügen zumeist über eine (hoffentlich umfangreiche und aktive) freiwillige Community, die sich in öffentlichen Foren zusammenfindet. Kommerzielle Anbieter verfügen oftmals über ein Netzwerk von Experten und bieten professionelle Schulungen an. Ein immer häufigeres Geschäftsmodell ist auch, dass ehemals kommerzielle Werkzeuge nunmehr per Open-Source-Lizenz zur Verfügung gestellt werden, weiterführender Support hingegen als Serviceleistung des Herstellers angeboten wird.

Reifegrad des Testprozesses

Automatisiertes Chaos ist schnelleres Chaos – oder auch: If you automate a mess, you get an automated mess! Mit diesen Aussagen lässt sich treffend zusammenfassen, dass Testautomatisierung auf strukturierten und klar definierten sowie wiederholbaren Prozessen beruhen muss. Ein Automatisierungsprojekt muss wie ein Entwicklungsprojekt betrachtet werden. De facto hält ein kompletter Entwicklungsprozess Einzug in den Testprozess, mit allem, was dazu gehört, wie etwa Konfigurationsmanagement, Versionierung und Qualitätssicherung sowohl der automatisierten Testskripte als auch der Komponenten der Testautomatisierungslösung. Zudem wird es neben der Testautomatisierung auch immer manuelle Tests in einer wie auch immer gearteten Form geben, sodass der Testprozess im Grunde zwei unterschiedlichen Teststrategien gerecht werden muss.

Werden diese neuen Anforderungen an den Testprozess nicht berücksichtigt, ist der Erfolg der Testautomatisierung gefährdet.

Eignung der Automatisierung für die Phase des Softwareproduktlebenszyklus

Mit Abschluss der Entwicklung und Inbetriebnahme des SUT beginnt der sogenannte Wartungstest (vgl. Foundation-Lehrplan [ISTQB 18]), der sich bis zur Außerbetriebnahme des SUT erstreckt. Wie lang dieser Zeitraum ist, hängt von unterschiedlichen marktspezifischen, regulatorischen oder sonstigen geschäftlichen Zielen und Strategien ab. So haben viele Softwaresysteme im Bahnbereich oder Finanzsektor eine Laufzeit von mehreren Jahren bis hin zu Jahrzehnten. Wenn über die Einführung einer bzw. die Umstellung auf Testautomatisierung nachgedacht wird, muss auch immer berücksichtigt werden, an welchem Zeitpunkt des Produktlebenszyklus sich das SUT gerade befindet.

In den frühen Entwicklungsphasen eignet sich die Umstellung auf Automatisierung womöglich noch nicht, da das SUT noch vielen Änderungen unterlegen ist und zu oft Nachbesserungen an den automatisierten Tests erforderlich wären. Dies ist weder effizient noch effektiv. Bei sequenziellen Vorgehensmodellen ist der beste Zeitpunkt für die Umstellung auf Automatisierung bzw. Implementierung automatisierter Tests gekommen, wenn sich das SUT und die grundlegende Funktionalität stabilisiert haben.

Automatisierung unterstützt Modernisierung.

Nähert sich das SUT hingegen dem Ende seines Produktlebenszyklus und der Außerbetriebnahme, ist die Umstellung auf Automatisierung in den meisten Fällen ebenfalls nicht mehr ratsam, da sich die Investitionskosten möglicherweise bis zur Außerbetriebnahme des SUT nicht mehr amortisierten. Eine Ausnahme von dieser Faustregel bilden Systemmigrationen oder -modernisierungen, bei denen die Funktionalität des Altsystems zu großen Teilen erhalten bleibt und auf ein neues, moderneres System migriert wird. Gründe für Modernisierungen gibt es viele, allen voran neue, effizientere oder sicherere (im Sinne der IT-Sicherheit) Technologien, regulatorische Erfordernisse oder einfach ein kosteneffizienterer Betrieb. In einer solchen Situation ergibt die Umstellung auf Automatisierung für die manuellen Tests des Altsystems durchaus Sinn, denn es ist bei einem System, das sich bereits eine lange Zeit im Feld bewährt hat, davon auszugehen, dass das System einen stabilen und zuverlässigen Betriebsstatus erreicht hat. Daher dient das Altsystem hervorragend als automatisiertes Testorakel, gegen das die automatisierten Tests entworfen und ausgeführt werden, um eine Testsuite zu erhalten, die das funktionale (und ggf. auch das nicht funktionale) Verhalten des Altsystems überdeckt. Insbesondere in Situationen, in denen es nur eine unvollständige oder gar keine Anforderungs- oder Systemspezifikation mehr gibt, lassen sich automatisierte Tests hervorragend auf Basis dieses automatisierten Testorakels entwickeln. Steht nun die technische Migration auf ein neues, modernisiertes System an, dienen die zuvor implementierten automatisierten Test als eine Art Smoke-Test für die Migrationsarbeiten. Sobald die Anbindung der Testautomatisierungslösung an das neue System erfolgt ist, kann zeitnah Rückmeldung gegeben werden, ob das neue System sich konform zu dem Altsystem verhält.

Nachhaltigkeit der automatisierten Umgebung

Testautomatisierung soll ein Softwaresystem idealerweise für die Dauer seines Einsatzes begleiten. Um einen langfristigen, effizienten Einsatz einer Testautomatisierung zu gewährleisten, ist es unabdingbar, sich über die Nachhaltigkeit der Testautomatisierung und der damit verbundenen Infrastruktur und Umgebung Gedanken zu machen. Nachhaltigkeit der Testautomatisierung versteht sich als sinnvoller und sorgsamer Ressourceneinsatz, um den Betrieb und damit die Zielerreichung der Testautomatisierung langfristig sicherzustellen [Wendland 19]. Im Grunde geht es um die beiden Eigenschaften *Anpassbarkeit* und *Modifizierbarkeit*. Bei einer Testautomatisierung versteht man unter Anpassbarkeit (gemäß ISO 25010 [ISO 25010]) die Fähigkeit, in möglichst viele Prozesse integriert werden zu können, mit einer Vielzahl von Zielplattformen kompatibel zu sein oder verschiedene Testautomatisierungsansätze zu unterstützen. Mit Modifizierbarkeit sind im Wesentlichen die verschiedenen Wartungsaktivitäten (vgl. Abschnitt 4.3) gemeint. Insbesondere der adaptiven Wartung kommt eine Schlüsselrolle für die Nachhaltigkeit der Testautomatisierung zu. Eine Testautomatisierung hat die Aufgabe, das SUT zu stimulieren, zu beobachten und über seine Reaktionen zu berichten. Das ist der einzige Zweck einer Testautomatisierung! Daher wirkt sich jede Änderung am SUT, sei sie nun fachlicher, technischer oder fachlich-technischer Natur, unmittelbar auf die automatisierten Testmittel aus.

Wartungsaktivitäten können beispielsweise erforderlich sein, um Probleme in der Testautomatisierung zu beheben, neue Funktionen und Updates in die Testautomatisierung einzuspielen und Komponenten der Testautomatisierungslösung auszutauschen. Eine gute Wartbarkeit fordert eine hohe Qualität der Wartbarkeits-Teilmerkmale *Analysierbarkeit, Modifizierbarkeit, Stabilität*[3] und *Testbarkeit.* Nur durch gute Analysierbarkeit lassen sich Fehlerzustände in den automatisierten Testmitteln schnell identifizieren und bewerten. Um Fehlerzustände möglichst schnell und ohne Seiteneffekte zu korrigieren, bedarf es einer guten Modifizierbarkeit. Zu guter Letzt müssen eingebrachte Änderungen in den automatisierten Testmitteln effizient testbar sein, daher wird eine gute Testbarkeit erwartet.

Gute Wartbarkeit der automatisierten Testmittel sollte integraler Bestandteil beim Entwurf einer Testautomatisierungsarchitektur sein, da die Wartbarkeit, wie bereits erwähnt, für den nachhaltigen Erfolg bzw. den Fortbestand einer Testautomatisierung eine zentrale Rolle einnimmt.

Steuerbarkeit und Beobachtbarkeit des SUT

Der TAE muss die Steuerungs- und Beobachtbarkeitsmerkmale des SUT identifizieren und für die Umstellung auf Testautomatisierung bewerten (vgl. Abb. 6–2). Die Sichtbarkeit und Zugänglichkeit testrelevanter Informationen muss gegeben sein. Zudem sollte der automatisierte Test bzw. das eingesetzte Werkzeug in der Lage sein, Vorbedingungen für die Ausführung eines Tests (bspw. die Konfiguration und Inbetriebnahme der Testumgebung) zu etablieren sowie das SUT in einen sicheren Zustand nach der Testausführung zurückzusetzen.

Abb. 6–2
Steuerbarkeit und Beobachtbarkeit über die Testschnittstellen

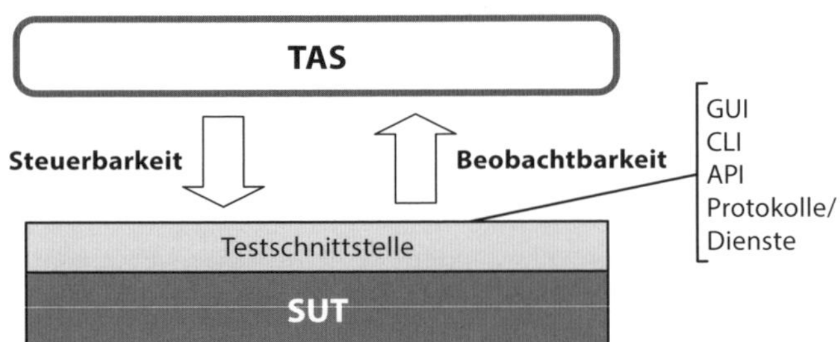

Wird für die Interaktion mit dem SUT beispielsweise ausschließlich auf die grafische Benutzungsoberfläche zurückgegriffen, führt dies vermutlich zu einer weniger gut wartbaren Testautomatisierung (vgl. Abschnitt 3.2.2, Mitschnitt-Ansatz). Um die Interaktion mit dem SUT zu vereinfachen bzw. wartbarer zu gestalten, hat der TAE die Option, dedizierte Testschnittstellen (Test Hooks) für die Automatisierung vorzuschlagen (vgl. Kap. 2), um sich explizit von der grafischen Benutzungsoberfläche zu lösen.

---

3. Hinweis: Das Untermerkmal Stabilität ist im ISO-25010-Standard kein Untermerkmal mehr von Wartbarkeit.

6.1.2 Vorbereitung der Umstellung auf automatisierte Tests

Umfang der Arbeiten zur Testautomatisierung

Wie in Kapitel 4 bereits erläutert, sollte die Testautomatisierung schrittweise in Betrieb genommen werden, um die Erfolgschancen zu erhöhen und kontinuierlich die gesammelten Erfahrungen, aufgetretenen Schwierigkeiten oder neue, unerwartete Nutzungsmöglichkeiten in die Weiterentwicklung der Testautomatisierung einfließen zu lassen. Vor allem frühe Erfolge sind wichtig, um Vertrauen in die Testautomatisierung und generell Akzeptanz im Management und Projektteam für die Testautomatisierung zu generieren. Die Unterstützung des Managements ist essenziell, da in der Praxis Testautomatisierungslösungen oftmals parallel zum Tagesgeschäft entwickelt werden (müssen bzw. sollen). Es bedarf insbesondere der Zustimmung des Managements, damit das entsprechende Personal neben der anfallenden Projektarbeit auch an dem Pilotprojekt für die Testautomatisierung arbeiten darf. Über das Vorgehen bei Pilotprojekten für die Testautomatisierung wurde bereits ausführlich in Abschnitt 4.1.1 berichtet.

Anmerkung der Autoren: Eine zielführende, effiziente und nachhaltige Testautomatisierung ist das Ergebnis eines strukturierten Prozesses. Die Autoren empfehlen zumindest in der Anfangsphase des Aufbaus der Testautomatisierung von einem parallelen Betrieb abzusehen und sich voll auf die Testautomatisierung zu konzentrieren. Wie wir nun mehrfach dargelegt haben, ist ein Testautomatisierungsprojekt ein Softwareentwicklungsprojekt – und dieses erledigen die meisten Unternehmen ja auch nicht nebenher.

Pilotprojekte sind insbesondere dann für das Management interessant, wenn sie zeitnah und unmissverständlich den Mehrwert der Testautomatisierung gegenüber dem manuellen Test quantifizieren können. Auf diese Weise ebnen erfolgreiche Pilotprojekte mit Unterstützung durch das Management den Weg für eine künftige Ausweitung der Testautomatisierung. Neben der Identifikation technischer Schwierigkeiten hinsichtlich der Kompatibilität mit dem SUT dienen die Erkenntnisse aus Pilotprojekten insbesondere auch dazu, Schätzungen über den zeitlichen Aufwand zu verfeinern und somit eine terminliche Planung auf Projektebene zu ermöglichen.

Der Auswahl der Testfälle kommt dabei eine erfolgskritische Rolle zu. Der erforderliche Impuls, die Testautomatisierungsarbeiten aufzunehmen und fortzuführen, kommt in den meisten Fällen von den Tests, die große Bereiche des SUT überdecken. Es sollten Testfälle mit vergleichsweise geringem Aufwand, aber hohem Nutzwert für die Erstumstellung auf Automatisierung ausgewählt werden, um schnell Erfolge zu liefern und den Mehrwert zu belegen. Dazu zählen vor allem Regressions- und

Smoke-Tests. Diese Tests werden häufig ausgeführt: In einem Entwicklungsprozess, der auf kontinuierliche Integration und kontinuierliches Testen setzt, sogar bei jeder Änderung des Codes oder zumindest täglich. Langlaufende Zuverlässigkeitstest sind ebenfalls sehr geeignet für die Umstellung auf Automatisierung, da sie meist aus mehreren Schritten bestehen, häufig ausgeführt werden bzw. lange laufen und daher aufgrund ihrer Eigenschaft Probleme aufdecken, die mit manuellem Testen nur schwer zu finden sind.

Aus der Praxis:
Auswahl via T-Shirt-Größen

Alternativ zur Auswahl von Erfolg versprechenden Smoke- oder Zuverlässigkeitstests ist es für eine zuverlässige Prognose häufig hilfreich, auch repräsentative Fälle oder gar die Grenzen von Testautomatisierungsvorhaben auszuloten. Dafür bieten sich »T-Shirt-Größen« für die Auswahl von Tests für eine Pilotierung an: Es werden drei Testfälle (oder drei Gruppen von Testfällen) ausgewählt:

- **S (Small)**
  Tests, die technisch und inhaltlich kurz und einfach strukturiert werden. Die Erwartungshaltung ist, dass sie dazu dienen, das grundsätzliche Konzept zu validieren, und rasch Erfolge liefern.
- **M (Medium)**
  Tests, die regulären und repräsentativen Charakter für den Großteil der Regressionstests haben, inhaltlich und technisch die Praxistauglichkeit des gewählten Ansatzes validieren sowie eine gute Basis für weitere Schätzungen liefern.
- **L (Large)**
  Tests, die technisch und inhaltlich komplex sind und die Grenzen bzw. Herausforderungen und Probleme des gewählten Ansatzes aufzeigen sollen, um diese in der weiteren Vorgehensweise adressieren zu können.

Die gewählten Tests werden in dieser Vorgehensweise »timeboxed« (also mit bewusst begrenztem Zeitaufwand) umgesetzt und die daraus resultierenden Informationen und Einschätzungen sowie offene Themenstellungen in der folgenden Planung und Umsetzung berücksichtigt.

Oftmals eignen sich die technisch komplexesten Tests nicht so sehr, um frühzeitig automatisiert zu werden, da ihre Umstellung in der Regel viel Zeit beansprucht. Der benötigte Aufwand steht zumeist in keinem guten Verhältnis zu den erzielten Ergebnissen, da man in der Zeit, die ein technisch sehr komplexer Test für die Umstellung auf Automatisierung benötigt, vermutlich mehrere weniger komplexe Tests hätte umstellen können und deren kumulierter Nutzwert oft größer ist als der eines einzelnen komplexen Testfalls. Allerdings kann es umgekehrt auch sein, dass gerade die technisch komplexesten Tests in der jeweiligen Situation die erfolgskritischen Tests darstellen. Wie so oft gibt es für die Bewertung des Nutzwerts eines auf Automatisierung umgestellten Tests keine allgemein gültige Regel, sondern er muss entsprechend dem sechsten Grundsatz des Testens (»Testen ist kontextabhängig«, vgl. Foundation-Lehrplan [ISTQB 18]) im jeweiligen Kontext betrachtet werden.

Um die Umstellung aktiv vorzubereiten, muss noch einiges auf prozessualer und technischer Ebene geklärt werden, bevor die manuellen Tests schlussendlich automatisiert werden können. Dazu zählen unter anderem die folgenden Punkte:

- Verfügbarkeit von Werkzeugen in der Testumgebung für die Testautomatisierung
- Genauigkeit von Testdaten und Testfällen
- Kooperation zwischen Entwicklern und TAE
- Rollen und Zuständigkeiten
- Schulung des Testteams im Hinblick auf den Paradigmenwechsel
- Paralleles Arbeiten
- Berichterstattung über die Automatisierung

Verfügbarkeit von Werkzeugen in der Testumgebung für die Testautomatisierung

Sind die optimalen Werkzeuge ausgewählt und beschafft, so ist es notwendig, dass diese Werkzeuge in der jeweiligen Testautomatisierungslösung bereitstehen und einsetzbar sind. Üblicherweise gehört die Inbetriebnahme der Testwerkzeuge zu einer der Aktivitäten, die während der Testrealisierung durchgeführt werden, sodass sie rechtzeitig für die Testdurchführung bereitstehen. Soll der Testentwurf hingegen bereits automatisiert durchgeführt werden, beispielsweise umgesetzt als zustandsbasiertes Testen, so müssen diese Werkzeuge schon deutlich früher zur Verfügung stehen, idealerweise bereits dann, wenn die Aktivitäten der Testanalyse beginnen. So können die gewonnenen Erkenntnisse unmittelbar durch das Werkzeug formalisiert und verwendet werden.

Die Bereitstellung kann auch beinhalten, dass relevante Updates oder Service Packs aufgespielt werden. Handelt es sich um eine frei konfigurierbare Testautomatisierungslösung, so muss für den jeweiligen Zweck die passende Konfiguration bzw. das passende Installationspaket (einschließlich Add-ins) ausgewählt werden. Eine funktionsfähige Testautomatisierungslösung ist die Grundvoraussetzung, um die Automatisierungsarbeiten zu beginnen. Dazu zählt neben der Einsatzbereitschaft der Testumgebung und der Testautomatisierungslösung vor allem auch die Funktionsfähigkeit der Entwicklungsumgebung für die Implementierung der automatisierten Testskripte bzw. Testmittel.

Genauigkeit von Testdaten und Testfällen

Maschinen erfordern Präzision.

Wenn Maschinen Tests ausführen, dann benötigen sie dazu (zumindest derzeit noch) präzise und eindeutige Anweisungen: Wie die einzelnen Testschritte auszuführen sind, welche konkreten Datenwerte zur Stimulierung des SUT verwendet werden sollen und mit welchem automatisierten Testorakel das tatsächliche Verhalten des SUT verglichen werden soll. Häufig sind manuelle Tests in einer eher unvollständigen Form spezifiziert, was Testdaten und insbesondere das Testorakel betrifft. Während der manuelle Tester aufgrund seiner Expertise oftmals in der Lage ist, aus einem nur natürlich sprachlich beschriebenen Testorakel gewissermaßen »im Kopf« einen angemessenen Vergleich zwischen erwartetem und tatsächlichem Verhalten des SUT zu berechnen, erfordert eine Maschine eine formale, vollständige und ausführbare Beschreibung des Testorakels. Die Bereitstellung bzw. Implementierung eines solchen automatisierten Testorakels kann wiederum mit einem erheblichen Entwicklungsaufwand verbunden sein.

Aus der Praxis:
Schwierigkeit: automatisiertes Testorakel

Vor einiger Zeit berieten wir zeitgleich und unabhängig voneinander zwei Zulieferer von Infotainmentsystemen für einen großen deutschen Automobilhersteller. In einem Fall galt es zu ermitteln, was der nächstbeste Schritt für sie wäre, um den Automatisierungsgrad ihres Testprozesses zu erhöhen. Die automatisierte Testausführung hatte der Zulieferer nahezu perfektioniert. Der Schlüssel zum Erfolg der Testautomatisierungslösung waren die verschiedenen automatisierten Testorakel. Der Zulieferer hatte nach eigenen Angaben viel Geld und Zeit in die Hand genommen, um das Zusammenspiel von Bildvergleich (mit Kennzeichnung von Bereichen, die mehr bzw. weniger von Interesse sind), Videovergleich, Radiofrequenzanalyse, Routenplanung etc. zu perfektionieren. Das Ergebnis ließ sich sehen, denn nahezu alle Funktionen des Infotainmentsystems ließen sich durch die automatisierten Testorakel im Hinblick auf ihr erwartetes und tatsächliches Verhalten evaluieren. Unsere Empfehlung hinsichtlich der Erhöhung des Automatisierungsgrades des Testprozesses war es, nunmehr in den automatisierten Testentwurf zu investieren.

Der zweite Zulieferer bat um eine Einschätzung, bei welchen Aktivitäten ihres Testprozesses Einsparungen vorgenommen werden könnten, da ihr Auftraggeber ihnen gesagt hätte, dass diese Aktivitäten insgesamt zu teuer seien. Nach der Analyse des Testprozesses fiel uns vor allem eine Aktivität mit gutem Optimierungspotenzial bei der Testdurchführung auf: Dabei handelte es sich um den dynamischen Test auf Spannungsspitzen, die das Infotainmentsystem belasten und teilweise in den Schutzmodus umschalten sollten. Während der Zulieferer in der Lage war, die Verläufe der Spannungsspitzen automatisiert auszuführen, erfolgte der Vergleich, ob das Infotainmentsystem sich nach der Spannungsspitze im gleichen Zustand wie davor befand, vollständig manuell. Man stelle sich vor, dass ein Tester den ganzen langen Tag nichts anderes tat, als die Spannungsspitzen abzuspielen, das Rauschen und Knarren des überlasteten Infotainmentsystems zu beobachten und danach zu bewerten, ob der Betrieb wieder korrekt aufgenommen wurde. Neben der Tatsache, dass diese Arbeit für den Tester nicht nur ermüdend, sondern nebenher auch noch eintönig und somit fehleranfällig war, war dieser Test natürlich auch sehr aufwendig und damit teuer für den Zulieferer. Unsere dringliche Empfehlung war es, in automatisierte Testorakel zu investieren, was jedoch konsequent von dem Zulieferer abgelehnt wurde. Das wäre viel zu komplex und nicht möglich zu automatisieren, der Aufwand würde sich nie amortisieren. Der zweite Zulieferer blieb bezüglich der Einführung automatisierter Testorakel unbelehrbar. Manchmal kann man wider besseren Wissens einfach nichts machen.

Nicht nur hinsichtlich des Testorakels müssen Tests für die Umstellung vollständig sein. Auch was die Beschreibung von einzelnen Aktionen oder anzuwendenden Testdaten betrifft, muss der Maschine klar und auf unmissverständliche Weise mitgeteilt werden, wie diese Schritte durchzuführen bzw. welche Testdaten zu verwenden sind. So kann ein manueller Tester den Testschritt »Wiederholen der Aktion für jede angelegte Benutzerrolle« durchaus fehlerfrei aufgrund seines gesunden Menschenverstands ausführen. Den meisten Maschinen (und damit den Werkzeugen) fehlt eben jener gesunde, kreative Menschenverstand. Daher müssen manuelle Tests für die Umstellung entsprechend präzisiert und komplettiert werden.

Kooperation zwischen Entwicklern und TAE

Alle Mann in einem (Projekt-)Boot

Eine erfolgreiche Testautomatisierung ist zumeist das Resultat einer vertrauensvollen und sich ergänzenden Zusammenarbeit zwischen Entwicklern und Testern. Tester können beispielsweise Empfehlungen für eine bessere Testbarkeit und Auslegung für Automatisierbarkeit (vgl. Abschnitt 2.3) aussprechen, damit die Umstellung auf Automatisierung möglichst reibungslos vonstattengeht. So könnten die TAE vor der Verwendung eines besonderen UI-Steuerelements warnen, wenn das eingesetzte Testautomatisierungswerkzeug keinen Zugang zu diesem bietet, es also nicht kompatibel ist. Eine weitere sinnvolle Forderung der TAE könnte sein, dass jedes UI-Steuerelement ein eindeutiges oder eindeutig reproduzierbares Identifikationsmerkmal erhält, damit die GUI-Testwerkzeuge diese Information zur Wiedererkennung der verschiedenen Elemente auch bei sich ändernden Layouts verwenden können.

Die Entwickler wiederum sollten den Testern hinsichtlich technischer Aspekte des SUT Rede und Antwort stehen. Auch Informationen über und Einbettung in das eingesetzte Vorgehensmodell und Entwicklerwerkzeug sind hilfreich, um die Testautomatisierung ideal in den Prozess zu integrieren.

Das Projektmanagement muss schlussendlich dafür Sorge tragen, dass die benötigten Kompetenzen für die entsprechenden Rollen und die damit verbundenen Zuständigkeiten für den Aufbau und den Betrieb einer Testautomatisierung klar kommuniziert sind, und dass Testautomatisierung als Disziplin ihren festen Platz im Entwicklungsvorgehen erhält.

Rollen und Zuständigkeiten

Ein Testautomatisierungsprojekt benötigt ähnliche Kompetenzen wie ein Entwicklungsprojekt. Für die Entwicklung, Wartung und den Betrieb einer Testautomatisierungslösung werden Personen mit technischem Know-how benötigt. Wartbarkeit ist beispielsweise eines der wichtigsten Qualitätsmerkmale für eine Testautomatisierung. Wartbarkeit muss demnach beim Entwurf einer Testautomatisierungsarchitektur von Beginn an berücksichtigt werden. Es ist daher wichtig, dass besser wartbare Testautomatisierungsarchitekturen und -lösungen von Personen konzipiert werden, die über Wissen über die Konzeption von Softwarearchitekturen verfügen. Konzeptionelles Wissen und technische (Programmier-)Fähigkeiten können natürlich auch von Testern erlernt oder eingebracht werden. In agilen Teams werden ohnehin Tester bevorzugt, die über Programmierkenntnisse verfügen [ISTQB 17] (vgl. Abb. 6–3).

Tester

Testanalyst

TAE

Product Owner

Entwickler

Systemarchitekt

Abb. 6–3 *Rollenverteilung in einem interdisziplinären Testteam*

Synergieeffekte nutzen

Zudem ergänzen sich die jeweiligen Expertisen der beteiligten Personen oftmals sehr gut in einem Testautomatisierungsprojekt; insbesondere bei Testautomatisierungsansätzen, die auf Abstraktion beruhen. Testanalysten analysieren und bewerten das SUT aus fachlicher Sicht, identifizieren Schlüsselwörter und benötigte Testdaten, durch die sie in der Lage sind, automatisierte Tests zu spezifizieren. Sie konzentrieren sich also auf die fachliche Überdeckung des SUT mittels entsprechender Tests und liefern dadurch einen wertvollen Beitrag zur Qualitätssicherung. Den Entwicklern oder Testern mit Programmiererfahrungen (im ISTQB-Rollenmodell zählen auch die technischen Testanalysten (TTA) dazu) obliegt dann die Implementierung der identifizierten Schlüsselwörter, damit diese gegen die Schnittstellen des SUT ausführbar sind.

Das Ziel sollte es immer sein, dass eine Testautomatisierungslösung gleichermaßen von technischen und fachlichen Experten verwendet werden kann, um den Erfolg der Testautomatisierung zu maximieren. Oftmals ändert sich durch die Umstellung auf Automatisierung auch die Teamzusammenstellung, um die neu entstandenen Rollen mit deren entsprechenden Zuständigkeiten und benötigten Kompetenzen besetzen zu können.

Aus der Praxis:
Automatisierung erfordert ein neues Skillprofil

Im Kontext der Entwicklungen rund um die neue Gesundheitskarte wurden wir von einem Losteilnehmer beauftragt, den funktionalen Testentwurf für das Fachmodul Versichertenstammdatenmanagement (VSDM) durchzuführen. In Absprache mit dem Auftraggeber entschieden wir uns, einen modellbasierten Testentwurf für den Systemtest des Fachmoduls durchzuführen. Durch Analyse der funktionalen Anforderungen erstellten wir daraufhin eine ausführbare Spezifikation mittels abstrakter Zustandsmaschinen. Diese abstrakten Zustandsmaschinen wurden in C# implementiert und von einem Testgenerator ausgeführt. Die resultierenden Testfälle wurden automatisiert in das Testmanagementwerkzeug des Auftraggebers übertragen und sahen dank einer dedizierten Modell-zu-Text-Transformation genauso aus, als wären sie von Testern manuell erzeugt und spezifiziert worden. Gegen Ende des Projekts und bei der Übergabe der automatisierten Testmittel sowie den damit verbundenen Erläuterungen zu den abstrakten Zustandsmaschinen stellte sich dann jedoch sehr schnell heraus, dass die Testmodelle, aus denen die Testfälle generiert wurden, in dem Augenblick veraltet sein würden, in dem wir hinter uns die Türe schlössen. Die Testanalysten des Auftraggebers hatten weder Programmierkenntnisse noch Wissen über die Modellierung. Hier wurde deutlich, dass die Teamzusammenstellung für die Anwendung von modellbasierten Praktiken nicht optimal war. Testautomatisierung, sei es nun im Entwurf oder der Ausführung, erfordert immer auch Expertenwissen auf technischer Ebene. Ohne dieses Wissen ist ein nachhaltiger Einsatz, und damit der größte Teil des Mehrwerts, nicht zu generieren.

Schulung des Testteams im Hinblick auf den Paradigmenwechsel

Änderungen sind generell unerwünscht – aber nicht immer!

Die meisten Menschen stehen Änderungen skeptisch bis ablehnend gegenüber. Die Umstellung auf Automatisierung ist eine schwerwiegende Änderung für einen Testprozess und bringt häufig auch eine Änderung des gesamten Entwicklungsprozesses mit sich. Interessanterweise sehen die meisten manuellen Tester häufig selbst den Bedarf, dass die anstehende Arbeit nur durch die Einführung einer Testautomatisierung in ausreichender Qualität zu schaffen wäre. Viele manuelle Tester stehen daher grundsätzlich einer Umstellung auf Automatisierung positiv oder zumindest interessiert gegenüber, allerdings oftmals ohne zu wissen, was diese Umstellung im Detail für sie bedeutet.

Transparenz schafft Akzeptanz.

Es empfiehlt sich, das Testteam in den Änderungsprozess miteinzubeziehen, Ängste und Zweifel der Tester ernst zu nehmen und sie inhaltlich zu zerstreuen. Wenn der Änderungsprozess konstruktiv und transparent umgesetzt wird, erhöht sich die Wahrscheinlichkeit, dass die betroffenen Tester diesen Änderungen begrüßend gegenüberstehen und sich proaktiv für den technischen und organisatorischen Wandel im Team, im Projekt, in der Abteilung oder in der Organisation engagieren.

Paralleles Arbeiten

Dieses proaktive Engagement seitens der Tester ist oftmals auch notwendig, da eine Testautomatisierung in den meisten Fällen nicht in einer Nacht-und-Nebel-Aktion eingeführt wird, sondern der Empfehlung nach schrittweise und inkrementell die manuellen Tests umgestellt werden. Dies bedeutet mitunter jedoch, dass die Tester zwei verschiedene Versionen eines Tests parallel durchführen und auch pflegen müssen, was den Einsatz von Konfigurationsmanagement und Versionierung unabdingbar macht. Zudem ist das Management gefordert, die parallelen Arbeiten nicht nur gutzuheißen, sondern mit Entscheidungsgewalt zu unterstützen.

Der entsprechende manuelle Test sollte erst dann kontrolliert außer Betrieb genommen werden, wenn sichergestellt ist, dass die von diesem Test gewährleistete Überdeckung durch einen oder mehrere automatisierte Testskripte ebenfalls gewährleistet ist. Wie bereits erwähnt, kann es im Zuge der Umstellung des Öfteren notwendig werden, dass die Struktur eines manuellen Tests derart abgeändert wird, dass er auf den ersten Blick kaum noch etwas mit dem oder den resultierenden automatisierten Testskripten gemein hat. Eine lückenlos dokumentierte Verfolgbarkeit auf Testschrittebene hilft dabei, die entsprechende Überdeckung zu gewährleisten.

Berichterstattung über die Automatisierung

Neben den organisatorischen und vor allem technischen Herausforderungen, die für eine erfolgreiche Umstellung auf Automatisierung im Vorfeld geklärt oder zumindest berücksichtigt werden müssen, ist es zudem wichtig, sich über die Berichterstattung, also über die Kommunikation von Testergebnissen durch die Testautomatisierungslösung, Gedanken zu machen.

Massentests schaffen Massendaten.

Jede Durchführung eines Tests (egal ob automatisiert oder manuell) erzeugt weitere Arbeitsergebnisse, beispielsweise das Testprotokoll. Durch die Umstellung auf Automatisierung werden Testteams in die Lage versetzt, Tests entweder in größerer Zahl oder in schnelleren und/oder kürzeren Zyklen durchzuführen. Dies bedeutet, dass auch eine größere Masse an weiteren Arbeitsergebnissen wie Testprotokollen erzeugt wird. Jedes dieser Arbeitsergebnisse liefert potenziell einen wertvollen Beitrag zur Bewertung der Gesamtqualität des SUT. Dies bedeutet wiederum, dass diese zahlreichen Testprotokolle von den Testern analysiert werden sollten – insbesondere bei fehlgeschlagenen Tests. In großen Projekten kann es schnell vorkommen, dass in einem Testlauf mehrere Tausend Tests durchgeführt werden. Werkzeuge für den automatisierten Testentwurf sind ebenfalls in der Lage, eine große Menge an Tests zu generieren, die bestimmten Überdeckungskriterien entsprechen. Die Berichterstattung für eine große Masse an automatisierten Tests sollte stets so aufbereitet werden, dass die Testprotokolle in Struktur und Darstellung die manuellen Analyseaufgaben der Tester zielführend unterstützen (vgl. Abschnitt 1.4.4, Listenpunkt »Unterstützung bei der einfachen Fehlersuche und Fehlerbeseitigung«). Viele GUI-Testwerkzeuge erzeugen beispielsweise Screenshots von dem tatsächlichen Status der grafischen Benutzungsoberfläche im Falle einer Abweichung und heben diese Abweichung gut erkennbar grafisch hervor.

Aus der Praxis:
Massendaten müssen analysierbar sein

In einem Beratungsprojekt für den Systemtest im Bahnbereich lag folgende Situation vor: Nach Durchführung eines kompletten Regressionstestlaufs, der über das Wochenende lief, benötigte das gesamte Testteam vier Tage für die Auswertung des Testlaufs. Zielgröße laut Projektmanagement war für diese Aktivität: ein Mitarbeiter, ein Tag! Woher kam also die große Diskrepanz zwischen »Ist« und »Soll«?

Die gegebenen Bedingungen sahen wie folgt aus: Für die Testausführung setzte das Team auf einen schlüsselwortgetriebenen Ansatz. Durch ein systematisches Testverfahren (Klassifikationsbaummethode [ISTQB 19b]) wurde sichergestellt, dass die geforderte Überdeckung der Funktionen mit ausreichenden Tests gegeben war. Insgesamt lagen ca. 3000 Tests automatisiert vor und liefen in einer eigenentwickelten Testautomatisierungslösung, die sehr effizient die Fahrt eines Zuges simulieren konnte. Die Testautomatisierungslösung erschien auf den ersten Blick überaus ausgereift und potent. Erst als wir uns die Prozesse der Testbewertung und die erzeugten Testprotokolle zeigen ließen, wurde schnell klar, warum das Team den Zeitrahmen sprengen musste. Die (nicht vorhandene) Struktur der Testprotokolle ermöglichte weder eine automatisierte noch teilautomatisierte Analyse. Die Testprotokolle waren gewissermaßen »in Prosa« verfasst , zusammengesammelt aus natürlich sprachlichen Kommentaren, die im Testskript hinterlegt waren. Zwar bot das Testausführungswerkzeug grundsätzlich die Möglichkeit an, ein Testprotokoll mittels XMLS strukturiert aufzubereiten (es lag sogar eine recht passable XML-Schema-Spezifikation vor), jedoch nutzten die Tester bei der Implementierung der Testskripte überwiegend die Kommentarfunktionalität. Dies führte dazu, dass jedes Testprotokoll im Grunde anders formatiert und strukturiert war. Identische Testschritte wurden teilweise im Testprotokoll anders bezeich-

→

net. Es war den Testern daher bei der Analyse der Testprotokolle nahezu unmöglich, nachzuvollziehen, ob identische Testschritte zur Abweichung geführt hatten oder unterschiedliche Testschritte. Als weiteres gravierendes Manko kam hinzu, dass es keine gute Aufbereitung des Testprotokolls durch die Testautomatisierungslösung gab. Auch der sogenannte *LogViewer* war eine Eigenentwicklung, die allerdings seinem Namen alle Ehre machte. Viel mehr als das »Scrollen« und »Viewen« der »Logs« (Testprotokolle) war nicht möglich. So mussten die Tester sich also mit einem nicht ausgereiften Werkzeug durch mehrere Hundert bis Tausende Zeilen des natürlich sprachlichen Testprotokolls scrollen, um Abweichungen zu finden und zu analysieren. Bei der hohen Anzahl an durchgeführten Regressionstests lag es zwangsläufig auf der Hand, dass das Testteam niemals den vom Projektmanagement geforderten Zeitrahmen würde halten können.

Berichterstattung gehört zur Teststrategie.

Das Beispiel aus dem Regressionstest des Bahnbereichs macht noch einmal deutlich, dass die Testautomatisierung von Anfang bis Ende durchdacht werden muss. Der größere Durchsatz, der durch den automatisierten Entwurf und die automatisierte Ausführung von Tests erreicht wird, führt dazu, dass eine viel größere Masse an Daten in viel kürzerer Zeit als bisher produziert wird bzw. werden könnte. Diese Datenmasse muss jedoch analysierbar bleiben. Der TAE muss stets bedenken, dass die Berichterstattungen und die Protokollierung durch eine Testautomatisierung Teil der allgemeinen Testautomatisierungsstrategie sein müssen und gleichsam ein wesentlicher Faktor für Erfolg oder Misserfolg der Testautomatisierung an sich sind.

Zudem sollte überprüft werden, welche weiteren Informationen bzw. Metriken durch die Testautomatisierung erhoben werden können, um die Wirtschaftlichkeit bzw. der Effizienz der Testautomatisierung zu quantifizieren. Durch Messungen, die generell den Betrieb einer Testautomatisierungslösung aufzeichnen, lassen sich beispielsweise auch Optimierungspotenziale identifizieren (vgl. Kap. 8) oder die Validierung der Testautomatisierungslösung unterstützen (vgl. Kap. 7).

6.2 Erforderliche Schritte zur Automatisierung von Regressionstests

Regressionstests gehören zu den änderungsbasierten Tests, sprich, ein Regressionstest wird durchgeführt, wenn es Änderungen am SUT gab, und sichergestellt werden soll, dass es in den unveränderten Bereichen des SUT zu keinen unerwünschten Seiteneffekten gekommen ist. Häufig ist der Grund, warum man eine Testautomatisierung einführt, die Tatsache, dass man mit zunehmender Funktionalität des SUT nicht mehr in der Lage ist, einen vollständigen manuellen Regressionstest durchzuführen – zumeist aus rein zeitlichen Gründen.

Für die Automatisierung von Regressionstests muss im Vorfeld eine Reihe von Fragen bedacht werden, damit die Umstellung sowohl kurz- als auch langfristig den größtmöglichen Erfolg generieren kann. Einige dieser Fragen sind nachfolgend aufgeführt und werden in diesem Kapitel detaillierter beleuchtet:

- **Ausführungshäufigkeit**
  Wie oft werden die Regressionstests ausgeführt?
- **Ausführungszeit**
  Welche Ausführungszeit haben die manuellen Regressionstests bzw. die gesamte Regressionstestsuite?
- **Ausführbare Tests**
  Sind die manuellen Tests gegenwärtig fehlerfrei spezifiziert und aktuell?
- **SUT-Überdeckung**
  Wie hoch ist die Testüberdeckung des SUT?
- **Gemeinsame Datennutzung**
  Nutzen die manuellen Tests ggf. dieselben Daten?
- **Funktionale Überschneidungen**
  Gibt es funktionale Überschneidungen zwischen den Tests?
- **Vorbedingungen**
  Welche Vorbedingungen müssen vor der Testausführung erfüllt sein?
- **Abhängigkeiten**
  Gibt es Abhängigkeiten zwischen den Tests, die berücksichtigt werden müssen?
- **Lang laufende Regressionstests**
  Was muss passieren, wenn Regressionstests zu lange dauern?

Ausführungshäufigkeit

Regressionstests sind aufgrund ihrer Charakteristik, was Ausführungshäufigkeit und Fehlerfindungspotenzial betrifft, die besten Kandidaten für eine Umstellung auf Automatisierung. Mit anderen Worten: Der oftmals hauptsächliche Grund, warum in einem Testprojekt vom manuellen auf den automatisierten Test umgestellt wird, sind vorrangig die Regressionstests.

Regressionstests haben insbesondere bei den iterativ-inkrementellen bzw. den agilen Vorgehensweisen eine essenzielle Bedeutung. Wie in Abbildung 6–4 dargestellt, wächst die Funktionalität des SUT mit jeder Iteration um ein kleines Inkrement an. Dies bedeutet gleichsam, dass bei jeder Iteration der Umfang an bekannter und bereits validierter bzw. abgenommener Funktionalität größer wird. Oftmals realisieren Projektteams erst nach vielen Iterationen, dass die Masse an eigentlich zu prüfender Altfunktionalität manuell gar nicht mehr machbar ist. Zumeist führt erst diese Erkenntnis der Entscheidungsträger dazu, dass ernsthaft über die Einführung und Umstellung auf Automatisierung der Regressionstests nachgedacht wird.

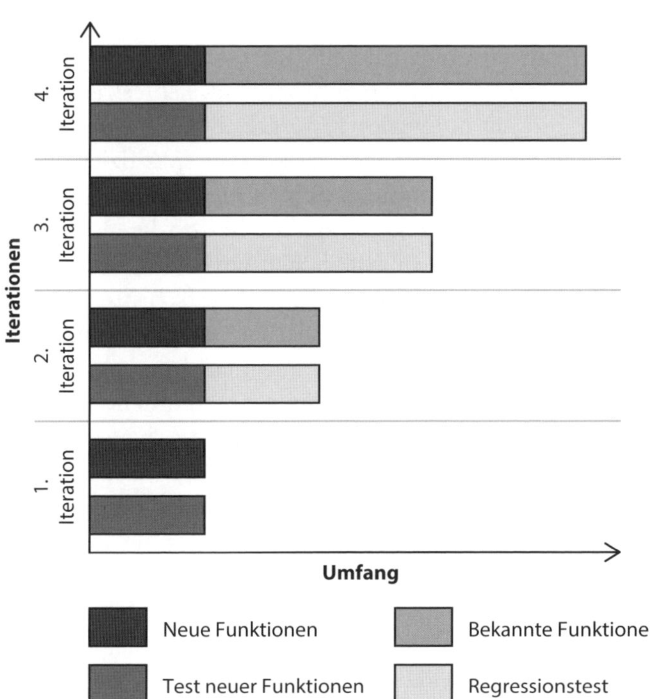

Abb. 6–4
Kontinuierlich wachsende Regressionstestsuite bei jeder Iteration

Ausführungszeit

Geringere Ausführungszeit = größerer Nutzwert

Insbesondere zu Beginn sollte die Umstellung auf Automatisierung dem Management und dem Projektteam zeigen, dass die Automatisierung einen Mehrwert bringt. Dieser Mehrwert ist umso markanter, je höher der Nutzwert der einzelnen, umgestellten manuellen Tests ist. Regressionstests, die grundsätzlich eine lange Ausführungszeit aufweisen, warten mit einem potenziell großen Nutzwert durch die Automatisierung auf. Durch die Automatisierung lassen sich mehrere dieser ursprünglich zeitaufwendigen manuellen Tests häufiger und in kürzeren Iterationen ausführen, da ihre Ausführung schneller bzw. effizienter wird. Neben der Einsparung manueller Ressourcen liegt der Vorteil vor allem in dem zusätzlichen und häufigeren Feedback zu dem aktuellen Qualitätsstand des SUT.

Sollte sich allerdings ein zeitaufwendiger manueller Test als zu komplex für die Umstellung auf Automatisierung erweisen (vgl. Abschnitt 6.1.2), so kann es dennoch ratsam sein, auf die Automatisierung dieses Tests zu verzichten und sich zunächst um mehrere weniger komplexe manuelle Tests zu kümmern.

Ausführbare Tests

Vollständigkeit, Korrektheit und Konsistenz des Tests

Zudem sollten zunächst nur manuelle Tests bei der Umstellung berücksichtigt werden, die fehlerfrei ausführbar sind. *Fehlerfreiheit* ist in diesem Fall nicht auf ein mögliches Testergebnis »Bestanden« zurückzuführen, sondern darauf, dass der Test korrekt spezifiziert wurde. Das bedeutet, der Test an sich ist noch aktuell hinsichtlich der Version des SUT und er verwendet korrekte und aktuelle Testdaten. Dieser Aspekt geht stark einher mit der grundsätzlichen Vorbedingung, dass die Gültigkeit und Genauigkeit von Testdaten und Testschritten gewährleistet sein muss. Wird dieser Aspekt nicht berücksichtigt, kann es dazu führen, dass fehlerhafte manuelle Tests automatisiert werden, die ihrerseits wiederum fehlerbehaftet sind. Nimmt man nun noch die Tatsache hinzu, dass jede Ausführung eines Tests weitere Arbeitsergebnisse produziert, ist schnell ersichtlich, dass die Automatisierung fehlerhafter Tests nicht effizient und unter allem Umständen zu vermeiden ist.

Alle Abweichungen vor der Umstellung analysieren!

Diese Aussage trifft auch für manuelle Tests zu, die eine Abweichung beim SUT festgestellt haben, die noch nicht genauer durch die Tester bzw. Entwickler analysiert wurde. Wird ein solch manueller Test automatisiert, ohne vorher die Abweichung genauer zu analysieren, kann es sein, dass der resultierende automatisierte Test fehlerhaft ist. Bei einer vorhergehenden Analyse wäre möglicherweise aufgedeckt worden, dass die Abweichung aufgrund eines Fehlers in dem Test selbst hervorgerufen wird. Es handelt sich also um ein falsch positives Ergebnis. Dieses falsch positive Ergebnis würde nun in einen automatisierten Test übertragen, was wiederum Analyseaufwand, Wartungsarbeiten und ggf. Fehlernachtests nach sich zieht.

Ein anderes unerfreuliches Ergebnis nach der Automatisierung eines solchen Tests kann sein, dass die Abweichung nun nicht mehr auftritt und so zu einem trügerischen Vertrauen in die Qualität des SUT führt. Es besteht also auch die Gefahr eines falsch negativen Ergebnisses (also eines nicht gefundenen Fehlerzustands im SUT).

SUT-Überdeckung

Überdeckung möglichst in Breite und Tiefe

Um zu gewährleisten, dass eine automatisierte Regressionstestsuite ihren eigentlichen Zweck erfüllen kann, ist es wichtig, eine aussagekräftige Überdeckung des SUT zu gewährleisten. Idealerweise werden die oftmals manuellen Tests auf neue oder geänderte Funktionalität auf den verschiedenen Teststufen zeitnah einer automatisierten Regressionstestsuite zugefügt. Auf diese Weise ist abgesichert, dass auch die neu hinzugekommene und geänderte Funktionalität und ihre Codebasis bei der nächsten Durchführung der Regressionstestsuite ausreichend abgedeckt sind. Dies erhöht natürlich signifikant die Chancen, dass eine Regression der Altfunktionalität bzw. der Codebasis des SUT detektiert wird.

Unter Zuhilfenahme von Werkzeugen zur Messung der Codeüberdeckung durch einen Regressionstest lässt sich die Aussagekraft des Regressionstests sowie dessen Wirksamkeit vergleichsweise einfach quantifizieren. Zudem gibt die Messung der Codeüberdeckung ein einfaches Mittel an die Hand, um nicht kommunizierte Änderungen an dem SUT aufzuspüren. Sollte die gemessene Codeüberdeckung einer erneut ausgeführten, unveränderten Regressionstestsuite plötzlich und unerwartet sinken, liegt auf der Hand, dass eine bestimmte Menge von neuem Code der Codebasis des SUT hinzugefügt worden sein muss oder eine fundamentale Änderung durchgeführt wurde, die scheinbar jedoch nicht an die Tester kommuniziert wurde. Darüber hinaus gibt es Unterschiede zwischen der Messung von Codeüberdeckung auf den höheren und niedrigeren Teststufen: Ein wesentlicher Teil des Codes kann oft durch einfachen Start der zu testenden Applikation abgedeckt werden. Anders ist es beispielsweise bei Code zur Behandlung von Ausnahmesituationen, die in der Realität nur schwierig (bis unmöglich) künstlich ausgelöst werden können. Diese lassen sich mitunter nur auf den unteren Teststufen mittels Fehlereinfügungswerkzeugen abdecken, während dies auf den höheren Teststufen gar unmöglich ist.

Bei der Umstellung von manuellen Tests auf automatisierte Regressionstests ist auf jeden Fall darauf zu achten, dass mindestens die Abdeckung der manuellen Regressionstests erreicht wird (in der Annahme, dass diese einer sinnvollen Risikoverteilung unterliegen). Da manuelle Tests oftmals komplett umstrukturiert, in mehrere automatisierte Tests aufgeteilt oder in einen einzigen automatisierten Test zusammengeführt werden, ist es hilfreich, eine Verfolgbarkeit zwischen der Überdeckung der alten manuellen und der neuen automatisierten Tests auf Testschrittebene anzulegen, um die Effektivität der Umstellung hinsichtlich der Überdeckung belegen zu können.

Gemeinsame Datennutzung und Funktionsüberschneidung

Redundanzen reduzieren

Bei der Umstellung von manuellen Regressionstests sollten auch vorab Redundanzen bei durchgeführten Testschritten, Verifikationsfunktionen und verwendeten Daten identifiziert und wenn möglich verringert werden. Jedes Artefakt der automatisierten Testmittel erhöht grundsätzlich den Wartungsaufwand. In Abschnitt 4.3 wurde sehr deutlich die Wichtigkeit einer guten Wartbarkeit bei der Testautomatisierung hervorgehoben. Die Vermeidung derartiger Redundanzen ist ein effizienter Weg, um die Wartbarkeit der automatisierten Testmittel zu verbessern. Die Verwendung von zentralen Testdaten-Repositories und die Vermeidung von Datenduplikaten verringert zudem die Gefahr, dass Fehlerzustände in die Testdaten eingeschleust werden.

Funktionale Überschneidungen

Werden funktionale Überschneidungen der Testfälle bei der Umstellung ermittelt und reduziert, wirkt sich dies unter anderem auch einsparend auf die Ausführungszeit der Regressionstests aus. Insbesondere bei lang laufenden Regressionstestsuiten ist jedwede Reduzierung der Ausführungszeit hilfreich.

Aus der Praxis:
Testdatenmanagement

Die Bereitstellung und Verwaltung von Testdaten ist kein triviales Thema und kann je nach Teststufe und Anforderung an die Testdaten mit einem großen Aufwand verbunden sein. So verlangen die aktuellen sehr strikten Datenschutzgesetze, dass die (ggf. regulatorisch für den System-/Abnahmetest geforderten) personenbezogenen oder personenbeziehbaren Produktivdaten vor deren Verwendung anonymisiert werden, sodass kein Rückschluss auf ihre Herkunft möglich ist. Dies ergibt für eine Testdurchführung aber nur Sinn, wenn die Plausibilität und strukturelle Integrität der Testdaten nicht korrumpiert wurde. In einem solchen Kontext wäre es nicht nur fehleranfällig, sondern auch wirtschaftlich nicht effizient, denselben Personendatensatz mehrfach mühsam zu anonymisieren.

→

Ein weiteres spannendes und anspruchsvolles Thema behandelt den Testdatenverbrauch. Es gibt Testdaten, die nur genau für eine Durchführung Gültigkeit besitzen. Man stelle sich beispielsweise den Test einer Applikation vor, die das Boarding von Flugzeugen am Gate koordiniert. Bordkarten sind nach dem Boarding-Prozess »verbraucht«, d.h., sie verlieren ihre Gültigkeit. Ähnliches gilt für Testdaten, die nur eine zeitliche Gültigkeit besitzen.

Testdatenmanagement kann in bestimmten Situationen sehr komplex werden. Je nach Kritikalität und Einsatzzweck des SUT tritt die Notwendigkeit eines anspruchsvollen Testdatenmanagementprozesses mehr oder weniger zutage.

Vorbedingungen für die Testausführung

Einrichtungs- und Aufräumarbeiten automatisieren

Automatisierte Regressionstests müssen in der Lage sein, den jeweils benötigten Ausgangszustand für die Durchführung des eigentlichen Tests ohne menschliches Zutun zu etablieren. Diese Fähigkeit ist essenziell, da Regressionstests oftmals zu betrieblich unkritischen Zeitpunkten durchgeführt werden, beispielsweise über Nacht oder am Wochenende. Es gibt daher meistens keine Möglichkeit, dass ein Tester manuell Einrichtungs- oder Aufräumarbeiten vornimmt. Dennoch erwartet ein Tester, dass er am nächsten Arbeitstag die Ergebnisse des von ihm oder einem Continuous-Build/Integration-System gestarteten Regressionstestlaufs einsehen kann. Dies kann nur dann funktionieren, wenn der automatisierte Test auch in der Lage ist, die Einrichtungs- und Aufräumarbeiten automatisiert durchzuführen. Ist diese Eigenschaft nicht gegeben, so führt mitunter das Fehlschlagen eines Regressionstests dazu, dass das SUT nicht mehr in einen konsistenten Zustand für den nächsten Regressionstest überführt werden kann. Folglich wäre die Richtigkeit der Ausführung der gesamten Regressionstestsuite gefährdet.

Einrichtung der Testumgebung vs. SUT

Gemeinhin unterscheidet man zwischen dem Einrichten und Aufräumen der Testumgebung (und ihrer Komponenten) und den entsprechenden Arbeiten am SUT. Ersteres wird zumeist über Konfigurationsskripte erreicht. In diesem Schritt werden benötigte Komponenten initialisiert, Verbindungs- und Kommunikationspunkte etabliert, Lizenzserver gestartet oder das Laden der richtigen Daten-Repositories vorgenommen. Die Einrichtung der Testumgebung kommt oftmals ohne Kommunikation mit dem SUT aus. Letzteres verwendet hingegen die auf der jeweiligen Teststufe angebotenen Schnittstellen des SUT, um das Einrichten bzw. das Aufräumen des SUT durchzuführen. Es müssen bestimmte Aktionen auf dem SUT ausgeführt werden, damit die von dem Test zu überprüfende Funktionalität oder Testbedingung überhaupt erst erreicht bzw. ausgeführt werden kann.

Je nach Teststufe, Testart und SUT kann die Automatisierung der Initialisierung und Inbetriebnahme der Testumgebung für automatisierte Tests einfacher oder schwieriger sein. Während der Regressionstest auf Komponentenebene (also ein Unit Test) weniger Anforderungen an die automatisierte Testumgebung stellt (da diese in den meisten Fällen bereits im Rahmen eines Build-Prozesses durchgeführt werden und ohne eine Verteilung des SUT auskommen), sieht dies auf der Systemteststufe eines eingebetteten Systems schon sehr viel komplexer aus.

Bei Regressionstests, die beispielsweise das Stecken und Entfernen von verschiedenen Smartcards (etwa zur Benutzerauthentifizierung) erfordern, kommen häufig softwarebasierte Lösungen (Mocks, Simulationen oder virtuelle Geräte) der dazugehörigen Kartenterminals zum Einsatz, da ein manuelles Stecken nicht möglich ist und der Einsatz darauf spezialisierter Roboterarme noch nicht zum industriellen Stand der Technik gehört. Ein automatisierter Einrichtungsprozess muss Sorge dafür tragen, dass alle technischen Komponenten der Testumgebung einwandfrei initialisiert und einsetzbar sind.

Aus der Praxis:
Preamble und Postamble bei der ETSI

Die meisten standardisierten TTCN-3-Konformitätstestfälle, die die ETSI (European Telecommunications Standardization Institute [URL: ETSI]) für ihre verschiedenen Kommunikationsprotokolle veröffentlicht, sind in drei Sequenzen gegliedert: Preamble, Hauptteil, Postamble. In der Preamble wird das SUT von den Testkomponenten in den benötigten Ausgangszustand versetzt. Der Hauptteil validiert die dem Testfall zugrunde liegenden Testbedingungen (im ETSI-Jargon werden Testbedingungen *test purposes* genannt). Die Postamble überführt das SUT in den gewünschten Endzustand. Testfälle, die aufgrund von Abweichungen in der Pre- bzw. Postamble fehlschlagen, werden gewöhnlich mit dem Testergebnis *inconclusive* bewertet. Dies bedeutet, dass keine zuverlässige Aussage getätigt werden kann, ob der Test seinen Zweck bzw. sein Ziel erfüllt hat, da der eigentliche Testfall entweder erst gar nicht stattgefunden hat (Fehler in der Preamble) oder aber der gewünschte Endzustand des SUT nicht etabliert werden konnte (Fehler in der Postamble). Die Möglichkeit zwischen dem Fehlschlagen in der Pre-/Postamble und in dem eigentlichen Hauptteil des Tests unterscheiden zu können, liefert einen differenzierteren Blick auf den Testfortschritt und die Überdeckung der Anforderungen, User Stories oder Testbedingungen.

Gegenseitige Abhängigkeit von Tests

Unabhängige Tests sind besser wartbar.

In komplexeren Regressionstestsuiten können Tests voneinander abhängig sein. Eine Abhängigkeit zwischen Tests liegt vor, wenn die Ausführung des einen Tests an die erfolgreiche Ausführung eines vorhergehenden Tests gekoppelt ist. Oder anders: Die Nachbedingungen eines vorhergehenden Tests entsprechen den Vorbedingungen eines nachfolgenden Tests. Ein einfaches Beispiel ist das Ändern der Stammdaten eines Benutzers. Die Vorbedingung für einen solchen Test ist, dass ein entsprechender Benutzer angelegt ist. Das Anlegen eines Benutzers wäre ein weiterer Test, dessen Nachbedingung ist, dass der Benutzer im System angelegt ist. In solchen Situationen ist es denkbar, die Regressionstests semantisch aufeinander aufzubauen. In vielen Fällen können solche aufbauenden Testketten zu durchgängigen Szenarien zusammengefügt werden. Eine Alternative kann auch sein, Tests mit gemeinsamen Vorbedingungen in eine gemeinsame Testsuite zu gruppieren. Allerdings sollte man sich stets bewusst darüber sein, dass abhängige Tests Schwierigkeiten nach sich ziehen können. Es gilt daher in den allermeisten Fällen als gute Praktik, derartige Abhängigkeiten zu vermeiden.

Denn abhängige Tests erfordern zwingend eine logische Ausführungsreihenfolge. In dem gerade erwähnten Beispiel würde der Test für das Ändern der Stammdaten davon ausgehen, dass bereits ein entsprechender Benutzer existiert, da dieser Test ja nach dem Test ausgeführt wurde, der den Benutzer anlegt. Viele Testautomatisierungswerkzeuge bieten beispielsweise gar nicht die Möglichkeit, Tests in eine Reihenfolge zu bringen. Dies trifft vor allem für Unit-Test-Frameworks zu. Dort ist oft Teil der entsprechenden Richtlinien, dass Tests isoliert voneinander laufen. Eine isolierte Ausführung fördert beispielsweise auch die Möglichkeit, Tests parallel durchführen zu können. Moderne Container- und Virtualisierungsdienste ermöglichen es, das SUT mehrfach zu instanziieren und zeitgleich eine Menge von automatisierten Tests gegen mehrere Instanzen des SUT durchführen zu können. Dieser entscheidende Vorteil fällt mit der Verwendung abhängiger Tests teilweise oder gänzlich weg. Auch die Analyse und Wartung von abhängigen Tests ist schwieriger. Änderungen oder Außerbetriebnahmen von Tests können dazu führen, dass nachgelagerte Tests nicht mehr ausführbar sind oder ebenfalls angepasst werden müssen.

Abhängigkeiten von Tests nicht partout schlecht

Aus der Praxis:
Abhängige Tests sorgen für Zeitgewinn

Auch wenn die Notwendigkeit voneinander abhängiger Tests im Regressionstest mindestens kritisch zu hinterfragen ist, so gibt es immer wieder nachvollziehbare Gründe, warum man durchaus auf abhängige Tests setzen kann. Ist beispielsweise das Einrichten und Aufräumen der Testumgebung für jeden einzelnen Testfall zu »teuer«, da zeitintensiv, lässt sich durch eine Menge aufeinander aufbauender Tests durchaus ein großer Zeitgewinn erzielen. Häufig ist dies bei eingebetteten Systemen der Fall. So dauerten bei einem Zulieferer im Automotive-Bereich die Einrichtung und das Aufräumen des HiL-Prüfstandes durchschnittlich etwa zehn Minuten. Hier wäre es unvorteilhaft gewesen, dogmatisch an der Unabhängigkeit von Tests festzuhalten. Stattdessen wurde auf aufeinander aufbauende Regressionstests gesetzt, was wiederum zu einer deutlich kürzeren Ausführungszeit der Regressionstestsuite führte.

Auch im manuellen Abnahmetest ergibt es Sinn, Tests aufeinander aufzubauen. Im Abnahmetest geht es nicht mehr primär darum, Fehler zu finden, sondern die Anwendbarkeit des Systems durch den Auftraggeber oder Benutzer zu bestätigen. Hier dient die Abhängigkeit von Tests ebenfalls eindeutig der Effizienz der Testdurchführung.

Um Tests voneinander unabhängig zu gestalten, findet man in der Praxis häufig das Konzept der automatisierten Einrichtungs- bzw. Aufräumarbeiten je Testfall vor. Natürlich führt dies wiederum dazu, dass gewisse Funktionalität (bspw. das Anlegen eines Benutzers und dessen Löschung) nicht nur bei dem Test ausgeführt wird, der diese Funktionalität prüft, sondern bei jedem Test, der auf dieser Funktionalität aufsetzt. Dies erschwert seinerseits wiederum die Wartbarkeit, da sich Änderungen an dieser Funktionalität mitunter auf jeden Test auswirken, der auf dieser Funktionalität aufsetzt. Moderne Testausführungswerkzeuge und -ansätze wie die strukturierte Skripterstellung oder das schlüsselwortgetriebene Testen beugen diesem Problem jedoch durch das Kapselungsprinzip vor.

Lang laufende Regressionstests

Große Regressionstestsuiten verwalten

Zu Beginn kann die Ausführungszeit von Regressionstests in einem Projekt für lange Zeit unproblematisch sein. Oftmals sind die verfügbaren Zeiträume (über das Wochenende, über Nacht) ausreichend, um alle Regressionstests auf allen Teststufen durchzuführen. Sobald jedoch die verfügbare Zeit für den Regressionstest nicht mehr ausreicht, muss entschieden werden, wie mit einer solchen lang laufenden Regressionstestsuite umgegangen wird. In Projekten, in denen kontinuierliche Integrations-, Build- und Testprozesse zum Einsatz kommen, werden Regressionstests sogar mehrere Male pro Tag durchgeführt, nämlich potenziell bei jedem neuen Code-Commit der Entwickler. In einem solchen Szenario wird es schnell offensichtlich, dass nicht mehr die gesamte Regressionstestsuite ausgeführt werden kann. Mögliche Lösungswege für diese Herausforderung sind in Abbildung 6–5 illustriert und nachfolgend detaillierter erläutert.

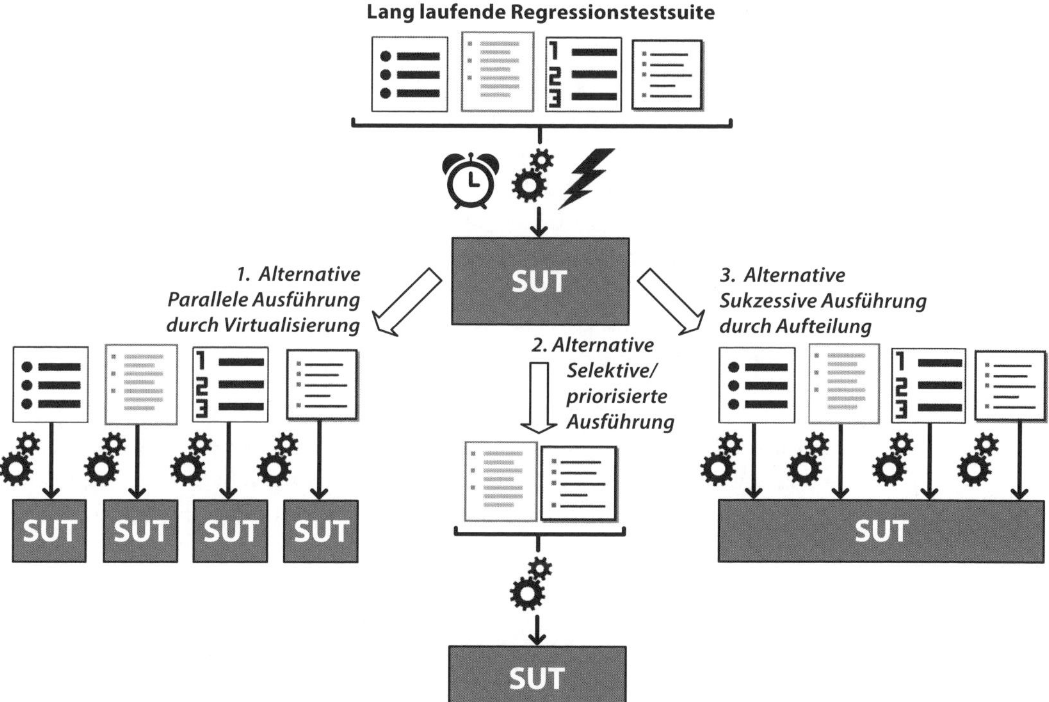

Abb. 6–5 *Umgang mit lang laufenden Regressionstestsuiten*

Durch Virtualisierung – wenn möglich

Wie bereits erwähnt sind Virtualisierungsdienste auf dem Vormarsch. Sie ermöglichen die parallele Ausführung von Tests gegen mehrere Instanzen des SUT. Allerdings muss das SUT dazu virtualisierbar sein, was bei einer reinen Softwareanwendung deutlich einfacher umsetzbar ist als beispielsweise bei einem Flugzeug oder Zug. Sobald Hardware mit ins Spiel kommt, muss genauestens überprüft werden, wie diese Hardware in die Virtualisierung einbezogen werden kann. Einige Unternehmen setzen mittlerweile auf sogenannte *digital twins* oder *digital shadows*, also virtualisierte digitale, sich identisch verhaltende Abbilder der realweltlichen Hardware. Parallelisierung von Regressionstests ist eine Möglichkeit, mit lang laufenden Regressionstestsuiten effektiv umzugehen.

Durch Priorisierung des Risikos

Sind eine Virtualisierung und damit verbunden die parallele Ausführung der Regressionstests keine Option, so kann mittels Priorisierung eine Untermenge der wichtigsten Regressionstests selektiert werden. Die Priorisierung kann auch auf Basis einer Risikoanalyse vorgenommen werden (bspw. welche SUT-Funktionalitäten wurden zuletzt geändert?). Dies hat den Vorteil, dass die wichtigsten und kritischsten Regressionstests auf jeden Fall ausgeführt werden. Dies bringt allerdings den Nachteil mit sich, dass die Überdeckung des SUT nicht mehr vollständig gegeben ist. Es entsteht also generell ein erhöhtes Risiko, dass die Codebasis einer Regression unterliegt.

Durch Divide & Conquer – wie so oft!

Um weiterhin die volle Überdeckung des SUT zu gewährleisten, empfiehlt es sich, lang laufende Regressionstestsuiten in mehrere kleine Suiten zu zerlegen und diese nacheinander im Wechsel durchzuführen. So ist in den meisten Fällen garantiert, dass die zur Verfügung stehende Zeit ausreicht und nach einigen Läufen die Überdeckung des SUT weiterhin gegeben ist.

Zusammenfassung

Die Automatisierung von Regressionstests ist einer der Hauptgründe für die Einführung einer Testautomatisierung. Regressionstests werden häufig wiederholt, bieten jedoch kaum einen Mehrwert bezüglich der Erhöhung der Überdeckung oder des Findens neuer Fehler. Sie haben einen rein absichernden, repetitiven Charakter.

Indirekter Mehrwert

Durch die Automatisierung von Regressionstests werden wertvolle menschliche Ressourcen eingespart, die wiederum in die Automatisierung weiterer Tests oder aber die Durchführung intensiverer explorativer bzw. erfahrungsbasierter Tests investiert werden könnten. Werden durch zusätzlich möglich gewordene Tests neue, bislang unbekannte Fehler im SUT gefunden, erhöht sich der Mehrwert der Automatisierung dadurch indirekt. Diese neuen Fehler wurden ja nur gefunden, weil der manuelle Tester von der »Last« der langweiligen und eigentlich uninteressanten Regressionstests »befreit« und für diese intensiveren Tests »freigespielt« wurde.

6.3 Faktoren bei der Automatisierung des Testens neuer oder geänderter Funktionen

Der Test neuer Funktionen unterscheidet sich vom Test geänderter Funktionen vor allem dahingehend, dass bei ersterem noch keine Tests existieren. Darüber hinaus ist der dazugehörige Code in der aktuellen Form eben neu und ungetestet und birgt daher auch ein höheres Risiko für Fehler als bestehender, bereits getesteter Code. Man fängt gewissermaßen auf der »grünen Wiese« an, manuelle und automatisierte Tests für die neue Funktionalität zu entwerfen, während man beim Test auf geänderte Funktionalität auf bereits vorhandene und idealerweise bereits automatisierte Regressionstests zurückgreifen kann und diese an die geänderten Anforderungen anpassen muss.

Auslegung auf Testbarkeit von Beginn an

Die Automatisierung von Tests für neue Funktionalität gestaltet sich oftmals einfacher als die Umstellung bereits vorhandener Tests. Der TAE kann in diesem Fall direkt Einfluss auf die Testbarkeit der neuen Funktionen nehmen bzw. gemeinsam mit dem Entwickler oder dem Architekten abstimmen, was für den Test der neuen Funktionen automatisierungsseitig benötigt wird. Mitunter ist der TAE bereits in der Lage, dedizierte Testschnittstellen für die neue Funktionalität zu definieren, sodass bereits frühzeitig automatisierte Testfälle implementiert werden können (vgl. Abschnitt 2.3).

Aus der Praxis:
Auslegung auf Testbarkeit durch testgetriebene Entwicklung

Die verschiedenen Varianten der testgetriebenen Entwicklung sind Paradebeispiele, wie das frühzeitige Testen die Testbarkeit eines SUT positiv und nachhaltig beeinflusst. Bei der klassischen testgetriebenen Entwicklung nach Kent Beck [Beck & Andres 04] schreibt der Entwickler zunächst einmal einen oder mehrere Tests, die die zu entwickelnde Funktionalität überprüfen. Dies dient einerseits der inhärenten Abdeckung des resultierenden Codes, andererseits aber auch der Auseinandersetzung mit der eigentlichen Aufgabenstellung und den fachlichen Anforderungen für diesen Test. Wird diese Vorgehensweise konsequent vom Entwickler verfolgt, resultiert dies zum einen in einer hohen Codeüberdeckung und einer Art ausführbarer Spezifikation des Systems, die gleichermaßen als hilfreiche Dokumentation zweckdienlich ist. Zum anderen ist die Testbarkeit des SUT im Allgemeinen sehr hoch, da die Entwickler bereits vor der Implementierung auf gute Testbarkeit ihres Codes achten. Dies machen die Entwickler zumeist schon aus Selbstschutz, da es ja ihre Aufgabe ist, für ihren Code die Tests vorweg zu implementieren.

→

Wird der Ansatz der testgetriebenen Entwicklung auf die abnahmetestgetriebene Entwicklung (*Acceptance Test Driven Development* oder ATDD) oder verhaltensgetriebene Entwicklung (*Behaviour Driven Development* oder *BDD*) übertragen, so ist schnell klar, dass die gleichen Vorteile auch für die höheren Teststufen gelten. Je früher man sich über den Test eines SUT Gedanken macht, umso besser wirkt sich dies auf das Verständnis der Inhalte und die Testbarkeit des Systems aus, da bereits frühzeitig Anforderungen an die Testbarkeit erkannt und kommuniziert werden können.

Auswirkungen von Änderungen analysieren

Geänderte Funktionalität wirkt sich gemeinhin auf bereits bestehende Tests aus, ganz gleich, ob diese nun automatisiert oder manuell durchgeführt wurden. Dies kann bedeuten, dass Tests aus der Regressionstestsuite entfernt und in Tests auf neue oder geänderte Funktionalität überführt werden müssen. Dabei ist es hilfreich, wenn es eine eindeutige Verfolgbarkeit zwischen Anforderungen oder User Stories, den Testbedingungen und schlussendlich den resultierenden Tests gibt. Dies erleichtert die Auswirkungsanalyse bei Änderungen erheblich und lässt bereits im Vorfeld der Änderung ersichtlich werden, welche Testmittel von der Änderung betroffen sind. Eine weitere Möglichkeit, die Auswirkung von Änderungen auf die bestehenden Testmittel zu analysieren, ist es, die Tests unverändert gegen das geänderte SUT auszuführen. In jedem Fall muss die Auswirkung der Änderungen auf die bestehenden und etwaigen abhängigen Tests erkenntlich werden, um adäquat auf diese Änderungen reagieren zu können.

Sowohl die Einführung neuer als auch die Änderung bestehender Funktionalität ziehen üblicherweise einen kompletten Testentwurfsprozess nach sich, bestehend aus Testanalyse, Testentwurf und Testimplementierung. Aus den Anforderungen oder User Stories werden Testbedingungen (oder Abnahmekriterien) abgeleitet, die wiederum den Entwurf bzw. die Implementierung der automatisierten Tests treiben.

Budget bereitstellen

Der Aufwand für adaptive Wartungsarbeiten an den bestehenden Tests muss unbedingt budgetiert und in den Projektplan integriert werden. Neben den inhaltlichen Arbeiten an den Tests sind insbesondere Fragen bezüglich der Kompatibilität bzw. der Aktualität der Testautomatisierungslösung zu klären. Es gilt sicherzustellen, dass die Änderungen am SUT entsprechend in der Testautomatisierungslösung reflektiert sind. Dies kann bedeuten, dass ggf. ein neues Werkzeug angeschafft, Schlüsselwörter angepasst oder neu spezifiziert, Funktionsbibliotheken aktualisiert, Bibliotheken von Drittanbietern inkludiert werden müssen oder aber im schlimmsten Fall gar auf eine neue Testautomatisierungsarchitektur oder einen höheren Testautomatisierungsansatz (bspw. von strukturierter Skripterstellung auf schlüsselwortgetriebenes Testen) umgestellt werden muss.

Nicht alle Tests müssen zwingend automatisiert werden.

Es sei noch einmal betont, dass ein Test auf neue Funktionalität nicht zwingend automatisiert werden muss. Oftmals lässt sich die neue Funktionalität einfacher und zielführender manuell validieren. Sofern die Änderung die bestehenden automatisierten Regressionstests nicht beeinträchtigt, kann in diesen Fällen ein manueller Test zunächst hinreichend sein. Um die spätere Umstellung auf Automatisierung bereits frühzeitig auch bei manuellen Tests zu unterstützen, kann ein manueller Test für neue oder geänderte Funktionalität auch konzeptionell und strukturell bereits so entworfen werden, dass eine nachfolgende Umstellung auf Automatisierung vergleichsweise einfach und zeitnah erfolgen kann. Der Tester folgt beim Entwurf des manuellen Tests gewissermaßen bereits einer idealen Struktur für den automatisierten Test, indem er den (noch manuellen) Test bereits mit bekannten oder neuen Schlüsselwörtern formal spezifiziert. Die spätere Automatisierung eines solch strukturierten manuellen Tests ist für die technischen Tester deutlich einfacher und intuitiver als ein in natürlicher Sprache geschriebener Test. In Projekten, in denen nicht manuell getestet werden kann, stellt sich diese Frage erst gar nicht. Dort ist ein automatisierter Test für neue Funktionalität die einzige Möglichkeit, diese Funktionalität zu testen. Der große Vorteil ist natürlich, dass die Übernahme eines solchen Tests in eine automatisierte Regressionstestsuite keines zusätzlichen Aufwands bedarf.

6.4 Faktoren bei der Automatisierung von Fehlernachtests

Fehlernachtests gehören zu den änderungsbasierten Tests, d.h., sie werden nach Änderungen an der Codebasis des SUT durchgeführt. Ein Test wird dann als Fehlernachtest bezeichnet, wenn bei der Durchführung eines Tests eine Fehlerwirkung auftrat – und zwar ganz gleich, ob es sich dabei um einen Test auf neue Funktionalität oder einen Regressionstest handelte – und der Test nach der Fehlerkorrektur auf genau die gleiche Art und Weise nochmals durchgeführt wird, mit dem Ziel, zu belegen, dass der dazugehörige Fehlerzustand korrigiert wurde.

Fehlernachtests automatisieren – warum?

Fehlernachtests eignen sich aufgrund ihrer Charakteristik für eine Umstellung auf Automatisierung, auch wenn der dazugehörige ursprüngliche Test manuell durchgeführt wurde. Zum einen haben Fehlerzustände ein gewisses Fortpflanzungspotenzial über Releases hinweg. Durch fehlerhaftes (oder zu kompliziertes) Konfigurationsmanagement ist es schnell möglich, dass ein bereits korrigierter Fehlerzustand in einem späteren Release oder einem Hotfix bzw. Patch für ein älteres Release erneut auftritt. Zum anderen liegen für einen Fehlernachtest üblicherweise alle Informationen zur Reproduktion der Fehlerwirkung vor, sind vom Tester protokolliert und können vergleichsweise einfach für die Automatisierung genutzt werden. Ob eine Automatisierung eines Fehlernachtests möglich ist, hängt stark von den projektspezifischen Randbedingungen sowie den bereits besprochenen Faktoren für eine Umstellung auf Automatisierung ab und kann per se nicht beantwortet werden. Wurde durch den Fehlernachtest bestätigt, dass die ursprüngliche Fehlerwirkung nicht mehr auftritt, also die Korrektur des Fehlerzustands erfolgreich war, sollte der Fehlernachtest einer automatisierten Regressionstestsuite hinzugefügt werden. Für diesen Schritt ist es natürlich von Vorteil, wenn der Fehlernachtest bereits automatisiert wurde.

Regressionstests nach Fehlernachtests

In jedem Fall ist im Zuge der Ausführung eines Fehlernachtests auch ein Regressionstest durchzuführen, da das SUT durch die Entwickler verändert wurde (der Fehlerzustand wurde entfernt). In diesem Fall ist es gut möglich, dass die Änderung zu einer »Verschlimmbesserung« geführt hat, nämlich wenn die eigentliche Fehlerkorrektur unerwünschte Seiteneffekte hervorruft. Ob Fehlernachtests in dedizierten Testsuiten oder als Bestandteil der ohnehin auszuführenden Regressionstestsuiten verwaltet werden, ist dabei nicht von Bedeutung. In jedem Fall bleibt der Mehrwert von automatisierten Fehlernachtests erhalten.

7 Verifizierung der Testautomatisierungslösung

Eine Grundvoraussetzung für eine erfolgreiche, zuverlässige und nachhaltige Testautomatisierung ist die zuverlässige Funktionsfähigkeit der zugrunde liegenden automatisierten Testmittel, der Testautomatisierungslösung sowie der Testumgebung. Testautomatisierungslösungen werden, zumindest derzeit noch, von Menschen realisiert, und Menschen begehen Fehlhandlungen, die zu Fehlerzuständen führen. Diesbezüglich sind Entwicklungs- und Testautomatisierungsprojekte identisch.

7.1 Warum die Qualitätssicherung einer TAS wichtig ist

Wie in Kapitel 3 besprochen, sollte es auch Anforderungen für den Entwurf und die Implementierung der Testautomatisierungslösung geben genau wie bei einem Entwicklungsprojekt für eine fachliche Softwarelösung. Bevor die Testautomatisierung produktiv eingesetzt werden kann, muss daher ihre korrekte Funktionsweise sichergestellt werden, ganz ähnlich, wie auch bei einem fachlichen Entwicklungsprojekt vor der Inbetriebnahme des entwickelten Systems nachgewiesen werden muss, dass das System die notwendige und vereinbarte Qualität aufweist.

Auch bezüglich Verteilung oder Wartungsaktivitäten ähneln sich fachliche Entwicklungs- und Testautomatisierungsprojekte stark, wobei dem Thema Wartung in einem Testautomatisierungsprojekt von Beginn an eine große Beachtung geschenkt werden sollte (vgl. Kap. 4, insbesondere Abschnitt 4.3). Der größte Unterschied zwischen einem fachlichen Entwicklungs- und einem Testautomatisierungsprojekt ist, dass die Testautomatisierungslösung entwickelt wird, um die Qualität eines anderen, eines zu testenden Systems (eines SUT) zu sichern. Gäbe es dieses SUT nicht oder hätten die Entscheidungsträger die Gewissheit, dass bei der Umsetzung des SUT keinerlei Fehlhandlungen seitens der Anforderungsingenieure, Architekten, Entwickler begangen würden, wäre es nicht notwendig, die Testautomatisierungslösung zu entwickeln. Das heißt, die einzige Daseinsberechtigung für eine Testautomatisierungslösung ist die Qualitätssicherung eines SUT. Daher wirken sich Änderungen am zu testenden System unmittelbar und direkt auf die assoziierten automatisierten Testmittel aus. In Kapitel 4 wurde diesbezüglich über die wichtigsten und grundsätzlichen Wartungs- und Verteilungsrisiken sowie die dazugehörigen risikomindernden Maßnahmen gesprochen. Das Ziel dieser Maßnahmen war es, stets nach wartungsbedingten Änderungen an den automatisierten Testmitteln die korrekte Funktionsweise der Testautomatisierung zu verifizieren.

Eine fehlerbehaftete und unzuverlässig laufende Testautomatisierung gefährdet dabei sowohl den Erfolg der Testautomatisierung an sich als auch den Erfolg des gesamten Entwicklungsprojekts. Kritisch wird der Einsatz einer fehlerhaften Testautomatisierungslösung immer dann, wenn projekt- oder produktspezifische Risiken entstehen. Projektspezifische Risiken sind beispielsweise Verzögerungen im Test durch die fehlerhafte Testautomatisierung oder durch ein überproportionales Vorkommen von falsch positiven Ergebnissen. Zu viele falsch positive Ergebnisse zählen zu einem der häufigsten Gründe, warum das Vertrauen in eine Testautomatisierung schwindet, bis hin zur Beendigung des Testautomatisierungsprojekts. Die Analyse dieser fälschlicherweise gemeldeten Fehlerwirkungen verbraucht Zeit und Geld und frustriert oft die damit beauftragten Personen.

Produktspezifische Risiken, die durch eine fehlerhafte Testautomatisierung auftreten könnten, sind falsch negative Ergebnisse. Sie liefern ein verfälschtes Bild auf den Qualitätsstand des SUT.

Aus der Praxis:
Ermittlung der Effizienz der Testautomatisierung

Bei einem Kunden mit täglich mehreren Tausend Durchführungen von Systemtests über GUI- und weitere Schnittstellen häuften sich die Beschwerden der verantwortlichen Tester: Immer mehr Testfälle schlugen aufgrund von Instabilität oder des zugrunde liegenden Testautomatisierungsframeworks fehl und führten damit zu zusätzlichem Analyseaufwand, da jeder fehlgeschlagene Testfall analysiert werden musste (falsch positive Ergebnisse).

Um diesen Effekt zunächst messbar zu machen, wurde ein zusätzlicher Status bei Testergebnissen eingeführt, den der Tester nach der Analyse der Testprotokolle setzen konnte, wenn nicht das SUT für das Fehlschlagen des Testfalls verantwortlich war.

→

Nach weniger als einer Woche war klar, dass je nach zu testendem System bis zu 60% der fehlgeschlagenen Testfälle falsch positive Ergebnisse waren. Mit der Option, die Ursache im Detail anzugeben, konnten Testskript, Testautomatisierungsframework, Testausführungswerkzeug, Datenquellen und Testautomatisierungslösungen als vermutlich verantwortliche Komponente ausgewählt werden.

Durch den neuen Status konnten die TAE rasch feststellen, welche Testfalldurchführungen für die Analyse notwendige Informationen bereitstellten: Protokolle und Screenshots waren jeweils angehängt. So konnte an den entsprechenden Stellen eingegriffen und auf diese Weise der Prozentsatz der Problemfälle auf unter 10% gesenkt werden.

Es ist daher unerlässlich, dass die automatisierten Testmittel einer sorgfältigen und systematischen Qualitätssicherung unterzogen werden – und zwar nach jeder Änderung, sei sie nun aus adaptiven, präventiven, korrektiven oder optimierenden Beweggründen motiviert.

Dabei wird prinzipiell zwischen der Verifizierung der Komponenten der Testautomatisierungslösung samt der automatisierten Testumgebung und der Verifizierung der automatisierten Testfälle selbst unterschieden.

7.2 Verifizieren der Komponenten der automatisierten Testumgebung

Eine Testautomatisierungslösung ist zumeist ein Verbund von Open-Source-Werkzeugen, kommerziellen Produkten und teilweise auch Eigenentwicklungen, die ausschließlich zum Zwecke der Testautomatisierung zusammengeführt werden. Natürlich gibt es auch die homogenen Werkzeuglandschaften großer Hersteller (bspw. Tricentis [URL: TOSCA], IBM Quality Manager oder Microfocus [URL: Microfocus]), die insbesondere durch den Vorteil eines einfacheren Informationsaustauschs punkten. Was allen Testautomatisierungslösungen gemein ist, ist, dass man die Einsatzfähigkeit und funktionale Korrektheit vor dem Produktivbetrieb validieren sollte. In diesem Fall bedeutet Produktivbetrieb einer TAS die Testdurchführung gegen das SUT.

Dokumentation von Testumgebung und -komponenten

Testautomatisierungslösungen und Testumgebungen können aus den verschiedensten Komponenten bestehen. Je nach Teststufe und Komplexität der späteren Systemumgebung ist der Aufbau einer zuverlässig laufenden und konfigurierbaren Testumgebung keinesfalls trivial. Es empfiehlt sich daher, die relevanten Komponenten und deren Besonderheiten zu dokumentieren und diese Dokumentation zu pflegen. Zum einen erleichtert eine angemessene Dokumentation den Einstieg in die Arbeit mit der Testautomatisierungslösung und der Testumgebung, zum anderen senkt sie den Wartungsaufwand erheblich.

Ausführung von Testskripten mit bekannten Bestanden- und Fehlgeschlagen-Ergebnissen

Eine sehr einfache und effiziente Methode, um unerwünschte oder unvorhergesehene Seiteneffekte nach Änderungen an der Testautomatisierungslösung oder der Testumgebung zu identifizieren, ist die Ausführung von einigen wenigen repräsentativen Tests mit bekannten Bestanden- bzw. Fehlgeschlagen-Ergebnissen. Ändert sich ein Testergebnis nach Änderungen an der Testautomatisierungslösung – d.h., Tests, die fehlschlagen sollten, werden als »bestanden« markiert und andersherum –, ohne dass es dafür eine entwicklungsseitige Grundlage (gemeint sind Änderungen an der Codebasis des SUT durch die Entwickler) gibt, ist schnell ersichtlich, dass die Ursache für das plötzlich abweichende Ergebnis an den durchgeführten Änderungen gelegen haben muss (vgl. Abb. 7–1).

Abb. 7–1
Wartungsbedingte Abweichungen bei bestehenden Testfällen

Tritt ein solches Verhalten zutage, sollte eine Reihe von überprüfenden Schritten durchgeführt werden, um die Ursache für das unerwartete Verhalten der Testautomatisierungslösung zu finden. Diese beinhalten unter anderem die Analyse der verschiedenen Protokolldateien, die bei einer automatisierten Testdurchführung von den verschiedenen beteiligten Systemen erzeugt werden. Dazu kann es wiederum nötig sein, einzelne Werkzeuge bzw. Komponenten isoliert zu testen, um den Fehlerzustand zu lokalisieren.

Installation, Einrichtung, Konfiguration und Anpassung von Werkzeugen

Teile der TAS-Dokumentation müssen die Installations- bzw. Einrichtungs- und Aktualisierungsroutinen der beteiligten Werkzeuge und Komponenten adressieren, die das Herzstück einer Testautomatisierungslösung bilden. Die Spannbreite solcher Inbetrieb- bzw. Verteilungsprozeduren kann von der Verwendung eines automatisierten Skripts bis hin zum manuellen Kopieren und Ablegen von Dateien in den entsprechenden Arbeitsverzeichnissen und dem Anpassen von Konfigurationen reichen. Um eine möglichst fehlerfreie Einrichtung und Konfiguration der Testautomatisierungslösung und der Testumgebung zu gewährleisten, empfiehlt es sich allerdings, automatisierte Konfigurationsskripte zu verwenden. Der Einsatz zentraler Repositories für Installation und Aktualisierung ist eine weitere Möglichkeit, um zu garantieren, dass die Testautomatisierungslösung bei allen Benutzern identisch konfiguriert bzw. auf dem neuesten Stand ist.

Testen der Framework-Komponenten

Ist durch die Dokumentation festgehalten und bekannt, aus welchen Komponenten sich die Testautomatisierungslösung und die Testumgebung zusammensetzen, kann dieses Wissen natürlich für den Test dieser Komponenten verwendet werden. Die überwiegende Anzahl der Tests der Komponenten werden Wartungstests nach Änderungen an der Testautomatisierung sein (vgl. Abschnitt 4.3). Jede dieser Komponenten kann schlussendlich ein eigenes Werkzeug sein, das zunächst einmal isoliert von anderen Werkzeugen arbeitet. So wäre es beispielsweise denkbar, dass eine hochautomatisierte Testautomatisierungslösung für den Testentwurf auf einen modellbasierten Testgenerator setzt, die Testdurchführung ein Unit-Test-Framework verwendet und die Testergebnisse in einem Tabellenkalkulationsprogramm automatisch hinterlegt werden. Jede dieser Komponenten sollte einzeln im Komponententest und dann im Verbund, also im Integrationstest, auf funktionale und nicht funktionale Eigenschaften hin getestet werden.

GUI-Testwerkzeuge sollten auf ein breites Spektrum von Objektklassen getestet werden, um zu garantieren, dass die Interaktion mit der grafischen Benutzungsschnittstelle einwandfrei für alle relevanten GUI-Elemente funktioniert. Wird ein schlüsselwortgetriebener Testautomatisierungsansatz verfolgt, muss überprüft werden, ob das Laden, Zusammenstellen und die Ausführung der Schlüsselwort-Implementierung reibungslos vonstattengehen. Ebenso müssen Fehlerprotokolle, die durch die Werkzeuge angefertigt werden, präzise Angaben zum Status der Testdurchführung und des Verhaltens des SUT liefern. Neben diesen wenigen hier aufgezählten Punkten gibt es zahllose weitere funktionale Aspekte, die vor Inbetriebnahme einer Testautomatisierungslösung getestet werden sollten.

Gleiches gilt auch für nicht funktionale Eigenschaften wie Performanz, Ressourcennutzung und vor allem Gebrauchstauglichkeit einer Testautomatisierungslösung, wenn das entsprechende Qualitätsmerkmal relevant für den Erfolg des Projekts ist. Hier verhält sich der Test einer Testautomatisierungslösung analog zum Test eines SUT. Nicht alle ISO-25010-Qualitätsmerkmale müssen überprüft werden, sondern die relevanten. So besitzt das Merkmal Kompatibilität und dessen Untermerkmal Interoperabilität sowohl für die Integration der einzelnen Komponenten eine gewichtige Rolle als auch für den schlussendlichen Einsatz der Testautomatisierungslösung. Die üblichen Teststufen wie Komponenten-, Integrations- und Systemtest können auch beim Test der

Testautomatisierungslösung und der automatisierten Testumgebung Anwendung finden.

Automatisiertes Einrichten und Aufräumen der Testumgebung

Auch das Einrichten bzw. Aufräumen der Testumgebung sollte aus Gründen der Effizienz automatisiert erfolgen. Insbesondere, wenn das SUT in einer Vielzahl von Zielumgebungen verfügbar sein soll oder mit verschiedenen Technologien implementiert wurde. Die Testautomatisierungslösung sollte unabhängig von der Zielumgebung oder Ausprägung des SUT stets die gleichen Betriebsmerkmale zeigen. Die Verwendung automatisierter Skripte garantiert, dass die Testautomatisierungslösung in allen Zielumgebungen auf die gleiche Art und Weise in die Testumgebung geladen wird. Der Portabilitätsaufwand der Testautomatisierungslösung wird dadurch drastisch gesenkt. Ein gut dokumentiertes Konfigurations- und Versionsmanagement erleichtert dabei die Zusammenstellung der Testautomatisierungskomponenten erheblich.

Aus der Praxis:
CAMP – Amplifikationswerkzeug für die Umgebungskonfiguration

Viele, insbesondere mobile Anwendungen müssen in einer Vielzahl von Umgebungen und Technologien verfügbar sein. Der relativ junge Forschungsbereich der *Test Amplification* zielt darauf ab, aus bestehenden automatisierten Tests weitere automatisierte Tests abzuleiten, um die Überdeckung des SUT zu erhöhen. Es handelt sich dabei also um einen Ansatz für den automatisierten Testentwurf basierend auf bereits entworfenen Tests. Der Forschungsprototyp CAMP (Configuration AMPlification) [URL: CAMP] überträgt die Idee der *Test Amplification* auf die Konfiguration von Testumgebungen. Durch moderne Container- und Virtualisierungsframeworks wie beispielsweise Apache Docker [URL: Docker] lassen sich verschiedene Ausprägungen der Testumgebungen spezifizieren und bei Bedarf instanziieren. Diese Spezifikationen werden mithilfe einer textuellen, domänenspezifischen Sprache (DSL) angelegt. Somit lassen sich die automatisierten Tests gegen eine Vielzahl von automatisiert bereitgestellten Testumgebungen ausführen.

Überprüfung der allgemeinen Konnektivität

Nachdem sichergestellt wurde, dass die Testautomatisierungslösung erfolgreich und korrekt in die Testumgebungen integriert wurde, ist es unerlässlich, allgemeine Konnektivitätsprüfungen durchzuführen. Dies gilt sowohl für die Kommunikation mit dem SUT als auch mit weiteren benötigten externen Systemen über deren dedizierte Schnittstellen. Die Sicherstellung störungsfreier Kommunikation ist eine essenzielle Vorbedingung für die Funktionsfähigkeit und die Inbetriebnahme der Testautomatisierungslösung. Unzuverlässige Konnektivität kann zu falschen Testergebnissen führen, wenn der Grund eines fehlgeschlagenen Tests auf eben jene unzuverlässige Konnektivität zurückzuführen ist. Zudem verlangsamt eine unzuverlässig laufende Konnektivität die Testaktivitäten, da im schlimmsten Fall ein gesamter Testlauf wiederholt werden muss.

Grad der Intrusion

Des Weiteren sollte der TAE sich des Intrusionsgrades der Testautomatisierungslösung bewusst sein. Wie bereits in Abschnitt 1.5.1 erwähnt, beschreibt der Grad der Intrusion der Testautomatisierung, inwiefern sich das Verhalten des SUT durch die Automatisierung verändert. Generell kann gesagt werden, dass je nach Schnittstelle zum SUT bzw. Testautomatisierungsansatz der Grad der Intrusion variiert. Bei einem hohen Intrusionsgrad kann das Verhalten des SUT in hohem Maße durch die Automatisierung beeinflusst werden. Dem Vorteil einer guten Kompatibilität mit dem SUT, den ein hoher Intrusionsgrad mit sich bringt, steht vor allem der Nachteil der Anfälligkeit für falsch positive Ergebnisse gegenüber. Fehlerwirkungen können auftreten, die allein durch die Intrusion der Testautomatisierung bedingt sind. Auch eine Verfälschung des Ergebnisses in Richtung falsch negativer Ergebnisse ist möglich, wenn das Verhalten im automatisierten Kontext vom Verhalten in der realen Umgebung abweicht.

Zu viele falsch positive Ergebnisse mindern das Vertrauen in die Testautomatisierung erheblich. Zudem beansprucht die Analyse der falsch positiven Ergebnisse wertvolle Ressourcen, ohne einen Mehrwert oder Erkenntnisgewinn bezüglich des Qualitätsstands des SUT zu liefern. Um die Anzahl gemeldeter falsch positiver Ergebnisse an die Fachexperten oder Entwickler zu reduzieren, ist es eine empfehlenswerte Strategie, Abweichungen, die bei einem automatisierten Test aufgedeckt wurden, zunächst manuell zu reproduzieren. Ist der Tester in der Lage, die Abweichung auch manuell zu reproduzieren, kann der Intrusionsgrad als Ursache für die Abweichung in den meisten Fällen ausgeschlossen werden. Tritt die Abweichung bei der manuellen Durchführung jedoch nicht auf, so ist die Reihenfolge der zuvor ausgeführten automatisierten Tests zu analysieren. Die Abfolge vorhergehender Tests kann unter Umständen, zum Beispiel durch inkorrekte Aufräumaktivitäten, zu der Abweichung in dem fehlgeschlagenen Test geführt haben. Lässt sich die Abweichung auch dann noch nicht manuell reproduzieren, sollte der TAE weitere technische Experten (bspw. die Entwickler) konsultieren, um die Ursache der Abweichung im automatisierten Test zu identifizieren. Diese Vorgehensweise ist so auch im ISTQB-Lehrplan des Testanalysten [ISTQB 19b] beschrieben.

Aus der Praxis:
Kein blindes Vertrauen in die Produktivumgebung

Eine Teilnehmerin in einem Seminar erzählte, dass in ihrem Automatisierungsprojekt Abweichungen bezüglich der Performanz in der Testumgebung auftraten. Nach Analyse der Abweichungen wurden entsprechende Fehlerberichte angelegt. Die zuständigen Architekten bzw. Entwickler lehnten den Fehlerbericht jedoch mit Hinweis auf den eher leistungsschwachen Server der Testumgebung ab. Im Betrieb wäre der Server erheblich leistungsstärker, die Performanz deutlich besser. Ohne diese Aussage analytisch zu belegen, wurde der Fehlerbericht geschlossen. Allerdings stellte sich auch im Betrieb heraus, dass das System den hohen Performanzanforderungen hinterherhinkte und die Kunden merklich unzufrieden mit der schlechten Performanz des Systems waren. Es herrschte gewissermaßen ein blindes und in diesem Fall ungerechtfertigtes Vertrauen in die Leistungsfähigkeit der Produktivumgebung.

Hohe Intrusion für Negativtests

Grundsätzlich sollte ein niedriger Intrusionsgrad angestrebt werden, um falsch positive Ergebnisse zu vermeiden. Allerdings lassen sich bestimmte Tests nur durch einen erhöhten Intrusionsgrad realisieren. Hierzu zählen insbesondere Negativtests sowie IT-Sicherheits- und Fehlertoleranztests. Negativtests zielen darauf ab, zu überprüfen, wie das SUT mit Daten umgeht, die gemäß seiner Spezifikation nicht valide sind. Das Ziel dieser Tests ist es, ein unerwünschtes, unkontrolliertes Verhalten seitens des SUT auszuschließen, auch wenn es derzeit augenscheinlich keine Möglichkeit gibt, diese ungültigen Daten über die aktuell bereitgestellten Schnittstellen zu übermitteln.

Man stelle sich eine grafische Benutzungsschnittstelle mit einer Dropdown-Box vor, die alle erlaubten Werte für einen bestimmten Parameter enthält. Auf den ersten Blick könnte man die Relevanz eines Tests mit einem ungültigen Wert infrage stellen, da die grafische Benutzungsschnittstelle ja diesen Wert gar nicht zulässt. Dies impliziert auch, dass ein Negativtest mit einem ungültigen Wert in diesem Fall nicht über die grafische Benutzungsschnittstelle umgesetzt werden kann. Diesen Aussagen ist gegenüberzustellen, dass man nie im Vorfeld wissen kann, wie sich die Schnittstellen zum SUT verändern und welche weiteren Schnittstellen (z.B. API, CLI) oder (Web-)Services offengelegt werden, über die dann doch wieder ungültige Werte übermittelt werden könnten.

Negativtests schaffen Vertrauen in die Robustheit des SUT. In dem beschriebenen Szenario ist dies jedoch nur durch einen höheren Intrusionsgrad möglich, da der Negativtest gewissermaßen »hinter« die grafische Benutzungsschnittstelle blicken muss, um einen ungültigen Wert zu übermitteln. Natürlich muss im Falle einer Fehlerwirkung in einem Negativtest das Risiko einer Fehlerwirkung im Feld gegenübergestellt werden, insbesondere für die Priorisierung der korrektiven Wartungsarbeiten.

Aus der Praxis:
Falsch positive Ergebnisse bei der Simulation einer Smartcard

In einem Beratungsprojekt ging es um die Begleitung der Umstellung von einem manuellen auf einen automatisierten GUI-Test für eine Desktop-Applikation, deren Aufgabe es war, Netzwerke für sichere, verschlüsselte Kommunikation zu verwalten. Um den hohen IT-Sicherheitsanforderungen bezüglich Autorisierung und Authentizität gerecht zu werden, wurde das Login-Verfahren über Smartcards realisiert, auf denen rollenbezogene Zertifikate gespeichert waren. Im Pilotprojekt wurde ausschließlich mit einer einzigen Smartcard gearbeitet. Diese blieb fortwährend gesteckt. Gemäß den Empfehlungen für ein Pilotprojekt war es zunächst erst einmal wichtig, dem Management zu belegen, dass die Testautomatisierung an sich machbar und hilfreich ist.

So wurde unter anderem auch die Funktionalität für das Entsperren von Zertifikaten nach dreimaliger Falscheingabe des Passworts bzw. das Zurücksetzen generell nach Falscheingaben mit echten Karten erfolgreich getestet. Mit zunehmender Zeit wurden die Tests komplexer. So musste unter anderem validiert werden, ob die grafische Benutzungsschnittstelle sich an die jeweils auf der Karte hinterlegte Rolle anpasst. Dies machte es also notwendig Karten aktiv zu entfernen und neu zu stecken. Da die Testsuite aber als vollständig automatisierte Regressionstestsuite über Nacht durchgeführt werden sollte, kam ein manuelles Stecken und Entfernen der Karten nicht infrage. Die Entwicklungsabteilung stellte daraufhin sogenannte Soft Tokens bereit, gewissermaßen eine Simulation der physischen Smartcards sowie des Kartenterminals. Allerdings mussten dazu zusätzliche Funktionsbibliotheken hinzugefügt und das SUT komplett neu aufgesetzt werden. Der Grad der Intrusion war in diesem Fall sehr hoch. Durch diese softwareseitige Lösung konnten die Regressionstests jedoch vollständig automatisiert ablaufen. Das Stecken und Entfernen von Karten wurden über entsprechende Schlüsselwörter *SteckeKarte* und *EntferneKarte* in die Tests eingebaut.

→

Allerdings führte die Verwendung der Soft Tokens dazu, dass die Funktionalität für das Zurücksetzen der noch möglichen Login-Versuche bzw. das Entsperren von gesperrten Karten nicht wie gewünscht funktionierte. Zwar wurde auf der grafischen Benutzungsschnittstelle angezeigt, dass die Karten bezüglich der Sperre bzw. noch möglicher Login-Versuche erfolgreich zurückgesetzt wurden. Allerdings wurde dies nicht technisch umgesetzt, d.h., die Karte blieb entweder gesperrt oder die Anzahl der noch möglichen Login-Versuche blieb unverändert. Dies führte zu diversen fehlgeschlagenen Tests, die vorweg bereits bestanden wurden. Da wir aus den ersten Versionen der automatisierten Tests wussten, dass diese Funktionalität mit echten Karten einwandfrei funktionierte, konnten wir die Grundursache schnell ermitteln. Durch Analyse der textbasierten Kartenprofile stellten wir fest, dass diese Profile nicht aktualisiert wurden. Die Karte blieb technisch also unverändert. Ein klassisches falsch positives Ergebnis aufgrund hoher Intrusion.

Die Lösung für dieses Problem jedoch war vergleichsweise einfach. Wir änderten die Implementierung der Schlüsselwörter, die für das Zurücksetzen bzw. Entsperren der Karten verantwortlich waren, einfach dahingehend, dass bei Verwendung der Soft Tokens ein zusätzliches Skript ausgeführt wurde, das das textbasierte Kartenprofil direkt manipulierte.

Intrusion bei automatisierten GUI-Tests

Ein beliebter Einstieg für die Umstellung auf Automatisierung sind GUI-Tests, da sie manuellen Tests sehr ähnlich sind und recht geringe zusätzliche Anforderungen an die automatisierte Testumgebung stellen. Üblicherweise können die Tester mit ihrer bisherigen Testumgebung weiterhin arbeiten. Die einzige Komponente, die hinzukommt, ist ein Werkzeug, mit dem sich die Interaktionen mit dem SUT über die grafische Benutzungsschnittstelle aufzeichnen, bearbeiten, strukturieren und bei Bedarf wieder abspielen lassen.

Dieser Automatisierungsansatz wirkt nicht direkt auf das Verhalten des SUT ein, allerdings auf die SUT-Umgebung (in der Regel der Client oder Browser auf den für die Tests verwendeten Rechnern), da diese instrumentiert werden muss, um automatisiert Befehle an die UI-Elemente zu übermitteln bzw. Informationen aus ihnen auszulesen. Damit wirkt ein GUI-Testwerkzeug auf das Zeitverhalten des SUT ein, was sich wiederum unvorteilhaft auf das Testergebnis auswirken kann. Ein häufig zu beobachtendes Phänomen ist, dass die Befehle durch das GUI-Testwerkzeug zu schnell an den Ereignisverteiler des SUT übermittelt werden, da die automatisierten Testschritte deutlich schneller abgearbeitet werden, als dies in einem manuellen Test möglich ist. Dadurch kommt es oftmals vor, dass vom Testskript der Status eines bestimmtes UI-Elements abgefragt oder das Erscheinen eines Dialogs erwartet wird, aber das SUT gewissermaßen dem Test »hinterherhinkt« und die grafische Benutzungsschnittstelle nicht rechtzeitig aktualisiert. Solche Tests schlagen dann meist fehl, obwohl ihnen keine Fehlerwirkungen zugrunde liegen.

Während früher den Testern keine andere Möglichkeit blieb, als künstliche Wartezeiten vor oder nach einem automatisch abgesetzten Befehl einzubauen, haben moderne und insbesondere kommerziell erfolgreiche GUI-Testwerkzeuge passable Lösungen für derart falsch positive Ergebnisse gefunden. Die meisten Werkzeuge warten einfach von sich aus standardmäßig bis zu einer definierten Maximalwartezeit auf das Erscheinen des gewünschten UI-Elements und versuchen dieses in dieser Zeit zu finden. In vielen Werkzeugen lässt sich diese Wartezeit frei konfigurieren. Unter Umständen muss die maximal erlaubte Dauer für einen Test sorgfältig ausgewählt werden, da solch »aktive« Wartezeiten im ungünstigsten Fall dazu führen können, dass der Test sich in einem Deadlock befindet (wenn das erwartete UI-Element nie erscheint) und somit die gesamte Testausführung blockiert wird.

Intrusion beim API-Test

Beim API-Test werden die Befehle an das SUT unmittelbar über dessen Programmierschnittstelle übermittelt. Ob es sich dabei um die nativen SUT-Schnittstellen oder die sogenannten »Test Hooks« handelt, ist dabei nicht von Belang. Der Intrusionsgrad beim API-Test kann sehr hoch sein, da der Test über Schnittstellen erfolgt, die dem Endbenutzer meist gar nicht zur Verfügung stehen. Dies hat zur Folge, dass das SUT auf eine Weise benutzt wird, die im laufenden Betrieb nicht möglich ist. Häufig sind APIs allerdings mit dem expliziten Ziel implementiert, auch andere Systeme auf einfache Weise integrieren zu können, und werden daher auch als Testziel in den Umfang der Testautomatisierung aufgenommen.

Werden Test Hooks verwendet, kann das SUT Zustände einnehmen, für die es niemals konzipiert wurde. Dennoch ist die Automatisierung über die Programmierschnittstellen des SUT eine sehr zu empfehlende Vorgehensweise, da sie oftmals technisch einfach und kostengünstig zu realisieren ist. Man denke nur an die sehr effiziente Kompatibilität von Unit-Test-Frameworks (bspw. JUnit), die es oftmals ermöglichen, dass ein API-Test aus der Entwicklungsumgebung heraus gestartet und gegen das SUT ausgeführt wird.

Neben der Gefahr, das SUT anders zu nutzen, als es im Betrieb möglich ist, kann der API-Test auch auf die Performanz des SUT einwirken. Oftmals wird das SUT während eines Tests instrumentiert, um dynamische Analysen wie Zeitverhalten, Speicherverbrauch oder auch die Codeüberdeckung zu bestimmen. All diese dynamische Analyseunterstützung wirkt auf das Laufzeitverhalten des SUT ein. In Situationen, in denen das Zeitverhalten erfolgskritisch ist (bspw. in Echtzeitsystemen), müssen solche Analysewerkzeuge und Monitore mit Bedacht eingesetzt werden.

Intrusion bei Tests über externe Schnittstellen

Der geringste Grad der Intrusion liegt vor, wenn der automatisierte Test über externe Schnittstellen mit dem SUT kommuniziert. Externe Schnittstellen sind zum Beispiel elektronische Signale für physische Schalter, USB-Signale für USB-Geräte wie Tastatur oder Maus oder aber auch Simulationen von Hardware, die mit dem SUT zusammenspielt. VHDL, Modellica oder Matlab Simulink sind Beispiele für Hardwarebeschreibungssprachen, die oft für Hardwaresimulationen eingesetzt werden. Die Steuerung des SUT über derartige externe Schnittstellen spiegelt die tatsächliche spätere Nutzung des SUT akkurat wider, da sie in keiner Form auf dessen Verhalten einwirkt. Allerdings ist dieser Ansatz, wie man sich vorstellen kann, auch mitunter sehr teuer und komplex. Für reine Softwaresysteme ist dieser Ansatz daher weniger empfehlenswert. Für eingebettete Systeme, die beispielsweise über einen HiL-Prüfstand getestet werden, ist die Verwendung solcher externer Schnittstellen und Hardwarebeschreibungssprachen aber durchaus Normalität – und nicht selten sogar die einzige Möglichkeit, das System adäquat zu testen.

Intrusion und Teststufen

Der Grad der Intrusion hängt häufig auch unmittelbar mit der Teststufe zusammen, auf der getestet wird (vgl. Abb. 7–2).

Abb. 7–2

Automatisierung und Intrusion auf den verschiedenen Teststufen

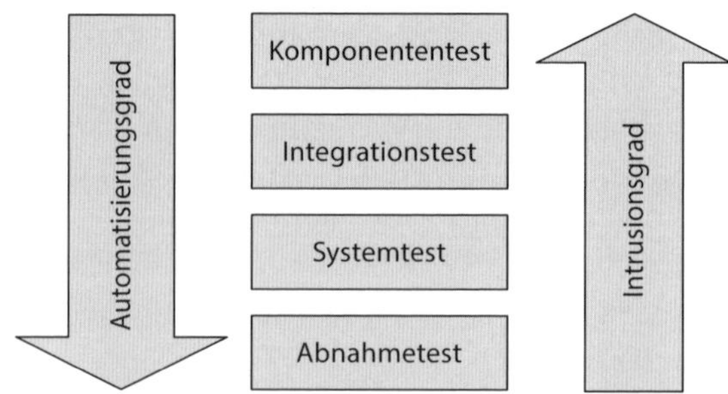

Bei Komponenten/Unit- oder Integrationstests kommen überwiegend API-Tests zum Einsatz. Daher ist auf diesen unteren Teststufen der Intrusionsgrad eher hoch. Dies ist aber auch so gewollt, da insbesondere auf Unit-Teststufe möglichste viele automatisierte Tests ausgeführt werden sollen, um möglichst viele codenahe Fehlerzustände zu finden. Dazu gehört auch und vor allem der Test mit ungültigen Daten, da Negativtests mitunter nur auf diesen unteren Teststufen überhaupt durchführbar sind.

Je höher die Teststufe ist, umso geringer sollte der Intrusionsgrad der Testautomatisierung sein. Bei einigen agilen Vorgehensweisen finden unter Umständen sogar Teile des Abnahmetests automatisiert statt. Man spricht dann in diesem Fall von dem verifizierenden Abnahmetest [ISTQB 17]. Dieser sollte jedoch bereits einen äußerst geringen Intrusionsgrad aufweisen. Bei dem validierenden bzw. Benutzerabnahmetest sollte dringendst auf Vermeidung von Intrusion geachtet werden.

7.3 Verifizieren der automatisierten Testsuite

Wer testet eigentlich die automatisierten Tests? Und wie testet man denn die automatisierten Tests? Ist es sinnvoll, dynamische Tests für automatisierte Tests zu realisieren, oder doch eher ratsam, statische Tests einzusetzen? Worauf kommt es eigentlich bei dem Test von Tests an? Gelten die gleichen Qualitätssicherungsverfahren für die Testware wie für die zu testende Software? Diesen Fragen widmet sich das vorliegende Unterkapitel.

Prüfen der Testsuite

Neben den Komponenten der Testautomatisierungslösung und der Testumgebung sollte auch die automatisierte Testsuite bzw. die einzelnen implementierten Testskripte auf Korrektheit überprüft werden. Automatisierte Tests sind ein Stück ausführbarer Code (das Testskript), der anderen ausführbaren Code (das SUT oder Teile dessen) benutzt und verschiedene Aspekte des benutzten Codes überprüft. Ebenso, wie bei der Implementierung des SUT Fehlhandlungen begangen worden sein können – präziser: es empirisch bewiesen ist, dass Fehlhandlungen bei der Entwicklung begangen werden –, ist dies auch bei der Implementierung der Tests zu erwarten. Fehlerbehaftete automatisierte Tests führen wiederum zu fehlerhaften Testergebnissen, die ihrerseits wiederum ein falsches Bild von der Gesamtqualität des SUT abgeben. Die Dringlichkeit, die automatisierten Tests ihrerseits zu testen, ist aus besagten Gründen daher hoch und sollte Bestandteil einer jeden Testautomatisierungsstrategie sein. Es geht dabei vorrangig um die Aspekte Korrektheit, Vollständigkeit, Konsistenz und Version eines automatisierten Tests bzw. einer automatisierten Testsuite.

Exkurs: Korrektheit, Vollständigkeit, Konsistenz, Versionierung

Korrektheit

Korrektheit eines automatisierten Tests kann in syntaktische und semantische Korrektheit unterschieden werden. Ein automatisierter Test ist dann syntaktisch korrekt, wenn die automatisierten Testmittel keine Programmierfehler enthalten. Der automatisierte Test ist also korrekt programmiert, lässt sich kompilieren oder interpretieren (je nach verwendeter Programmiersprache) und schlussendlich auch ausführen.

Semantische Korrektheit liegt dann vor, wenn der automatisierte Test die zugrunde liegende Testbedingung (auch: Testanforderung) korrekt implementiert. Testbedingungen spezifizieren, welcher Aspekt des SUT getestet werden soll – sie beschreiben, *WAS* getestet wird. Die automatisierten Tests implementieren, wie die Testbedingung ausgeführt wird – sie beschreiben, *WIE* etwas getestet wird. Bezieht sich die Testbedingung auf die Login-Funktionalität eines Systems, aber der automatisierte Test verifiziert, ob die Benutzerstammdaten korrekt geändert werden können, dann ist der Test zwar syntaktisch korrekt, aber semantisch inkorrekt, da er nicht die zugrunde liegende Testbedingung realisiert.

Vollständigkeit

Die Vollständigkeit eines automatisierten Tests bezieht sich vor allem auf die Bereitstellung aller benötigten Testdaten für die Testdurchführung, samt dem automatisierten Testorakel für den Vergleich von tatsächlichen und erwarteten Ergebnissen. Wie bereits in Kapitel 6 beschrieben, erfordert die automatisierte Durchführung eines Tests, dass es keine offenen oder unklaren Instruktionen mehr gibt, also alle Informationen vorliegen, um den Test auszuführen.

Konsistenz

Unter Konsistenz wird die strukturelle, testübergreifende Integrität einer automatisierten Testsuite verstanden. So neigen sowohl die strukturierte Skripterstellung als auch das schlüsselwortgetriebene Testen dazu, die gleiche Funktionalität mehrfach unter anderem Namen oder in anderen Routinen zu spezifizieren. Die automatisierten Tests, die diese semantisch äquivalenten, aber technisch diversifizierten Routinen verwenden, können dadurch inkonsistent werden. Ein Beispiel: Testfall A verwendet für das Aufrüsten des Zuges das Schlüsselwort *ZugAufrüsten*, während Testfall B das Schlüsselwort *RüsteZugAuf* verwendet. Semantisch stellt diese Inkonsistenz keinerlei Probleme dar, doch sie erschwert die Wartungsarbeiten sowie statische Tests der Testskripte. Ein anderer Aspekt der Konsistenz von automatisierten Tests betrifft die Einhaltung von Programmierrichtlinien und Namenskonventionen. Generell kann gesagt werden, dass je konsistenter die automatisierten Tests zueinander sind, desto einfacher sich deren Analysier- und Modifizier- sowie Erweiterbarkeit gestalten. Die Schaffung einer hohen Konsistenz wirkt sich also positiv auf die Wartbarkeit der automatisierten Tests aus – ein, wie bereits mehrfach beschrieben, wichtiges Qualitätsmerkmal in einem Testautomatisierungsprojekt.

Versionierung

Die eindeutige Versionierung von Tests ist ein essenzielles Merkmal für die Zuverlässigkeit und Aussagefähigkeit eines Testdurchlaufs. Oftmals existieren mehrere Versionen eines automatisierten Tests für mehrere Versionen des SUT, ggf. noch für verschiedene Zieltechnologien. Wenn nun noch verschiedene Versionen der Testautomatisierungslösung hinzukommen, die unter Umständen noch auf unterschiedlichen Testautomatisierungsansätzen aufsetzen, kann dies schnell zu Chaos führen[1]. All diese verschiedenen automatisierten Testmittel müssen in den verschiedenen Versionen zueinander passen, damit die Aussage eines Testlaufs belastbar ist oder der Test überhaupt erst ausführbar ist. Durch den Einsatz von Konfigurationsmanagementwerkzeugen und -prozessen lässt sich dieses Chaos jedoch effektiv beherrschen.

Statische Tests für automatisierte Tests

Wie prüft man denn nun die Korrektheit, Vollständigkeit, Konsistenz und Version am besten? Die Antwort lautet: mit statischen Tests! Mit Reviews und statischer Analyse lassen sich automatisierte Tests sehr effizient auf die zuvor genannten Aspekte hin überprüfen. Während Reviews, und vor allem technische Reviews, der Testskripte sich primär auf Korrektheit, Vollständigkeit und Versionierung konzentrieren, spielen automatisierte statische Analysen insbesondere bei Konsistenzprüfungen ihre Stärke aus. Vor allem Programmierrichtlinien und die Einhaltung von Benennungsstandards lassen sich hervorragend mittels statischer Analyse prüfen. Zudem können solche Analysen auch Hinweise zu möglichen Dubletten bei Funktionen oder Schlüsselwörtern liefern. Ob es sich dabei dann tatsächlich um Synonyme handelt, muss wiederum durch genauere Analyse des Testers entschieden werden.

1. Wir erinnern uns: Automatisiertes Chaos ist schnelleres Chaos.

Aus der Praxis:
Inflationäre Spezifikation von Schlüsselwörtern

Mit Einzug der Automatisierungsansätze, die auf Abstraktion basieren (wie das datengetriebene, schlüsselwortgetriebene oder prozessgetriebene Testen), werden Fachtester dazu ermächtigt, Schlüsselwörter zu spezifizieren, die sie für die Implementierung eines automatisierten Tests für notwendig erachten. Schlüsselwörter sind im Prinzip nichts anderes als Subroutinen in einem strukturierten Skripterstellungsansatz, also eine zusammengefasste Menge an Instruktionen an das SUT, versteckt hinter einem fachlich passenden Namen. Ein neues Schlüsselwort zu spezifizieren ist für den Fachtester – abhängig vom zugrunde liegenden Prozess natürlich – vergleichsweise einfach. Dies führt dazu, dass Fachtester sich oftmals nicht die Mühe machen, zu prüfen, ob es eventuell schon ein passendes Schlüsselwort für den gerade benötigten Testschritt gibt. Es erscheint viel einfacher, das gerade benötigte Schlüsselwort (oder die Subroutine) zu spezifizieren und dem technischen Personal mitzuteilen, dass ein weiteres Schlüsselwort implementiert werden muss. Zudem erlauben die meisten schlüsselwortgetriebenen Testwerkzeuge auch die Kompositionen neuer Schlüsselwörter aus bestehenden Schlüssselwörtern. Schlüsselwörter und Subroutinen tendieren dazu, inflationär spezifiziert zu werden. Hierbei gilt zu beachten, dass jedes synonyme Schlüsselwort den Wartungsaufwand erhöht, ein Umstand, den es dringendst zu vermeiden gilt. Klare Prozesse für die Spezifikation und Implementierung von Schlüsselwörtern und Subroutinen beugen einer inflationären Schlüsselwortverwendung ebenso vor wie Repositories in denen die Schlüsselwörter oder Subroutinen samt Dokumentation einfach zu recherchieren sind.

Anmerkung: Ansätze wie die automatisch prüfbare Spezifikation von Testszenarien, wie z.B. BDD, haben zum Ziel, die Szenarien knapp zu halten und auf die im Test befindliche Funktionalität zu fokussieren. Daher ist eine Schrittdefinition in BDD nicht eins zu eins äquivalent mit einer Schlüsselwortbibliothek, sie kann aber eine Schlüsselwortbibliothek verwenden, um die einzelnen Testschritte zu implementieren.

Achtung bei Verwendung von neuen Funktionen

Werden neue Funktionen der Testautomatisierungslösung erstmals in einem Test verwendet, gilt besonderes Augenmerk auf die Testergebnisse. Zwar sollten neu eingebrachte Funktionen vor Inbetriebnahme sorgfältig verifiziert werden (siehe vorheriger Abschnitt), allerdings kann es immer noch im Zusammenspiel mit anderen Funktionen zu unerwünschten Seiteneffekten kommen. Die Verwendung von Tests mit bekannten Bestanden- und Fehlgeschlagen-Ergebnissen eignet sich sehr gut, um die Korrektheit neuer Funktionen zu verifizieren oder zu falsifizieren.

Nachweis der Testausführung

Wie in Abschnitt 1.4.4 bereits erwähnt, muss zu jedem Zeitpunkt Klarheit darüber herrschen, welcher Test mit welchem Ergebnis ausgeführt wurde. Daher ist es unerlässlich, dass bestimmte Informationen der Testausführung zuverlässig protokolliert werden. Dazu zählen beispielsweise die Start- und die Endzeit der Ausführung, die Verifizierung der Nachbedingungen sowie die Aufzeichnung des Testausführungsstatus. Auch das Ergebnis des automatisierten Vergleichs der erwarteten und tatsächlichen Werte durch ein automatisiertes Testorakel muss protokolliert werden, inklusive des Grunds und der spezifischen Lokalisierung einer möglichen Abweichung. Ebenso ist der mögliche Grund für unvollständig ausgeführte Tests oder Testsuiten zu protokollieren.

Umgang mit unzuverlässig laufenden Tests

Einer der Mehrwerte einer Testautomatisierung ist die bessere Wiederholbarkeit von Testdurchführungen. Automatisierte Tests sollten bei jeder Ausführung stets zum gleichen Ergebnis führen. Ist dies beispielsweise durch auftretende *Race Conditions* oder sporadisch auftretende Fehler bei einem Test wiederholt nicht der Fall, so sollte dieser automatisierte Test aus der regulären Testsuite extrahiert und gesondert analysiert werden. Der Hintergrund für diese Empfehlung ist, dass jedes erneute und ungeklärte Fehlschlagen eines unzuverlässig laufenden Tests Ressourcen für die Analyse der Abweichung verbraucht – und zwar potenziell bei jedem erneuten Fehlschlagen[2]. Daher ist es ratsam, zunächst die Grundursache der Unzuverlässigkeit in der Testausführung zu finden. Dazu müssen unter Umständen Protokolldateien gesichtet werden, der Testfall im Debug-Modus ausgeführt oder Unterstützung von technisch versiertem Personal (z.B. Entwickler oder technischer Testanalyst) angefordert werden. Hernach kann der Test wieder in die ursprüngliche Testsuite integriert werden.

Aus der Praxis:
***Flaky* Tests versus *Flaky* Testumgebung**

Unzuverlässig laufende Tests werden, wie bereits erwähnt, auch *Flaky Tests* genannt. Oftmals stellt sich allerdings die Frage, ob es tatsächlich der Test ist, der sich nicht deterministisch verhält oder ob die Testumgebung unzuverlässig, also *flaky* arbeitet. Insbesondere bei technisch komplexen Testumgebungen liegt die Ursache eines nicht wiederholbaren Tests oftmals in der Testumgebung, weswegen bei unzuverlässig laufenden Tests auch auf ein potenziell *Flaky Test Environment* geprüft werden sollte.

2. Ein durch die Autoren intensiv verfolgtes Paradigma ist: »10 automatisierte Testfälle mit zuverlässigem Ergebnis sind wertvoller als 1000 Testfälle mit unzuverlässigem Ergebnis.«

8 Fortlaufende Optimierung

> *»Man kann nicht in die Zukunft schauen, aber man kann den Grund für etwas Zukünftiges legen – denn Zukunft kann man bauen.«*
>
> *Antoine de Saint-Exupéry*

Wie die meisten Themen in der Softwareentwicklung ist Testautomatisierung kein einmaliges Ereignis, sondern ein System von Tätigkeiten und Artefakten, die über einen langen Zeitraum aktiv im Einsatz sind. Selten kann bereits in der initialen Umsetzung alles antizipiert werden, was ein Softwareleben so mit sich bringt. Daher ist es nicht nur wichtig, wie die Testautomatisierung geplant, implementiert und eingesetzt werden kann, sondern auch, wie sie sich ständig weiterentwickelt und verbessert.

8.1 Möglichkeiten der Optimierung der Testautomatisierung

Es gibt sehr viele Stellschrauben bei der Testautomatisierung. Wenn es um die Optimierung von Testautomatisierung geht ist daher zuerst einmal festzustellen, was denn alles optimiert werden könnte. Sich das bewusst zu machen, bringt schon erste Einsichten und Ideen.

Es kommt der Moment, in dem die Testautomatisierung stabil läuft und ein Gros der definierten Testfälle automatisiert ist. Neben der Wartung der Testautomatisierung, z.B. um sicherzustellen, dass TAS und SUT synchron sind, gibt es nun einige Möglichkeiten, die TAS zu optimieren:

- **Steigerung der Effizienz**
  Reduktion der manuellen Eingriffe, Optimierung des Laufzeitverhaltens, ...
- **Usability erhöhen**
  Vereinfachung der Testfallerstellung, Verbesserung der Auswertemöglichkeiten, ...
- **Erweiterung des Funktionsumfangs**
  Abdeckung neuer Funktionsbereiche des SUT, tiefere Integration in die Systemlandschaft, ...
- **Verbesserung der Unterstützung der Testaktivitäten**
  Bereitstellung weiterer Testschnittstellen, Optimierung der Testdatenbereitstellung, ...

In welche Richtung die TAS optimiert wird, ist abhängig vom erwarteten Nutzen und den Risiken, die die Veränderung der TAS mit sich bringt.

Im Folgenden werden einige konkrete Bereiche der TAS dargestellt, die für eine Optimierung betrachtet werden können.

Optimierung der Skripterstellung

Wenn die ersten Erfahrungen mit dem ausgewählten Ansatz der Testautomatisierung (z.B. datengetrieben oder schlüsselwortgetrieben) gesammelt wurden, kann dieser auf seine Eignung überprüft werden. Für manche Tests ist es vielleicht notwendig, den Ansatz zu erweitern oder weitere Ansätze zu implementieren. Damit kann z.B. der Wartungsaufwand oder die Laufzeit von Skripten reduziert werden.

Eine weitere Möglichkeit ist die Analyse der erstellten Testskripte auf Überschneidungen oder Dopplungen. Sind diese identifiziert, können sie zu allgemeinen Funktionen oder Bibliotheken zusammengelegt werden. Ähnliche Funktionen wiederum können über Parametrisierungen zusammengefasst werden. Diese Möglichkeit zur Wiederverwendung erhöht die Wartbarkeit der Skripte deutlich.

In diesem Zuge sollten auch immer wieder die Vor- und Nachbearbeitung von Testfällen (Setup und Teardown) überprüft werden. Wenn diese sauber aufgesetzt sind, können die eigentlichen Testskripte effizienter und schneller umgesetzt werden.

Fehlerprotokollierung und -toleranz sowie Wiederherstellung

Schlägt ein automatisierter Testfall fehl, sind zwei Aspekte essenziell:

- Es müssen genug Informationen des SUT und des Testfalls gespeichert werden, um den Fehler in der nachfolgenden Analyse nachvollziehen zu können. Es ist hier auf die Qualität der Informationen zu achten, nicht auf die Quantität. Wenn unzählige Logdateien und DB-Abzüge für einen Fehler gespeichert werden, müssen diese zur Analyse erst einmal manuell gesichtet werden. Hier ist ein großes Potenzial zur Reduktion des manuellen Aufwands, indem immer wieder überprüft wird, welche Informationen für die Fehleranalyse wirklich relevant sind. Der Input der Tester und Entwickler, die die Fehler analysieren, kann helfen, diese Informationen zu optimieren. Häufig ist es auch sinnvoll, eine Kategorisierung des Fehlschlags zu dokumentieren (z.B. »Umgebungsproblem«, »Problem in der UI-Erkennung«), um mit diesen Daten eine Schwachstellenanalyse durchzuführen, die die Grundlage für Verbesserungen bildet.
- TAS und SUT müssen nach dem fehlgeschlagenen Fehler wieder in einen Zustand versetzt werden, in dem die weiteren Testfälle ausgeführt werden können. Die TAS muss in der Lage sein, sich selbst und das SUT wiederherzustellen.

Optimierung der Wartemechanismen

Ein häufiger Fallstrick bei der Erstellung automatisierter Tests ist der Umgang mit Wartezeiten, z.B. wenn die TAS bei der Verarbeitung einer Anfrage im SUT auf ein Ergebnis warten muss. Die einfachste Umsetzung sind festprogrammierte Wartezeiten, d.h., es wird eine fixe Anzahl von Millisekunden auf ein Ergebnis gewartet, danach wird abgebrochen. Diese Lösung ist im ersten Schritt einfach, kann aber auf Dauer die Ursache für viele Probleme sein, z.B. eine hohe Gesamtlaufzeit oder wenn Antwortzeiten schwanken. Die Optimierung des Wartemechanismus kann sowohl die Laufzeit der Testautomatisierung als auch die Robustheit sehr positiv beeinflussen. Sie hängt aber auch stark von der Architektur der TAS und des SUT ab.

Eine Möglichkeit ist, das SUT regelmäßig abzufragen, ob der erwartete Zustand eingetreten ist. Dies hat den Vorteil, dass nur so lange gewartet wird, bis der Zustand eingetreten ist.

Noch effizienter ist es, wenn das SUT selbst die Information liefert, dass der erwartete Zustand eingetreten ist.

Testautomatisierung als Softwareentwicklungsprozess

Da Testautomatisierung Softwareentwicklung ist, können alle Best Practices daraus auch hier angewandt und optimiert werden, z. B. Programmierrichtlinien, Clean Code, statische Analyse, Codereviews, Versionskontrolle, Pair Programming etc.

Es ist ratsam, den Testautomatisierungscode ebenso wie den Sourcecode des SUT als Code 1. Klasse anzusehen und die gleichen Vorgaben einzusetzen.

Aus der Praxis:
Voraussetzungen für erfolgreiche Testautomatisierung:
Review der Ergebnisse von automatisierter Testdurchführung

In einem großen Unternehmen mit einer komplexen Systemlandschaft war ein täglicher automatisierter Systemintegrations-Regressionstest der Kernapplikationen mit automatischer Erfassung und Bereitstellung der Ergebnisse für alle Teammitglieder vorgesehen. Ein TAF wurde erstellt, um die unterschiedlichen Applikationen, die für die Datenaufbereitung und einen aussagekräftigen Regressionstest notwendig waren, in den Testskripten ansteuern zu können. Testfälle mit hoher Priorität wurden automatisiert. Manuelle Tests und andere Testprojekte teilten sich die Testumgebung.

Bereits bei der ersten unbeaufsichtigten Durchführung des automatischen Testlaufs traten Probleme in der Testumgebung auf. Diese konnten im Zuge der folgenden Tage behoben werden. Beim nächsten Testlauf stellte sich jedoch heraus, dass sich die Systemkonfiguration geändert hatte und der Testlauf aufgrund der Konfiguration in anderen Applikationen der TAS nicht aussagekräftig automatisiert durchgeführt werden konnte.

Das Ergebnis einer aufwendigen Automatisierungsentwicklung, die in die TAF-Entwicklung und Testfallautomatisierung geflossen war, konnte über Monate hinweg nicht genutzt werden, da die Testumgebung immer wieder unter Konfigurationsproblemen litt oder aufgrund von anderen Testaktivitäten nicht zur Verfügung stand.

Die Testläufe zeigten daher Probleme und Fehler in der Testumgebungskonfiguration auf und nicht, wie gewollt, in den getesteten Applikationen. Das Automatisierungsteam konzentrierte sich für einige Wochen auf die Stabilisierung der Testfälle und Automatisierungskomponenten, jedoch ohne wesentliche Fortschritte. Doch eine grundlegende Entscheidung brachte die Wende: Es wurde beschlossen, den Lauf nicht täglich, sondern nach jeder Übergabe des Testobjekts an den Test (wöchentlich ein- bis zweimal) durchzuführen. Zusätzlich wurde entschieden, jeweils die Ergebnisse zu analysieren und einen zusammenfassenden Report zu erstellen. Nach etwa zwei Wochen stellte sich heraus, dass dieser Ansatz erfolgreich war. Ein Ergebnisreview nahm nur jeweils etwa einen halben Personentag in Anspruch, und der

→

erstellte Report konzentrierte sich auf die für das Team wesentlichen Resultate des Laufs. Somit konnte mit minimalem manuellem Aufwand ein regelmäßiger automatisierter Systemintegrations-Regressionstest in einer komplexen, labilen Umgebung erfolgreich umgesetzt werden.

Instabile bzw. problematische Skripte

Skripte, die immer wieder Probleme verursachen, sollten sukzessive überarbeitet werden. Das können z. B. Skripte sein, die falsche Ergebnisse zeigen, zu lange Laufzeiten haben, zu komplex oder kompliziert sind bzw. die hohe Wartungsaufwände erzeugen. Hier bietet sich ein Refactoring an.

Auch immerzu positive Testfälle sollten gelegentlich mit einem kritischen Auge überprüft werden. Eine Möglichkeit dazu ist, in einer separaten Version des SUT (z. B. einem Branch) bewusst Fehler einzubauen (Fehlerinjektion). Damit kann überprüft werden, ob und welche automatisierten Testfälle fehlschlagen. Dies gibt auch Hinweise auf die Optimierung der kompletten Testsuite, da so Lücken in der Testüberdeckung aufgedeckt werden bzw. das Risiko von falsch negativen Ergebnissen reduziert werden.

Architektur optimieren

Mit den Erfahrungen aus den ersten Läufen der Testautomatisierung kann es auch notwendig werden, die Architektur der TAS oder des SUT zu optimieren. Dies kann sich sehr positiv auf das Zusammenspiel der beiden Systeme auswirken, wie auch auf Laufzeiten, Fehlertoleranz und Testbarkeit. Es erfordert aber auch meist starke Eingriffe in TAS/SUT und hohe Investitionen in die Umsetzung.

Anmerkung der Autoren:

Systemintegration:

Eine weitere Optimierungsmöglichkeit ergibt sich aus der Integration mit anderen Systemen, z. B. dem Anforderungsmanagementwerkzeug, dem Fehlermanagementwerkzeug oder einem Wiki-System zur automatischen Dokumentation. Diese Integrationen können schrittweise ausgebaut und optimiert werden. Zum Beispiel können Batch-Integrationen, die sonst nur in der Nacht laufen, aufgrund der Weiterentwicklung der Systeme auf Realtime-Schnittstellen umgestellt werden.

Aktualisierung der TAS-Komponenten

Durch Update oder Upgrade der TAS und der davon genutzten bzw. darin umgesetzten Softwarekomponenten auf neue Versionen lassen sich neue Funktionen integrieren, die von Testfällen genutzt werden können, Fehler beheben und neue Funktionen und Werkzeuge integrieren. Updates und Upgrades sollten jedoch vorher immer in einem geschützten Bereich geprüft werden, da das Risiko besteht, die TAS und damit auch die Nutzbarkeit der automatisierten Tests zu beeinträchtigen.

Es ist in den meisten Fällen sinnvoll, Aktualisierungen auf neue Versionen vorzunehmen. Denn wenn diese längere Zeit übergangen werden und dann z.B. aufgrund von Systemanforderungen, Abkündigungen etc. ein Update durchgeführt werden muss, können die Migration und Anpassungen sehr hohe Kosten und Aufwand bedeuten.

Erweiterung der TAS-Funktionen

Es gibt viele Möglichkeiten, die TAS um Features und Funktionen zu erweitern, z.B. in der Berichterstattung, Integration mit anderen Systemen, Protokollierung, Schnittstellen usw. Dabei sollte immer auch darauf geachtet werden, dass diese Erweiterungen auch wirklich Nutzen bringen und verwendet werden. Ansonsten erhöht sich lediglich die Komplexität auf Kosten der Zuverlässigkeit und der Wartbarkeit der TAS.

Weitere Aspekte in der Optimierung

Über die bereits beschriebenen Faktoren hinaus können noch viele weitere Faktoren optimiert werden, die wir auch in vorhergehenden Kapiteln betrachtet haben – dazu gehören:

- **Testausführung**
  Hier kann z.B. die Durchlaufzeit der automatisierten Tests verbessert werden, sofern die Daten und Umgebungen ausreichend konfliktfrei bereitgestellt werden können. Auch die bereits beschriebene Optimierung bezüglich redundanter oder obsoleter Tests trägt hierzu bei. Ein wesentlicher Aspekt dabei ist auch die Betrachtung der Ausführungszeit. Es kann z.B. vorkommen, dass die Ausführungszeit automatisierter Regressionstests so stark schwankt, dass die Tests nicht mehr im vorgesehenen Zeitfenster (z.B. über Nacht) abgeschlossen werden können. Eine Möglichkeit ist hier, die Tests auf verschiedenen Zielumgebungen zu parallelisieren. Wenn dies z.B. aus Kostengründen nicht möglich ist, besteht noch die Option, die Regressionstests auf mehrere Teile aufzuteilen und somit mehr Kontrolle über die genutzten Zeitfenster zu haben.

- **Verifizierung**
  Eine standardmäßige Verwendung von Verifizierungsfunktionen kann dazu beitragen, redundante Implementierungen zu vermeiden, wie z.B. eine generische Funktion für den Vergleich und die Verifizierung von Tabelleninhalten.
- **Vor- und Nachbearbeitung**
  Die Einführung von generischen oder auch spezifischen, aber breit genutzten Funktionen für die Testvorbereitung (»Setup«) oder Aufräumarbeiten (»Teardown«) kann helfen, die umgesetzten Testfälle kurz und prägnant auf ihr Testziel ausgerichtet zu implementieren, und damit den Wartungsaufwand deutlich zu reduzieren.[1]
- **Dokumentation**
  Wie bei allen Softwaresystemen ist auch für eine TAS eine ausreichende und angemessene Dokumentation für die Nachhaltigkeit der Softwarelösung essenziell. Dies gilt sowohl für die technische Dokumentation, die für die Weiterentwicklung und Wartung relevant ist, als auch für die Dokumentation, die bei der Verwendung der TAS zu Umsetzung, Durchführung, Auswertung oder Wartung von Testfällen herangezogen werden kann.

8.2 Planung und Realisierung der Testautomatisierungsverbesserung

Testautomatisierung ist eine wertvolle Investition. Diese sollte nicht nur initial getätigt werden, sondern auch ihr Fortbestand muss gesichert werden. Wie in jedem Prozess gibt es Risiken und Ereignisse, die negative Auswirkungen haben können.

Speziell im Fall von Testautomatisierung ist die Anzahl der Einflussfaktoren recht hoch. Jede Änderung an der TAS, an Produkt, Prozessen und Umgebung, und sei sie noch so klein, kann potenziell die Wirksamkeit von Testautomatisierung stark beeinträchtigen oder sogar zunichtemachen.

1. Dieser Abschnitt richtet sich nicht nach der deutschen Version des Lehrplans, sondern nach der englischen, da die deutsche Übersetzung nach unserer Meinung nicht den ursprünglichen Inhalt im üblichen Sprachgebrauch widerspiegelt. Die deutsche Übersetzung spricht hier von »Einrichtung/Vorbearbeitung« (original: pre-processing/setup) und »Außerbetriebnahme/Nachbearbeitung« (original: post-processing/teardown). Die Abstimmung für einen Abgleich der beiden Werke ist in Arbeit.

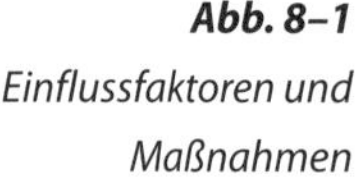

Abb. 8–1
Einflussfaktoren und Maßnahmen

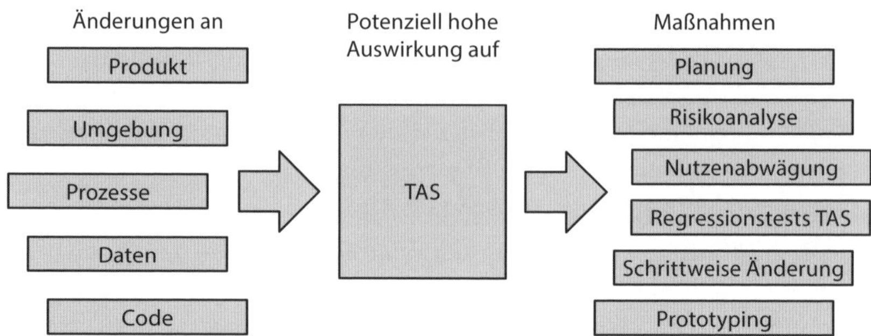

Es sind daher laufend Nutzen und Risiko der Änderungen zu prüfen und wie in einem normalen Softwareentwicklungsprojekt zu bewerten.

Oft steckt der Teufel im Detail. Manche Änderungen müssen ggf. erst umgesetzt werden, um ihre Wirksamkeit zu bewerten. Das kann im Zuge eines Proof of Concept (PoC) oder in Form von Prototyping erfolgen. Essenziell dabei ist, dass dies nicht in der stabilen Version der Testautomatisierung passiert, sondern in einem Entwicklungs-Branch oder einer gesonderten Version. So kann sichergestellt werden, dass es keine Auswirkungen auf die produktive Testautomatisierung gibt.

Die in diesem Kapitel beschriebenen Änderungen, speziell, wenn sie die TAS betreffen, müssen umgesetzt und in der TAS verankert werden – dafür sei hier ein Verweis auf Kapitel 4 gegeben, wo auf diese Änderungen und die damit verbundenen Aktivitäten und Anpassungen im Detail eingegangen wird.

Ermitteln von Änderungen an Komponenten der Testumgebung

Die Ausführung von automatisierten Testfällen findet auf einer definierten Umgebung statt, auf der sich in der Regel unterschiedliche Softwarekomponenten in unterschiedlichen Versionen befinden. Änderungen dieser Komponenten oder ihrer Zusammenstellung können schnell zu einer Kette an Fehlschlägen von automatisierten Tests führen und hohe Analyseaufwände nach sich ziehen.

Daher ist es empfehlenswert, solche Änderungen schrittweise in das Zusammenspiel mit der Testautomatisierung einzubringen und nach jeder Änderung zumindest ein reduziertes Set an automatisierten Tests durchzuführen sowie am Ende einen so weit als möglich vollständigen Regressionstest. Aufgedeckte Fehlerwirkungen (seien sie nun letztendlich der TAS oder dem SUT zuzuordnen) können so in kleinen, überschaubaren Iterationen behandelt und gefiltert werden und das Zusammenspiel mit der TAS kann effektiv sichergestellt werden.

Dafür ist es notwendig, dass eine ausreichende Informationskette über solche Änderungen in Richtung der TAE besteht, und die TAE den Zustand der Testumgebung kontrollieren können, um dieses Vorgehen ausreichend umzusetzen.

Erhöhung der Effizienz und Wirksamkeit der zentralen TAS-Funktionsbibliotheken

Nicht nur die getesteten Systeme, sondern auch die TAS und deren Infrastruktur entwickeln sich meist recht rasch weiter. Hier muss der TAE ein Auge auf Entwicklungen an Werkzeugen, Betriebssystemen und Plattformen haben, um solche Änderungen zu antizipieren, umzusetzen und diese auch kontrolliert auf Teams und Projekte auszurollen. Darüber hinaus sind auch andere Faktoren, wie z.B. die Parallelisierung von Tests und die Bereitstellung bzw. Anbindung von technisch effizienten und zeitsparenden Schnittstellen, ein wesentlicher Hebel für eine effizientere Ausführung der Tests. Dafür ist eine Planung der entsprechenden Features, Umgebungen und Infrastrukturkomponenten erforderlich.

Die zentralen TAS-Funktionalitäten sind häufig Kernbestandteil der Tests in der gesamten Organisation und daher als prozesskritisch zu betrachten – dementsprechend sollten hier tiefgreifende Änderungen und Anpassungen geplant und kommuniziert und ihre Ausrollung nachverfolgt und unterstützt werden.

Konsolidieren mehrerer Funktionen

Eine TAS unterstützt oft mehrere Technologien für die Ansteuerung des SUT. Speziell im Bereich von User Interfaces gibt es viele spezialisierte Werkzeuge und Funktionalitäten für einzelne Typen von Kontrollelementen – doch auch in anderen Bereichen finden sich unterschiedliche technologische Ausprägungen. Oft haben diese unterschiedlichen Ausprägungen aber ähnliche Funktionen und Ziele. Ein Beispiel sind Single-Choice-Drop-down-Boxes und Textfelder. In beiden Elementtypen kann ein Text gesetzt oder der aktuell gesetzte Text ausgelesen werden. Also ist es denkbar, ein und dieselbe Abstraktion für diese Aktivität zu verwenden. Ähnlich können auch unterschiedliche Formen für Webservices oder auch Datenbanken betrachtet werden. Eine solche Konsolidierung kann wesentliche Vorteile in Wartbarkeit und Einfachheit der automatisierten Tests bringen. Die Einführung solcher Abstraktionen kann aber auch weitreichende negative Konsequenzen haben, wenn sie nicht richtig umgesetzt und übernommen wird. Sie kann auch Änderungen an den in der TAS umgesetzten Tests und/oder Automatisierungsartefakten erfordern. Diese Änderungen müssen klar kommuniziert und geplant werden, damit keine unerwarteten Seiteneffekte und Probleme entstehen.

Anpassung der TAA entlang von Änderungen im SUT

Wie mehrfach erwähnt, ist Testautomatisierung eine Maßnahme, die auf Langfristigkeit ausgelegt ist. In diesem Zeitraum können sich nicht nur das SUT im Detail und dessen Funktionalität ändern, sondern auch dessen grundlegende Architektur. Bei tiefgreifenden Änderungen müssen entsprechende Anpassungen in der TAS vorgenommen werden. Wichtig ist, diese Anpassungen systematisch und entlang einer sich kontrolliert weiterentwickelnden TAA vorzunehmen, um Wildwuchs und damit einer gemeinhin »historisch gewachsenen« Lösungen vorzubeugen und dennoch zu jedem Zeitpunkt einen technologisch und konzeptionell angemessenen Automatisierungsansatz im Einsatz zu haben.

Benennungskonventionen und Standardisierung

Konventionen und Standardisierung sind nicht nur relevant für die in der TAS umgesetzten Tests, sondern auch für den Code der TAS-Kernkomponenten. Dies gilt logischerweise nicht nur für die initiale Umsetzung, sondern auch für alle Änderungen und Erweiterungen. Daher ist ein entsprechender Validierungszyklus ein wesentlicher Erfolgsfaktor für nachhaltig saubere Artefakte. Dafür ist häufig eine Kombination aus statischer Analyse und Peer-Reviews eine effektive und praktikable Lösung.

Prüfen bestehender Testskripte auf Überarbeitung/Löschung

Gemeinsam mit dem SUT entwickelt sich und wächst die TAS und die darin umgesetzten Testfälle. Testautomatisierung wird zum festen Bestandteil des Entwicklungsprozesses und die Umsetzung von automatisierten Tests wird eine Regelaktivität. Dadurch entsteht häufig, nach und nach, eine hohe Anzahl an Testfällen, von denen jeder für sich in einer sauberen TAS vermutlich einen sehr überschaubaren Wartungsaufwand nach sich zieht – in der Gesamtheit aber kann der Wartungsaufwand enorm werden. Dem gegenüber stehen in vielen Fällen Testfälle, für die gilt:

- Sie stimmen nicht mehr mit dem aktuellen Stand der TAS überein, sind also obsolet.
- Sie sind in keiner Testsuite enthalten, die aktuell in Verwendung ist.
- Sie waren von Beginn an redundant, da ein Test mit entsprechender Abdeckung z.B. bereits in einer früheren User Story aus dessen Blickwinkel umgesetzt wurde.
- Sie haben sich über die Zeit verändert und sind nun redundant.
- Sie sind unbeständig und benötigen hohen Wartungsaufwand bei beschränktem Nutzen.

Diese und darüber hinausgehende Faktoren können Gründe darstellen, warum Tests nicht mehr gewinnbringend im Einsatz sind. Solche Tests sollten identifiziert werden und dementsprechende Anpassungen sollten am Gesamttestset vorgenommen werden, beispielsweise:

- Optimierung des Tests
- Bei schichtübergreifenden Tests: Splittung des Tests in mehrere Testfälle entlang der getesteten Schichten
- Bei funktionsübergreifenden Tests: Splittung des Tests in mehrere Testfälle entlang der getesteten Funktionalitäten
- Entfernen des Tests

Nur durch eine entsprechende Form von »Zurückschneiden« der mit der Zeit angewachsenen Testfälle kann langfristig eine nachhaltige und skalierbare Testautomatisierung Bestand haben.

9 Ausblick

Testautomatisierung in all ihren Facetten ist eines der zentralen, aktuellen und zukünftigen Themen im Bereich der Softwareentwicklung. Sie betrifft nicht nur den Softwareentwicklungsprozess im Sinne eines Entwicklungsprojekts, sondern stellt die Qualität des Produkts über seinen gesamten Lebenszyklus sicher und sorgt dafür, dass geschäftskritische Prozesse korrekt abgewickelt werden können. Damit ist sie nicht nur ein Nebenschauplatz, sondern ein businesskritischer Erfolgsfaktor. Als solcher muss sie mit den rasanten Entwicklungen am IT-Markt nicht nur Schritt halten, sondern daran aktiv und gestaltend mitwirken.

Testautomatisierung hat in den letzten Jahren massiv an Bedeutung gewonnen. Laut einer Studie der SwissQ Consulting AG lag Testautomatisierung auf Platz 2 der wichtigsten Testpraktiken, knapp hinter Regressionstests [SwissQ 20]. Ebenfalls bezeichnend für diese Entwicklung ist die Vielzahl von immer mächtigeren Werkzeugen auf dem Markt, die unterschiedlichste Verfahren und Technologien unterstützen.

Doch nicht nur Werkzeuge sind ausschlaggebend für den Erfolg von Testautomatisierung: Ein gesteigertes Qualitätsbewusstsein, interdisziplinäre Vorgehensmodelle und die zunehmende Verbreitung von Paradigmen wie Behaviour oder Test Driven Development sowie agile Softwareentwicklung unterstreichen die Wichtigkeit eines umfassenden und regelmäßig durchgeführten automatisierten Regressionstests.

Dieses Kapitel betrachtet die aktuellen Themen in der Softwareentwicklung und mögliche kurz- und mittelfristige Weiterentwicklungen der Disziplin »Testautomatisierung«.

9.1 Herausforderungen in der Testautomatisierung

9.1.1 Allgegenwärtige Vernetzung

Man spricht zwar heute weniger von SOA (Service Oriented Architecture), aber die rasante Entwicklung im Bereich des Internet of Things (IoT) – eigentlich dem Internet of Services (IoS) –, die zunehmende Verbreitung von standardisierten Webservices für technische Schnittstellen und von Webinterfaces für Benutzerschnittstellen sowie der Auf- und Umbau großer Applikationen auf dem Prinzip der Microservices stellen die Umsetzung einer nachhaltigen Testautomatisierung vor große Herausforderungen. Ähnliches gilt bei der Automatisierung der Tests mobiler Anwendungen aufgrund der Vielzahl der unterschiedlichen Endgeräte, Displaygrößen, Betriebssysteme etc. Die allgegenwärtige Vernetzung von Systemen mit all ihren daraus resultierenden Schnittstellenarten, standardisiert oder proprietär, erfordert, dass die Testautomatisierung wohl durchdacht werden muss, denn die meisten zu testenden Systeme können nicht ausschließlich auf (teil-) standardisierte Schnittstellen zurückgreifen: Desktop-Applikationen mit unterschiedlichsten GUI-Technologien und Altsysteme wie Host-Applikationen sind auch in der aktuellen Landschaft häufig anzutreffen und erhöhen die Komplexität der Automatisierung beträchtlich. Selbst die mächtigsten kommerziellen Werkzeuge können in vielen Fällen nicht ohne zusätzlichen Erweiterungsaufwand alle Schnittstellen unterstützen, die für eine ausreichende Testüberdeckung notwendig sind.

9.1.2 Testautomatisierung für die IT-Sicherheit

Durch die oben angesprochene allgegenwärtige Vernetzung von Softwaresystemen ergeben sich neue Anforderungen an die IT-Sicherheit dieser vernetzten Systeme. Jede Öffnung eines Systems hat zur Folge, dass Hacker (sogenannte *Black Hats*) mögliche Schwachstellen finden und ausnutzen könnten. Ein berüchtigtes Beispiel hierfür ist die IT-Sicherheitslücke beim Jeep Cherokee, über die Hacker beim fahrenden Auto auf die Fahrkontrollsysteme des Fahrzeugs zugreifen, die Gangschaltung manipulieren und die Bremsen ausschalten konnten [URL: Jeep]. Dies zeigt deutlich, dass umfangreiche IT-Sicherheitstests zunehmend notwendiger werden. Auch in den Bereich der IT-Sicherheit muss die Testautomatisierung auf Dauer vordringen, damit IT-Sicherheitstests im großen Umfang wirtschaftlich durchgeführt werden können.

9.1.3 Testautomatisierung für autonome Systeme

Kaum eine andere Ingenieurdisziplin hat durch die umfangreiche Sammlung von Daten, wie es unsere Mobiltelefone ermöglichen, so an Fahrt aufgenommen, wie die Entwicklung autonomer, d.h. selbstständig entscheidender Systeme. Drohnen, Autos, Telefone, Empfehlungs- und Reaktionssysteme, Bilderkategorisierung – gefühlt kommt kaum eine App heutzutage mehr ohne das Schlagwort »mit künstlicher Intelligenz (KI)« aus. Das Interessante bei der KI ist, dass viele der eingesetzten Verfahren und Techniken bereits lange bekannt und erforscht sind, durch die allgegenwärtige Vernetzung und die mobilen Datenkollektoren (wie unsere Smartphones) sind jetzt aber ausreichend und variantenreiche Massendaten vorhanden, um diese KI-Systeme im umfangreichen Maße anzulernen und einzusetzen – mit allen Vor- und Nachteilen, die sich durch diese Art der selbstentscheidenden Systeme ergeben.

Die Herausforderung für den Test solcher Systeme ist, dass unter Umständen gar nicht mehr plausibel nachvollzogen werden kann, warum das SUT sich so verhält, wie es sich verhalten hat. Vielleicht ist das gezeigte Verhalten des SUT plausibel und auf den zweiten Blick deutlich zielgenauer als vorweg im Test spezifiziert.

KI und das Testen von KI ist derzeit in der Forschung ein riesengroßer Hype. Die Testautomatisierung wird sich dieser Herausforderung stellen müssen und sicherlich mit einer entsprechenden Antwort auf diese Herausforderung reagieren. Wie diese Antwort aussehen wird, kann zum heutigen Zeitpunkt aber noch nicht gesagt werden. Vielleicht lassen sich KI-Systeme am besten durch KI-Testsysteme überprüfen, also dass gewissermaßen eine Automatisierung der Testautomatisierung stattfinden wird (vgl. Abschnitt 9.2.3)?

9.2 Trends und mögliche Entwicklungen

Die Geschichte lehrt uns, dass Entwicklung nicht aufzuhalten ist. Dies trifft auch für die Testautomatisierung zu. Derzeit ist die Testautomatisierung an einem Punkt angekommen, wo ihr eine eindeutige Notwendigkeit für die bevorstehenden Herausforderungen bei der effizienten Qualitätssicherung vor allem vielfach vernetzter Systeme zugesprochen wird. Menschliche Ressourcen sind teuer und oftmals rar gesät; viele Aktivitäten ließen sich auch von Maschinen übernehmen – zumindest bis zu einem gewissen Grad. Es ist daher zu erwarten, dass sich die Testautomatisierung vor allem in Richtung (teil-)autonomer zielgerichteter Unterstützung der Testanalysten weiterentwickeln wird. Stichwort: KI für das Testen.

9.2.1 Agile Softwareentwicklung ohne Testautomatisierung ist nicht denkbar

Eine weitere Entwicklung ist im Zusammenhang mit agilen Softwareentwicklungsmethoden zu sehen. Für ein erfolgreiches agiles Projekt, z. B. in Scrum, ist der effiziente Einsatz von Testautomatisierung eine zwingende Voraussetzung. Denn ohne diese ist eine Sicherstellung der Funktionstüchtigkeit und Zuverlässigkeit eines jeden Release am Ende eines Sprints nicht möglich. Mit jedem Sprint-Zyklus wird der Anteil der Regressionstests umfangreicher und muss auch laufend angepasst werden. Und für die Testdurchführungen sehen die Zyklen oft wenig Durchlaufzeit vor [Baumgartner et al. 13].

9.2.2 Neue Outsourcing-Szenarien für die Automatisierung

Seit einigen Jahren ist die Antwort vieler Manager auf die Frage nach Einsparungen im Softwaretest das Outsourcing der Testaktivitäten dorthin, wo manuelle Tätigkeiten, also die menschliche Arbeitskraft, noch billig zu haben ist. Offshore – Nearshore – die Entscheidung liegt beim Preis. Für Outsourcing sind vorab Investitionen in die Erarbeitung der Vorergebnisse bzw. Vorprodukte zu tätigen. Wenn nur die Testdurchführung ausgelagert wird, müssen die Testfälle umfassend und präzise vorab formuliert und bereitgestellt werden. Wenn die Testfallerstellung und -durchführung ausgelagert werden, sind die Spezifikationen derart präzise zu formulieren, dass aus diesen durch »fernes« und eventuell nicht mit der Domäne im Detail vertrautes Personal qualitativ hochwertige oder zumindest ausreichende Testfälle abgeleitet und beschrieben werden können. Für den deutschsprachigen Raum bedeutet dies auch fast immer die Kommunikation in einer unternehmensfremden Sprache.

Diese Ansätze, also viel Investment vorab und dann der Einsatz vieler billiger Arbeitskräfte, die umfangreiche manuelle Testarbeit im System- und Regressionstest verrichten, sind jedoch bereits als überholt anzusehen. Die Kosten-Nutzen-Modelle in diesen Szenarien sind gesamtheitlich betrachtet eng kalkuliert und die heute scheinbar billigen Arbeitskräfte sind in wenigen Jahren bereits wieder zu teuer. Daher wird in allen manuellen Testtätigkeiten die Testautomatisierung verstärkt Einzug halten: zuerst in der Testdurchführung und in Zukunft auch im Testentwurf und der Testfallspezifikation. Wo und durch wen die Automatisierung betrieben wird, also dass aus fachlichen Testfällen automatisierte Abläufe erstellt und ausgeführt werden, ist in den jeweiligen Test- oder auch Outsourcing-Strategien zu definieren. Diese Strategien werden wiederum beeinflusst von den Innovationen und den damit verbundenen Möglichkeiten und Machbarkeiten in der Testautomatisierung.

9.2.3 Die Automatisierung der Automatisierung

Wir erinnern uns: Testautomatisierung ist ein Softwareprojekt! Genauso wie bei Softwareprojekten vermehrt über den Einsatz von KI nachgedacht wird, um eine ganz neue Dimension an Softwaresystemen zu erschaffen, lässt sich KI natürlich auch für die Testautomatisierung einsetzen, um die oben geschilderte etwaige Notwendigkeit zum Outsourcing abzuschwächen, sei es in der optischen Objekterkennung oder in der intelligenten Generierung effizienter und effektiver Testsuiten oder Self-Healing-Ansätze für bestehende, umfangreiche Automatisierungslösungen. So nutzt beispielsweise Facebook [URL: Facebook] ein eigens implementiertes Werkzeug, das eigenständig eine Codebasis testet und gefundene Fehler selbstständig korrigiert. Mit Chaos Engineering [URL: ChaosEngineering] hat Netflix einen neuen Namen für automatisiertes und eigenständiges Fehlertoleranztesten geprägt.

9.2.4 Ausbildung und Standardisierung

Um dem Softwaretester oder dem Entwickler auch die nötigen Fähigkeiten als Testautomatisierer beizubringen, ist eine fundierte Ausbildung nötig, in der die Konzepte und Vorgehen vermittelt werden. Viele der aktuell angebotenen Ausbildungen zur Testautomatisierung werden von Werkzeugherstellern durchgeführt, die sich dann meist auch auf die Konzepte und Bedienung der eigenen Werkzeuge beschränken. Zudem bieten Dienstleister vereinzelt Schulungen zur Testautomatisierung an, die sich mehr mit den Konzepten auseinandersetzen, aber den Fokus und die Tiefe oft unterschiedlich sehen. Somit sind diese Ausbildungen nur schwer untereinander vergleichbar.

Einen Weg in Richtung der Standardisierung des Sprachgebrauchs und der Ausbildung zum Testautomatisierungsentwickler geht das ISTQB® mit dem Certified Tester Advanced Level – Test Automation Engineer bzw. Testautomatisierungsentwickler. Aufbauend auf den etablierten Certified-Tester-Schemata zum Foundation und zum Advanced Level ist hier ein Lehrplan entstanden, der die Konzepte der Testautomatisierung vermittelt und ein einheitliches Glossar dafür schafft. Dies war auch Grund für uns, dieses Buch in der aktuellen Auflage auch an dem Lehrplan auszurichten. In weiterer Folge ist zu wünschen, dass die Werkzeughersteller diese Begrifflichkeiten auch in ihre Werkzeuge einfließen lassen, was die Einarbeitung erleichtern und das Verständnis erhöhen kann.

9.3 Innovation und Weiterentwicklung

Bis zur industriellen Fertigung von Software und insbesondere bis zur industriellen Testautomatisierung ist es noch ein weiter Weg. Die Werkzeughersteller werden sich auf entsprechende Standards einigen müssen und generell sind noch viele Erfahrungen im Feld der Automatisierung zu tätigen. Auch die sich rasant entwickelnden Technologien und Anwendungsoberflächen stellen immer wieder aufs Neue eine große Herausforderung für die Automatisierung dar. Aber man muss auch manchmal die Grenzen der Automatisierung anerkennen und sehen, dass der manuelle Test weiterhin seine Berechtigung haben wird.

Anhang

A Softwarequalitätsmerkmale

Es existieren zahlreiche Standards und Richtlinien für Software, Softwareentwicklung und die damit verbundenen Prozesse. Einige dieser Ansätze sind domänenspezifisch, andere versuchen eine übergreifende Vereinheitlichung von Software Engineering. ISO 25010 ist einer dieser Standards und beschreibt allgemeine Qualitätsmerkmale, hinsichtlich derer Software untersucht werden kann [ISO 25010; Pfeifer & Schmitt 14]. Auch hier kann Automatisierung in mehreren Bereichen eine unterschiedliche Rolle spielen. Einige Qualitätsmerkmale benötigen in der Praxis Automatisierung, um mess- und dadurch verifizierbar zu werden. Bei der Definition des Test-Scopes bietet diese Auflistung eine hilfreiche Checkliste, um bewusst in einer konkreten Situation Entscheidungen für oder gegen den Test der einzelnen Kriterien fällen zu können. Die gelisteten Qualitätsmerkmale sind in den meisten Fällen auf alle Teststufen anwendbar.

In den einzelnen Abschnitten findet sich zur Erinnerung und Erläuterung des jeweiligen Qualitätsmerkmals ein Merksatz mit einer Kurzfassung der Definition. Der darunter liegende Abschnitt befasst sich dann mit Methoden für Test und Automatisierung in Bezug auf das jeweilige Kriterium.

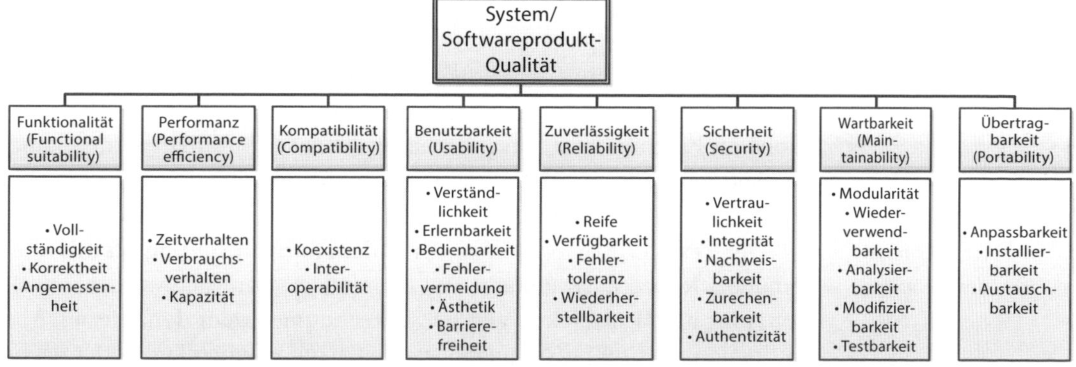

Abb. A–1 *Qualitätsmerkmale nach ISO 25010*

A.1 Funktionalität (functional suitability)

Funktionalität umfasst Attribute, die die Existenz und spezifizierte Funktionen zur Erfüllung von ausgesprochenen oder unausgesprochenen Bedürfnissen unter bestimmten Bedingungen beschreiben.

In vielen Fällen liegt der Hauptfokus der Testaktivitäten auf diesem Qualitätsmerkmal. »Funktionalität« umfasst laut Standard Vollständigkeit, Korrektheit und Angemessenheit. In allen diesen Bereichen kann Testautomatisierung Teile des Testprozesses unterstützen.

Vollständigkeit (functional completeness)

Vollständigkeit bezeichnet den Grad der Abdeckung der spezifizierten Aufgaben und Anwenderziele durch das Set der bereitgestellten Funktionen.

Speziell Methoden aus dem agilen Umfeld wie Behaviour Driven Development oder Acceptance Test Driven Development unterstützen bei der Messung der Vollständigkeit. Dabei wird der Fokus darauf gelegt, dass durch Methoden der Testautomatisierung (z.B. im Zuge eines Regressionstests) stetig festgestellt werden kann, zu welchem Grad die an ein System gestellten Anforderungen im aktuellen Zustand erfüllt werden. Auch modellbasierte Vorgehensweisen können dabei helfen, die funktionale Vollständigkeit sicher und automatisiert zu überprüfen.

Korrektheit (functional correctness)

Korrektheit beschreibt den Grad, zu dem ein System korrekte Ergebnisse mit hinreichender Genauigkeit liefern kann.

Korrektheit nachzuweisen ist eines der wesentlichsten Ziele von Testaktivitäten. Dies wird zumeist durch eine systematisch ermittelte Stichprobe an Eingabe- und Ausgabepaaren erreicht. Automatisierung kann hier speziell in der wiederholten Durchführung unterstützen, aber auch die Erreichung einer höheren Testtiefe kann als Ziel gesetzt werden.

Vermeidung von Nachimplementierung

Der Test der Korrektheit ist ein in der Automatisierung oft missverstandenes Konzept: Es sollte so weit als möglich vermieden werden, Funktionalität des Testobjekts, wie z.B. Berechnungs- oder dynamische Ablauflogik, im Automatisierungssystem nachzuimplementieren oder nachzumodellieren. Konzepte wie Model Based Testing nutzen diese Technik, um Testfälle abzuleiten – erfolgt dies allerdings dynamisch während der Testdurchführung, so führt das zumeist zu wesentlich erhöhtem Implementierungs-, Wartungs- und Fehleranalyseaufwand und unter Umständen sogar zur Fehlermaskierung durch sich überschneidende Fehler im getesteten Objekt und der Automatisierungsimplementierung.

Ein Beispiel:

> *Eine Applikation zur Berechnung des Eintrittspreises zu Veranstaltungen soll für Personen unter 17 Jahren 40 % und für Personen über 60 Jahren 20 % vom Eintrittspreis abziehen.*

Diese Funktionalität soll mit Testfällen abgedeckt werden, in denen als Alter 10, 20 und 70 und als Regeleintrittspreis jeweils 30,– verwendet wird.

Automatisierungslösung A:

Listing A–1
Automatisierungslösung mit Sollwertberechnung

```
Setze Alter: x
Setze Regeleintrittspreis: y
Starte Berechnung
Überprüfe Ergebnis-Eintrittspreis – automatisiert berechnet:
Wenn x < 17 dann y*0.6
wenn x > 60 dann y*0.8
Ansonsten y
```

Testdaten:

```
1. x = 10, y = 30
2. x = 20, y = 30
3. x = 70, y = 30
```

Automatisierungslösung B:

Listing A–2
Automatisierungslösung ohne Sollwertberechnung

```
Setze Alter: x
Setze Regeleintrittspreis: y
Starte Berechnung
Überprüfe Ergebnis-Eintrittspreis: z
```

Testdaten:

```
1. x= 10, y =30, z = 18
2. x= 20, y =30, z = 30
3. x= 70, y =30, z = 24
```

Wenn in obigem Beispiel der Testfall mit Datenkonstellation 3 eine Abweichung zurückliefert, ist klar ersichtlich, dass in einer Lösung wie A wesentlich mehr Aufwand in die Fehleranalyse fließt (auch wenn die Differenz in diesem einfachen Beispiel recht gering ist). Auch bei Änderungen an den Anforderungen ist Variante B wesentlich besser wartbar, da nur die Testfälle, nicht jedoch die Implementierung der Sollwertberechnung verändert werden müssen.

Die Sollwerte sollten also so konkret wie möglich in der Testfallspezifikation festgelegt sein – nicht im Code des Automatisierungsframeworks. Hierfür kann mit konkret spezifizierten Testaktionen samt Eingabe-Ausgabe-Paaren eine wesentlich leichter zu handhabende Automatisierung geschaffen werden.

In vielen Fällen ist es nicht möglich, konkrete Werte für Testdaten im Vorfeld zu ermitteln, etwa bei Datumsangaben oder zeitabhängigen Fällen oder in Systemen mit Verbrauchsdaten und Bewegungsdaten mit Abhängigkeiten.

Anforderung an Daten

Es ist wichtig, einen Weg zu finden, die Anforderungen an die vom Testfall benötigten Daten so einfach und klar wie möglich zu formulieren, um eine Nachimplementierung des Testobjekts zu vermeiden.

Angemessenheit (functional appropriateness)

Angemessenheit bezeichnet den Grad der Eignung von Funktionen, um für die Erfüllung spezifizierter Aufgaben eingesetzt werden zu können.

Für diese Überprüfung ist umfassendes Fachwissen über die Domäne des zu testenden Systems notwendig. Testautomatisierung ist somit nach derzeitigem Stand der Technik allein nicht in der Lage, eine fachliche Eignung eines Produkts feststellen zu können, ohne fachlichen, formalisierten Input über die Domäne und deren Anforderungen zu erhalten.

Allerdings tragen Konzepte wie schlüsselwortgetriebenes Testen dazu bei, den fachlichen Inhalt der Testfälle von deren technischer Durchführung zu entkoppeln.

Zusammenspiel von Fachlichkeit und technischer Umsetzung

Es ist immer noch notwendig, die konkrete Implementierung der Fachlichkeit – also das zu testende System – mit der Automatisierung zusammenzubringen. Dies kann erst geschehen, nachdem die Spezifikation oder Umsetzung der Lösung einen ausreichenden Reifegrad erreicht hat. Es ergibt sich aber die Chance, die fachliche Testfallspezifikation bereits im Vorfeld durchzuführen, sobald die prinzipielle Verwendungsweise des zu testenden Systems festgelegt ist. Ziel dieses Ansatzes ist es, einen höheren Parallelisierungsgrad der Aktivitäten bzw. einen Test-First-Ansatz (also Definition der Tests im Vorhinein) zu erreichen.

A.2 Performanz (performance efficiency)

> Performanz definiert das Leistungsniveau der Software in Relation zu den eingesetzten Betriebsmitteln unter bestimmten Konditionen.

Viel zu selten sind in der Praxis hierzu konkrete Zielmetriken vorzufinden. Es gibt zwar Richtwerte, die sich aus allgemeinen Richtlinien für Benutzbarkeit herleiten lassen, es ist jedoch wichtig, auch in diesem Bereich konkrete Anforderungen und deren Zielwerte zu definieren, um, automatisiert oder manuell, wichtige Informationen über das Qualitätsniveau zu messen und zu testen.

Zeitverhalten (time behaviour)

> Zeitverhalten beschreibt den Grad, zu dem Antwort- und Verarbeitungszeiten eines Systems bei der Durchführung von Funktionen spezifizierten Anforderungen entsprechen.

Dieses Verhalten kann über die Messung der Antwortzeiten beispielsweise im Systemtest überprüft werden, sofern einzelne Nutzungen ein aussagekräftiges Ergebnis liefern.

Gerade in Systemen mit mehreren Nutzern ist aber das Zeitverhalten stark abhängig von der Anzahl der gleichzeitigen Benutzer und deren Anwendungsverhalten sowie der auf dem Zielsystem gespeicherten Datenmenge. Somit erfolgt ein Test des Zeitverhaltens häufig durch Aufbringung einer definierten Last auf das zu testende System.

Hierfür werden typische Nutzungsszenarien – ermittelt z.B. aus einer Benutzerstatistik – automatisiert. Danach werden sie parallel über Simulation von einer bestimmten Anzahl von Benutzern mit einer der Realität möglichst nahen Szenarienverteilung auf das zu testende System aufgebracht. Die Antwortzeiten des Systems werden gemessen und im Anschluss analysiert und bewertet. Je nach Mengengerüst können derartige Tests rasch in manuell nicht mehr zu bewältigenden Dimensionen notwendig werden – ihre Automatisierung ist also in vielen Fällen nicht nur hilfreich, sondern auch notwendig.

Performanztest vs. Stresstest

Unterschieden werden kann zwischen Performanztest und Stresstest. Beim Performanztest wird die Reaktionszeit des Systems bei einer bestimmten Last gemessen – z.B. je ein Szenario für leichte Last, reguläre Last und Spitzenlast. Beim Stresstest hingegen wird die Last nach und nach erhöht, um den Punkt zu ermitteln, ab dem das System nicht mehr nutzbar ist. Dies hat das Ziel, aus dieser Information Schlüsse

z. B. darüber zu ziehen, ab welchem Punkt neue Hardware anzuschaffen ist. Auch die Robustheit des Systems kann mittels Stresstest überprüft werden.

Für diesen Zweck sind zwei Komponenten notwendig: eine Komponente zur Aufbringung der Last und eine Komponente zur Überprüfung der Reaktionszeit. Idealerweise erfolgt dies in Verbindung mit dem »virtuellen Benutzer«, dem diese Reaktionszeit zugeordnet ist, um die Szenarien separat bewerten zu können.

Eine detaillierte Betrachtung dazu erfolgt im Anhang B.

Verbrauchsverhalten (resource utilization)

> Das Verbrauchsverhalten beschreibt, in welchem Umfang verschiedene Arten von Ressourcen durch das System bei dessen Ausführung verwendet bzw. verbraucht werden.

Verbrauchsverhalten kann ähnlich getestet werden wie das Zeitverhalten, jedoch werden hier statt der Reaktionszeit verschiedene Verbrauchsindikatoren gemessen: Speicherverbrauch, Rechenzeitverbrauch und deren Verhältnis zu den verfügbaren Ressourcen sind übliche Messwerte.

Interessant kann aber auch sein, wie viel Speicher das zu testende System bei einer bestimmten Menge an gespeicherten Datensätzen benötigt. Dies kann durch die automatisierte Erzeugung einer entsprechenden Datenmenge analysiert werden: Mögliche Daten für die Datensätze werden spezifiziert und die Daten systematisch in das Testobjekt eingebracht. Die Daten können entweder direkt injiziert werden, beispielsweise in eine Datenbank, oder auch über eine produktiv genutzte Schnittstelle (z. B. SOAP-Webservice) eingebracht werden, um den Realismus der Teststellung zu erhöhen, indem auch eventuell zusätzlich vorhandene Verarbeitungen angestoßen werden.

Doch auch gerade bei der Durchführung eines automatisierten Systemtests kann es sinnvoll sein, parallel zur eigentlichen Abarbeitung von Testfällen die Systemauslastung zu überprüfen, um ggf. stark abweichende Werte analysieren zu können. Dies kann beispielsweise durch die Erfassung des maximalen Speicherverbrauchs und der maximalen CPU-Auslastung erfolgen. Hierfür sind diese Daten während der Durchführung jedes Testfalls in der Testprotokollierung mitzuerfassen, um nach Testläufen einen Überblick über die Auswirkungen der einzelnen Testszenarien zu bekommen.

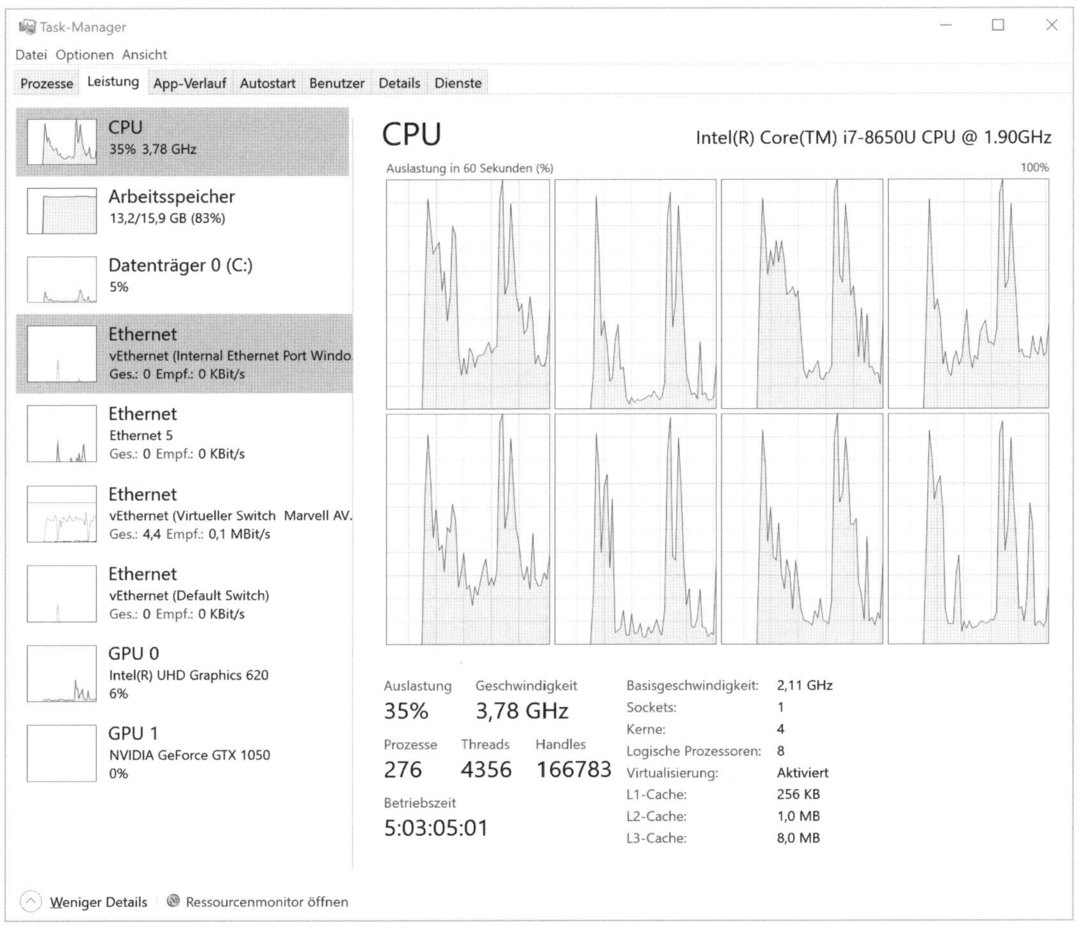

Abb. 1–2
Der Windows Task-Manager stellt unter anderem den Ressourcenverbrauch über die Zeit dar.

Kapazität (capacity)

Die Kapazität eines Produkts oder Systems beschreibt den Grad, zu dem die Leistungsgrenzen bestimmter Parameter spezifizierten Anforderungen entsprechen.

Typische Parameter sind z. B. die Anzahl der maximal gleichzeitigen User, bis zu der das System noch zufriedenstellend funktionieren muss, oder die zu erwartenden Datenmengen, die von den Datenbanken noch performant verarbeitet werden müssen.

Die Überprüfung dieser Anforderungen ist unter anderem auch Ziel eines Stresstests (siehe Anhang B).

A.3 Kompatibilität (compatibility)

Kompatibilität beschreibt den Grad, zu dem ein Produkt, ein System oder eine Komponente Informationen mit anderen Produkten, Systemen oder Komponenten austauschen und die geforderten Funktionen ausführen kann, bei gleichzeitiger Nutzung der Hard- oder Softwareumgebung durch andere Produkte, Systeme oder Komponenten.

Auch die Messung von »Kompatibilität«, die in die Subkriterien Koexistenz und Interoperabilität eingeteilt wird, kann durch Automatisierung zumindest vereinfacht werden. Dadurch ist es zwar nicht möglich, automatisiert festzustellen, zu welchem Grad ein System als kompatibel betrachtet werden kann, allerdings erleichtert sie die manuelle Bewertung dieses Kriteriums.

Koexistenz (co-existence)

Koexistenz beschreibt, bis zu welchem Grad ein Produkt seine erforderlichen Funktionen effizient ausführen kann, während eine gemeinsame Umgebung und Ressourcen mit anderen Produkten geteilt wird, ohne nachteilige bzw. schädliche Auswirkung auf die anderen Produkte zu haben.

Aus dem Merksatz geht bereits hervor, dass die automatisierte Bewertung der »Koexistenz« nur schwer realisierbar ist. Allerdings bieten neue Methoden wie die Service-Virtualisierung diverse Möglichkeiten, bestimmte Systemkonfigurationen zu simulieren, um dadurch einfacher deren Auswirkungen auf andere Systeme oder Produkte feststellen zu können. Aber auch die Überprüfung im Rahmen eines Last- und Performanztests dient dazu, schädliche Auswirkungen eines Produkts auf das Zeitverhalten eines anderen Produkts zu erkennen.

Interoperabilität (interoperability)

Interoperabilität beschreibt den Grad, zu welchem mehrere Produkte, Systeme oder Komponenten Informationen untereinander austauschen und diese Informationen weiterverwenden können.

Interoperabilität (zu einem gewissen Grad aber auch Koexistenz) steht im Fokus des Integrations- und auch indirekt des Systemtests. Speziell in komplexen Systemen wie einem »System of Systems«, das z.B. aus einer Reihe von Systemen besteht, die untereinander Webservices anbieten und verwenden, kann der manuelle Test recht schwierig werden und Testwerkzeuge erfordern – selbst wenn diese nicht zur Automatisierung der Testfälle an sich, sondern lediglich als Testrahmen verwendet werden.

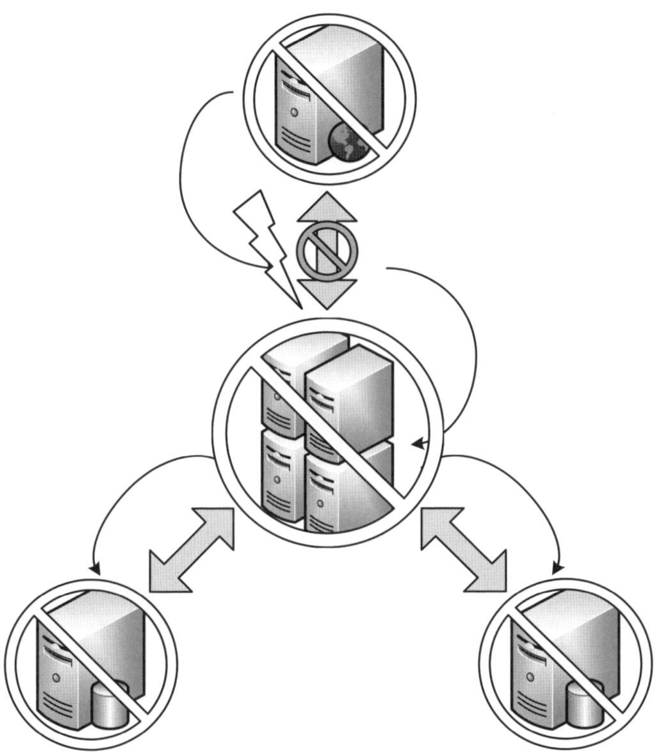

Abb. A-3
In einem komplexen System mit mehreren integrierten Subsystemen kann der Ausfall einer Komponente weitere Systeme in Mitleidenschaft ziehen.

Folgen des Fehlschlagens eines beteiligten Systems für andere Systeme

Gerade in einem Umfeld, in dem mehrere Systeme beteiligt sind, die unter Umständen in unterschiedlichen Verantwortungen liegen, ist die Möglichkeit einer raschen, wiederholbaren Überprüfung der funktionalen Qualität wichtig. Eine Änderung an einem der beteiligten Systeme kann schnell negative Auswirkungen auf verwendete und verwendende Systeme haben. Dies kann mit einem automatisierten Test der Schnittstellenkonformität, mit aus der Produktion abgegriffenen oder synthetischen Testtransaktionen sowie mit systemübergreifenden Testfällen abgefangen werden.

A.4 Benutzbarkeit (usability)

Die Benutzbarkeit beschreibt, in welchem Maß ein Produkt oder System von definierten Benutzern in einem spezifizierten Kontext genutzt werden kann, um definierte Ziele effektiv, effizient und zufriedenstellend zu erreichen.

Verständlichkeit (appropriateness recognizability), Erlernbarkeit (learnability), Bedienbarkeit (operability), Fehlervermeidung (user error protection), Ästhetik (user interface aesthetics) und Barrierefreiheit (accessibility) sind großteils schwierig automatisiert zu bewerten, obwohl es auch für diese Aspekte Werkzeuge gibt, die heuristisch gewisse Kriterien überprüfen und die für die Identifikation von Problemstellen herangezogen werden können.

Gibt es jedoch konkrete Anforderungen, die das zu testende System erfüllen soll – ob im Sinne von Konformität oder durch Auslegung der Ziele für eines der anderen Subkriterien von Benutzbarkeit –, so können hierzu für das System allgemeingültige Überprüfungen entworfen werden. Ein Beispiel einer solchen wiederverwertbaren, automatisierten Überprüfung sind Werkzeuge, die die Konformität einer Webseite mit den Richtlinien der WAI (Web Accessibility Initiative) des W3C (World Wide Web Consortium) automatisiert überprüfen und damit eine Aussage ermöglichen, ob die Applikation auch für Personen mit z.B. Sehbehinderung tauglich sein kann. Die Richtlinien der Web Content Accessibility Guidelines 2.0 haben zum Ziel, zumindest teilweise automatisch überprüfbar zu sein [URL: WCAG 2.0].

Allgemeingültige Anforderungen

Ein allgemeines Testkriterium in solchen Werkzeugen ist beispielsweise, ob alle grafischen Darstellungen auch eine textuelle Beschreibung (Alt-Text) besitzen. Über die Aussagekraft dieses Textes kann zwar kaum eine Aussage getroffen werden, aber die Qualität des Inhalts ist nicht Ziel der Überprüfung, sondern lediglich die Existenz eines beschreibenden Textes.

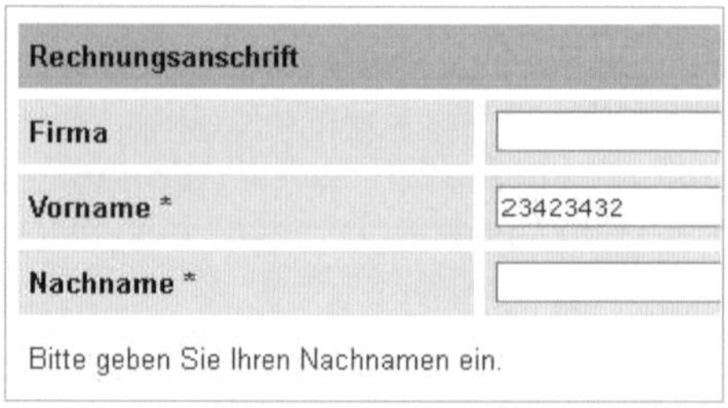

Abb. A–4
Die Darstellung von Fehlermeldungen kann z.B. auf Farbe überprüft werden (Fehlermeldung »Bitte geben Sie Ihren Nachnamen ein.« ist im Original rot eingefärbt).

Nach einem ähnlichen Muster kann auch die Verfügbarkeit von Hilfetexten zu Objekten auf der grafischen Benutzungsoberfläche überprüft werden. Eine weitere häufig anzutreffende und leicht im Zuge der Systemtests automatisiert überprüfbare Anforderung an die Benutzbarkeit ist die Einfärbung von Informations- und Fehlermeldungen durch das zu testende System.

Auch visuelle Eigenschaften wie beispielsweise der Kontrast der angezeigten Elemente können automatisiert gemessen und bewertet werden. Des Weiteren gibt es Werkzeuge für die Simulation von visuellen Einschränkungen von Benutzergruppen, wie etwa Rot-Grün-Farbenblindheit.

A.5 Zuverlässigkeit (reliability)

> Zuverlässigkeit beschreibt den Grad, zu dem ein Produkt, ein System oder eine Komponente spezifizierte Funktionen unter spezifizierten Rahmenbedingungen über einen spezifizierten Zeitraum erbringen kann.

Häufig sind Anforderungen in diesem Bereich businesskritisch, da bei Nichteinhaltung ein ansonsten funktionstüchtiges System in nicht akzeptablen Ausmaßen ausfallen kann. Konkrete Ausprägungen dieser Anforderungen sind in Form von Service Level Agreements anzutreffen, die meist relativ einfach automatisiert verifizierbar sind.

Reife (maturity)

> Reife beschreibt den Grad, zu dem ein Produkt, ein System oder eine Komponente im normalen Betrieb spezifizierte Anforderungen an die Zuverlässigkeit erfüllt.

Fehlerzustände, die bei der Erhebung der Reife eines Systems berücksichtigt werden müssen, sind solche, die durch eine spezifische Verwendung der Software ausgelöst werden können – beispielsweise ein Abstürzen der Software bei einer bestimmten Eingabe. Solche Szenarien können durch einen umfassenden funktionalen Test überprüft werden. Speziell in Multiuser-Umgebungen kann aber auch die gleichzeitige Nutzung der Applikation zu Fehlerzuständen führen – dies sind Szenarien, die im manuellen Test oft nur aufwendig und schwer überprüfbar sind, da sie die Gleichzeitigkeit oder enge zeitliche Abhängigkeit von zwei Nutzeraktivitäten verlangen.

Nutzungsszenarien mit mehreren Benutzern

Automatisierung kann hier durch ähnliche Verfahren wie im Last- und Performanztest bestimmte Nutzungsszenarien mit einer großen Anzahl von Benutzern kombinieren und simulieren. Auch eine systematische Durchführung von zeitlich getakteten Nutzerszenarien ist möglich, aber unter Umständen aufwendig zu realisieren. Des Weiteren hängt in solchen Szenarien die Aussagekraft auch stark von der Ähnlichkeit der Testumgebung zur Produktionsumgebung ab, da sich das Zeitverhalten bei unterschiedlicher Nutzerlast und Systemleistung sehr stark verändern kann und dadurch eventuell Fehler maskiert werden.

Verfügbarkeit (availability)

Verfügbarkeit beschreibt, zu welchem Grad sich ein System, ein Produkt oder eine Komponente in einem funktionstüchtigen und erreichbaren Zustand befindet.

Um die stetige Funktionstüchtigkeit und Erreichbarkeit eines Systems festzustellen, bieten sich automatisierte Smoke-Tests an. Diese können in vielen Fällen teilweise oder sogar vollständig aus einem automatisierten Regressionstest abgeleitet werden und bieten somit die Möglichkeit, die Verfügbarkeit relativ aufwandsneutral messen zu können. Auch mit diversen Werkzeugen aus dem Bereich Monitoring lassen sich mithilfe von automatisierten Testfällen bestimmte SLAs kontinuierlich verifizieren.

Fehlertoleranz (fault tolerance)

Fehlertoleranz beschreibt den Grad, zu dem ein System, ein Produkt oder eine Komponente auch bei Auftreten von Software- oder Hardwarefehlern weiterhin funktionstüchtig bleibt.

Hierzu kann die bewusste Eingabe von ungültigen Testdaten verwendet werden. Aber auch lange, unerwartete oder gar zufällig generierte Ketten von Anwendungsfällen in der Applikation lassen sich hierfür nutzen. Die dabei entstehenden Testfälle können wie funktionale Testfälle automatisiert werden. »Negativtestfälle« können ebenfalls ähnlich wie bei der funktionalen Ordnungsmäßigkeit als generelle Automatisierungsszenarien modelliert werden. Beispielsweise könnte im Falle einer Webapplikation etwa durch eine generische Automatisierung bei Formularen in der Applikation überprüft werden, ob die Applikation bei einer Eingabe einer ungültigen Zeichenkette in ein als »Datum« gekennzeichnetes Feld stabil und mit einer bestimmten Fehlermeldung reagiert.

Speziell bei Nicht-GUI-Schnittstellen kann bei zuverlässigkeitskritischen Applikationen zusätzlich zum Systemtest ein ausführlicher Integrationstest auch außerhalb der Schnittstellenspezifikationen sinnvoll sein.

Fehlertoleranz auf unterschiedlichen Ebenen

Aber auch im Systemtest können ähnliche Funktionalitäten in unterschiedlichen Schnittstellen angeboten werden, die es zu überprüfen gilt. In einigen Fällen können Input-Validierungen redundant aufgebaut sein – beispielsweise in einer Applikation, die ihre Funktionalität über eine Web-GUI und als Webservice anbietet. Selbst wenn die GUI-Schnittstelle den Webservice nutzt, werden in vielen Fällen zur Performanzsteigerung auch Input-Validierungen direkt in der GUI umgesetzt. Beim Test über die GUI können also unter Umständen nicht alle notwendigen Validierungen auf dem Service durchgetestet werden.

Hier kann Automatisierung mehrere Durchführungsausprägungen haben, beispielsweise indem beim schlüsselwortgetriebenen Testen zwei Schlüsselwortmengen implementiert werden: eine, die den Webservice nutzt, und eine, die über die Weboberfläche auf die zu testende Applikation zugreift. Ein und derselbe Testfall kann dann durch Wechsel der Schlüsselwortmenge auf beide Schnittstellen angewandt werden.

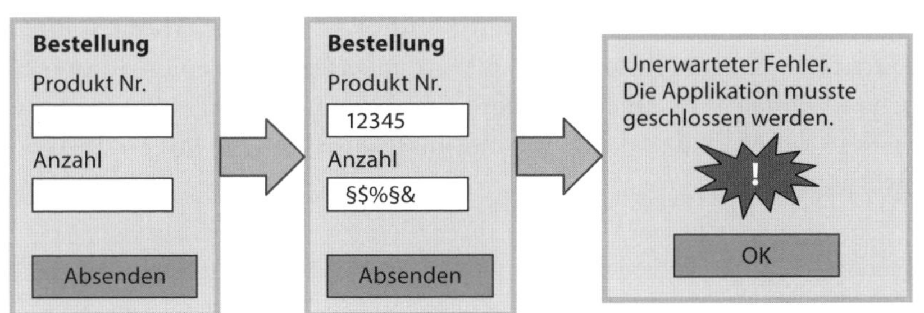

Abb. A–5 *Absturz einer Applikation bei unerwarteter Eingabe*

Aber auch die künstliche Erzeugung von Fehlerwirkungen innerhalb des zu testenden Systems kann automatisiert und damit zur Überprüfung der Fehlertoleranz eines Systems genutzt werden.

Ähnlich wie beim Debugging können in der Laufzeitumgebung Daten oder Referenzen manipuliert oder gelöscht oder andere Fehlerzustände absichtlich hervorgerufen werden, um die Reaktion der Applikation zu überprüfen. Auch auf Systemebene kann Ähnliches durch Methoden aus dem Bereich Service- oder Hardware-Virtualisierung gezielt oder zufällig (Chaos Monkey) bewirkt werden. Somit lässt sich einfach erkennen, wie ein System bei Ausfall bestimmter Systemkomponenten reagiert und weiterhin funktionsfähig bleibt.

In diesen Fällen ist oft eine Mischung aus automatisierter Fehlererzeugung mit manuell überprüfter Systemreaktion ein effizienter Weg – also keine rein automatisierte, sondern eine toolunterstützte Testdurchführung.

Wiederherstellbarkeit (recoverability)

Wiederherstellbarkeit beschreibt den Grad, zu dem ein System oder ein Produkt im Falle einer Unterbrechung oder eines Fehlers davon betroffene Daten und den gewünschten Zustand des Systems wiederherstellen kann.

Wie bei der Fehlertoleranz kann hier Automatisierung durch die Provokation bzw. künstliche Schaffung von Fehlersituationen helfen. Aber auch hier können ansonsten manuell durchzuführende Testfälle automatisiert werden – beispielsweise durch einen Smoke-Test, gefolgt vom Auslösen eines Absturzes in der Applikation oder harter Beendung des Prozesses, einem Neustart des zu testenden Systems und einem erneuten Smoke-Test, eventuell Bezug nehmend auf Daten des ersten Testlaufs.

Konsistenz und Richtigkeit von Daten

Aber auch die Konsistenz und Richtigkeit der wiederhergestellten Daten kann automatisiert geprüft werden, etwa durch einen automatischen Vergleich mit einem vor der Provokation des Systemversagens erstellten Datenabzug oder durch automatisierte logische Integritätsüberprüfungen.

A.6 Sicherheit (security)

Sicherheit beschreibt den Grad, zu dem ein System oder Produkt Informationen und Daten nur jenen Personen oder anderen Produkten zur Verfügung stellt, die dies gemäß den ihrer Autorisierung entsprechenden Zugriffsrechten auch dürfen.

Entsprechend dem Standard wird »Sicherheit« in Vertraulichkeit, Integrität, Nachweisbarkeit, Zurechenbarkeit und Authentizität eingeteilt.

- **Vertraulichkeit (confidentiality)**
  Nur dafür autorisierte Personen dürfen Zugriff auf die entsprechenden Daten haben.
- **Integrität (integrity)**
  Es muss sichergestellt sein, dass kein unberechtigter Zugriff auf oder eine Modifikation von Computerprogrammen oder Daten erfolgen kann.
- **Nachweisbarkeit (non-repudiation)**
  Zu jeder Zeit muss ein Nachweis über erfolgte Aktionen oder Ereignisse möglich sein.
- **Zurechenbarkeit (accountability)**
  Eine Aktion oder ein Ereignis muss eindeutig jener Entität zuordenbar sein, die diese ausgelöst hat.
- **Authentizität (authenticity)**
  Beschreibt den Grad, inwieweit überprüft werden kann, ob die Identität eines Nutzers oder einer Ressource jene ist, die dieser bzw. diese zu sein behauptet.

Auch wenn die Sicherheit eines Systems vor allem vom konkreten Umfeld und der konkreten Umsetzung abhängt, so gibt es doch auch in diesem Bereich eine Reihe von immer wieder aufzufindenden Schwachstellen: Diese können klassische wiederkehrende Denkfehler sein; aber auch Schwachstellen in wiederverwertetem Code oder verwendeten Bibliotheken und Subsystemen können Sicherheitslücken darstellen. Zahlreiche freie und kommerzielle Werkzeuge sammeln diese bekannten Schwachstellen und können eine Applikation oder Umgebung mit geringem Konfigurationsaufwand auf diese hin untersuchen. Diese Art von Sicherheitstest wird im Allgemeinen als Teil von »Non-Functional Security Testing« gesehen.

Automatischer Test eines Rollenkonzepts

Aber auch für »Functional Security« kann Automatisierung deutlichen Mehrwert bringen. So kann zum Beispiel ein Rollenkonzept effizient automatisiert getestet werden, indem automatisiert eine Rollen-Funktionalitäts-Matrix abgearbeitet wird. Tabelle A–1 zeigt ein Beispiel.

Tab. A–1 *Tabellarische Darstellung des Tests eines Rollenkonzepts*

Funktionalität/Rolle	Administrator	Autor	Chefredakteur
Einloggen	X	X	X
Benutzer anlegen	X		
Neuen Artikel verfassen		X	X
Fremden Artikel editieren			X

Ist diese Matrix gegeben, muss die Testautomatisierung feststellen können, ob im Testobjekt ein Benutzer eine Aktion durchführen kann. Im komplexesten Fall erfordert dies, für jede Funktionalität zwei Abläufe zu automatisieren: einen möglichst einfachen »Positivfall« und eine Möglichkeit, den »Negativfall« festzustellen – z.B. durch eine Überprüfung über die GUI, ob eine Navigation zur entsprechenden Funktionalität nicht möglich ist. Hierbei sollte darauf geachtet werden, dass auch vorhandene alternative Möglichkeiten, diese Funktionalität zu erreichen (z.B. über eine URL, einen POST-Parameter oder über einen Webservice), ebenfalls überprüft werden.

Sind die entsprechenden Überprüfungsmechanismen im Automatisierungssystem verfügbar, kann nun über die Matrix iteriert werden und die Umsetzung von Rollen-Funktions-Kombinationen vollständig überprüft werden. Dies wäre bei komplexen Rollenkonzepten manuell aufwendig und für den durchführenden Tester eine sehr ermüdende Aufgabe – speziell im Falle von immer wiederkehrenden Regressionstests. Eine ausführliche Überprüfung ist aber gerade in Business-Sicherheitstests notwendig und in vielen Fällen auch durch einzuhaltende Standards, Policies oder Vorschriften gefordert.

A.7 Wartbarkeit (maintainability)

Wartbarkeit und die entsprechenden Submerkmale sind ein Maß dafür, wie effizient und effektiv ein Produkt oder System geändert oder erweitert werden kann und inwiefern dabei das Risiko von neuen Fehlern und eine Verringerung der Produktqualität vermieden wird.

Modularität (modularity), Wiederverwendbarkeit (reusability), Analysierbarkeit (analysability) und Modifizierbarkeit (modifiability)

Da es sich bei diesen Kriterien teilweise um innere Qualitätsmerkmale handelt, also Merkmale, die beim Betrachten und Bearbeiten des Sourcecodes des Testobjekts selbst Wirkung zeigen, können hier statische Analysewerkzeuge auf Schwachstellen aufmerksam machen.

Verbesserung durch Automatisierung

Eine hohe und hochwertige Überdeckung des Testobjekts durch automatisierte Tests kann stark zur Verbesserung dieser Kriterien beitragen: Der Einsatz von Unit Tests stellt im Allgemeinen gewisse Anforderungen an die Struktur des Testobjekts und führt damit zu einer gemeinhin besseren Analysier- und Modifizierbarkeit und potenziell auch zu besserer Stabilität.

Modifizierbarkeit und Stabilität des Codes profitieren stark von der Möglichkeit, Auswirkungen von Änderungen rasch durch automatisierte Tests zu überprüfen. Aber auch die Analysierbarkeit kann bei stabiler Automatisierung mit ausführlicher Protokollierung von Testautomatisierung profitieren.

Testbarkeit (testability)

Testbarkeit ist ein Maß für die Effizienz und Effektivität, mit der Testkriterien für ein Produkt, System oder eine Komponente erstellt und Tests zur Überprüfung der Kriterien durchgeführt werden können.

Die Verringerung dieses Aufwands oder, anders betrachtet, die Steigerung der Effizienz von Tests ist oberstes Ziel der Automatisierung. Die Testbarkeit eines Testobjekts kann von vielen Faktoren abhängen, darunter einigen technischen, wie z.B. verwendeten Technologien oder Schnittstellen und deren Ausprägung (z.B. eindeutige Objekterkennungsmerkmale auf jedem GUI-Objekt). Aber auch fachliche Kriterien, wie z.B. die Komplexität der Arbeitsabläufe, haben Einfluss darauf.

Oft ist eine Erstellung von Testautomatisierung in einer späten Phase der Entwicklung des zu testenden Systems aufwendig, da während der Zeit davor kein Wert auf Testbarkeit gelegt wurde oder nur auf manuelle Testbarkeit. Daher ist es sinnvoll, sich bereits vor oder in der Phase des technischen Designs von Funktionalitäten Gedanken über den Testansatz und dafür notwendige Einstiegspunkte zu machen.

A.8 Übertragbarkeit (portability)

Übertragbarkeit ist ein Maß für die Effizienz und Effektivität, mit der ein System, ein Produkt oder eine Komponente von einer Software- oder Hardwareumgebung sowie anderen Ausführungsumgebungen auf eine andere Umgebung übertragen werden kann.

Wie weit »Übertragbarkeit« und deren Subkriterien Anpassbarkeit und Installierbarkeit durch die Automatisierung bewertet werden kann, hängt stark von den konkreten Rahmenbedingungen ab. Sind die Automatisierungswerkzeuge selbst ebenfalls übertragbar, bietet die Automatisierung jedoch die Chance, die Funktionstüchtigkeit von Applikationen auf unterschiedlichen Umgebungen umfassend und effizient zu überprüfen.

Anpassbarkeit (adaptability)

Anpassbarkeit ist ein Maß für die Effizienz und Effektivität, mit der ein Produkt oder ein System an verschiedene oder sich verändernde Software- oder Hardwareumgebungen sowie andere Ausführungsumgebungen angepasst werden kann.

Automatisierung kann zur Überprüfung dieses Kriteriums herangezogen werden, indem Tests automatisiert und dann zur Überprüfung einer erfolgten Anpassung benutzt werden. Voraussetzung hierfür ist allerdings die Lauffähigkeit bzw. Anpassbarkeit der Automatisierung selbst.

Des Weiteren können statische Analysewerkzeuge dazu genutzt werden, Software auf system- und umgebungsspezifische Abhängigkeiten hin zu untersuchen, um ein Indiz für das Ausmaß der notwendigen Anpassungen bei der Portierung auf eine neue Umgebung zu erhalten.

Installierbarkeit (installability)

> Installierbarkeit ist ein Maß für die Effektivität und Effizienz, mit der ein Produkt oder System in einer spezifizierten Umgebung erfolgreich installiert und/oder deinstalliert werden kann.

Der Aufwand hierfür kann stark dynamisch und reaktiv zu Änderungen im zu testenden System sein – beispielsweise durch die Notwendigkeit der Änderung von Konfigurationsparametern oder der Durchführung von Datenbankskripten für Anpassungen des Datenmodells. Aus diesem Grund wird Automatisierung im Allgemeinen eher zur Überprüfung des Erfolgs einer Installation als zur Überprüfung der Effizienz des Installationsprozesses herangezogen.

Automatisierung kann aber die Erhöhung der Installierbarkeit erleichtern, indem sie bei Änderungen zur Verbesserung des Installationsprozesses die Sicherheit bietet, rasch Feedback über eventuell auftretende negative Konsequenzen dieser Änderung zu erhalten.

Diese Überprüfungen können im Ausmaß entsprechend der Kritikalität der Änderungen und deren möglichen Auswirkungen variieren: Von kompakten Smoke-Tests bis hin zu vollständigen Regressionstests auf mehreren Plattformen kann das Spektrum der notwendigen Tests reichen.

Austauschbarkeit (replaceability)

> Austauschbarkeit ist ein Maß dafür, inwieweit und mit welchem Aufwand ein Produkt ein anderes spezifiziertes Produkt zum selben Zweck und in der gleichen Umgebung ersetzen kann.

Zur Überprüfung der Austauschbarkeit kann Automatisierung in mehreren Szenarien unterstützen:

- Die neue Software soll im Verhalten nach außen identisch mit der alten Software sein und es existieren für die alte Software Systemtestfälle. In diesem Fall können automatisierte Systemtests der alten Software auf die neue Software angewandt und somit für den Test der Austauschbarkeit herangezogen werden.
- Alt- und Neusystem erzeugen vergleichbare Ergebniswerte. In diesem Fall kann ein Parallelbetrieb mit automatischer Überprüfung der Gleichheit der Ergebniswerte beider Systeme verwendet werden, um die Austauschbarkeit zu überprüfen

B Last- und Performanztest

Der Last- und Performanztest ist dem Qualitätsmerkmal »Performanz« (performance efficiency) zuzuordnen und beschäftigt sich im Wesentlichen mit dem Zeitverhalten bzw. der Schnelligkeit, dem Verbrauchsverhalten, also der Verwendung und Verbrauch von Ressourcen, und der Kapazität des SUT, d.h. der Überprüfung definierter Leistungsgrenzen [Bath & McKay 15].

Der Fokus dieses Kapitels liegt auf dem Test von Serverapplikationen. Zunächst folgen hier noch ein paar Anmerkungen zum Performanztest anderer Arten von Applikationen:

Beim Test von Stand-alone-Applikationen (z.B. Single-User-Spiel) kann eine klassische Testautomatisierung mit zusätzlichem Monitoring, Profiling oder Logging verwendet werden. Es kann auch oft schon genügen, einen manuellen Test mit gezielter Beobachtung der Reaktionszeiten durchzuführen. Eine Messung der Reaktionszeiten kann auch aus Logfile-Einträgen extrahiert werden.

Beim Test eines Data Warehouse wird der Durchsatz beim Abarbeiten eines Batch-Jobs gemessen. Die Fragestellung lautet im Wesentlichen, wie lange das Abarbeiten einer bestimmten Aufgabe dauert.

B.1 Arten von Last- und Performanztests

Da es immer wieder zu Missverständnissen bei der Übersetzung der englischen Begriffe in deutsche Begriffe kommt, sind teilweise die englischen Bezeichnungen in Klammer hinzugefügt.

Referenztest (engl. baseline testing)

Testziel: Eine Referenzmessung, die als Basis für Vergleiche mit nachfolgenden Tests verwendet wird. Beispiele für Referenztests:

- Die Responsezeit pro Testszenario mit jeweils einem virtuellen Benutzer.
- Messung der Grundlast des Systems, ohne dass die zu testende Anwendung gestartet ist.

Performanztest (engl. performance testing)

Testziel: Überprüfung, ob Performanzziele unter realistischen, realitätsnahen Bedingungen erreicht werden.

Lasttest (engl. load testing)

Testziel: Das Verhalten des SUT (system under test) über einen längeren Zeitraum ermitteln. Es wird gemessen, wie hoch der Ressourcenverbrauch insbesondere bei steigernder Last ist. Zum Beispiel die CPU-Zeit, der Speicherverbrauch (Aufdeckung von Speicherlecks), Ein-/Ausgabeoperationen (wie LAN- oder Dateizugriffe), korrektes Sessionmanagement. Dient auch zur Feststellung der Belastungsgrenzen des Systems bzw. zur Überprüfung der Funktionstüchtigkeit innerhalb spezifizierter Anforderungen hinsichtlich Last, Volumen und Performanz .

Stresstest (engl. stress testing)

Testziel: Überprüfung des Systems an den spezifizierten bzw. ermittelten Belastungsgrenzen und darüber hinaus. Ein Beispiel sind Bounce-Tests, in denen sich Spitzenlast und Zeiten mit geringer Last abwechseln. Es wird ermittelt, ob die reservierten Ressourcen auch wieder korrekt freigegeben werden [Bath & McKay 15]. Plötzliche Spitzenlasten werden auch beobachtet, wenn Webserver sich wieder von einem Ausfall erholen. Die Ressourcen werden erst nach und nach vom Betriebssystem wieder freigegeben, es werden dabei unter anderem die Systemwarteschlangen abgearbeitet [Tanenbaum 03, Bath & McKay 15].

Volumentest (engl. volume testing)

Testziel: Überprüfung des Systems bei Manipulation und Verarbeitung großer Datenmengen. Typische Problembereiche sind hier u.a. Caching, Performanz der Datenbanken, Kapazität des Netzwerks.

Konfigurationstest (engl. configuration testing)

Testziel: Den Einfluss von Konfigurationsänderungen an der Infrastruktur oder der Applikation auf die Performanz testen. Dies kann mit einer Kombination der obigen Testarten durchgeführt werden.

→

Isolationstest (engl. isolation testing)

Testziel: Ein bereits identifiziertes Problem genauer untersuchen. Test isolierter Systemkomponenten. Es wird ein bestimmtes Testszenario oder auch eine bestimmte Transaktion isoliert getestet.

B.2 Tätigkeiten im Last- und Performanztest

Am Anfang werden die Testziele erarbeitet, die aus den spezifizierten nicht funktionalen Anforderungen abgeleitet werden. Fehlen diese, so sind sie gemeinsam mit dem Auftraggeber festzulegen. Durch Analyse der geplanten Nutzung des zu testenden Systems werden die wichtigsten Geschäftsfälle identifiziert und daraus Szenarien bzw. Transaktionen abgeleitet. Anhand derer werden die Last- und Performanztest-Szenarien sowie die benötigten Testdaten erstellt. Danach kann der Tester mit der Testdurchführung beginnen. Anschließend werden die Testergebnisse analysiert und dokumentiert.

B.3 Definieren der Performanzziele

Die Vereinbarung konkreter Ziele ist gerade für den Performanztest von großer Bedeutung. Andernfalls führt dies zu einem Trial & Error-Vorgehen und zu unterschiedlichsten Auslegungen oder Interpretationen des Systemverhaltens.

- **Qualitative Zielsetzung**
  Die Betrachtung von qualitativen Zielen unterstützt die Festlegung sinnvoller quantitativer Zielgrößen. Ziele wie »eine für den Anwender zufriedenstellende Reaktionszeit« oder »die Performanz muss besser sein als im vorhergehenden Release« oder »die Antwortzeit an der Schnittstelle X muss den aktuellen Vorgaben laut Y entsprechen oder diese übertreffen« dienen der Identifikation von Erwartungshaltungen. Es ist aber offensichtlich, dass diese für die Planung und Durchführung des Performanztests noch konkretisiert werden müssen.
- **Quantifizierung der Ziele**
  Zu den qualitativen Zielen sind die konkreten Mess- und Zielgrößen zu definieren. Gegen diese Zielgrößen liefert der Performanztest Ergebnisse und das System muss nötigenfalls dahingehend optimiert werden. Da der Aufwand für Optimierungsmaßnahmen unter Umständen sehr hoch sein kann, sollten die Performanzziele mit Bedacht gesetzt werden. So ist etwa die Zufriedenheit des Anwenders nicht

nur bei einer generellen Antwortzeit von 1,5 Sekunden gegeben, sondern auch dann, wenn das Weiterblättern auf die nächste Erfassungsmaske 0,5 Sekunden, die komplexe Suche aber auch einmal 5 Sekunden dauern kann.

- **Skalierung**
  Die quantifizierten Ziele sind insbesondere auch in Bezug auf die Anzahl der zu erwartenden (gleichzeitigen) Nutzer bzw. Zugriffe zu formulieren. Auch hier gilt es, realistische Größen, aber auch das erwartete Verhalten in Extremsituationen zu definieren.
- **Kapazität**
  Gleiches gilt für die Auslegung des Systems hinsichtlich der zu verarbeitenden Daten und Mengen – abgeleitet auch aus anderen Interaktionen als jenen durch Benutzer (wie Applikationsschnittstellen, Datenbanken etc.) sowie sonstigen Rahmenbedingungen bzw. Vorgaben (wie z.B. Netzwerk, Hardware und Softwarekonfigurationen) [URL:PerfTestPlus].

Bei der Formulierung von Performanzvorgaben kann zwischen harten und weichen unterschieden werden:

- **Harte Performanzvorgaben**
  Anforderungen, die z.B. durch Verträge, SLAs oder geschäftskritische Anforderungen fest vorgegeben sind und deren Nichteinhaltung ein Release verschieben würde (z.B. ein täglicher Batch-Job darf nicht länger als 4 Stunden dauern, das Berechnen einer geänderten Flugroute darf nicht länger als 30 Sekunden dauern).
- **Weiche Performanzvorgaben**
  Die Einhaltung dieser Kategorie von Vorgaben ist zwar erwünscht, aber falls das System die Vorgabe nicht erfüllt, führt das nicht automatisch zu einer Verschiebung einer Auslieferung. Ein Beispiel wäre, wenn eine Suchanfrage 2,3 Sekunden statt der gewünschten 2 Sekunden dauert.

Aus obiger Darstellung wird deutlich, dass die Formulierung von Performanzzielen sehr konkret und präzise unter Einbeziehung von klaren Vorgaben und (technischen) Rahmenbedingungen zu erfolgen hat: »Die Anwendung (Funktion/Transaktion/Schnittstelle/...) X soll unter den Randbedingungen (Nutzerzahl/verwendete Hardware- bzw. Softwarekomponenten/verfügbare Bandbreiten/...) Y das Ergebnis (Antwortzeit/Mengenverarbeitung/...) Z in wenigstens N% aller Fälle schaffen.«

Weitere Zielsetzungen für den Performanztest ergeben sich zum Beispiel aus dem Einsatz zur Überprüfung und der laufenden Optimierung von Softwarearchitekturen – auch ohne Vorgabe konkreter Anforderungen – oder zur empirischen Ermittlung eventueller Systemgrenzen.

B.4 Identifizieren der Transaktionen bzw. Szenarien

Die Testszenarien des Last- und Performanztests sollen die Realität abbilden. Dabei ist es wichtig, dass das System realistisch belastet wird. Die Richtigkeit der Geschäftsfälle wird im funktionalen Test überprüft.

Es werden repräsentative Geschäftsfälle ausgewählt. Zusätzlich sollte darauf geachtet werden, dass diese Geschäftsfälle möglichst viele zu testende Bereiche des Systems abdecken. Hierzu zählen Webserver, Webservice-Schnittstellen, Datenbankserver etc.

Das Testszenario ist notwendig, um die Performanzziele zu überprüfen, und sollte aus businesskritischen Use Cases bestehen.

B.5 Erstellen der Testdaten

Die Erstellung der Testdaten ist aus zwei Gründen vor der Erstellung der Testszenarien angesiedelt.

Erstens kann damit schon begonnen werden, bevor die Software fertig entwickelt ist (Testszenarien in der Regel nicht). Zweitens ist das Generieren der Daten meist eine sehr komplexe Tätigkeit, die auch organisatorisch sehr viel Zeit in Anspruch nimmt.

Der Last- und Performanztest benötigt in der Regel eine größere Testdatenbasis als der funktionale Test. Alleine die Anzahl der verwendeten virtuellen Benutzer braucht eine gewisse Vorbereitungszeit, da diese erstellt werden müssen. Jeder virtuelle Benutzer wird während des Tests Daten erstellen, ändern oder löschen. Bei dem Last- und Performanztest eines Webshops müssen Produkte vorhanden sein und diese Produkte müssen auch bestellbar sein. Dabei ist zum Beispiel auch zu beachten, dass eine »leere« Datenbank naturgemäß geringere Zugriffszeiten besitzt als eine Datenbank, die sehr viele Einträge enthält.

Werden die Testdaten während des Tests manipuliert, muss ein Verfahren existieren, mit dem die Testdaten vor dem nächsten Durchlauf wieder zurückgesetzt werden können. Jeder Testlauf benötigt dabei wieder neue eindeutige Testdaten. Der tatsächliche Verbrauch von eindeutigen Testdaten wird dabei oftmals unterschätzt.

Anmerkungen zu Testdaten

Die geeignetsten Daten sind solche, die von einer produktiven Umgebung extrahiert werden. Diese kommen der Realität wohl am nächsten. Falls keine Produktivdaten vorhanden sind, kann auch auf Daten von Betatests oder Daten von Benutzerakzeptanztests zurückgegriffen werden. Bei diesen Verfahren sind jedenfalls auch eventuelle Vorgaben zur Datenanonymisierung zu beachten.

Bei der Verwendung von rein synthetischen Testdaten weicht die Verteilung der Datenkonstellationen meist von den realen Gegebenheiten ab, was wiederum zu verfälschten Testergebnissen führen kann.

B.6 Erstellung von Testszenarien

Die Erstellung von Testszenarien erfolgt ähnlich wie auch in anderen Bereichen der Testautomatisierung. In der Regel wird ein Szenario aufgezeichnet und dieses in der Folge überarbeitet, indem beispielsweise realistische Think Times[1] eingefügt werden. Oft können funktionale Testskripte als Grundlage für Lasttestskripte herangezogen bzw. wiederverwendet werden.

Beim Überarbeiten werden neben dem Bereinigen der Testschritte drei verschiedene Arten von Parametern angepasst:

- **Dynamische Benutzerparameter**
  Dies sind Werte, die ein Benutzer eingibt. Die Benutzung von dynamischen Daten ergibt ein realistischeres Szenario. Diese Daten können beispielsweise über CSV-Files eingelesen werden (Beispiele: Benutzernamen, Sucheingaben).
- **Dynamische technische Parameter**
  Diese werden vom Server generiert und oft vom Client in nachfolgenden Requests verwendet. Diese Werte ändern sich bei jedem Aufruf und müssen für einen korrekten Durchlauf des Szenarios behandelt werden. Die Werte werden aus einer Server-Response extrahiert und die extrahierten Werte in nachfolgenden Requests an entsprechender Stelle wieder eingefügt (Beispiel: dynamische Session-IDs).
- **Statische Parameter**
  Werte, die für einen Testdurchlauf konstant bleiben, unabhängig davon, welcher Benutzer eingeloggt ist oder wie oft das Szenario abgespielt wird (Beispiel: Serveradressen).

1. Think Time ist die Zeit, die der durchschnittliche Benutzer zwischen der Anzeige einer Seite und der nächsten Interaktion benötigt, wie z. B. für den Klick auf einen Link. Für ein realistisches Szenario sind »Think Times« unbedingt notwendig.

Um zu überprüfen, ob das Testszenario auch tatsächlich fehlerfrei während der Testdurchführung durchläuft, ist es gute Praxis, an strategischen Punkten eine Validierung einzufügen. Ein Beispiel hierfür wäre zu validieren, ob der Text »Abmelden« nach dem Einloggen im Inhalt der Serverantwort gefunden wird.

Um Performanzziele zu überprüfen, werden Zeitmessungen hinzugefügt, die die Dauer bestimmter Transaktionen messen (z.B. die Zeit zwischen dem Absenden einer Suchanfrage und dem Empfang der Ergebnisseite).

In der Regel wird die Zahl der Szenarien selten 10 bis maximal 15 überschreiten. Damit ist die Organisation dieser Szenarien nicht besonders kritisch und wird daher an dieser Stelle auch nicht weiter behandelt.

Ein Testszenario wird zuerst für einen User erstellt und getestet. Dann wird das Testszenario für die Benutzung von mehreren verschiedenen virtuellen Usern (VUs) erweitert und mit diesen getestet. Abschließend wird überprüft, ob das Testszenario auch von verschiedenen lastgenerierenden Rechnern (Load Agents) gleichzeitig ausgeführt werden kann.

B.7 Durchführung der Tests

Die Durchführung der Last- und Performanztests erfolgt in sogenannten Testruns. Ein Testrun besteht aus ein oder mehreren Testszenarien, die jeweils mit einer bestimmten Anzahl an VUs durchgeführt werden. Zur Verdeutlichung hier ein Beispiel:

Testrun1 besteht aus zwei Testszenarien:

- Testszenario »Normale Wette« wird konstant mit 100 VUs durchgeführt.
- Testszenario »Livewette« beginnt mit 50 VUs und alle 3 Minuten kommen 50 VUs hinzu, bis ein Maximum von 500 VUs erreicht ist.

Ein Testszenario besteht aus ein oder mehreren Transaktionen. Eine Transaktion ist eine abgeschlossene Folge von Tätigkeiten. Beispiele sind: Login auf eine Seite, Produkt suchen, Produkt zum Warenkorb hinzufügen, Produkt kaufen oder Logout.

Transaktionen gliedern sich am Beispiel einer Webseite wieder auf in einzelne Webseiten, die wiederum aus einzelnen Requests bestehen.

Ein Last- und Performanztest umfasst typischerweise zumindest folgende Testruns:

- **Referenztest für jedes Testszenario**
  Dieser wird isoliert durchgeführt, ohne jede andere Last auf den Servern, um die bestmögliche Performanz pro Testszenario für einen einzelnen User zu ermitteln.
- **Performanztest für jedes Testszenario**
  Die Szenarien werden nun mit mehreren gleichzeitig konkurrierenden Usern getestet. Hier werden Probleme durch Gleichzeitigkeit und Menge innerhalb eines Testszenarios erkannt.
- **Performanztest von Gruppen von Testszenarien**
  Hier werden die Probleme mit Infrastruktur, Kapazitäten oder mögliche Konflikte zwischen Transaktionen erkannt, wie z.B. Deadlocks beim Datenbankzugriff. Hier sollen auch die zusätzlichen Lasten und Services, die auf den Servern laufen, mit gestartet werden.
- **Lasttest der Gruppen an Testszenarien**
  Die Tests werden über einen längeren Zeitraum durchgeführt und der Ressourcenverbrauch überprüft.
- **Stresstest mit Gruppen an Testszenarien**
  Die Think Time wird z.B. auf 0 reduziert und mehr Transaktionen pro Zeiteinheit durchgeführt. Hier wird die maximale Belastbarkeit des SUT getestet und untersucht, wie die Applikation bei Überlast reagiert. Es wird auch überprüft, ob und wie die Applikation sich wieder erholt, nachdem die Last anschließend auf ein normales Niveau gebracht wird.
- **Zusätzliche Nicht-Performanztests**
  Hier werden zusätzliche Tests durchgeführt, die nicht direkt Performanztests sind, aber doch unter Last getestet werden sollen, wie z.B. Systemverhalten bei Ausfall von Systemkomponenten oder funktionale Tests.

Falls Probleme in irgendeinem der Tests gefunden werden, wird ein Isolationstest zur Identifizierung und weiteren Analyse des Problems durchgeführt.

B.8 Monitoring

Unter dem Monitoring wird das Überwachen und Sammeln einer Vielzahl von Daten der Software und der Infrastruktur verstanden. Zur Infrastruktur gehört auch die Testinfrastruktur, wie z.B. die Lastgeneratoren, die nicht überlastet werden sollten. Es ist auch darauf zu achten, ob Daten in Echtzeit (Real-Time) zur Verfügung stehen oder erst nach Ende eines Testlaufs gesammelt und ausgewertet werden können. Das Monitoring liefert die Daten für die Analyse der Testergebnisse.

Internes Monitoring

Das interne Monitoring liefert Daten, die ein Last- und Performanzwerkzeug direkt messen kann, wie zum Beispiel das Antwortzeitverhalten (sek.) in Abhängigkeit von der Last oder die Anzahl der VUs, die Anzahl der Fehler, die Anzahl der Hits/s oder der Datendurchsatz (MBytes/s) sowie der Zustand der Lastgeneratoren.

Externes Monitoring

Damit werden Daten gesammelt, die von der Testinfrastruktur stammen, wie zum Beispiel vom Betriebssystem, der Datenbank, dem Applikationsserver oder Netzwerk. Typische Daten sind CPU-Last, Speicherverbrauch, Anzahl an Threads, Anzahl an Sessions, IO-Zugriffe, Cache-Size oder Buffer-Size.

B.9 Typische Komponenten von Last- und Performanzwerkzeugen

Stark vereinfacht formuliert besteht die Hauptaufgabe eines Last- und Performanzwerkzeugs darin, Requests zu erzeugen und die Antwort abzuwarten. Dabei wird die Dauer zwischen Request und Response gemessen. Diese Grundfunktionalität besitzt im Prinzip jedes Werkzeug. Die Werkzeuge können Requests in einer definierten Reihenfolge versenden, dabei besteht auch die Möglichkeit, die Requests zu parametrisieren.

Mithilfe eines Aufzeichnungsmoduls werden Testszenarien aufgezeichnet (Capture- bzw. Recording-Möglichkeit). Diese Szenarien können auch editiert werden. Je nach Werkzeug geschieht dies über eine grafische Oberfläche bzw. über eine Skript- oder Programmiersprache (wie C). Im Aufzeichnungsmodul können die aufgezeichneten bzw. erstellten Requests durch Messpunkte, logische Punkte (If Then und Schleifen) oder durch das Extrahieren von Daten (wie User-Id) erweitert werden.

Ein weiteres Modul dient der Parametrisierung und Konfiguration der Tests. Dabei werden die Anzahl der virtuellen Benutzer, die Wiederholungen und die Verteilung der Tests auf die einzelnen Lastgeneratoren eingestellt. In einigen Werkzeugen können zusätzlich WAN-Emulatoren verwendet werden. Mit diesen werden z.B. Latenz, Durchsatz und Qualität der Leitung festgelegt.

Während der Testdurchführung ermitteln Monitore den Zustand des Systems, teilweise in Echtzeit. Typische Werte, die dabei überwacht werden, sind die Speicherauslastung, CPU-Zeit, Input/Output-Zugriffe bzw. Dauer von Datenbankzugriffen.

Herzstück der Testdurchführung sind die Lastgeneratoren. Diese können lokal installiert sein oder auch auf externen Systemen laufen. Üblicherweise werden die Lastgeneratoren auf mehrere Rechner verteilt. Bei Tests mit vielen virtuellen Benutzern (VUs) oder wenn die VUs auch geografisch verteilt sein müssen, bieten sich hier auch Cloud-Services an.

Nach dem Testende wird der Test im Analysemodul analysiert. Es werden Reports erstellt, in denen Daten korreliert werden (z.B. Anzahl der VUs versus CPU-Last des Applikationsservers). Im Report werden eventuelle Probleme aufgezeigt, wie z.B. die Überschreitung von festgelegten Grenzwerten der Antwortzeiten oder die Speicherauslastung.

Nicht alle Last- und Performanzwerkzeuge beinhalten alle hier aufgelisteten Module. Vor allem die kostenfreien Werkzeuge haben meist kein integriertes externes Monitoring, keine WAN-Emulation und nur eingeschränkte Analysemodule.

B.10 Checklisten

Wie bei jedem Testvorhaben ist es auch beim Last- und Performanztest wichtig, alle Artefakte und Informationen rechtzeitig zur Verfügung zu haben. Speziell bei dieser Form der Testautomatisierung gibt es spezielle Voraussetzungen, die erfolgskritisch sind. Einige davon sind in den nun folgenden Checklisten zusammengefasst.

Testumgebung

- Laufen auch andere Programme oder Dienste auf den Servern (E-Mail, Logfile-Rotation, Backup-Jobs, automatische Updates)? Muss auch für diese Dienste Last generiert werden, um eine realistische Aussage machen zu können? Auf jeden Fall lohnt sich ein Blick in die Batch/Cron-Jobs auf den Servern.

- Die Last- und Performanztests sollen sicherstellen, dass das Gesamtsystem letztlich in der Produktionsumgebung zufriedenstellend funktioniert. Gleichzeitig ist es aber oft nicht möglich bzw. sinnvoll machbar, diese systembelastenden Tests auf der Zielplattform durchzuführen. Eine Ausnahme ist vielleicht bei der Bereitstellung eines neuen Gesamtsystems, bestehend aus Hard- und Software sowie Netzwerkkomponenten, gegeben. Daher besteht die Herausforderung darin, entweder eine möglichst produktionsnahe Testumgebung zu schaffen bzw. die Relationen zwischen Ziel- und Testumgebung in die Interpretation der Ergebnisse einzubeziehen. Darüber hinaus bieten professionelle Werkzeuge die Möglichkeit, wesentliche Einflussgrößen, wie z.B. Netzwerkbandbreiten, zu simulieren. Der Einsatz von Service-Virtualisierung, insbesondere zur Simulation von externen Systemkomponenten, ist ebenfalls ein wichtiger Bestandteil des Testumgebungsmanagements.

Testdaten

- Input-Daten:
  - **User-Daten**
    Immer mit den gleichen Usern einloggen, kann das Ergebnis verfälschen. Bereitstellung von genügend User-IDs.
  - **Suchkriterien**
    Immer das gleiche Suchergebnis kann das Ergebnis verfälschen (Caching am Server).
  - **Dokumente**
    Immer das gleiche Dokument anfordern, kann das Ergebnis verfälschen (Caching am Server).
- Applikationsdaten:
  - **Datenbank**
    Wenn die Größe der Testdatenbank und der relevanten Tabellen nicht gleich ist wie die der Produktivdatenbank, stimmen die Zugriffszeiten nicht.
- Rollback:
  - Um die Tests vergleichbar zu machen, sollte jeder Test mit den gleichen Daten durchgeführt werden.
- Externe Daten (z.B. Kreditkarten abfragen)
- Datenanonymisierung bei Verwendung von Produktivdaten

Konfiguration bei der Testdurchführung

- Wird HTTP Caching von Webaufrufen realistisch verwendet (nicht nur am Client, sondern auch im Netz – Schlagwort Content Delivery Network)?
- Wird HTTP Compression realistisch verwendet?
- Werden evtl. vorhandenen Load Balancer im Lasttest korrekt verwendet (z. B. verschiedene IP-Ranges)?

C Kriterienkatalog zur Testwerkzeugauswahl

Kriterium	Frage	Erläuterung
Allgemeine Kriterien		
Werkzeugtyp		
Testprozesse	Entspricht das Werkzeug der Struktur der Testprozesse im Einsatzumfeld? Unterstützt das Werkzeug eine Phase des Testprozesses, in der es Mängel gibt?	Reine Testfallspezifikationstools können keine Testfallauswertung unterstützen.
Testmethodik	Unterstützt das Werkzeug Testmethoden, die schon im Einsatz sind?	Unterstützt das Werkzeug z.B. die Äquivalenzklassenmethode?
Testressourcen	Kann das Werkzeug vom derzeitigen Personal ohne größere Probleme eingesetzt werden oder sind massive Schulungen notwendig?	Für ein Werkzeug wären Programmierkenntnisse notwendig, diese sind aber im derzeitigen Testteam nicht vorhanden.
Overhead	Wie hoch ist der Zusatzaufwand durch den Einsatz des Tools? Wie sieht der Business Case aus?	Eine komplexe Testfallverwaltung für einen Testfallkatalog aus zehn Testfällen zu verwenden, erzeugt wohl mehr Aufwand, als damit eingespart wird. (Bisher: 5 Tage Test, jetzt: nur mehr 4 Tage Test, dafür 7 Tage Verwaltungsaufwand)
Integration in vorhandene Systemlandschaft	Wie kann sich die neue Komponente ins bestehende System integrieren? Datenaustausch?	Proprietäre Formate machen z.B. standardisierte Auswertungen schwer.
Evaluierungshilfen		
Demo- bzw. Evaluierungsversionen	Gibt es Evaluierungs- bzw. Demoversionen des Tools?	Die meisten Toolhersteller bieten kostenfreien Zugang zu zeitlich begrenzten Evaluierungsversionen ihrer Tools.
Tool-demonstration	Gibt es eine Toolpräsentation seitens des Herstellers?	Eventuell Live- oder Onlinepräsentation
Dokumentation während der Evaluierung	Wie viel der Online- und Gesamtdokumentation ist während der Evaluierung verfügbar?	Üblicherweise sind alle Dokumentationen und Supportdienstleistungen verfügbar.

→

Kriterium	Frage	Erläuterung
Allgemeine Kriterien		
Evaluierungshilfen (Fortsetzung)		
Evaluierung im Einsatzumfeld	Kann die Evaluierung vor Ort und am zu testenden Objekt stattfinden?	
Infrastruktur		
Systemlandschaft	Was für Clients und Server mit welcher Umgebung sind zum Einsatz des Tools vonnöten?	Die meisten kommerziellen Tools setzen auf Windows auf – wichtig, falls Plattformunabhängigkeit gewünscht ist. Zumindest Server sollten im Allgemeinen plattformunabhängig sein.
Anschaffungen	Sind Arbeitsplätze vorhanden oder müssen Anschaffungen getätigt werden? Wenn ja, wie viele für eine Evaluierungsphase bzw. für den Echteinsatz?	
Usability		
Benutzungsoberfläche	GUI? Command-Line? Drag & Drop?	Oftmals soll der Fachbereich eingebunden werden; dafür kann eine intuitive Benutzungsoberfläche von Vorteil sein.
Wizards und Workflows	Sind die gängigsten Prozesse oder Aktionsserien in bequemen Schritt-für-Schritt-Aktivitäten vorbereitet?	Data Driving von aufgezeichneten Testskripten; finden von relevanten Plug-ins zur Testunterstützung gewisser Applikationen.
Reporting	Können die von dem Werkzeug generierten Dokumente direkt verwertet werden? Können Reports auch über definierte Teilaspekte generiert werden?	Testlogs von Automatisierungswerkzeugen sind oft schwer lesbar bzw. mit nicht direkt relevanter Information überladen. Der Umfang und Detailgrad der Protokolle sollen dem Bedarf entsprechen.
Customizing	Kann das Werkzeug den Ansprüchen gemäß konfiguriert werden? Expertenmodus?	Schriftgröße, Farbcodes usw.
Antwortzeitverhalten	Hat das Werkzeug Antwortzeiten, die im guten oder erträglichen Bereich liegen?	Fehler- und Taskverwaltungssysteme mit vielen Usern haben oft hohe, von Benutzern als störend empfundene Reaktionszeiten.
Multiuser-Fähigkeit	Können die Daten zentral gespeichert und von mehreren Usern bearbeitet werden?	In größeren Projekten ist es oft notwendig, dass mehrere User gleichzeitig auf einen Datenstamm zugreifen und ihn bearbeiten.
Sprache des Tools	Ist das Werkzeug in einer der Nutzergruppe angemessenen Sprache verfügbar?	Deutsch, Englisch, weitere Sprachen

→

Kriterium	Frage	Erläuterung
Allgemeine Kriterien		
Skalierbarkeit/Stabilität		
Verlässlichkeit	Wie hoch ist das Risiko eines Ausfalls im realen Einsatz?	Ein System, das nicht verwendet werden kann, ist nicht brauchbar.
Belastbarkeit	Wie viele User können technisch am System arbeiten?	Multiuser-Tools haben oft eine praktisch begrenzte Anzahl an gleichzeitigen Usern.
Skalierbarkeit	Sollte das System erweitert werden (neue Komponenten, mehr User), wie viel Mehraufwand ist vonnöten, um diese Erweiterung durchzuführen?	Etwa Migration auf einen stärkeren Server
Dokumentation		
Aktualität	Ist die Dokumentation auf die neueste Version des Tools bezogen?	Zwischen Version 7.0 und 8.0 eines Tools kann sich viel verändert haben.
Vollständigkeit	Deckt die Dokumentation alle Aspekte des Tools ab?	Schwer zu findende Funktionen umfassen oft einen großen Teil der Funktionalität eines Tools.
Tutorials	Sind die Abläufe und Vorgehensweisen im Werkzeug durch illustrative Tutorials und Beispiele dargestellt?	Praktische Beispiele erleichtern oft den Umgang mit Tools ungemein.
Sprache der Dokumentation	Ist die Dokumentation in einer der Nutzergruppe angemessenen Sprache verfügbar?	Deutsch, Englisch, weitere Sprachen
Schulung		
Qualität der Schulung	Sind die angebotenen Schulungen vom Inhalt her so gestaltet, dass man danach mit dem Werkzeug sinnvoll arbeiten kann? Sind die Trainer entsprechend qualifiziert?	
Flexibilität des Schulungsunternehmens	Wie flexibel ist das Unternehmen, Schulungen in einer praxisnahen Umgebung abzuhalten?	Kann man davon ausgehen, dass nach einer Woche Schulung das Team fähig ist, die täglich gestellten Aufgaben selbstständig zu meistern? Oder ist nach der Schulung noch weiterer Support notwendig?
Qualität der Schulungsunterlagen	Sind die Schulungsunterlagen derart gestaltet, dass sie auch zu einem späteren Zeitpunkt als Referenz genutzt werden können?	Schulungsunterlagen bieten für viele User den direktesten Zugang zur Produktdokumentation.
Sprache der Schulung	Ist die Schulung in einer der Nutzergruppe angemessenen Sprache verfügbar?	Deutsch, Englisch, weitere Sprachen

→

Kriterium	Frage	Erläuterung
Allgemeine Kriterien		
Support/Wartung		
Qualität der Supportplattform	Gibt es Onlineformulare, Foren, Knowledge Bases? Wie lange ist die Reaktionszeit bei schweren/ leichten Problemen?	Knowledge Bases und Userforen bieten oft rasche Lösungen bei einfacheren Problemen. Bei schwereren ist dann guter Support gefragt.
Updatefrequenz und Aufwand	Wie oft kommen Updates heraus? Wie aufwendig ist es, auf eine neue Version umzusteigen?	Zu häufige Updates erzeugen Overhead oder werden ignoriert, zu seltene Updates bedeuten oft persistente Probleme.
Consultingteam/ Support/ Community	Wie viele Mitarbeiter unterstützen den Kunden? Vor Ort?	Viele größere Hersteller haben keine regionalen Niederlassungen, während lokale Hersteller ihr gesamtes Team in greifbarer Nähe haben.
Support alter Versionen	Werden alte Versionen weiterhin unterstützt?	Üblicherweise gibt es einige Jahre Support für ältere Versionen.
Sprache des Supports	Ist der Support in einer der Nutzergruppe angemessenen Sprache verfügbar?	Deutsch, Englisch, weitere Sprachen
Strategische Kriterien		
Standardsoftware	Ist das Werkzeug ein Standardwerkzeug im Unternehmen?	Eventuell gibt es Unternehmensstandards, die an bestimmte Anbieter gebunden sind.
Open-Source-Werkzeug	Ist das Werkzeug offen und frei?	In geschlossenen Systemen ist die Einarbeitung neuer Features dem Hersteller vorbehalten und damit von ihm abhängig.
Hersteller	Wie lange gibt es das Werkzeug schon am Markt? Wie erfolgreich ist der Hersteller? Ist das Anwendungsgebiet ein Schwerpunkt des Anbieters?	Beispielsweise ist zu prüfen, ob gewährleistet ist, dass der Toolhersteller den Support auch über die gesamte Anwendungsdauer durchführen kann.
Partnerschaften	Gibt es Partnerschaften mit relevanten Komponentenherstellern?	Partnerschaften deuten oft auf guten Support gewisser Fremdhersteller-komponenten hin.
Referenzen		
Erfahrung im Umfeld	Wie viele vergleichbare Projekte wurden bisher durchgeführt?	Erfahrung im Umfeld hilft bei der Effizienz der Umsetzung und im Support.
Erfolg vergleichbarer Projekte/ externe Erfahrungsberichte	Wie sehen die Erfahrungsberichte oder Erfolgsquantifizierungen in vergangenen Projekten aus?	Wie gut sind vergleichbare Projekte bisher abgelaufen? Stolpersteine?

→

Kriterium	Frage	Erläuterung
Kriterien Testautomatisierungswerkzeuge		
Kompatibilität mit Testobjekt		
Grundlegende Architektur	Wird das zugrunde liegende System, auf dem die getestete Applikation läuft, unterstützt? Geschieht dies integriert oder über ein Add-in?	.NET, HTML, Java, VB, SAP usw.
Verwendete Bibliotheken und GUI-Elemente (Standard)	Werden die grundlegenden GUI-Elemente und Interaktionsmedien unterstützt? Geschieht dies integriert oder über ein Add-in?	Listen, Buttons, Terminal-Windows
Verwendete Bibliotheken und GUI-Elemente (komplex/Third Party)	Werden die erweiterten/selbstgestrickten/komplexeren GUI-Elemente unterstützt? Geschieht dies integriert oder über ein Add-in?	Grids, Logikbausteine, Drag & Drop Interfaces
Verwendete Kombinationen von Bibliotheken und GUI-Elementen	Können die notwendigen Unterstützungsmodule gleichzeitig aktiv sein?	Oftmals schließen sich Add-ins bzw. Komponentenunterstützungsmodule gegenseitig aus.
Zeichensätze und Sprachen	Werden Applikationen mit allen notwendigen Zeichensätzen und Sprachen unterstützt?	Griechisch, Kyrillisch, Chinesisch usw.
Data Interfaces		
Datenverwaltung	Können Testdaten direkt im Automatisierungswerkzeug gehalten und verwaltet werden?	
Datenbefüllung der Tests	Können Standarddatenbankverbindungen genutzt werden?	Eventuell wird die automatische Befüllung der Testfallparameter über eine Standarddatenbank durchgeführt.
Test der Datenbank der Applikation	Wird die Datenbankschnittstelle der Applikation unterstützt?	Automatischer Test legt einen Kunden an – ist dieser auch tatsächlich danach in der Datenbank?
Zugriffsart auf die Daten	Gibt es die Möglichkeit, SQL-Statements, Cursors usw. zu verwenden?	SQL & Co. machen den effizienten und einfachen Zugriff auf Daten möglich.
Programmierung		
Sprachstil	An welche gängige Sprache ist die Programmierung angelehnt?	Normalerweise dient eine Programmiersprache als Grundlage für das Automatisierungssystem.
Lesbarkeit	Wie lesbar und editierbar sind die Skripte für Nichtprogrammierer?	Einige Tools bieten anschauliche Struktursichten, die auch ohne weitere Programmierkenntnisse Bearbeitungen ermöglichen.
Mächtigkeit der Sprache	Wie mächtig ist die Programmiersprache tatsächlich?	Klassen, Identifier, Exception Handling usw.

→

Kriterium	Frage	Erläuterung
Kriterien Testautomatisierungswerkzeuge		
Programmierung (Fortsetzung)		
Features der Entwicklungsumgebung	Was für Features bietet die IDE?	»Go to Definition«, Autocomplete usw.
Struktur der Entwicklungsumgebung und/oder Sprache	Werden Bibliotheken/wiederverwertbare Module usw. grafisch aufbereitet?	Gibt es die Möglichkeit, strukturiert zu arbeiten (abseits von Tabulatoreinschüben)?
Objektidentifikation		
Dynamische Objekterkennung	Können Objekte zur Laufzeit generiert und erkannt werden?	Oft entstehen Objekte, die erkannt werden sollen, erst aus der Datensteuerung des Skripts (z. B. neu angelegte Kunden, die eigene Buttons oder Links in Webapplikationen erhalten). Dies bezeichnet die Fähigkeit, im Code zur Laufzeit Objekte zur Erkennung zu definieren.
Statische Objekterkennung	Gibt es ein Repository, in dem statischen Objekten logische Bezeichnungen zugeordnet werden können?	Logische Namen statt langer und wartungsintensiver ID-Strings erleichtern die Übersicht. Dies bezeichnet die Möglichkeit, Objekte statisch bzw. mit Wildcards in Objektlisten zur Verwendung im Code zu definieren. Dies ist bei unveränderlichen GUI-Komponenten hilfreich, wie zum Beispiel bei Standardmenüeinträgen (Speichern, Speichern unter, Schließen usw.).
Erkennungsdimensionen und -logik	Wie funktioniert die Definition der Erkennungskriterien?	Vordefinitionen für gewisse Erkennungskriterien für Komponententypen, wie z. B., dass eine Liste an ihrem Label und ihrer Anzahl an Einträgen erkannt werden kann.
Erkennung von logischen Objekten beim Recording	Werden bereits in der statischen Map angelegte logische Objekte beim Recording als solche erkannt?	Das nachträgliche Ersetzen der logischen Objekte durch ihre statischen Gegenstücke ist oft mühsam.
Verwaltung/Integration		
Testfallverwaltung	Ist eine (brauchbare) Testfallverwaltung integriert?	Es kann oft hilfreich sein, Testfallverwaltung und Testautomatisierung in einem Werkzeug zu haben, speziell für das Mapping von fachlichen Testfällen zu Skripten und Daten sowie zur Verwaltung von Abhängigkeiten.
Integration mit vorhandenen externen Testfallverwaltungen	Wie gut läuft hier das Mapping der Testfälle zu Skripten ab? Wie werden die Ergebnisse integriert?	Hier geht es beispielsweise um das Starten von bestimmten Testfällen zu spezifischen Komponenten und die Integration der Ergebnisse.

→

Kriterium	Frage	Erläuterung
Kriterien Testautomatisierungswerkzeuge		
Verwaltung/Integration (Fortsetzung)		
Pipeline-Integration	Kann das Automatisierungswerkzeug einfach in eine CI/CD-Pipeline integriert werden?	Für nahtlose CI/CD-Prozesse ist es oft notwendig bzw. sehr hilfreich, Tests direkt in die damit verbundenen Pipelines einzubetten. Dazu gehört einerseits der Start der entsprechenden Testsuiten, aber auch das Auslesen von Testergebnissen und die Ablage von Berichten.
Kompatibilität mit skalierbarer Infrastruktur	Kann für die automatische Testdurchführung eine dynamische Infrastruktur (z.B. Docker) genutzt werden?	Einige Werkzeuge benötigen vollwertige & GUI-basierte Umgebungen (z.B. Windows Desktop) für die Durchführung von Tests. Diese sind schwer bzw. aufwendig und teuer in Cloud- oder hoch skalierbaren Infrastrukturen einzubetten. Zum Beispiel sind Headless-Durchführungen in Docker-basierten Infrastrukturen in vielen modernen Architekturen und Entwicklungsumgebungen deutlich einfacher umsetzbar.
Stabilität		
Exception Handling	Existiert Exception Handling?	Kann nach einem Fehler bzw. in einer unerwarteten Situation während des Testdurchlaufs darauf reagiert bzw. weitergemacht werden?
Automatisches Exception Handling	Existiert ein automatisches Exception Handling?	Einige Tools stellen z.B. für Webapplikationen gewisse automatische Mechanismen zur Wiederherstellung der Testumgebung zur Verfügung.
Umsetzung eines Zustandsmodells	Kann ein funktionierendes Zustandsmodell umgesetzt werden?	Einige Tools haben bereits ein Zustandsmodell integriert, in anderen kann dies leicht umgesetzt werden.
Reaktionen auf Probleme des Tools selbst	Gibt es einen externen Testtreiber, der auch das Werkzeug neu starten kann?	Sollte das Automatisierungswerkzeug selbst Probleme bereiten, kann in manchen Testautomatisierungssuiten auch dieses neu gestartet werden.
Bibliotheken/Out-of-the-box-Lösungen		
Zugriff auf externe Bibliotheken und Schnittstellen	Können externe Standardbibliotheken verwendet werden?	Zugriff auf externe Bibliotheken und Schnittstellen erleichtert das Leben oft ungemein, z.B. beim Beenden eines Prozesses.
Zugriff durch externe Programme	Können externe Prozesse das Werkzeug ansteuern? Welche? Wie geschieht dies?	Integration in Build-Prozess, Scheduler, Debugger, Frontends usw.

→

Kriterium	Frage	Erläuterung
Kriterien Testautomatisierungswerkzeuge		
Bibliotheken/Out-of-the-box-Lösungen (Fortsetzung)		
Interne Bibliotheken	Werden für die wichtigsten Aktionen und Operationen im Test entsprechend komfortabel nutzbare Funktionalitäten mitgeliefert?	Tools unterstützen oft die einfachsten Operationen, wie Substring-Replacement, nicht out-of-the-box. Wichtige Features im Test sind Stringoperationen, Zeit- und Datumsoperationen, Berechnungen, Rundungen usw.
Benutzer-definierte Bibliotheken	Wie effizient kann selbst geschriebener Code ausgeführt werden?	Beispielsweise werden gewisse benutzer-erstellte Funktionen zur effizienteren Ausführung kompiliert.
Community-Bibliotheken	Wie sieht die Unterstützung durch die Community im Bibliotheksbereich aus?	Einige Tools haben eine rege Community, in der auch viele selbst gestrickte Bibliotheken freigegeben werden. Auch kostenpflichtige Bibliotheken sind erhältlich.
Dokumentation		
Kommentare und Tags	Können bequem Kommentare, Tags usw. Skripten, Files oder Blöcken zugewiesen werden?	Gute Kommentierung ist bei jeglicher Entwicklung wichtig.
Automatische Kommentierung	Werden sinnvolle Kommentare automatisch ergänzt, wenn Funktionalität aufgezeichnet wird oder Wizards verwendet werden?	Verschafft beim nachträglichen Bearbeiten mehr Klarheit.
Nachvollzieh-barkeit	Kann man am Code direkt erkennen, »was denn nun eigentlich geschieht«?	Bei aufgezeichneten Statements kommen z.B. Screenshots hinzu.
Logging		
Testdurchlauflogs	Sind die internen Logs in irgendeiner Struktur enthalten?	Baumstrukturen usw. sorgen in den oft sehr vollgepackten Logs für mehr Übersicht.
Pass und Fail Flags	Können Negativtests bei Fehler-meldungen als »Passed« markiert werden?	Einige Tools markieren bei Fehlermeldungen den Testfall automatisch als »Failed«. Nicht gut für Negativtests.
Nachvollzieh-barkeit	Kann man im Log direkt erkennen, »was denn nun eigentlich geschieht«?	Zum Beispiel werden bei jeder ausgeführten Aktion bzw. bei jedem Check Screenshots hinzugefügt.
Recording		
Recording-Modi	Können nur logische Aktionen oder nur analoge Aktionen aufgezeichnet werden? Beides?	Logisch: »Hauptfenster.click«. Analog: »Click(180,123)«, also auf Koordinaten. Oft ist es gut, zur Sicherheit beide Möglichkeiten zu haben, auch wenn erstere Variante weit wichtiger ist (z.B. wenn vereinzelt Objekte nicht unterstützt bzw. erkannt werden).

→

Kriterium	Frage	Erläuterung
Kriterien Testautomatisierungswerkzeuge		
Recording (Fortsetzung)		
Erkennung aller logischen Aktionen	Werden z.B. in unterstützten Grids die Zugriffe auch per Zellen-ID erkannt?	Oft zeichnen Tools bei Objekten, die per Add-in identifiziert werden, nur Analoginformationen (also Koordinaten, Tastendrücke) auf.
Checking		
Kriterien	Welche Kriterien können für Checks herangezogen werden?	Können z.B. auch nicht als Erkennungskriterien definierte Attribute (Tabelleninhalte, Screenshot-Segmente usw.) als Checkkriterien definiert werden?
Recording und Check in einem Durchlauf	Muss zuerst aufgezeichnet werden und dann werden Checks eingeführt?	Kann z.B. zwischen Recording- und Checkmodus hin- und hergesprungen werden, ist die Aufzeichnung eines Testfalls in einem Durchlauf möglich.
Trennung Checkcontainer und Checkdaten	Können Checks dynamisch mit Daten versorgt werden?	Viele Programme speichern die bei den Checks erwarteten Werte statisch ab. Datengesteuerte Tests funktionieren aber eleganter, wenn diese Werte dynamisch auch aus den Daten gelesen werden können.
Aufbereitung »Soll vs. Ist«	Können die Ergebnisse von fehlgeschlagenen Checks anschaulich angezeigt werden?	Checks auf Tabellen: Viele Werte, nur wenige davon verschieden. Verschiedene Werte sollten deutlich sichtbar markiert werden.
Automatisches Update von Checkdaten	Können Checkdaten automatisch aktualisiert werden?	Beispielsweise wird ein »Update«-Modus unterstützt, indem eine Ausführung des Skripts die Sollwerte auf die nun erhaltenen Werte stellt.
Events		
Kriterien	Können Events nach bestimmten Kriterien ausgelöst werden?	Wenn gewisse Kriterien erfüllt sind, wird ein Event ausgelöst, auf das gewartet bzw. reagiert werden kann. Eignet sich z.B. für Recovery oder Synchronisierung.
Asynchronität	Können Events auch asynchron Codeteile triggern?	Einige Tools verwenden Events als »warte auf etwas« zur Synchronisation, lassen aber asynchrones Verwerten der Eventmasken nicht zu.
Files und Versionskontrolle		
Fileformate	Welche Formate werden verwendet?	Textfiles? XML? JPG? Datenbank? Für Maps, Skripte, Screenshots, Reports usw.
Speicherplatz	Wie viel Platz brauchen Skripte/Logs/Reports?	Beim Debugging usw. entstehen oft Unmengen an Logs und Skriptversionen, die das Repository anschwellen lassen.

→

Kriterium	Frage	Erläuterung
Kriterien Testautomatisierungswerkzeuge		
Files und Versionskontrolle (Fortsetzung)		
Versions-management	Gibt es ein integriertes Versions-management? Wie gut ist es?	Manche Tools haben ein integriertes Versionsmanagement, verwenden aber eine Datenbank zum Speichern der Komponenten, was ein externes Versions-management schwer macht. Andere haben keines und erschweren durch ihren Datei-aufbau die Verwendung eines externen Versionsmanagements.
Externes Versions-management	Wie leicht ist es, die Testauto-matisierung in ein externes Versionsmanagement zu integrieren (CVS[a], SVN[b])?	
Parallelität		
Testbarkeit	Gibt es eine Möglichkeit, parallel ablaufende Prozesse zu testen?	Mehrere Instanzen des Testtools, Möglich-keit, parallel Code auszuführen, usw.
Ausführung	Ist es möglich, parallelisierten Code in einer Instanz des Tools zu erstellen?	Direkte Parallelität in den Testskripten, nur eine Instanz des Werkzeugs notwendig.
Parallele Test-durchführung	Können mehrere Tests parallel ausgeführt werden?	Dies kann die Durchführungsdauer deutlich reduzieren, erfordert aber Aufmerksamkeit bei der Implementierung und Gruppierung der Testsuite und der Testdaten.
Kosten und Lizenz		
Kosten-adäquatheit	Stehen die Kosten des Tools in Relation zur Projektgröße bzw. zu dem zu erwartenden Nutzen?	Eine Applikation, deren Entwicklung 500 € nicht übersteigen soll, mit einem Testwerk-zeug testen, das im Jahr 10.000 € kostet?
Kosten in der Evaluierungs-phase	Gibt es eine kostenfreie Evaluierungslizenz? Eine günstige?	
Kosten in der Anschaffung	Wie ist der Basispreis des Tools?	Direkte Anschaffungskosten der Software exkl. Userlizenzen, Wartung und Support
Supportkosten	Wie hoch sind die Kosten für den Support des Tools?	Kosten nur Support
Schulungs-, Consulting- und Coaching-Kosten	Was kostet eine adäquate Ausbildung der zuständigen Personen? (Trainer-Tagessatz)	Vor allem in der Testautomatisierung ist oft Zusatzwissen gefordert.
Wartungs- und Updatekosten	Wie hoch sind die Kosten bei Point-Releases? Major Releases?	Bei manchen Herstellern wird eine Lizenz für das Werkzeug gekauft: Sowohl Point-Releases als auch volle Updates sind inkludiert.

a. CVS: Concurrent Versions System.
b. SVN: Apache Subversion.

→

Kriterium	Frage	Erläuterung
Finanzielle Kriterien		
Kosten und Lizenz (Fortsetzung)		
Lizenztypen	Gibt es Floating-Lizenzen? Per-Seat-Lizenzen? Preise?	
Lizenzverwaltung	Muss ein eigener Lizenzserver angeschafft werden?	Viele Toolanbieter bieten Versionen sowohl als Stand-alone als auch als Client-Lizenzserver-Variante an.
Infrastruktur	Muss ein eigener Lizenzserver angeschafft werden? Andere infrastrukturelle Kosten?	Sämtliche Applikationen, die Floating-Lizenzen voraussetzen.
Skalierbares Lizenzmodell	Wie skalieren die Lizenzkosten bei parallelisierten Testdurchläufen oder dynamischer Skalierung der Infrastruktur?	Wenn z.B. zur Parallelisierung zwanzig Docker-Instanzen mit Werkzeug und Tests gestartet werden, können unter Umständen auch zwanzig Lizenzen notwendig sein. Freie Skalierbarkeit, günstige Durchführungslizenzen oder Pay-per-Use-Modelle können hier kostensparend wirken.

D Glossar

.NET .NET ist Microsofts Plattform für die Entwicklung von Applikationen mit grafischen Oberflächen, sicherer Kommunikation und Prozessmodellierung. [URL: .NET]

Abnahmetest Eine Teststufe mit dem Schwerpunkt, zu bestimmen, ob ein System abgenommen werden kann. [ISTQB 20]

Abnahmetestgetriebene Entwicklung (ATTD) Eine kollaborative Entwicklungsvorgehensweise, bei der das Team und Kunden die kundeneigene Fachsprache benutzen, um ihre Anforderungen zu verstehen, welche die Basis des Testens einer Komponente oder eines Systems bilden. [ISTQB 20]

Abweichung Ein Ereignis, welches auftritt und weiterer Untersuchungen bedarf. [ISTQB 20]

Abweichungsmanagement siehe Fehlermanagement

Agile Softwareentwicklung Eine auf iterativer und inkrementeller Entwicklung basierende Gruppe von Softwareentwicklungsmethoden, wobei sich Anforderungen und Lösungen durch die Zusammenarbeit von selbstorganisierenden funktionsübergreifenden Teams entwickeln. [ISTQB 20]

Anforderung Eine Vorschrift, die zu erfüllende Kriterien enthält. [ISTQB 20]

Anwendungsfall Eine Folge von Vorgängen in einem Dialog zwischen einem Akteur und einer Komponente oder einem System, die zu einem konkreten Ergebnis führen. Ein Akteur kann dabei ein Benutzer sein oder irgendetwas, was Informationen mit dem System austauschen kann. [ISTQB 20]

API-Testen Testen durch Senden von Kommandos an das zu testende System über die direkte Nutzung der Programmierschnittstelle der Applikation. [ISTQB 20]

Äquivalenter manueller Testaufwand Aufwand, der benötigt wird, um die Ausführung von Tests manuell durchzuführen. [ISTQB 20]

Ausführbare Anweisung Eine Quellcodeanweisung, die in einer prozeduralen Weise ausgeführt werden kann, nachdem sie in Objektcode übertragen wurde. [ISTQB 20]

Auswirkungsanalyse Die Ermittlung aller Arbeitsergebnisse, welche durch eine Änderung beeinflusst werden, inklusive einer Abschätzung der erforderlichen Ressourcen, um die Änderung bewerkstelligen zu können. [ISTQB 20]

Automatisierte Testmittel Testmittel, z.B. in einer Skriptsprache formulierte Anweisungen, die im automatisierten Testen eingesetzt werden.

Automatisierungsframework Ein Werkzeug, das eine Umgebung zur Testautomatisierung bereitstellt. Es beinhaltet üblicherweise einen Testrahmen und Testbibliotheken. [ISTQB 20]

BDD siehe verhaltensgetriebene Entwicklung

Befehlsbibliothek siehe Programmbibliothek

Behaviour Driven Development siehe verhaltensgetriebene Entwicklung

Benutzbarkeitstest siehe Gebrauchstauglichkeitstest

Berechtigung Einem Benutzer oder Prozess erteilte Erlaubnis zum Zugriff auf bestimmte Ressourcen. [ISTQB 20]

Bestanden Der Status eines Tests, bei dem erwartetes Ergebnis und Istergebnis übereinstimmen. [ISTQB 20]

Bestätigungstest siehe Fehlernachtest

Bewertungssitzung Eine Sitzung am Ende eines Projekts, bei der die Mitglieder des Projektteams das Projekt rückblickend bewerten und aus den Erfahrungen für die nächsten Projekte lernen. [ISTQB 20]

Capture-and-Replay-Werkzeug siehe Mitschnitt

CLI Abkürzung von Command-Line Interface.

CLI-Testen Testen durch Senden von Kommandos an eine Komponente oder ein System über die Nutzung einer speziell dafür vorgesehenen Kommandozeilenschnittstelle (CLI). [ISTQB 20]

Cloud Das Prinzip von Cloud Computing beschreibt, dass Anwendungen, Werkzeuge, Entwicklungsumgebungen, Managementtools, Speicherkapazität, Netzwerke, Server etc. vom Anwender nicht mehr selbst bereitgestellt oder betrieben, sondern von einem oder mehreren Anbietern »gemietet« werden, die die IT-Infrastruktur über ein Netzwerk als Cloud-Services öffentlich anbieten.

Codereview siehe Review

Codeüberdeckung Die Überdeckung des Codes. [ISTQB 20]

Command-Line Interface Eine Art von Schnittstelle, in der die Informationen in Form von Befehlszeilen übergeben werden. [ISTQB 20]

Continuous Build Ein Begriff aus der Softwareentwicklung, der den Prozess des regelmäßigen, vollständigen Neubildens und Testens einer Anwendung beschreibt. Obwohl dieses Konzept älter ist, wird es häufig mit Extreme Programming in Verbindung gebracht.

Continuous Integration siehe kontinuierliche Integration

Continuous Testing siehe kontinuierliches Testen

Data Driven Testing siehe datengetriebenes Testen

Datengetriebenes Testen Ein skriptbasiertes Verfahren, das Dateien mit Testdaten und erwarteten Ergebnissen beinhaltet, die zum Ausführen von Testskripten benötigt werden. [ISTQB 20]

Debugging Der Prozess der Aufdeckung, Analyse und Entfernung der Ursachen von Fehlerwirkungen in einer Komponente oder einem System. [ISTQB 20]

Defekt siehe Fehlerzustand

Emulator Ein Gerät, Computerprogramm oder System, das die gleichen Eingaben akzeptiert und die gleichen Ausgaben wie ein gegebenes System erzeugt. [ISTQB 20]

Endekriterien Die Menge an Bedingungen für den offiziellen Abschluss einer bestimmten Aufgabe. [ISTQB 20]

Feature Ein kennzeichnendes Merkmal einer Komponente oder eines Systems, das für die Beteiligten einen Wert darstellt.

Fehlermanagement Der Prozess der Erkennung, Aufzeichnung, Klassifizierung, Untersuchung, Lösung und Schließung von Fehlerzuständen. [ISTQB 20]

Fehlerdichte Die Anzahl der Fehlerzustände pro Größeneinheit eines Arbeitsergebnisses. [ISTQB 20]

Fehlereinfügung Das absichtliche Einfügen von Fehlern in ein System mit dem Zweck, herauszufinden, ob das System den Fehler entdecken und sich möglicherweise wiederherstellen kann. Fehlereinfügung beabsichtigt die Imitation von Fehlern, wie sie im produktiven Einsatz vorkommen können. [ISTQB 20]

Fehlernachtest Eine Art änderungsbezogenes Testen, das nach der Behebung eines Fehlerzustands durchgeführt wird, um zu bestätigen, dass eine Fehlerwirkung nicht mehr auftritt. [ISTQB 20]

Fehlerzustand Eine Unzulänglichkeit oder ein Mangel in einem Arbeitsergebnis, sodass es seine Anforderungen oder Spezifikationen nicht erfüllt. [ISTQB 20]

Fehlgeschlagen Der Status eines Tests, bei dem erwartetes Ergebnis und Istergebnis nicht übereinstimmen. [ISTQB 20]

Fehlschlag siehe fehlgeschlagen

Framework Ein Satz von Software, Dokumentation, Richtlinien und Prozessen, der die Umsetzung von technologiespezifischen, höheren Softwareelementen erlaubt. [URL: d4science]

Freigabemitteilung siehe Release Note

Funktionaler Test Testen, das durchgeführt wird, um die Erfüllung der funktionalen Anforderungen durch eine Komponente oder ein System zu bewerten. [ISTQB 20]

Funktionspunktanalyse (FPA) Eine Methode, die darauf abzielt, den Umfang der Funktionalität eines Informationssystems zu messen. Die Messung ist unabhängig von der Technologie. Sie kann als Basis zur Messung der Produktivität verwendet werden, zur Schätzung der benötigten Ressourcen und zur Projektsteuerung.

Gebrauchstauglichkeitstest Testen mit dem Ziel, herauszufinden, inwieweit das System durch spezifizierte Benutzer in einem bestimmten Kontext mit Effektivität, Effizienz und Zufriedenheit genutzt werden kann. [ISTQB 20]

Generische Testautomatisierungsarchitektur Eine Darstellung der Ebenen, Komponenten und Schnittstellen einer Testautomationsarchitektur, die einen strukturierten und modularen Ansatz ermöglicht, um Testautomation umzusetzen. [ISTQB 20]

Grad der Intrusion Grad, bis zu dem ein Testobjekt geändert wird, um es in Bezug auf seine Testbarkeit anzupassen. [ISTQB 20]

Grafische Benutzungsoberfläche (GUI) Eine Art der Schnittstelle, die es Benutzern ermöglicht, mit einer Komponente oder einem System über grafische Symbole und visuelle Anzeiger zu interagieren. [ISTQB 20]

GUI-Testen Testen durch Interaktion mit der Komponente oder dem System über die grafische Benutzungsoberfläche. [ISTQB 20]

Impact-Analyse siehe Auswirkungsanalyse

Integrationstest Eine Teststufe mit dem Schwerpunkt auf dem Zusammenwirken zwischen Komponenten oder Systemen. [ISTQB 20]

Java Java ist eine Programmiersprache und Softwareplattform, die 1995 von Sun Microsystems veröffentlicht wurde. [URL: Java]

Keyword Driven Testing siehe schlüsselwortgetriebener Test

Klassifikationsbaum Ein Baumdiagramm, das Bereiche von Testdaten eines Testobjekts darstellt. [ISTQB 20]

Kommandozeilenschnittstelle siehe Command-Line Interface

Komponententest Eine Teststufe mit dem Schwerpunkt auf einer einzelnen Hardware- oder Softwarekomponente. [ISTQB 20]

Konfigurationsmanagement Technische und administrative Maßnahmen zur Identifizierung und Dokumentation der fachlichen und physischen Merkmale eines Konfigurationselements, zur Überwachung und Protokollierung von Änderungen solcher Merkmale, zum Verfolgen des Änderungsprozesses, Umsetzungsstatus und zur Verifizierung der Übereinstimmung mit spezifizierten Anforderungen. [ISTQB 20]

Kontinuierliche Integration Ein Softwareentwicklungsverfahren, das alle Änderungen in einem automatisierten Prozess zusammenführt, integriert und testet, sobald diese in die Versionsverwaltung eingecheckt werden. [ISTQB 20]

Kontinuierliches Testen Eine Vorgehensweise, die das Testen früh, häufig und überall einbindet und automatisiert, um eine möglichst rasche Rückmeldung zu den Geschäftsrisiken eines Software-Releasekandidaten zu erhalten. [ISTQB 20]

Kontrollflusspfad siehe Pfad

Library siehe Programmbibliothek

Lineare Skripterstellung Ein einfaches Verfahren der Skripterstellung ohne Verwendung von Kontrollstrukturen in Testskripten. [ISTQB 20]

Metrik Die Mess-Skala und das genutzte Verfahren einer Messung. [ISTQB 20]

Mitschnitt Ein Testautomatisierungsansatz, bei dem Eingaben in das Testobjekt während des manuellen Testens aufgezeichnet werden, um automatisierte Testskripte zu erzeugen, welche später ausgeführt werden können. [ISTQB 20]

Mock Eine minimalistische Komponente ohne fachliche Funktionalität, die benutzt wird, um Funktionalität oder Softwarekomponenten isoliert testen zu können. Siehe auch Stub.

Modellbasiertes Testen (MBT) Testen, das auf Modellen basiert oder diese involviert. [ISTQB 20]

Negativtest Testen einer Komponente oder eines Systems in einer Form, die nicht für ihre Verwendung vorgesehen war. [ISTQB 20]

Nicht funktionaler Test Testen, welches durchgeführt wird, um die Erfüllung der nicht funktionalen Anforderungen durch eine Komponente oder ein System zu bewerten. [ISTQB 20]

Open Source Eine Softwareentwicklungsmethode, der verteilte Peer-Reviews und ein transparenter Prozess zugrunde liegt. [URL: OSS]

Peer-Review Ein Review durch andere Personen mit denselben Fähigkeiten zum Erstellen des Arbeitsprodukts. [ISTQB 20]

Pfad Eine Folge von Kanten in einem gerichteten Graphen. [ISTQB 20]

Phasenmodell siehe Softwareentwicklungslebenszyklus

Planungspoker Ein konsensbasiertes Schätzverfahren, das hauptsächlich zum Schätzen des Aufwands oder der relativen Größe von User Stories in der agilen Softwareentwicklung verwendet wird. Es ist eine Variante des Breitband-Delphi-Verfahrens, bei der das Team einen Stapel an Karten mit vorgegebenen Werten für die Schätzung verwendet. [ISTQB 20]

Platzhalter siehe Stub

Produktivumgebung Die vorgesehene Umgebung für eine Komponente oder ein System zur Verwendung in der Produktion.

Produktrisiko Ein Risiko, das die Qualität eines Produkts beeinträchtigt. [ISTQB 20]

Programmbibliothek Gesamtheit mehrerer häufig verwendeter, mit Namen versehener Programme oder Programmteile, die in einer Datei zusammengefasst sind. [URL: Duden]

Programmierstandard Ein Standard, welcher die erforderlichen Eigenschaften eines Designs oder einer Designbeschreibung von Daten oder Programmkomponenten beschreibt. [ISTQB 20]

Projekt Ein Projekt ist eine einmalige Menge von abgestimmten und gelenkten Tätigkeiten mit Anfangs- und Endterminen. Es wird durchgeführt, um ein Ziel zu erreichen, das spezifische Anforderungen erfüllt, wobei Zeit-, Kosten- und Ressourcenbeschränkungen eingeschlossen sind.

Projekt-Abschluss-Sitzung siehe Bewertungssitzung

Projektstrukturplan (PSP) An Liefergegenständen ausgerichtete, hierarchische Zerlegung der durchzuführenden Arbeit des Projektteams zur Erreichung der Projektziele.

Prozessgetriebene Skripterstellung Ein Verfahren der Skripterstellung, bei dem Skripte in Szenarien strukturiert werden, welche Anwendungsfälle des zu testenden Systems darstellen. Die Skripte können mit Testdaten parametrisiert werden. [ISTQB 20]

Qualität Der Grad, zu dem eine Komponente oder ein System die expliziten und impliziten Bedürfnisse seiner verschiedenen Stakeholder erfüllt. [ISTQB 20]

Rational Unified Process Ein proprietäres, anpassbares, iteratives Rahmenwerk für Softwareentwicklungsprozesse, bestehend aus vier Projektphasen: Konzeptionsphase, Entwurfsphase, Konstruktionsphase, Übergabephase. [ISTQB 20]

Record-and-Play-Werkzeug siehe Mitschnitt

Regressionstest Eine Art änderungsbezogenes Testen, um festzustellen, ob in unveränderten Bereichen der Software Fehlerzustände eingebaut oder freigelegt wurden. [ISTQB 20]

Release Note Ein Dokument, das im Rahmen der Übergabe von der Entwicklung zum Test zu Beginn der Testdurchführung die Testobjekte identifiziert, ihre Konfiguration, aktuellen Status und andere Informationen.

Ressourcennutzung Der Grad, bis zu dem die Ressourcen gemäß den in den Anforderungen definierten Mengen und Arten genutzt werden können, wenn eine Komponente oder ein System ihre bzw. seine Funktionen ausführt. [ISTQB 20]

REST (RESTful Web Services) Im Kontext von Webservices bezeichnet REpresentational State Transfer (REST) ein Designkonzept, in dem in einer zustandslosen Client-Server-Architektur Webservices als Ressourcen betrachtet werden und über ihre URLs identifiziert werden können. [URL: Tyagi]

Review Eine Art statischer Test, bei dem ein Arbeitsergebnis oder -prozess von einer oder mehreren Personen bewertet wird, um Fehlerzustände zu erkennen oder Verbesserungen zu erzielen. [ISTQB 20]

Risiko Ein Faktor, der zu negativen Konsequenzen in der Zukunft führen könnte, gewöhnlich ausgedrückt durch das Schadensausmaß und die Eintrittswahrscheinlichkeit. [ISTQB 20]

Risikoanalyse Der allgemeine Prozess der Risikoidentifikation und Risikobewertung. [ISTQB 20]

Risikobewertung Der Prozess der Begutachtung von identifizierten Risiken und der Festlegung der Risikostufe. [ISTQB 20]

Robustheitstest
(1) Test zum Ermitteln der Robustheit eines Softwareprodukts.
(2) Siehe Negativtest.

Rückverfolgbarkeit siehe Verfolgbarkeit

Schlüsselwortgetriebenes Testen Ein skriptbasiertes Verfahren, bei dem Testskripte abstrakte Schlüsselwörter enthalten sowie unterstützende Dateien mit konkreten Skripten, die diese Schlüsselwörter implementieren. [ISTQB 20]

Scrum Ein iterativ inkrementelles Vorgehensmodell für das Projektmanagement, das im Allgemeinen bei agiler Softwareentwicklung verwendet wird. [ISTQB 20]

Serviceorientierte Architektur Eine serviceorientierte Architektur (SOA) ist im Kern eine Sammlung von Services. Diese Services kommunizieren miteinander. Die Kommunikation kann entweder aus dem Transfer von einfachen Daten bestehen oder auch die gemeinsame Abstimmung von zwei oder mehr Services zur Durchführung einer Aktivität bezeichnen. Zwischen den Services ist ein Kommunikationsmittel notwendig. [URL: SOA]

Simulator Gerät, Computerprogramm oder Testsystem, das sich wie ein festgelegtes System verhält, wenn man es mit einem definierten Satz kontrollierter Eingaben versorgt. [ISTQB 20]

Smoke-Test Eine Testsuite, die die Hauptfunktionalität einer Komponente oder eines Systems überdeckt, um vor Beginn der geplanten Testausführung festzustellen, ob die Komponente oder das System ordnungsgemäß funktioniert. [ISTQB 20]

SOA siehe serviceorientierte Architektur

Software Programme, Prozeduren und möglicherweise zugeordnete Dokumentation und Daten für die betreffende Verarbeitung auf einem Computersystem.

Softwareentwicklungslebenszyklus Die Aktivitäten, die in jeder Stufe der Softwareentwicklung durchgeführt werden, sowie ihre logischen und zeitlichen Verknüpfungen miteinander. [ISTQB 20]

Softwarefeature siehe Feature

Softwarequalität Gesamtheit der Funktionalitäten und Merkmale eines Softwareprodukts, die sich auf dessen Eignung beziehen, festgelegte oder vorausgesetzte Erfordernisse zu erfüllen.

Speicher siehe Ressourcennutzung

Spezifikation Dokumentation, welche die detaillierte Beschreibung einer Komponente oder eines Systems zum Zweck der Implementierung und des Tests bereitstellt.

Standard Ein Satz von formalen und gegebenenfalls zwingend notwendigen Anforderungen, die entwickelt und verwendet werden, um einheitliche Vorgehensweisen für die Arbeit vorzuschreiben oder um Richtlinien vorzugeben (z.B. ISO/IEC-Normen, IEEE-Standards, DIN-Normen und andere Organisationsstandards). [ISTQB 20]

Stresstest Spezifische Form des Performanztests, die durchgeführt wird, um ein System oder eine Komponente an oder über den Grenzen, die in den Anforderungen spezifiziert wurden, zu bewerten. [ISTQB 20]

Strukturierte Skripterstellung Ein Verfahren der Skripterstellung, das eine Bibliothek wiederverwendbarer (Teil-)Skripte aufbaut und nutzt. [ISTQB 20]

Stub Eine rudimentäre oder spezielle Implementierung einer Softwarekomponente, die verwendet wird, um eine noch nicht implementierte Komponente zu ersetzen bzw. zu simulieren.

Systemtest Eine Teststufe mit dem Schwerpunkt, zu verifizieren, dass ein System als Ganzes die spezifizierten Anforderungen erfüllt. [ISTQB 20]

System under test/System unter Test (SUT) Ein System als Testobjekt [ISTQB 20]

TDD siehe testgetriebene Entwicklung

Testabdeckung siehe Überdeckung

Testadaptierungsschicht Die Schicht in einer Testautomatisierungsarchitektur, die den notwendigen Code zur Anpassung automatisierter Testskripte auf einer abstrakten Stufe für verschiedene Komponenten, Konfigurationen oder Schnittstellen des SUT zur Verfügung stellt. [ISTQB 20]

Testarchitekt
(1) Eine Person, die Leitlinien und die strategische Ausrichtung für eine Testorganisation und ihre Beziehungen zu anderen Disziplinen erstellt.
(2) Eine Person, die die Art und Weise definiert, wie Testen für ein bestimmtes System strukturiert wird, einschließlich der Themen wie Testwerkzeuge und Testdatenmanagement. [ISTQB 20]

Testart Eine Gruppe von Testaktivitäten basierend auf bestimmten Testzielen mit dem Zweck, eine Komponente oder ein System auf spezifische Merkmale zu prüfen. [ISTQB 20]

Testausführungsschicht Die Schicht in einer generischen Testautomatisierungsarchitektur, die die Ausführung von Testsuiten und/oder Testfällen unterstützt. [ISTQB 20]

Testausführungswerkzeug Ein Testwerkzeug, das Tests gegen ein vorgesehenes Testelement ausführt und die tatsächlichen Ergebnisse und Nachbedingungen gegen die erwarteten Werte vergleicht. [ISTQB 20]

Testautomatisierung Der Einsatz von Software zur Durchführung oder Unterstützung von Testaktivitäten. [ISTQB 20]

Testautomatisierungsarchitektur Eine Instanziierung der generischen Testautomatisierungsarchitektur, um die Architektur einer Testautomatisierungslösung zu definieren, z.B. seine Schichten, Komponenten, Dienste und Schnittstellen. [ISTQB 20]

Testautomatisierungsentwickler Eine Person, die für Entwurf, Entwicklung und Wartung einer Testautomatisierungsarchitektur verantwortlich ist sowie für die technische Weiterentwicklung der daraus resultierenden Testautomatisierungslösung. [ISTQB 20]

Testautomatisierungsframework Ein Werkzeug, das eine Umgebung zur Testautomatisierung bereitstellt. Es beinhaltet üblicherweise einen Testrahmen und Testbibliotheken. [ISTQB 20]

Testautomatisierungslösung Die Umsetzung/Realisierung einer Testautomatisierungsarchitektur, z.B. eine Kombination von Komponenten, die einen spezifischen Testautomatisierungsauftrag umsetzt. Die Komponenten könnten Standard-Testwerkzeuge, Testautomatisierungsframeworks sowie Testhardware beinhalten. [ISTQB 20]

Testautomatisierungsmanager Eine Person, die für die Planung und Überwachung der Neu- und Weiterentwicklung einer Testautomatisierungslösung verantwortlich ist. [ISTQB 20]

Testautomatisierungsstrategie Ein abstrakter Plan, um langfristige Ziele der Testautomatisierung unter gegebenen Randbedingungen zu erreichen. [ISTQB 20]

Testbarkeit Der Grad, zu dem Testbedingungen für eine Komponente oder ein System festgelegt und Tests durchgeführt werden können, um festzustellen, ob diese Testbedingungen erfüllt sind. [ISTQB 20]

Testbericht Die zusammenfassende Dokumentation von Testaktivitäten und -ergebnissen. [ISTQB 20]

Testberichterstattung Sammlung und Analyse der Daten über Testaktivitäten und ihre anschließende Konsolidierung in einem Bericht, um die Stakeholder zu informieren. [ISTQB 20]

Testdaten Für die Testdurchführung benötigte Daten. [ISTQB 20]

Testdefinitionsschicht Die Schicht in einer generischen Testautomatisierungsarchitektur, die die Testrealisierung durch Definition von Testsuiten und/oder Testfällen unterstützt, z.B. durch Anbieten von Vorlagen bzw. Richtlinien. [ISTQB 20]

Test Driven Development siehe testgetriebene Entwicklung

Testdurchführung Die Aktivität der Ausführung eines Tests für eine Komponente oder ein System, die Istergebnisse erzeugt. [ISTQB 20]

Testen Der Prozess, der aus allen statischen und dynamischen Lebenszyklusaktivitäten besteht, die sich mit der Planung, Vorbereitung und Bewertung einer Komponente oder eines Systems und zugehörigen Arbeitsergebnissen befassen, um festzustellen, ob sie festgelegte Anforderungen erfüllen, für den Zweck geeignet sind sowie um etwaige Fehlerzustände zu finden. [ISTQB 20]

Testendekriterien siehe Endekriterien

Testentwurfsverfahren siehe Testverfahren

Testergebnis Das Ergebnis und die Konsequenz der Durchführung eines Tests. [ISTQB 20]

Testfall Eine Menge von Vorbedingungen, Eingaben, Aktionen (falls anwendbar), erwarteten Ergebnissen und Nachbedingungen, welche auf Basis von Testbedingungen entwickelt wurden. [ISTQB 20]

Testfallexplosion Der unverhältnismäßige Anstieg der Zahl an Testfällen mit ansteigender Größe der Testbasis, bei Anwendung eines bestimmten Testentwurfsverfahrens. Testfallexplosion tritt ggf. auch auf, wenn das Testentwurfsverfahren zum ersten Mal systematisch angewendet wird. [ISTQB 20]

Testfallspezifikation Die Dokumentation von einem oder mehreren Testfällen. [ISTQB 20]

Testgenerierungsschicht Die Schicht in einer generischen Testautomatisierungsarchitektur, die den manuellen oder automatisierten Entwurf von Testsuiten und/oder Testfällen unterstützt. [ISTQB 20]

Testgetriebene Entwicklung Ein Softwareentwicklungsverfahren, bei dem die Testfälle entwickelt und oft automatisiert werden und anschließend die Software inkrementell entwickelt wird, um diese Testfälle zu bestehen. [ISTQB 20]

Test Hook Ein individualisierte Softwareschnittelle, die es erlaubt, ein Testobjekt automatisiert zu testen. [ISTQB 20]

Testkonzept Die Dokumentation der Testziele sowie der Maßnahmen und Zeitplanung, um diese zu erreichen, zum Zweck der Koordination von Testaktivitäten. [ISTQB 20]

Testmanagementwerkzeug Ein Werkzeug, welches das Testmanagement unterstützt. [ISTQB 20]

Testmanager Die Person, die für das Projektmanagement von Testaktivitäten und Testressourcen und für die Bewertung eines Testobjekts verantwortlich ist. [ISTQB 20]

Testmittel Die Arbeitsergebnisse, die während des Testprozesses erstellt werden und dazu gebraucht werden, um die Tests zu planen, zu entwerfen, auszuführen, auszuwerten und darüber zu berichten. [ISTQB 20]

Testmodell Ein Modell, das die Testmittel beschreibt, die zum Testen einer Komponente oder eines zu testenden Systems genutzt werden. [ISTQB 20]

Testobjekt Das zu testende Arbeitsergebnis. [ISTQB 20]

Testorakel Eine Informationsquelle zur Ermittlung des erwarteten Ergebnisses, um es mit dem tatsächlichen Ergebnis eines Systems unter Test zu vergleichen. [ISTQB 20]

Testprotokollierung Die Aktivität, die ein Testprotokoll erstellt. [ISTQB 20]

Testprozess Die Menge zusammenhängender Aktivitäten bestehend aus Testplanung, Testüberwachung und -steuerung, Testanalyse, Testentwurf, Testrealisierung, Testdurchführung und Testabschluss. [ISTQB 20]

Testrahmen Eine Testumgebung bestehend aus Platzhaltern und Treibern, die zum Ausführen einer Testsuite erforderlich sind. [ISTQB 20]

Testskript Eine Abfolge von Anweisungen für die Durchführung eines Tests. [ISTQB 20]

Teststrategie Dokumentation, die an der Testrichtlinie ausgerichtet ist und welche die allgemeinen Anforderungen für das Testen und Details für die Durchführung von Tests in einer Organisation beschreibt. [ISTQB 20]

Teststufe Eine spezifische Instanziierung eines Testprozesses. [ISTQB 20]

Testsuite Eine Menge von Testskripten oder Testabläufen, die in einem bestimmten Testlauf ausgeführt werden sollen. [ISTQB 20]

Testtreiber siehe Treiber

Testverfahren Eine Vorgehensweise zum Definieren von Testbedingungen, Entwerfen von Testfällen und Spezifizieren von Testdaten. [ISTQB 20]

Testwerkzeug Software oder Hardware, die eine oder mehrere Testaktivitäten unterstützt. [ISTQB 20]

Testziel Der Grund oder Zweck des Testens. [ISTQB 20]

Traceability siehe Verfolgbarkeit

Treiber Eine temporäre Komponente oder ein temporäres Werkzeug, das eine andere Komponente ersetzt und ein Testelement in Isolation steuert oder aufruft. [ISTQB 20]

Überdeckung Der Grad, ausgedrückt in Prozent, zu dem bestimmte Überdeckungselemente von einer Testsuite genutzt wurden. [ISTQB 20]

Übertragbarkeit Der Grad, zu dem eine Komponente oder ein System von einer Hardware, Software oder einer anderen Betriebs- oder Nutzungsumgebung auf eine andere übertragen werden kann. [ISTQB 20]

Unit Test siehe Komponententest

Unit-Test-Framework Ein Werkzeug, das eine Umgebung für einen Komponententest bereitstellt. In dieser Umgebung wird die Komponente isoliert oder mit geeigneten Treibern und Platzhaltern getestet. Darüber hinaus wird dem Entwickler zusätzliche Unterstützung (z. B. Debugging) zur Verfügung gestellt. [ISTQB 20]

VBScript VBScript ist eine von Microsoft definierte und implementierte, an Visual Basic angelehnte Skriptsprache, die im Kern für die Implementierung von webclient- und webserverseitiger Funktionalität entworfen wurde. [URL: VBScript]

Verfolgbarkeit Der Grad, zu dem eine Beziehung zwischen zwei oder mehr Arbeitsergebnissen hergestellt werden kann. [ISTQB 20]

Verfolgbarkeitsmatrix Eine zweidimensionale Tabelle, die die gegenseitigen Beziehungen zweier Entitäten wie z. B. Anforderungen und Testfälle darstellt. Die Tabelle wird zur Bestimmung und Erreichung der Überdeckung verwendet, um von einer Entität zur anderen und zurück zu verfolgen und um die Auswirkung von Änderungsvorschlägen zu bewerten. [ISTQB 20]

Verhaltensgetriebene Entwicklung Eine kollaborative Entwicklungsvorgehensweise, bei der das Team den Schwerpunkt auf die Lieferung des erwarteten Verhaltens einer Komponente oder eines Systems für den Kunden legt, welches die Basis des Testens bildet. [ISTQB 20]

Verifizierung Bestätigung durch Bereitstellung eines objektiven Nachweises, dass festgelegte Anforderungen erfüllt worden sind. [ISTQB 20]

V-Modell Ein sequenzielles Entwicklungsmodell, das eine Eins-zu-eins-Beziehung zwischen den Phasen der Softwareentwicklung von der Anforderungsspezifikation bis zur Lieferung, und den korrespondierenden Teststufen vom Abnahmetest bis zum Komponententest beschreibt. [ISTQB 20]

Vorbedingung Der erforderliche Zustand des Testelements und seiner Umgebung vor der Ausführung eines Testfalls. [ISTQB 20]

Wartbarkeit Der Grad, zu dem eine Komponente oder ein System von den dafür vorgesehenen Personen gewartet werden kann. [ISTQB 20]

Wartung Der Prozess der Modifikation einer Komponente oder eines Systems nach Auslieferung, um Fehlerzustände zu korrigieren, Qualitätsmerkmale zu verbessern oder für eine andere Umgebung zu adaptieren. [ISTQB 20]

Webservice Ein Webservice ist ein unabhängiger, logisch abgeschlossener Softwarebaustein, der neben seiner Implementierung über eine öffentliche Schnittstelle verfügt, die über das Internet nutzbar ist.

XML XML steht für eXtensible Markup Language. XML dient dem Transport und der Speicherung von Daten. [URL: XML]

XPath XPath wird verwendet, um durch Elemente und Attribute in einem XML-Dokument zu navigieren. [URL: XPath]

Zustandsbasierter Test siehe Zustandsübergangstest

Zustandsübergangstest Ein Blackbox-Testverfahren, bei dem Testfälle entworfen werden, um Elemente eines Zustandsübergangsmodells auszuführen. [ISTQB 20]

Zuverlässigkeit Der Grad, zu dem eine Komponente oder ein System seine spezifizierten Funktionen unter den festgelegten Bedingungen während einer bestimmten Zeitspanne ausführt. [ISTQB 20]

Zuverlässigkeitstest Testen, um die Zuverlässigkeit eines Softwareprodukts zu bestimmen.

E Abkürzungen

AI	Artifical Intelligence
API	Application Programming Interface
ATDD	Acceptance Test Driven Development
BDD	Behaviour Driven Development
CALMS	Culture, Automation, Lean, Measurement, Sharing
CD	Continuous Delivery/Deployment
CI	Continuous Integration
CLI	Command-Line Interface
CMS	Content Management System
CoP	Community of Practice
CRM	Customer Relationship Management
CSV	Comma-separated Values
CT	Certified Tester
CTAL	Certified Tester Advanced Level
CTFL	Certified Tester Foundation Level
CVS	Concurrent Versions System
DAST	Dynamic Application Security Testing
DLL	Dynamic Link Library
DSL	Domain Specific Language
DWH	Data Warehouse
ESB	Enterprise Service Bus
ETL	Extract, Transform, Load
ETSI	European Telecommunications Standardisation Institute
FPA	Funktionspunktanalyse
gTAA	generische Testautomatisierungsarchitektur

GUI	Graphical User Interface
HiL	Hardware in the Loop
HTTP	Hypertext Transfer Protocol
IaaS	Infrastructure as a Service
IaC	Infrastructure as Code
IDE	Integrated Development Environment
IoS	Internet of Services
IoT	Internet of Things
IP	Internet Protocol
ISIC	International Standard Industrial Classification
ISTQB	International Software Testing Qualifications Board
JSON	JavaScript Object Notation
KI	künstliche Intelligenz
LAN	Local Area Network
MBT	Model Based Testing
ML	Machine Learning
PaaS	Platform as a Service
QA	Quality Assurance
REST	Representational State Transfer
ROI	Return on Investment
SaaS	Software as a Service
SAST	Static Application Security Testing
SbE	Specification by Example
SiL	Software in the Loop
SLA	Service Level Agreement
SOA	Service Oriented Architecture
SOAP	Simple Object Access Protocol
SUT	System unter Test
SVN	Apache Subversion
SWT	Standard Widget Toolkit
TAA	Test Automation Architecture/Testautomatisierungsarchitektur
TAE	Test Automation Engineer/Testautomatisierungsentwickler
TAF	Test Automation Framework/Testautomatisierungsframework
TAM	Test Automation Manager/Testautomatisierungsmanager

TAS	Test Automation Solution/Testautomatisierungslösung
TDD	Test Driven Development
TDL	Test Description Language
TDS	Test Data Specialist
TTA	Technical Test Analyst
TTCN	Testing and Test Control Notation
UDDI	Universal Description, Discovery and Integration
UI	User Interface
UML	Unified Modeling Language
VB	Visual Basic
VU	Virtual User
W3C	World Wide Web Consortium
WAI	Web Accessibility Initiative
WAN	Wide Area Network
WSDL	Web Service Description Language
XP	Extreme Programming

F Quellen[1]

[Adzic 11] Adzic, G.: Specification by Example: How Successful Teams Deliver the Right Software. Manning Publications Co., USA, 2011.

[Albrecht-Zölch 18] Albrecht-Zölch, J.: Testdaten und Testdatenmanagement. dpunkt.verlag, 2018.

[Bath & McKay 15] Bath, G.; McKay, J.: Praxiswissen Softwaretest – Test Analyst und Technical Test Analyst. dpunkt.verlag, 2015 (engl. Ausgabe: Bath, G.; McKay, J.: The Software Test Engineer's Handbook, Rocky Nook, 2014).

[Beck & Andres 04] Beck, K; Andres, C.: Extreme Programming Explained: Embrace Change: Embracing Change. Addison-Wesley Professional, 2nd edition, 2004.

[Baumgartner et al. 13] Baumgartner, M.; Klonk, M.; Pichler, H.; Seidl, R.; Tanczos, S.: Agile Testing – Der agile Weg zur Qualität. Hanser Verlag, 2013.

[Cox 05] Cox, A.: What Are Communities of Practice? A Comparative Review of Four Seminal Works. Journal of Information Science, 31(6), 527–540, December 2005.

[Dostal et al. 07] Dostal, W.; Jeckle, M.; Melzer, I.: Service-Orientierte Architekturen mit Web-Services. Spektrum akademischer Verlag, 2007.

[GTB 18] GTB Certified Tester Foundation Level Test Data Specialist, Version 1.0, April 2018. URL: *https://www.german-testing-board.info/wp-content/uploads/2018/09/GTB_Lehrplan_Testdaten_A4_DE_LY05.pdf.*

[IEEE 610] IEEE Std 610.12-1990, IEEE Standard Glossary of Software Engineering Terminology.

[IEEE 829] IEEE Std 829-2008, IEEE Standard for Software Test Documentation.

[IEEE 1061] IEEE Std 1061-1998, IEEE Standard for a Software Quality Metrics Methodology.

[ISIC 08] International Standard Industrial Classification of All Economic Activities Revision 4, United Nations New York, 2008.

1. Internetseiten als Quellen wurden im Juni 2020 abgefragt.

[ISO 25010] ISO/IEC 25010:2011, Systems and software engineering – Systems and software Quality Requirements and Evaluation (SQuaRE) – System and software quality models.

[ISO 29119] International Organisation for Standardisation: ISO/IEC/IEEE 29119, Software Testing Standard.

[ISTQB 15] ISTQB® Foundation Level Certified Model-Based Tester (CMBT) Version 2015. URL: *https://www.istqb.org/downloads/send/6-model-based-tester-extension-documents/46-istqb-ctfl-mbt-syllabus.html.*

[ISTQB 17] ISTQB® Certified Tester Foundation Level Extension, Agile Tester (AT), deutschsprachige Ausgabe, Version 2017. URL: *https://www.german-testing-board.info/wp-content/uploads/2016/07/Certified-Tester-Foundation-Level-Extension-Deutsch.pdf.*

[ISTQB 18] ISTQB® Certified Tester Foundation Level (CTFL), deutschsprachige Ausgabe, Version 2018 V3.1D. URL: *https://www.german-testing-board.info/wp-content/uploads/2020/01/CTFL-DE_Syllabus_2018_V3.1.pdf.*

[ISTQB 19a] ISTQB® Certified Tester Advanced Level Technical Test Analyst (TTA), deutschsprachige Ausgabe, Version 2019. URL: *https://www.german-testing-board.info/wp-content/uploads/2020/06/ISTQB-CTAL-TTA_Syllabus_V2019_DE-1.pdf*

[ISTQB 19b] ISTQB® Certified Tester Advanced Level Test Analyst (TA), deutschsprachige Ausgabe, Version 2019. URL: *https://www.german-testing-board.info/wp-content/uploads/2020/06/ISTQB-CTAL-TA_Syllabus_V2019_DE.pdf.*

[ISTQB 19c] ISTQB® Certified Tester Advanced Level Testautomatisierungsentwickler (TAE), Version 2019. URL: *https://www.german-testing-board.info/wp-content/uploads/2019/12/Advanced-Testautomatisierungsentwickler-Syllabus_DE_2019-12-16_Version_H.pdf.*

[ISTQB 20] ISTQB® Standard Glossary of Terms Used in Software Testing, Version 3.4, 2020. URL: *http://glossary.istqb.org/.*

[Kaner & Bond 04] Kaner, C.; Bond, W. P.: Software Engineering Metrics: What Do They Measure and How Do We Know? 10th International Software Metrics Symposium, 2004.

[Kaner et al. 11] Kaner, C.; Bach, J.; Pettichord, B.: Lessons Learned in Software Testing: A Context-Driven Approach. John Wiley & Sons, 2011.

[Katz & Allen 82] Katz, R.; Allen, T.: Investigating the Not Invented Here (NIH) Syndrome: a look at the performance, tenure and communication patterns of 50 R&D project groups. R&D Management vol. 12, 1982.

[Linz 16] Linz, T.: Testen in S crum-Projekten: Leitfaden für Softwarequalität in der agilen Welt – Aus- und Weiterbildung zum ISTQB® Certified Agile Tester – Foundation Extension. 2., aktualisierte und überarbeitete Auflage, dpunkt.verlag, 2016.

[Martin 00] Martin, Robert C.: Design Principles and Design Patterns. *objectmentor.com*, 2000.

[Molyneaux 09] Molyneaux, I.: The Art of Application Performance Testing, O'Reilly, 2009.

[Murphy 11] Murphy, T. E.: Magic Quadrant for Integrated Software Quality Suites. Gartner Inc., 01/2011.

[NACE 08] NACE Rev.2 Statistische Systematik der Wirtschaftszweige in der Europäischen Gemeinschaft, Amt für amtliche Veröffentlichungen der Europäischen Gemeinschaften, 2008.

[Pfeifer & Schmitt 14] Pfeifer, T.; Schmitt, R.: Masing Handbuch Qualitätsmanagement. Hanser Verlag, 2014.

[Schneider et al. 13] Schneider, M.; Großmann, J.; Schieferdecker, I.; Pietschker, A.: Online Model-Based Behavioral Fuzzing. IEEE Sixth International Conference on Software Testing, Verification and Validation Workshops, Luxemburg, 2013.

[Schwaber & Gualtieri 08] Schwaber, C.; Gualtieri, M.: The Forrester Wave: Functional Testing Solutions Q3 2008. Forrester Research, 2008.

[Sneed et al. 08] Sneed, H.; Baumgartner, M.; Seidl, R.: Der Systemtest – Von den Anforderungen zum Qualitätsnachweis. Hanser Verlag, 2008.

[Sneed et al. 10] Sneed, H.; Seidl, R.; Baumgartner, M.: Software in Zahlen – Die Vermessung von Applikationen. Hanser Verlag, 2010.

[Spillner & Linz 19] Spillner, A.; Linz, T.: Basiswissen Softwaretest – Aus- und Weiterbildung zum Certified Tester – Foundation Level nach ISTQB®-Standard. 6., überarbeitete und aktualisierte Auflage, dpunkt.verlag, 2019.

[Spillner et al. 14] Spillner, A.; Roßner, T.; Winter, M.; Linz, T.: Praxiswissen Softwaretest – Testmanagement – Aus- und Weiterbildung zum Certified Tester – Advanced Level nach ISTQB®-Standard. 4., überarbeitete und erweiterte Auflage, dpunkt.verlag, 2014.

[SwissQ 20] SwissQ Consulting AG: Trends & Benchmarks Report 2020. Zürich, 2020.

[Tanenbaum 03] Tanenbaum, A. S.: Moderne Betriebssysteme. Pearson Studium, 2003.

[Tuinhout 08] Tuinhout, R.: Testing Experience 3 – The Boundary Value Fallacy. Díaz & Hilterscheid, 09/2008.

[Wendland 19] Wendland, M.-F.: Testautomatisierung macht man so nebenbei – oder etwa nicht? In: SQ Magazin, Ausgabe 50, Monat 03/2019.

[Wendland et al. 19] Wendland, M.-F.; Schneider, M.; Hoffmann, A.: Extending UTP 2 with Cascading Arbitration Specifications. In: Proceedings of the 10th ACM SIGSOFT International Workshop on Automating TEST Case Design, Selection, and Evaluation (A-TEST 2019), Estonia, Tallinn, 2019.

[Winter et al. 16]. Winter, M.; Roßner, T.; Brandes, C.; Götz, H.: Basiswissen Modellbasierter Test – Aus- und Weiterbildung zum ISTQB® Foundation Level – Certified Model-Based Tester. 2., vollständig überarbeitete und aktualisierte Auflage, dpunkt.verlag, 2016.

[URL: .NET] *https://dotnet.microsoft.com/*

[URL: AGILE] *http://agilemanifesto.org* Manifesto for Agile Software Development

[URL: Ansible] *https://www.ansible.com/*

[URL: Azure] *https://azure.microsoft.com/de-de/services/devops/*

[URL: BDD] *http://behaviour-driven.org*

[URL: BTG] *http://btgrubu.com/index.php?type=urunler&value=silkTest*

[URL: Cachaca] *http://www.cachaca.de/files/imagemanagermodule/@random49b9918b4918a/testRunner.png*

[URL: CAMP] *https://github.com/STAMP-project/camp*

[URL: ChaosEngineering] *https://en.wikipedia.org/wiki/Chaos_engineering*

[URL: Chef] *https://www.chef.io/*

[URL: Cohn] *http://www.mountaingoatsoftware.com/blog/the-forgotten-layer-of-the-test-automation-pyramid*

[URL: Conformiq] *https://www.conformiq.com/*

[URL: Cucumber] *https://cucumber.io/*

[URL: Datadog] *https://www.datadoghq.com/*

[URL: Docker] *https://hub.docker.com/*

[URL: Duden] Duden online, Bibliographisches Institut GmbH, *http://www.duden.de/rechtschreibung/Programmbibliothek*

[URL: d4science] *http://www.d4science.eu/glossary*

[URL: ELK] *https://www.elastic.co/de/elastic-stack*

[URL: ETSI] *http://www.etsi.org* European Telecommunication Standards Institute

[URL: Facebook] *https://www.dev-insider.de/automatisiertes-code-debugging-tool-von-facebook-a-756224/*

[URL: Fowler] *http://martinfowler.com/bliki/ContinuousDelivery.html*

[URL: Fowler2] *http://martinfowler.com/articles/mocksArentStubs.html*

[URL: Hayes] *http://worksoftinc.blogspot.co.at/2009/06/secret-to-automation-success.html*

[URL: IaC] *https://en.wikipedia.org/wiki/Infrastructure_as_code*

[URL: IBM RUP] *http://www-01.ibm.com/software/awdtools/rup* IBM – Rational Unified Process

[URL: Interface] *http://www.interface.ru/iarticle/img/20214_50032753.jpg*

[URL: ISTQB] *http://istqb.org* International Software Testing Qualifications Board A.I.S.B.L.

[URL: Java] *http://www.java.com/en/download/faq/whatis_java.xml*

[URL: Jeep Cherokee] *https://www.welt.de/wirtschaft/webwelt/article144329858/Hacker-schalten-bei-Jeep-per-Funk-die-Bremsen-ab.html*

[URL: JenkinsMatrix] *https://plugins.jenkins.io/matrix-project/*

[URL: Jira] *https://www.atlassian.com/de/software/jira*

[URL: JUnit] *https://junit.org/junit5/*

[URL: K8s] *https://kubernetes.io*

[URL: log4j] *https://logging.apache.org/log4j*

[URL: MBTsuite] *https://www.seppmed.de/de/portfolio/mbtsuite/*

[URL: ML] *https://futurice.com/blog/differences-between-machine-learning-and-software-engineering*

[URL: Microfocus] *https://www.microfocus.com/de-de/home*

[URL: NLog] *https://nlog-project.org/*

[URL: OpenSignal] *https://www.opensignal.com/sites/opensignal-com/files/data/reports/global/data-2015-08/2015_08_fragmentation_report.pdf*

[URL: Oncode] *http://blog.oncode.info/wp-content/uploads/2008/07/selenium-ide.png*

[URL: OSS] *http://www.opensource.org*

[URL: PerfTestPlus] *http://www.perftestplus.com/resources/requirements_with_compuware.pdf*

[URL: QMethods] *http://www.qmethods.com/img/res/hp/HP-QuickTest.jpg*

[URL: Ranorex] *https://www.ranorex.com*

[URL: Ranorex2] *https://www.ranorex.com/help/latest/ranorex-studio-fundamentals/reporting/ranorex-standard-reporting/*

[URL: RestSharp] *https://restsharp.dev/*

[URL: Robot] *https://robotframework.org/*

[URL: Scrum] *http://de.wikipedia.org/wiki/Scrum*

[URL: Selenium] *https://www.selenium.dev/*

[URL: SOA] *http://www.service-architecture.com/web-services/articles/service-oriented_architecture_soa_definition.html*

[URL: soapUI] *https://www.soapui.org/*

[URL: Softpedia] *http://webscripts.softpedia.com/screenshots/soapUI-17021.png*

[URL: Spotify] *https://engineering.atspotify.com/2014/03/27/spotify-engineering-culture-part-1/*

[URL: Splunk] *https://www.splunk.com*

[URL: TMMi] *http://www.tmmi.org*

[URL: TestSPICE] *www.testspice.info*

[URL: Terraform] *https://www.terraform.io/*

[URL: TOSCA] *https://www.tricentis.com/products/automate-continuous-testing-tosca/*

[URL: TTCN-3] *http://www-ttcn-3.org*

[URL: Tyagi] Sameer Tyagi, Oracle, 2006, *http://www.oracle.com/technetwork/articles/javase/index-137171.html*

[URL: UTP] Object Management Group (OMG): UML Testing Profile (UTP), Version 2.1, *https://www.omg.org/spec/UTP2.*

[URL: Vagrant] *https://www.vagrantup.com*

[URL: VBScript] *http://msdn.microsoft.com/en-us/library/1kw29xwf%28v =vs.85%29.aspx*

[URL: WCAG 2.0] *http://www.w3.org/TR/WCAG20*

[URL: XML] *http://www.w3schools.com/xml/default.asp*

[URL: XPath] *http://www.w3schools.com/xpath/default.asp*

[URL: Xray] *https://www.getxray.app/*

Weiterführende Literatur

Dustin, E.; Rashka, J.; Paul, J.: Software automatisch testen. Springer-Verlag, 2000.

Fewster, M.; Graham, D.: Software Test Automation. Addison-Wesley Professional, 1999.

Hayes, L.: Automated Testing Handbook. Software Testing Institute, 1995.

Vigenschow, U.: Testen von Software und Embedded Systems. dpunkt.verlag, 2010.

Stichwortverzeichnis

O

P

Q

R

S

T

U

V

W

Z